그랜드투어
이탈리아

그랜드투어 이탈리아
고전학자와 함께 둘러보는 신화와 문학의 고향

ⓒ 강대진 2024

초판 1쇄 발행 2024년 1월 15일

지은이	강대진
펴낸이	홍창의
펴낸곳	도도네
등록	2015년 9월 4일 제2022-000003호
주소	서울시 송파구 송파대로 567 508-210
전자우편	rarahong@empal.com

ISBN 979-11-973361-1-9 03900

* 책값은 뒤표지에 있습니다.
* 이 책 내용의 전부 또는 일부를 재사용하려면 지은이와 도도네 양측의 동의를 받아야 합니다.
* 이 도서는 한국출판문화산업진흥원의 '2023년 중소출판사 출판콘텐츠 창작지원사업'의 일환으로 국민체육진흥기금을 지원받아 제작되었습니다.

그랜드투어
이탈리아

고전학자와 함께 둘러보는 신화와 문학의 고향

강대진 지음

도도네

송병찬 님을 기억하며

일러두기

1. 본문에서 희랍 도시는 희랍식으로, 로마 도시는 로마식으로
   이름을 표기하였다.
2. 지명의 옛 이름과 현대 이름을 함께 밝혀주되 지도에는
   익숙한 이름을 우선으로 적었고, 본문에서는 시대적 맥락에 따라
   달리 적어주었다.
3. 〈포룸의 건물 배치도〉(331쪽)는 20세기 초에 그려진 삽화로
   디오스쿠로이 신전의 모양이 현재의 고증과 맞지 않는 면이
   있음을 밝힌다.

들어가는 말

이 책의 목적은 이탈리아를 여행하는 사람들에게 도움을 주자는 것이다. 특히 배우기를 좋아하는 분들을 염두에 두고 이 책을 썼다. 지난번의 『그랜드투어 그리스-고전학자와 함께 둘러보는 신화와 역사의 고향』 서문에 '맛집 정보를 넣지 않겠다'라고 썼더니, 어떤 분께서 이번엔 그러지 말라고 점잖게 충고하셨다. 그래서 이번에는 (딱 한 군데) 맛집에 대해서도 적었다.

여행 동선은 남쪽에서 북쪽으로 올라가는 방식으로 잡았다. 그렇게 되면 대략 시대적으로 앞에서부터 '그리스 문화-로마 문화-중세·근대 이탈리아 문화'의 순으로 살펴볼 수 있다. 시칠리아와 이탈리아 남부 지역에 희랍(그리스) 식민도시들이 많이 있었다. 현대인들에게는 많이 알려지지 않은 지역이지만 고대에 매우 중요했던 곳이니 이 기회에 알아보기로 하자. 그 지역들을 소개할 때는 희랍과 로마의 고전에 나오는 사연들을 자주 언급할 것이다. 한편 나폴리와 로마 주변에는 전성기 로마의 유적들이, 그리고 이탈리아 북부 지역에는 중세 말기와 르네상스 유적이 많다. 중세 유적은 주로 단테의 『신곡』과 연결하여 살펴볼 것이다.

이 책을 통해 가장 크게 이득을 얻을 사람은, 이전엔 유적지(돌무더기들)와 박물관이 따분했던 분들이다. 각 지역과 그곳의 유적, 그리고 거기서 발견된 유물들이 가진 사연을 알고 나면 이전과는 많이 달라 보일 것이다. 인간은 늘 의미와 질서를 추구하는 존재이기 때문이다. 되도록 많은 분들이 그런 이득을 누리시길 바란다.

마지막으로 지명 표기에 대해서 한마디. 희랍과 로마의 고유명사 표기에서 일관성을 유지하기 힘들다는 것은 학자들 사이에도 정평이 나 있다. 이 책에서는 희랍 도시는 희랍식으로, 로마 도시는 로마식으로 적으려 애썼는데, 옛 이름은 너무 낯설고 현대 지명은 익숙한 경우라면 더러 현대식으로 적기도 했다. (물론 이해를 돕기 위해 괄호 안에 다른 표기도 함께 적었다.) 혹시나 표기에 일관성이 없어서 마음 불편한 분이 계시면 양해를 부탁드린다.

나는 이 책을 송병찬 님(1995~2021)께 바치고자 한다. 강남의 작은 인문학 모임에 꾸준히 참석하던 병찬 님은 코로나가 기승을 부리던 여름, 갑작스러운 사고로 우리 곁을 떠났다. 친구들은 여전히 그의 말없는 봉사와 수줍은 미소를 그리워한다. 그 안타깝고 아쉬운 마음을 담아 여기 작은 기억의 표지를 남긴다.

차례

7 　 들어가는 말
13 　 이탈리아 지도

제1장 시칠리아

19 　 **팔레르모**
　　　 고고학박물관 ｜ 팔라티나 예배당 ｜ 몬레알레 성당
42 　 **세게스타**
53 　 **셀리누스**
63 　 **아그리젠토**
83 　 **헨나와 피아차 아르메리나**
97 　 **쉬라쿠사이**
　　　 네아폴리스 ｜ 오르튀기아섬 ｜ 고고학박물관
129 　 **카타니아와 아이트나**
134 　 **타오르미나**

제2장 이탈리아 남부

- 143 **레지오 칼라브리아와 스킬라**
- 151 **크로톤**
- 160 **메타폰토**
- 172 **엘레아**
- 176 **파이스툼**
- 191 **폼페이**
  공적 공간들 | 사적 공간들
- 229 **헤르쿨라네움**
- 241 **나폴리**
  나폴리 고고학박물관과 카포디몬테 미술관
- 252 **나폴리 외곽**
  카프리, 푸테올리, 바이아이, 쿠마이
- 261 **트라야누스 개선문으로 유명한 베네벤토**

제3장 이탈리아 중부 로마 남쪽

- 269 **키케로의 마지막 안식처, 포르미아**
- 275 **몬테카시노와 로카세카**
  베네딕트 성인이 수도원을 세웠던 몬테카시노 토마스 아퀴나스의 고향 로카세카
- 280 **아냐니와 카스텔로 간돌포**
  봉변당한 교황의 고향 아냐니 | 교황의 여름 궁전이 있는 곳, 카스텔로 간돌포
- 287 **티볼리와 술모나**
  하드리아누스의 별장이 있는 티볼리 | 오비디우스의 고향 술모나

제4장 도시 로마

299 포룸 입구
전차 경주가 벌어지던 대경주장 | 대경주장 남동쪽, 세 개의 문 |
케스티우스 피라미드와 두 시인의 무덤 | 재활용 부재를 이용한
콘스탄티누스 개선문 | 네로의 황금궁전 자리를 차지한 콜로세움

325 포룸
베누스와 로마 신전 | 가장 오래된 개선문, 티투스 개선문 | 거의 멀쩡한
세 개의 건물: 막센티우스 바실리카와 로물루스 신전, 안토니누스 피우스와
파우스티나 신전 | 포룸의 가장 오래된 부분: 베스타 신전과 레기아 |
카이사르 신전과 지금은 사라진 아우구스투스 개선문 | 디오스쿠로이 신전과
유투르나샘 | 포룸의 남북 경계선을 이루던 두 바실리카와 중앙공간 |
포룸의 서쪽 끝 세 개의 신전

357 포룸 바깥의 유적들
카피톨리움 언덕과 박물관 | 트라야누스와 마르쿠스 아우렐리우스의
기념기둥 | 카피톨리움의 남서쪽: 마르켈루스 극장, 헤라클레스 신전,
포르투누스 신전, 야누스 아치

379 마르스 벌판
대하수도, 파르네제궁, 폼페이우스 극장 | 판테온과 그 주변, 오벨리스크,
바로크 궁전들 | 동쪽의 박물관과 미술관, 중요 작품이 있는 교회들 |
아우구스투스 영묘와 평화의 제단

396 바티칸 구역과 도시 북쪽
성 천사의 성 | 베드로 대성당과 바티칸 박물관 | 시내 북쪽의 미술관과
박물관

제5장 이탈리아 북부

- 409 프란체스코 성인의 고향 아시시
- 412 단테의 고향 피렌체
  단테 생가와 바르젤로 미술관 | 피렌체 대성당의 세 건물과 장식들 |
  피렌체 북쪽: 아카데미아, 산 마르코 성당, 고고학박물관 | 옛 시내 동쪽과
  서쪽 끝의 두 교회 | 우피치와 피티 궁전, 산 미니아토 알 몬테
- 431 라벤나
  단테 무덤과 박물관 | 좋은 모자이크가 있는 산 비탈레 바실리카와 그 주변
- 437 만토바와 베네치아
  베르길리우스의 고향 만토바 | 베네치아의 '약탈 문화재'와 모자이크 |
  베네치아의 미술관들

- 448 지중해 세계 지도
- 451 로마 연표
- 455 도판 출처
- 457 찾아보기

지명은 대체로 가장 널리 알려진 것으로 적었다. 고대에 유명하던 도시는 옛날식으로, 현대에 더 유명해진 도시들은 요즘식으로 표기했다.

제1장
시칠리아

시칠리아는 지중해에서 가장 큰 섬이다.
면적이 2만 5천 제곱킬로미터 정도이니,
대충 경기도와 강원도를 합친 정도의 넓이다.
전체가 세모꼴로 생겨서 옛 그리스 사람들은
이 섬을 '삼각형 섬trinakria'이라고 불렀다.
해안선은 대략 섬 북쪽에 동서 방향,
동쪽에 남북 방향, 남서면에 북서-남동 방향으로
뻗어 있는데, 세 번째 것은 앞으로
그냥 '남쪽 해안'이라고 부르겠다.
섬의 동쪽으로 치우쳐서 3천3백 미터 이상인
아이트나 화산이 솟아 있다.

우리가 이 섬을 찾아가는 주된 이유는 그곳에 남은 그리스 문화의 흔적을 확인하고, 특히 기원전 5세기 — 대참사로 끝난 — 아테나이의 시칠리아 대원정의 자취를 확인하기 위해서다. 한편 신화적으로 이곳은 로마의 조상인 아이네아스가 잠시 머물렀던 땅이고, 더 앞으로 거슬러 올라가자면 올륌포스 신들에게 패배한 거인 또는 괴물이 묻힌 곳, 대장장이 신 헤파이스토스가 작업장을 갖고 있는 곳, 페르세포네가 저승으로 붙잡혀 갔다는 곳이다.

 시칠리아의 역사를 조금만 정리해 보자면, 대략 기원전 3세기 말까지는 남쪽과 동쪽 해안의 그리스 식민도시와 북쪽과 서쪽의 페니키아 식민도시, 그리고 내륙의 이탈리아 계통 도시 들이 있었다. 그러다가 한니발이 알프스를 넘어 이탈리아로 침공했던 제2차 포에니 전쟁 때 카르타고 편에 섰던 도시들, 특히 동남쪽의 쉬라쿠사이가 로마군에 함락되면서 시칠리아가 전체적으로 로마의 속주가 되었다. 서기 5세기 말에 서로마가 멸망한 뒤에는 게르만족이(처음엔 반달족, 이어서 동고트족이) 이 지역을 차지했다가 6세기 중반에 동로마(비잔틴) 세력이 차지한다. 유스티니아누스 황제의 장군인 벨리사리우스는 이곳을 기지 삼아 이탈리아 주요부를 고트족에게서 탈환한다. 고트족은 라벤나(보에티우스가 투옥되고, 나중에 단테가 죽은 곳)를 수도로 삼고 있다가 동로마에게 제압된다. 이렇게 시칠리아가 동로마에게 중요한 지역이 되다 보니, 심지어 7세기 말에는 쉬라쿠사이로 동로마 수도를 옮기려는 시도까지 있었다.

9세기 초반에는 아랍인들이 몰려오고, 이들의 지배는 11세기 중후반 노르만족이 패권을 차지할 때까지 지속된다. 노르만 지배가 약 150년 이어진 후, 1200년 직전에 신성로마제국이 이곳을 차지하고, 13세기 후반 단테가 태어나고 청소년기를 보내는 동안은 프랑스의 앙주 일가가 지배한다. 그 후 단테 장년기를 거쳐, 르네상스가 올 때까지 약 200년 정도를 스페인 계통이 다스리게 된다. 우리가 관심을 가지는 범위는 대략 여기까지다.

보통 서북쪽에 있는 팔레르모 공항을 통해 시칠리아섬에 도착한다. 로마를 통해서 오는 방법도 있고, 유럽의 다른 공항을 통해서 오는 방법도 있다. 한국에서 가자면 이스탄불이나 파리를 통해서 가는 방법을 (인공지능이) 주로 추천한다. 시칠리아에는 국제공항이 하나 더 있는데, 섬 동쪽의 카타니아 공항이다. 이용자 수는 카타니아 공항이 더 많다. 국제적 관광지 타오르미나가 있는 섬 동쪽만 보고 말겠다면 거기서 시작하는 방법도 있겠지만, 우리는 여행 동선을 시칠리아의 서쪽-남쪽-동쪽으로, 거기서 이탈리아 본토로 건너가는 식으로 정했다.

팔레르모 공항의 정식 명칭은 팔코네-보르셀리노Falcone-Borsellino 공항이다. 마피아들과 맞서다 피살된(1992년) 두 판사의 이름을 땄다. 팔레르모 중심가에서 서쪽으로 35킬로미터 떨어져 있으니, 서울 도심과 인천 공항 사이 거리의 절반 정도다.

팔레르모

팔레르모는 시칠리아 전체의 중심 도시다. 하지만 희랍인들이 이 섬에 활발하게 식민도시를 만들던 무렵에는 카르타고 사람들의 주거지여서 별로 두드러지지 않았다. 도시 이름은 원래 희랍어로 '온통 항구pan-hormos'라는 뜻이다.

시간을 아끼자면, 팔레르모에서 꼭 가야 할 곳은 세 군데다. 고고학박물관, 팔라티나 예배당, 그리고 몬레알레 성당이다.

고고학박물관
팔레르모가 이 섬의 주도이기 때문에 고고학박물관엔 시칠리아 전체에서 모아들인 유물 대부분이 소장되어 있다. 특히 셀리누스(현 셀리눈테)의 신전 유적지에서 수습된 유물들이 많이 있다.

우선 덩어리가 큰 유물부터 보자. 박물관에서 가장 눈길을 끄는 것은 여러 신전에서 모아들인 부조들이다. 대개 옛 신전의 지붕 밑 선을 따라가면서 새겨졌던 장식으로 크게 두 종류이다. 그림이 끊어지지 않고 죽 이어지는 것(연속돌림띠)과 중간 중간 세로선장식에 의해 끊어진 것

셀리누스의 신전 Y에서 나온,
소를 타고 가는 에우로페 부조.

(교차돌림띠)이 있는데, 앞의 것은 이오니아식, 뒤의 것은 도리스식 건물의 방식이다. 이 박물관에서 보는 것들은 교차돌림띠의 일부들인데, 신전을 그대로 옮길 수는 없기 때문에 지붕 밑의 일부만 복원해 두었다. 교차돌림띠는 세줄장식(트리글립스)과 중간면장식(메토프)이 번갈아 나오는 것으로, 중간면장식에 신화적 소재들이 부조로 많이 새겨져 있다. 새긴 솜씨를 보면 전문가가 아니라도, 이 부조들이 만들어진 각기 다른 세 시기를 구별할 수 있다. 주로 시칠리아 남쪽 해안의 셀리누스에서 옮겨온 것들로, 그 고대도시의 거대한 신전 단지에 남아 있는 여러 시대가 누적된 유적들은 시기별로 건물에 투입된 공력과 솜씨에 차이를 보인다.

오래된 것부터 보자면, 소로 변한 제우스가 에우로페를 등에 태우고 가는 장면. 기원전 570년경에 제작된 좀 얕은 부조다. 셀리누스에는 신전이 여러 개 있는데, 어떤 신을 모시기 위해 지은 것인지 확실치 않기 때문에 로마자로 이름을 붙였다. 이 에우로페 부조는 신전 Y에서 수습된 것이다. 비슷한 작품이 여러 개 나란히 전시되어 있는데, 에우로페 부조가 가장 눈에 띄기 때문에 특별히 소개했다. 실제로 현장에 가면, 다른 것도 하나씩 주제를 알아보는 재미가 있다.

이보다 좀 더 깊고 양감 있게 새겨진 것으로, 솜씨는 어쩌면 앞의 에우로페 부조보다 못한 듯도 하지만, 그래도 더 복잡한 구성을 보여주는 것이 신전 C(기원전 550년경)에서 발굴된 유물들이다. 메두사의 목을 베는 페르세우스, 케르코페스를 지고 가는 헤라클레스 등이다. 케르코페스는 장난꾸러기 형제로서, 헤라클레스에게 붙잡혀 가면서도 그의 하체를 들여다보고 털이 많은 것을 놀려먹었다는 존재다. 오비디우스는 『변신 이야기』에서 이들이 원숭이로 변했다고 적어놓았다.

셀리누스 신전들 중 가장 잘 보존된 신전 E(기원전 460~450년경 건립)에서 나온 부조들은 좀 더 세련된 선으로 새겨졌다. 이 부조들도 신화를 소재로 한 것이어서 신화적 시대순으로 보자면, 사슴으로 변해서 자기 사냥개들에게 공격당하는 악타이온, 아마존과 싸우는 헤라클레스,

신전 C에서 나온, 메두사의 목을 베는 페르세우스(왼쪽)와 케르코페스를 지고 가는 헤라클레스 부조.

신전 E에서 나온
제우스를 유혹하는 헤라 부조.

제우스를 유혹하는 헤라(『일리아스』 제14권) 등이다. 여성의 얼굴과 손발에 좋은 대리석을 써서 지금도 그 부분만 보존이 되어 있다. 이 중 '제우스를 유혹하는 헤라'에 담긴 신화는, 트로이아 전쟁 말기에 제우스가 아킬레우스의 원한을 풀어주기 위해 일시적으로 트로이아군을 편들고 있는데, 희랍군이 위기에 몰린 것에 안달이 난 헤라가 너무나도 아름다운 모습으로 꾸미고 그를 유혹해서 잠재웠다는 얘기다. 부조에서 제우스가 헤라의 손목을 잡고 있는데, 어렸을 때 돌보아준 바다 신들이 서로 사이가 안 좋아져서 화해시키러 다녀오겠노라고 헤라가 핑계를 대자, 제우스가 지금 당장 잠자리에 들자고 주장하는 장면이다. 헤라는 아프로디테의 '매혹의 허리띠'까지 빌려 착용하고 있었기 때문에 제우스가 이렇게 매혹된 것이다. 이 둘이 황금 구름으로 산꼭대기를 가리고서 잠자리에 들자, 그들 밑에서 풀과 꽃 들이 돋아나서 쿠션을 만들어주는 장면이 이어진다. 이는 하늘과 땅이 결합해서 만물이 생겨나는 '신성한 결혼식'을 재현한 것이다.

덩치가 큰 유물 중 특별한 것으로 이 집트 비문과 에트루리아 테라코타 유 골함이 있다. 이집트 비문은 원래 매 우 거대한 비석의 일부인데, 어찌어찌 시칠리아까지 흘러 들어와 이곳에 정 착한 것이다. 같은 비석의 다른 조각 들이 카이로에 남아 있고, 아주 작은 일부 조각이 런던 대영박물관에 있다. 고대이집트의 역사를 연대기적으로 적은 것으로, 시칠리아 파편에서는 제 5왕조 초기(기원전 2392~2283년)까지 의 왕들 이름이 확인되었다. 제5왕조

팔레르모 고고학박물관의 이집트 비문.

때 만들어진 비석이라는 게 정설이지만, 제25왕조(기원전 747~656년)에 만들어졌다는 주장도 있다. 같은 비석의 파편 중 카이로에 있는 것 하나 는 멤피스에서 발견되었다고 보고되며, 다른 조각들은 상이집트와 하 이집트의 중간 지역에서 발견되었다고만 알려져 있다. 시칠리아에 있 는 것은 19세기 중반에 시칠리아 출신 변호사 Ferdinando Guidano가 구입하 여 박물관에 기증한 것이다.

에트루리아 유골함에는 오이디푸스의 두 아들이 서로 찔러 죽이는 장면을 부조로 새기고 색깔을 입혔는데 꽤 생생하게 색채가 보존되어 있다. 이런 유골함에는 전사들이 근접전을 벌이는 장면을 많이 그렸는 데, 그중 다수가 오이디푸스 두 아들의 대결 장면이다. 테바이 왕 오이 디푸스는 자신이 아버지를 죽이고 어머니와 결혼했다는 것을 알게 되 자 스스로 눈을 찌르고 방랑의 길을 떠난다. 두 아들은 왕권을 놓고 다

팔레르모 박물관의 기원전 2세기 에트루리아 유골함. 색채가 잘 보존되어 있다.

투다가, 외국으로 추방된 아들이 군대를 이끌고 고향으로 쳐들어오고 대결을 벌여 결국 동시에 서로를 찔러 죽고 죽이게 된다.

이런 종류의 유골함은 대영박물관이나 뉴욕의 메트로폴리탄박물관, 바르셀로나 박물관 등 주요 박물관들은 여러 개씩 소장하고 있다. 대개는 뚜껑에 반쯤 누운 여성이 새겨져 있는데, 상체를 조금 일으킨 모습이 가장 많고 하늘을 보고 완전히 누워 있는 조각상도 있다. 유골함 본체의 정면에는 전투하는 남자들이 새겨져 있는데, 두 사람이 동시에 서로를 찌르고 그 뒤에 복수의 여신이 그려졌으면 오이디푸스의 두 아들로 해석할 수 있다. 복수의 여신들은 가족 간의 폭력 사태를 응징하는 역할을 하며, 손에는 횃불과 뱀을 들고 머리카락도 뱀으로 되어 있는데, 테라코타는 세부 묘사가 좀 어려워서인지 머리카락까지 뱀으로 만든 사례는 별로 눈에 띄지 않는다. 그리고 에트루리아 유물에서 이런 복수의 여신들은 대개 상체를 X자 모양의 끈으로 묶은 모습이다.

그러니까 좀 세부적으로 분류하자면 이런 테라코타 유골함은 상부의 인물이 상체를 일으키고 있는지 아니면 완전히 누워 있는지, 그리고 하부 정면의 부조가 군중 전투인지 대결인지에 따라 네 종류로 나눠볼 수 있는데, 팔레르모 유골함은 상부 여성이 하늘을 보고 누워 있으며 하부 정면 부조는 두 남성이 서로를 찌르는 장면이다. 그 곁에 복수의 여신들이 그려져 있어 형제간 대결임이 분명한데, 이 복수의 여신은 날개까지 묘사되어 있어서 특이한 도상을 보여준다.

비슷한 유물이 로마의 빌라 줄리아(율리우스 빌라)에도, 마렘마(이탈리아 중서부 해안) 박물관에도 소장되어 있다. 피렌체 '미켈란젤로의 집 Casa Buonarroti' 유골함에는 상체를 일으킨 여인과 오이디푸스의 두 아들이 그려졌다.

희랍 유적지 박물관에는 늘 도기가 넘쳐나기 때문에 약간 식상할 수도 있는데, 이따금 다른 것보다 훨씬 눈에 띄는 것들이 있다. 팔레르모 박물관이 소장한 도기 그림 중에 가장 눈에 띄는 것은, 온 세상에 농사법을 전하러 떠나는 트립톨레모스가 용이 끄는 수레에 앉아 곡식 이삭을 손에 든 채 술을 받는 장면이다. 이렇게 온 세상에 문명을 전해주는 존재를 '문화영웅culture hero'이라고 부른다. 트립톨레모스는 곡식의 신 데메테르와 페르세포네에게 부속된 작은 남성 신으로, 죽었다가 다시 살아나는 곡식 씨앗의 화신 격이다. (기독교의 부활 신앙과 관련된 존재다.)

박물관 벽에는 옛 신전의 파편들을

트립톨레모스 도기 그림.

붙여 만든 신전 복원도가 있다. 부재들이 모두 테라코타로 되어 있는데, 벽면 한가운데는 거대한 메두사의 머리가 있었지만 찾아낸 파편이 너무 적어서 원래 모습을 추정한 도면의 아주 일부만 채우고 있다. 약간 우습다.

조각 작품 중 주목할 것은 청동 양 모형이다. 섬의 동남쪽 쉬라쿠사이 마니아체성에 보관되던 것을 팔레르모 박물관으로 옮겨 전시하고 있다. 아마도 『아르고호 이야기』에서 프릭소스를 싣고 하늘을 날아 콜키스에 도착했다는 그 양의 모형일 텐데, 중세에 예수의 상징으로 여겨져서 파괴를 면했기 쉽다. 원래 기원전 3세기에 제작된 것인데, 마니아체성을 처음 지은 11세기 인물 게오르게스 마니아케스가 콘스탄티노플에서 옮겨왔다고 한다.

팔라티나 예배당

팔레르모에는 중세 모자이크를 볼 수 있는 곳이 두 군데 있다. 하나는 시내에 있는 팔라티나 예배당(카펠라 팔라티나, 팔라틴 채플, 왕궁 예배당)이고, 다른 하나는 약간 교외로 벗어난 몬레알레 성당이다.

모자이크들은 대체로 12세기에 조성된 것으로, 이전에 아랍인들이 지은 건물을 개축한 교회 내부에 있다. 그리고 단테가 많이 언급하는 이 시기 지배자들의 무덤도 이들 교회에 다수 자리 잡고 있어서, 『신곡』 등장인물의 무덤과 묘석 등을 직접 확인할 수 있다.

시내에 있는 팔라티나 예배당은 노르만 지배기 왕궁 norman palace의 일부인데, 앞에 말한 것처럼 노르만 지배 시기는 아랍 지배기에 바로 이어지기 때문에 건물에서 아랍풍이 느껴진다. 11세기 후반 약 30년 동안의 전쟁을 통해 노르만이 이슬람 세력을 몰아내는데, 학자들은 이것을 사실상 십자군 전쟁의 시작으로 본다. 이때 활약한 사람이 단테의 『신곡』 '천국편'에도 등장하는 로베르 귀스카르Robert Guiscard다. 천국은 전체 10층의 하늘로 구성되어 있는데, 귀스카르는 전사들의 거주지인 다섯 번째 하늘(화성천)에 머물고 있다('천국편' 18곡). 한편 그가 치른 전쟁의 처참함은 '지옥편'에서, 분열을 일으킨 사람들이 몸이 절단되는 벌을 받는 대목에도 소개되어 있다('지옥편' 28곡).

이 로베르 귀스카르의 형제가 로저 1세이고, 로저 1세의 아들이 로저(루제로) 2세, 로저 2세의 딸이 콘스탄차 황후이다. 이 '큰 콘스탄차'와 그의 아들 페데리코 2세, 페데리코 2세의 아들 만프레드, 만프레드의 딸 '작은 콘스탄차'가 『신곡』에 계속 언급된다. 페데리코 2세는 이단 지

『신곡』에 대한 짧은 소개

단테Dante Alighieri(1265~1321)의 『신곡神曲, La Divina Commedia』은 중세 말에 만들어진 기독교 서사시이다. 전체는 100개의 노래로 구성되어 있고, 세 부분으로 나뉘어 '지옥편' 34곡, '연옥편' 33곡, '천국편' 33곡으로 되어 있다. 내용은 서기 1300년 부활절 직전에 35세의 단테가 기원전 1세기 로마 시인인 베르길리우스의 안내를 받아 지옥과 연옥을 보고, 이어서 천국을 방문하는 것이다.

지옥은 밑으로 갈수록 점점 반경이 줄어드는 일종의 깔때기로서, 위쪽에는 좀 약한 죄에 대한 징벌 구역이 있고, 아래로 갈수록 강한 죄를 지은 자들이 배치되어 있다. 대체로 '부절제-폭력-기만-배신'으로 죄를 분류한다. 부절제에 해당되는 죄는, 약한 것부터 언급하자면 애욕-탐식-탐욕-분노이다. 폭력의 지옥은 위에서부터 세 부분으로 나뉘어, 타인에 대한 폭력, 자신에 대한 폭력, 하느님에 대한 폭력이 각기 벌을

받는다. 기만의 지옥은 열 개의 구렁으로 나뉘어 각기 그 죄에 합당한 벌을 받는다. 배신의 지옥은 배신 대상에 따라 넷으로 나뉘어, 차례로 친족-조국-손님-은인에 대한 배신자들이 배치되어 있다. 단테가 지구의 중심에 박혀 있는 사탄의 털을 잡고 반대편으로 나가 빛나는 별을 보는 것으로 '지옥편'이 끝난다.

연옥은 육반구陸半球의 반대편, 수반구水半球에 솟아 있는 높은 산에 있다. 전체는 크게 세 부분으로 연옥 입구-연옥 일곱 층-지상낙원 순順으로 되어 있다. 먼저 단테는 연옥산 아래서 아직 본격적인 연옥에 들어가지 못하고 기다리고 있는 사람들을 만난다. 천사가 지키는 연옥문을 통과한 후에는 일곱 개의 층을 지나서 위로 올라간다. 일곱 층은 아래에서부터 오만-질시-분노-태만-탐욕-식탐-애욕의 죄를 씻는 것으로 되어 있다. 마지막 층을 지나고 나면 베르길리우스는 떠나가며, 단테는 연옥에서 죄 씻음이 끝난 스타티우스와 함께 지상낙원으로 들어간다. 그는 거기서 베아트리체를 만나 이전의 죄를 씻고 일종의 세례를 겪은 후, 구속救贖의 역사를 보여주는 행렬을 보고 이어서 교회의 타락을 보여주는 환상을 보게 된다.

천국은 연옥산 꼭대기에서부터 올라가는 것으로 설정되어 있다. 그것은 열 개의 층으로 되어 있는데, 아래에서부터 일곱 층은 당시 알려진 일곱 개의 '행성'에 맞춰져 있어서 각기 달-수성-금성-태양-화성-목성-토성의 하늘이다. 그 위에는 세 층의 천국이 더 있는데, 밑에서부터 항성천-원동原動천-최고천으로 불린다. 천국에 있는 존재들은 모두 평등하기 때문에 각 구역에 거주자가 따로 있는 것은 아니지만, 그 구역의 성격을 보여주기 위해 각 안내자들이 나와 있다가 단테를 맞이하여 그의 질문에 설명을 주고, 성서와 기독교의 진리를 펼쳐 보인다. 단테는 제일 꼭대기 층까지 도달하여 하느님의 진리를 직접 눈으로 보게 된다.

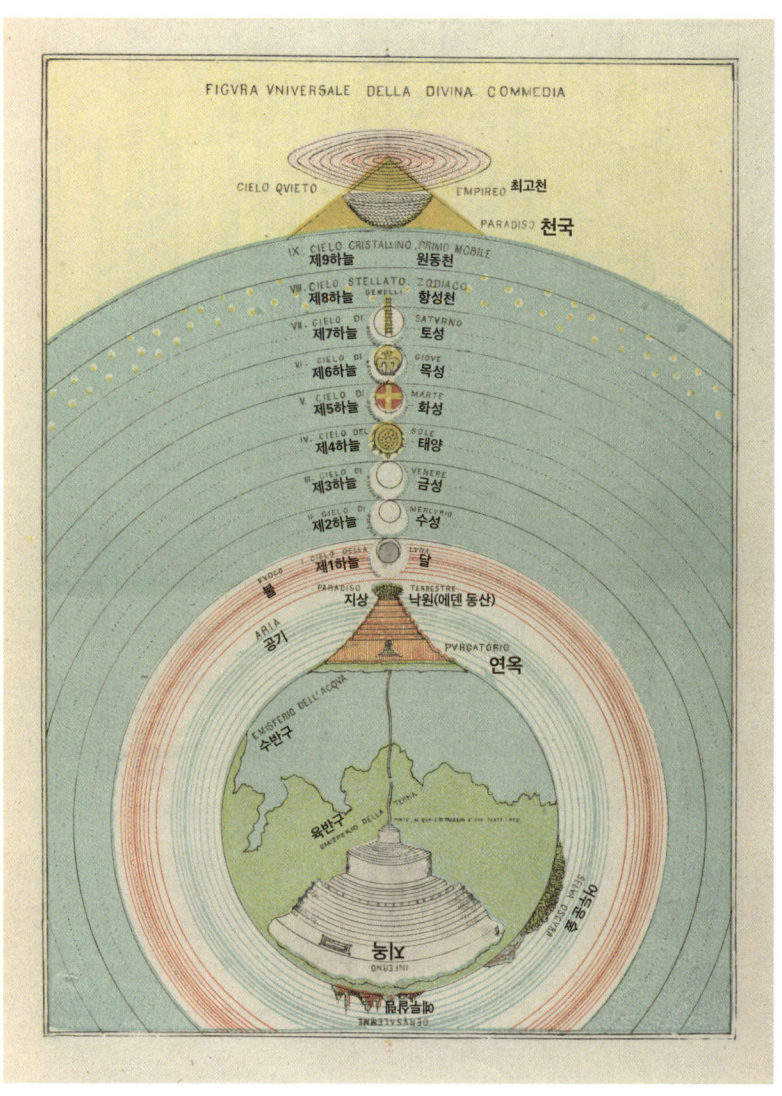

〈신곡에 나타난 우주의 모습〉, 미켈란젤로 카에타니, 1855.

로저 2세의 대관식 모자이크,
마르토라나 교회, 팔레르모.

옥에, 그의 아들 만프레드는 연옥 입구에, 그들의 조상 '큰 콘스탄차'는 천국에 각기 머물고 있다. 그리고 로베르 귀스카르와 페데리코 2세 집안(독일계 신성로마제국 황실)을 연결시켜 주는 사람이 로저 2세(시칠리아 노르만 왕조)인데, 그는 한때 지중해 중앙부를 제패했던 대단한 인물이다. 북아프리카 중앙부 해안, 오늘날 튀니지, 알제리, 리비아의 일부까지 펼쳐진 꽤 넓은 영역이 노르만 왕조에 복속되어 있었다. (로저 2세의 아들 윌리엄 1세 때 상실한다.)

로저 2세의 대관식 장면도 지금 팔레르모 시내의 교회에 모자이크로 남아 있다. 보통 '마르토라나Martorana'라고 불리는 알바니아 계열 교회 Santa Maria dell'Ammiraglio가 그 소장처다. 이 교회는 특이하게도, 15세기 발칸반도에서 종교 탄압을 피해 이주한 사람들의 후손이 소속되어 있는 곳이다. 그래서 가톨릭교회이면서도 동방정교식으로 예배를 드린다.

로저 2세에 대해서도 좀 신기한 사실이 있다. 60세쯤까지 살면서 상당히 탄탄한 권력을 누렸는데, 그의 궁정에 알-이드리시라는 아랍 지리학자가 머물면서 세계지도Tabula Rogeriana를 만들고 아랍어와 라틴이로 해설을 달았다. 세계지리학사에 길이 남을 이 업적의 필사본들이 지금까지 전해진다. (프랑스 국립도서관, 옥스포드, 이스탄불에 각기 소장되어 있다.)

팔라티나 예배당은 방금 소개한 로저 2세가 짓기 시작한 것으로(1132년 착공) 그의 초상이 예배당 안에도 그려져 있는데, 앞에 본 마르토라나 모자이크보다는 솜씨가 못하다. 팔라티나 예배당은 그 이전에 있던 예배당(1080년 건립)을 확장한 것이다. 파티마 왕조 풍의 끝이 뾰족한 아치(첨두아치, 뾰족머리아치)를 이용한 것은 이전에 이곳을 차지했던 아랍의 영향이다. 〔앞에서 뭉뚱그려 말했지만, 시칠리아를 차지했던 아랍 세력도 두 단계가 있어서 먼저 아바스 왕조가, 이어서 파티마 왕조가 이곳을 차지했다. 앞의 것은 지중해 동쪽(아라비아반도)에서, 뒤의 것은 지중해 서쪽에서 일어난 세력이다.〕 파티마 왕조는 북아프리카의 서쪽 끝에서 시작되어 점차 동쪽으로 확장되다가 마지막엔 서쪽부터 영역이 오그라들어 결국 동쪽 영토(이집트)에서 최후를 맞았다.

팔라티나 예배당을 방문하는 주된 이유는 성서 내용을 담은 좋은 모자이크 그림이 있기 때문이다. 예배당은 동서로 길쭉하게 생겼는데(약 40미터), 한자 '날일日' 자처럼 생긴 건물군의 중앙선에 해당된다. 바깥에서 보면 중심선 동쪽에 돔sanctuary(성소)이 솟아 있고, 서쪽 부분은 길게 맞배지붕으로 덮여 있다. 내부로 들어가서 보면 동서 방향으로 길쭉한 공간 세 개가 나란히 붙어서, 말하자면 우주왕복선의 중앙 탱크와 그 양쪽에 붙은 로켓부스터처럼 구성되어 있다. (세 부분 모두 동쪽 끝엔 둥근 반구형 공간 후진apse이 붙어 있다. 비잔틴 양식의 특징이다.) 물론 그 세 부분은 벽으로 완전히 막힌 개별 공간은 아니고, 남쪽과 북쪽의 중간벽이 세 개의 거대한 아치로 뚫려 있어서(기둥은 네 개) 큰 공간을 세 부분으로 구획한 정도로 보인다. 그 벽과 천장에 빈틈없이 모자이크로 채웠는데, 내용은 성서 속 위인들이 대부분이다. 특히 중앙공간을 남북쪽의 측랑aisle(주랑)과 나눠주는 벽 안쪽에는 신구약의 중요한 사건들도 많이 그려 넣어서 성서 내용을 아는 사람이라면 쉽게 주제를 분간할 수 있다. (중앙공간nave은 보통 '신랑身廊'이라고 해서 마치 '결혼식을 치르는 남자'를 이르는 말처럼 들리지민, 라딘어로 '배navis'라는 뜻이다.)

사실 어떤 건물이든지 빗물을 좌우로 흘려보내야 하기 때문에, 중앙부가 높고 좌우는 낮아질 수밖에 없다. 그래서 길이 방향으로 실내 공간을 세 부분으로 나누면, 중앙 부분이 제일 천장이 높고 좌우는 천장이 낮아지게 된다. 그리고 중앙부에서 의식을 진행하고 순례자는 거기서 사방을 둘러보기 때문에 당연히 중앙부 좌우 벽에 좋은 그림이 들어가게 된다. 팔라티나 예배당도 그렇고, 앞으로 보게 될 몬레알레 성당도 마찬가지다.

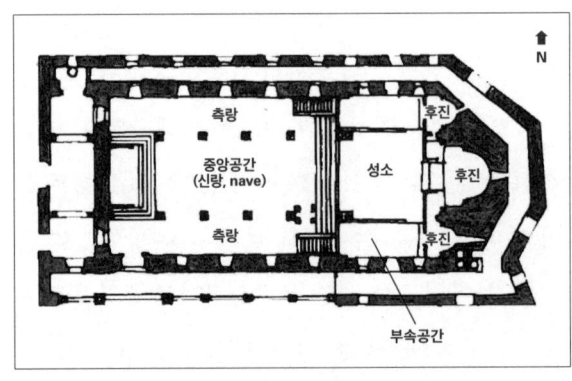

팔라티나 예배당 평면도.

위 팔라티나 예배당 중앙공간 남쪽벽의 모자이크. 윗줄에는 천지창조, 아랫줄에는 노아의 포도 농사, 노아가 술 취해 쓰러짐, 바벨탑 등이 그려져 있다. 맨 아래는 남쪽 측랑으로 왼쪽에 사도 바울의 생애, 제일 오른쪽에 천사가 베드로를 감옥에서 구해냄이 그려져 있다.
아래 예수 탄생 모자이크. 팔라티나 예배당 성소의 남쪽 부속공간 동쪽벽.

팔라티나 예배당의 중앙공간 좌우 벽에 그려진 구약성서의 일화들을 보자. 이 그림들은 위와 아래 2단으로 나누어서 왼쪽부터 오른쪽으로 가면서 이야기가 진행되고 있다. 남쪽벽 위쪽의 세계 창조 과정부터 시작하여 북쪽벽 위, 남쪽벽 아래, 북쪽벽 아래로 이어진다.

남쪽벽 위: 하느님이 수면 위로 다니심, 공간을 만드심, 물과 땅을 나누심, 해와 달을 만드심, 새와 물고기 창조, 아담을 만들고 동물들을 부르심, 이브(하와)를 만드심.

북쪽벽 위: 인간의 타락(신악을 알게 하는 나무 열매 먹음), 낙원 추방, 농업의 시작, 카인과 아벨의 제사, 카인이 아벨을 죽임, (그림체가 다른) 노아의 가족과 에녹의 승천, 노아가 방주를 만듦.

남쪽벽 아래: 노아의 방주로 비둘기가 올리브 가지를 물어 옴, 무지개 나타나고 노아 일행이 방주에서 나옴, 노아의 포도 농사, 노아가 술에 취해 쓰러짐, 바벨탑, 아브라함이 천사를 접대함, 천사들이 롯을 방문함.

북쪽벽 아래: 롯의 가족이 소돔성을 탈출함, 아브라함이 이삭을 신께 바치려다 중단함, 이삭을 위해 아내를 구해 옴, 야곱이 아버지를 속여 축복받음, 야곱이 꿈에 천사의 사다리를 봄, 야곱이 천사와 씨름함.

신약시대 사건들은 성소의 남쪽 부속공간과 두 측랑의 벽에 그려져 있다. 성소의 남쪽 부속공간 벽에는 예수의 탄생 장면과 이어지는 예수의 생애(이집트로 도피함, 세례받으심, 죽은 자를 살리심, 예루살렘 입성 등)가 그려져 있다. 한편, 남쪽 측랑의 남쪽벽에는 사도 바울의 생애가, 북쪽 측랑의 북쪽벽에는 사도 베드로의 행적이 각각 그려져 있다. 그 밖에도 여러 예언자와 사도들의 초상이 다양한 공간에 그려져 있다.

몬레알레 성당

좋은 모자이크를 볼 수 있는 다른 곳으로 몬레알레 성당이 있다. 몬레알레monreale는 '왕의 산'이란 뜻이다. 보통 '레알'이 들어가는 단어의 어근은 두 가지가 있다. 하나는 레스res(사물, 재산)이고 다른 하나는 렉스rex(왕)인데 몬레알레의 어근은 rex다. 시내의 팔라티나 예배당으로부터 남서쪽으로 7~8킬로미터 떨어진 산비탈에 있는데, 전설에 따르면 이 성당의 건립자인 윌리엄 2세가 바로 그 성당 자리에서 사냥하다가 잠이 들었단다. 꿈속에 성모님이 나타나서 이곳에 성당을 지으라 명하였고, 나무 밑을 파보니 보물이 나와서 그것을 건축비에 보탰다는 것이다. 하지만 학자들은 왕이 당시의 주교와 경쟁하기 위해 이곳에 새로운 성당을 지은 것으로 보고 있다.

이 성당은 팔라티나 예배당 건립 시기로부터 약 50년 뒤에 지어졌다(1172년 착공, 모자이크 완성은 1182년, 1267년 봉헌). 그러니까 로마 멸망 이후 계속 춥던 기후가 서기 1000년경부터 갑자기 좋아지고(중세 온난기), 그렇게 해서 조금씩 쌓이기 시작한 부가 1080년 팔라티나 예배당의 구건물을 짓게 만들고, 그로부터 약 50년 지나서 팔라티나 예배당이 확장되고, 다시 약 50년 지나 몬레알레 성당이 지어졌다고 생각하면 정리가 잘 된다. 이 건물을 지은 윌리엄 2세(굴리엘모, 기예르모)는 자기 아버지 윌리엄 1세('나쁜 윌리엄')보다 훨씬 좋은 통치를 펼쳤다고 해서 '좋은 윌리엄'이라고 불리며, 단테의 『신곡』 천국편 20곡에도 군주들의 거처인 목성천에 특별히 빛으로 이루어진 독수리의 눈 부분에 자리 잡고 있다. 윌리엄 1세가 팔라티나 예배당을 지은 로저 2세의 아들이니까, 할아버지에 이어 손자가 또 좋은 모자이크 성당을 남겼다고 보면 되겠다.

윌리엄 1세의 무덤도 현재 몬레알레 성당에 남아 있다. 귀족들을 억압해서 '나쁜 윌리엄'이라고 불리게 되긴 했지만, 윌리엄 1세도 상당히 강단 있는 인물이었다. 당시 교황(유일한 영국 출신 하드리아누스 4세)과 동로마 황제, 서로마(신성로마제국) 황제의 연합 공격을 막아내고 교황에게서 화평 조약(베네벤토 조약)을 이끌어냈으며, 대규모 함대를 조직해서 동로마의 영역인 에우보이아로 쳐들어갔던 사람이다. 하지만 그의 치세에 아프리카 영토를 상실하기도 했다. 말년에 귀족 반란을 당하여 위기에 처하기도 했지만, 그것을 이겨내고 권력을 되찾은 상태에서 세상을 떠났다. 처음엔 팔레르모 대성당에 매장되었지만, 몬레알레 성당이 완성되면서 거기로 이장되었다.

단지 귀족을 탄압하지 않아서 '좋은 윌리엄'이라 불리게 된 윌리엄 2

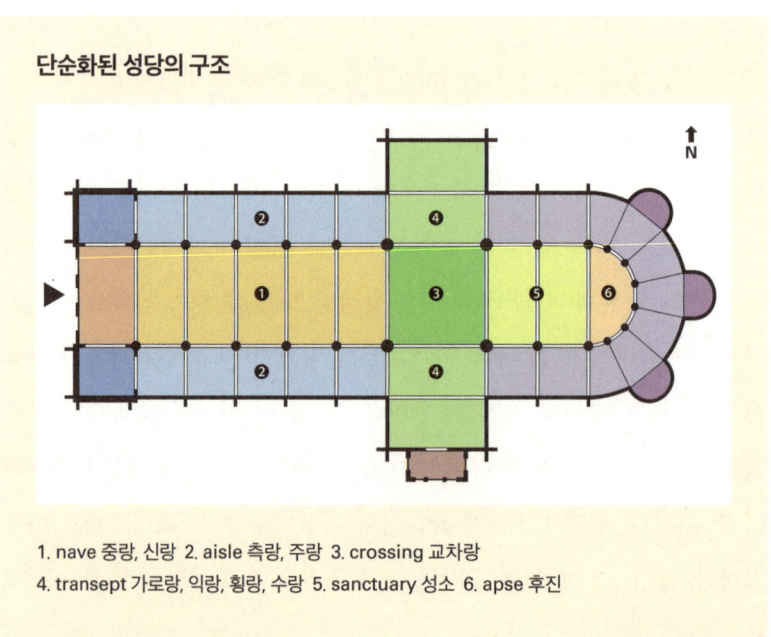

단순화된 성당의 구조

1. nave 중랑, 신랑 2. aisle 측랑, 주랑 3. crossing 교차랑
4. transept 가로랑, 익랑, 횡랑, 수랑 5. sanctuary 성소 6. apse 후진

몬레알레를 성모 마리아에 봉헌하는 윌리엄 2세 모자이크. 몬레알레 성당.

세는 이집트, 비잔틴 등과 계속 전쟁을 해서 상당한 전과를 올리기도 했지만, 30대 초반에 자식도 없이 죽어서 자기 아버지처럼 몬레알레에 묻혔다. 단테가 그를 천국에 모신 것은 아마도 그가 일종의 십자군이었기 때문일 것이다.

몬레알레 성당도 동서로 길쭉한 형태이고 동쪽 끝에 세 개의 후진apse이 있다는 점에서 팔라티나 예배당과 같은 꼴이다. 하지만 동쪽 부분에 남북 방향으로 가로랑transept(횡랑, 익랑)이 팔라티나 예배당에 비해 좀 더 뚜렷하다. 규모도 팔라티나 예배당의 두 배 남짓이어서 동서 방향으로 약 90미터에 이른다. 중앙공간(신랑, 본당) 양쪽의 기둥도 7개나 된다.

이곳도 이야기가 풍부한 모자이크는 주로 동서 방향 중앙공간의 남쪽과 북쪽 벽면을 장식하고 있다. 역시 남쪽 벽면의 윗줄 제일 왼쪽에서 천지창조로 시작하여 오른쪽으로 진행되며, 구성은 팔라티나 예배

위 몬레알레 중앙공간 남쪽벽의 모자이크.
윗줄 왼쪽부터 천지창조 중 물이 드러나게 하심, 해와 달을 만드심, 물고기와 새를 만드심. 아랫줄에 노아의 이야기 중 비둘기가 올리브 가지를 물고 방주로 돌아옴, 방주에서 동물들을 내리게 함.
아래 중앙공간 북쪽벽 모자이크.
윗줄에 추방된 아담의 노동, 카인과 아벨이 제물을 바침, 카인이 아벨을 죽임, 하느님이 카인을 부름.
아랫줄에 이삭이 에서에게 음식 만들기를 명함, 이삭이 야곱을 축복함, 레베카가 야곱에게 외삼촌에게로 도망치기를 권고함, 야곱이 꿈에 천사의 사다리를 봄.

왼쪽 남쪽벽에서 오른쪽으로 서쪽벽을 지나 북쪽벽 모자이크로 연결되고 있다. 서쪽벽은 출입구 위로 윗줄에서부터 아래로 이브를 만들어 아담에게 데려감, 소돔의 멸망, 두 성인의 처형과 바다 위를 걷는 성자가 그려져 있다.

신약성서의 내용을 그린 익랑의 모자이크. 윗줄에서부터 앞 못 보는 이를 고치는 예수, 최후의 만찬, 빌라도 앞에서 선 예수 그림이다.

당과 거의 같다. 서쪽벽에도 이어져 그림이 있다. 중앙공간의 구약성서 내용은 일단 둘러보기도 좋고, 주제를 알아보기가 비교적 쉽다. 물론 건물 규모가 워낙 커서 위쪽의 그림은 상당히 멀어 보인다.

신약성서의 내용은 부속공간 등에 흩어져 있고, 비슷한 내용이 많아서 분간하기 어렵다. 예수의 탄생-활동-죽음은 대체로 익랑과 측랑에 그려져 있고, 부속공간에는 베드로와 바울의 행적이 그려져 있는데, 죽음부터 시작하고 있다.

이 모자이크의 주제를 모두 즉각 알아보는 사람은 성서의 내용에 매우 밝은 사람이라 하겠다. 특히 예수 혹은 사도들이 병자를 고치는 장면

팔레르모 39

북쪽 측랑의 벽에 그려진
성전을 정화하는 예수 모자이크.

은 모두 비슷해서 곁에 쓰인 라틴어 구절들을 참고해야 하는데, 옛날 글자체인 데다가 어미를 축약하고 기호로 표시해서 기본적인 라틴어를 배운 사람이라 해도 이 방면에 전문적 지식이 없으면 해독하기 어렵다.

몬레알레 성당에는 수도원이 딸려 있는데 주랑으로 둘러싸인 중앙정원이 매우 인상적이다. 첨두아치의 다리 부분을 두 개씩 기둥으로 받쳐놓았다. 정원 한가운데 십자로를 만들고, 남서쪽 귀퉁이에는 일종의 정자를 만들어놓았다. 바깥에 나가서 건물 외형을 보는 것도 큰 즐거움이다. 육중하면서도 정교하게 공을 들였다.

시칠리아에서 중세 모자이크를 볼 수 있는 다른 곳은 케팔루라는 도시다. 팔레르모에서 동쪽으로 70킬로미터 남짓 떨어져 있다. 하지만 그곳 대성당에는 대체로 장식적인 인물 그림만 있어서 이야기가 없다. 고대에 섬 북쪽 해안에서는 유일하게 이오니아(아테나이의 친척) 계열이

시칠리아 연표(서로마 멸망 이후)

280년 프랑크족의 쉬라쿠사이 정복

440년 반달족의 시칠리아 점령

827년 아랍인이 시칠리아 상륙

902년 아랍인의 통치가 끝남

1091년 노르만인의 통치가 시작됨

1139년 시칠리아 왕국 성립

1194년 신성로마제국이 통치

1282년 아라곤이 통치

1412년 스페인이 통치

었던 이 도시를 아테나이 원정대가 둘러서 간 것이 『펠로폰네소스 전쟁사』에 기록되어 있다. 하지만 무슨 특별한 사건이 있었던 것은 아니다.

팔레르모 시내에서 가볼 곳으로 하나 더 꼽는다면, 영화 〈대부3〉에서 돈 콜레오네의 딸이 계단에서 총에 맞아 쓰러지는 마시모 극장이 있다. 고고학박물관 가까이에 있으니, 박물관 가는 길에나 팔라티나 예배당으로 이동하는 도중에 잠깐 둘러보면 된다.

세게스타

이제 새로운 도시로 가보자. 고대의 신전 유적 중 거의 최고로 잘 보존된 신전이 있는 곳, 세게스타(희랍어 에게스타)다. 이 도시는 투퀴디데스의 『펠로폰네소스 전쟁사』에서도 꽤 중요한 역할을 한다. 아테나이 사람들을 꼬드겨서 파멸적인 시칠리아 원정을 시작하게 했던 것이다. 섬 남쪽 해안의 셀리누스와 갈등이 생기자, 자기들을 도와주면 비용은 자신들이 부담하겠노라면서 아테나이를 불러들였다. 아테나이에서는 그들에게 돈이 충분히 있는지 확인하기 위해 사절단을 보냈는데, 이 사절단이 세게스타 사람들의 속임수에 넘어가서 '정말 돈이 많더라'고 전했다. 사실 세게스타에는 원정군의 한 달 비용 정도밖에 없었는데, 이웃 도시에서 금은 식기를 빌려다 접대에 이용하며 사절단을 속였다. (정작 아테나이 군대가 시칠리아에 왔을 때는 섬 동남쪽의 쉬라쿠사이에 관심이 집중되어서, 분쟁의 근원인 세게스타는 잊혀진다. 나중에 아테나이가 패퇴한 후 다시 셀리누스의 압박을 받게 되자 세게스타는 카르타고 세력을 끌어들이고, 이후 꽤 오랫동안 카르타고와 동맹관계를 지속한다. 하지만 포에니 전쟁 때는 얼른 카르타고 동맹에서 떨어져 나왔고, 로마로부터 ― 자기들 조상인 트로이아 사람들이라고 해서— 좀 특별한 대접을 받았다.)

세게스타의 기원에 대해서는 고대인들의 증언이 엇갈린다. 트로이아가 멸망할 때 그 도시를 빠져나와 옮겨온 사람들이 세웠다고도 하고, 트로이아를 공격하러 떠났다가 뱀에 물려 무인도에 버려진 필록테테스의 동료들이 정착한 데라고도 한다. 가장 유명한 작품의 도움을 받자면, 『아이네이스』에 시칠리아에 기착한 아이네아스 일행을 잘 대접하는 아케스테스라는 왕이 나오는데, 그는 트로이아 종족 출신 여성 세게스타와 그 지역 강물 신인 크리니수스 사이에 태어났다고 한다(『아이네이스』1권, 5권). 아이네아스 일행 중에 방랑에 지쳐서 더는 따라갈 수 없다는 사람들을 정착시킨 곳이 이곳 왕 아케스테스의 이름을 딴 아케스타라는 것이다(5권). 이 '아케스타'가 변해서 '에게스타'가 되었다고 하는데 아케스테스 어머니의 이름을 따서 '세게스타'가 되었다고 해도 설명이 될 듯하다.

옛날에는 이 도시를 일종의 '새로운 트로이아'로 생각해서, 소아시아의 트로이아 앞에 흘러가던 두 강, 스카만드로스와 시모에이스의 이름을 이곳의 작은 시내에 붙였다고 한다. 그와 유사한 사례가 『아이네이스』에도 나온다. 아이네아스 일행은 서쪽 이탈리아를 향해 가다가 희랍반도의 서북쪽 에페이로스 지역에 도착한다. 거기서 뜻밖에도 헥토르의 아내 안드로마케와 마주치는데, 그녀는 트로이아 함락 때 아킬레우스의 아들 네옵톨레모스에게 배정되어 희랍 땅으로 끌려왔다가, 트로이아 출신 헬레노스와 짝이 되어 그곳에 '작은 트로이아'를 세우고 살고 있었다. 그리고 그곳의 작은 강에 고향 강의 이름을 붙여놓은 참이었다.

세게스타인들은 투퀴디데스에 따르면 시칠리아 원주민이었다고 하

세게스타 주화.
요정 두상 있는 면에는 희랍 글자로
세게스타라고 새겨져 있다.

는데, 그들의 문화는 거의 완전히 희랍적인 것이어서 지금 남아 있는 신전이나 극장도 희랍 문화 그대로고, 옛날 주화의 새김글도 희랍글자로 되어 있다. (주화엔 대개 한쪽 면엔 개 또는 개를 데리고 있는 사람, 다른 면엔 요정의 두상이 새겨졌다.)

세게스타 유적지는 시칠리아 서북쪽에 자리 잡고 있다. 팔레르모에서 서쪽으로 해안을 따라 돌다가 어느 순간 동쪽을 향해 내륙으로 들어가야 한다. 팔레르모를 떠나서 30분 정도 달리면 여행자가 처음 도착했던 팔레르모 국제공항을 지나가게 된다. 우리의 여행자는 다른 공항에서 시칠리아를 떠날 여정이니 자기가 내린 공항을 다시 한번, 아마도 마지막으로 확인할 기회다.

공항을 지나 다시 한 30분 달리면 세게스타 신전에 도착한다. 이 신전은 장식이 전혀 없어서 대체 어떤 신에게 바쳐진 것인지 알 수 없다. 게다가 내실도 조성하지 않아서, 그냥 바깥 테두리 기둥만 남아 있다. 일설에 따르면, 이 신전을 포에니 전쟁 직전에 짓기 시작했는데 전쟁이 발발해서 사람들이 떠나고 그냥 잊혀져 이렇게 공사를 마치지 못한 상태로 남았다고 한다. 하지만 내실의 벽을 쌓았던 흔적이 전혀 없어서 이 설을 받아들이기 어렵다. 기둥을 다 둘러놓고 내실을 조성하자면 부재를 안으로 옮기고 기계장치들을 가까이 끌어들여 운용하는 데 방해가 될 터이니, 아무래도 내실을 먼저 조성하는 게 제대로 된 순서일 것이다. 다른

『아이네이스』 - 로마 건국 서사시

『아이네이스』는 기원전 1세기 로마의 시인인 베르길리우스가 쓴 서사시이다. 트로이아 전쟁에서 살아남은 아이네아스라는 영웅이 여러 곳을 방랑하다가 이탈리아 땅에 닿아 정착하게 된다는 내용이다. 아이네아스는 여신 베누스와 인간인 안키세스 사이의 아들로서, 이미 『일리아스』에 앞으로 트로이아인들을 다스리게 된다고 예언되어 있던 인물이다.

작품은 12권으로 이루어져 있는데, 보통 말하기를 앞의 여섯 권은 방랑이라는 점에서 『오뒷세이아』를 본받고, 뒤의 여섯 권은 전쟁이라는 점에서 『일리아스』를 본받았다고들 한다.

앞의 여섯 권 중에서 다시 맨 앞 네 권의 이야기는 카르타고를 배경으로 삼고 있다. 1권과 4권은 카르타고에서 실제로 일어나는 사건으로 되어 있고, 중간의 2권과 3권은 아이네아스가 들려주는 이야기로 되어 있다. 첫째 권은 트로이아의 영웅인 아이네아스가 폭풍에 떠밀려 카르타고에 도착하고 거기서 여왕 디도의 영접을 받는 내용이다. 둘째 권은 트로이아가 어떻게 함락되었는지를 다루고, 셋째 권은 거기서 살아남은 사람들이 어떤 곳을 떠돌았는지를 다룬다. 넷째 권은 예부터 많은 사랑을 받던 부분으로, 아이네아스와 디도의 사랑, 그리고 그것의 파멸적인 결말을 그린다.

5권에서 우리는 아이네아스 일행이 시칠리아에 머물며 주인공의 아버지 안키세스를 기념하는 운동경기를 치르는 것을 보게 된다. 6권은 아마도 이 작품 전체에서 가장 유명한 부분으로서, 아이네아스의 저승여행을 다룬다.

『일리아스』를 본받은 것으로 알려진 후반부 여섯 권에서, 맨 앞의 두 권은 전쟁의 준비를 다루고, 뒤의 네 권은 좀 더 본격화된 전쟁을 다룬다.

　후반부의 첫째 권인 7권은 여러 면에서, 전반부의 첫째 권인 1권과 유사한 것으로 알려져 있다. 시인은 다시 한번 무사 여신을 부르며 새로운 시작을 알리고, 유노 여신은 분주하게 새로운 계략을 준비한다. 7권의 주된 내용은 라티움 사람들과의 협상과 결렬이다. 둘째 권인 8권은, 아이네아스가 동맹군을 얻으러 나중에 로마가 자리 잡게 되는 지역을 방문해서 에우안드루스왕의 영접을 받고, 또 어머니 베누스에게서 놀라운 방패를 얻는다는 내용이다. 9권에서는 포위당해 있는 트로이아 진영으로부터 두 젊은이가 나와서 활약하다가 희생되는 이야기가 펼쳐진다. 10권은 가장 치열한 전투가 벌어지는 부분으로 여기서 에우안드루스의 아들인 팔라스가 쓰러지고, 라티움 쪽에서는 라우수스라는 젊은이가 희생된다. 11권은 라티움 쪽을 도우러 온 카밀라라는 여성 전사를 주로 보여준다. 그녀는 마치 트로이아에서 싸웠던 아마존 여전사 펜테실레이아처럼 싸우다가 쓰러진다. 12권은 양 진영의 대표 전사인 아이네아스와 투르누스의 마지막 대결을 주로 보여준다.

설에 따르면, 태양신을 섬기기 위한 공간이어서 태양과 숭배자 사이를 가로막지 않으려는 의도에서 이렇게 했다고 하는데 꽤 그럴싸하다.

　신전의 기둥 수는 6×14여서 기본 형식보다 약간 길다. 다른 데서도 말했지만, 신전 건축에서 기둥 수는 '긴 쪽 기둥 수 = (짧은 쪽 기둥 수×2)+1'이 기본이다. (모서리 기둥은 두 번 계산한다.) 이 신전은 짧은 쪽 기둥이 6개이므로 긴 쪽은 13개여야 기본형과 일치하는데 긴 쪽 기둥이 하나 더 많은 것이다. 하지만 기둥이 워낙 굵직해서 그런지, 건물이 별로 길어 보이진 않는다.

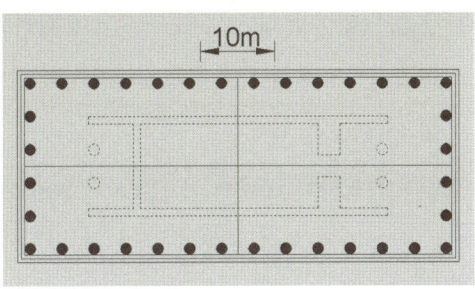

세게스타 신전과 평면도.
평면도의 점선 내부 구조물은
일반적인 신전의 구조를 상상적으로
채워넣은 것이다.

　건축양식은 일단, 기둥머리가 그릇 모양으로 되어 있으니 도리스식이다. 한데 대개 도리스식 기둥들이 아무 받침 없이 그냥 바닥면에 놓이는 것에 반해, 이곳의 기둥들은 네모난 받침 위에 얹혀 있다. 또 하나 특이한 것은 기둥에 세로홈장식(플루트)을 넣지 않아서 상당히 둔중한 느낌을 준다는 점이다. 기둥 위를 돌아가는 보에는 교차돌림띠가 만들어져 있지만, 세줄장식triglyps과 교차 배열되어 있는 중간면장식metope엔 아무것도 없다.
　이 신전은 두 개의 높은 언덕 사이 좀 낮은 언덕 위에 조성되었는데,

동쪽의 높은 언덕 위에는 희랍식 극장이 꽤 잘 복원되어 있다. 원래 기원전 4세기 말에 지었던 극장을 기원전 2세기에 보수하여 지금까지 남아 있다. 언덕을 올라가는 길이 약간 고생스럽지만 극장에 도착하면 멀리 북쪽으로 벌판을 내려다보고 있어서 전망이 좋다. 언덕을 올라가다 보면 길이 두 갈래로 나뉘는데, 왼쪽으로 갈라져 나간 곁길은 언덕 아래로 빙 돌아서 무대 쪽으로 가고, 직진하는 길은 객석 위쪽으로 바로 닿게 된다.

답사객은 대개 지름길인 극장 위쪽에서 접근하게 되는데, 둥근 성벽 같은 데에 입구가 나있어서 그리로 들어가세 된다. 좁은 입구로 들어가면 양쪽에 벽이 있는 복도를 따라 들어가게 되어, 마치 성문을 통과하는 듯한 느낌이 든다. 그 '복도'를 다 통과하면 거의 정북 방향으로 시야가 열리고, 저 아래로 오르케스트라(무대 앞의 원형 공간으로 합창단의 자리)와 무대가 보인다.

계단식 객석이 내려다보이는 지점까지 가서 돌아보면, 방금 지나온 부분에 극장 전체를 에워싸고 빙 둘러서 여러 개의 '방'들이 조성되어 있다. 사실 이 '방'들은 객석 상층의 하부구조다. 우리가 들어가는 입구는 극장 객석의 아래층과 위층 사잇길 diazoma로 통하는 통로인 것이다. 원래는 우리가 보는 '방'들 위로 계단식 객석의 2층 media cavea이 조성되어, 좌석이 여덟 줄 더 있었다. 현재 답사자가 내려다보는 부분인 객석 1층 ima cavea은 스물한 줄의 좌석이 복원되어 있다. 이 극장에 객석 3층 summa cavea이 있었는지는 확실치 않다.

오늘날의 영화관도 더러는 제일 위쪽이나 중간쯤으로 입장하는 경우가 있으니, 그와 비슷하게 생각하면 되겠다. 관광객이 위쪽에서 접근하기로는 앞으로 보게 될 쉬라쿠사이 극장도 마찬가지인데, 거기는 진입

세게스타 극장의 현재 모습과 극장 평면도. 현대에 복원한 부분은 평면도에 짙은 색으로 표시되어 있다.

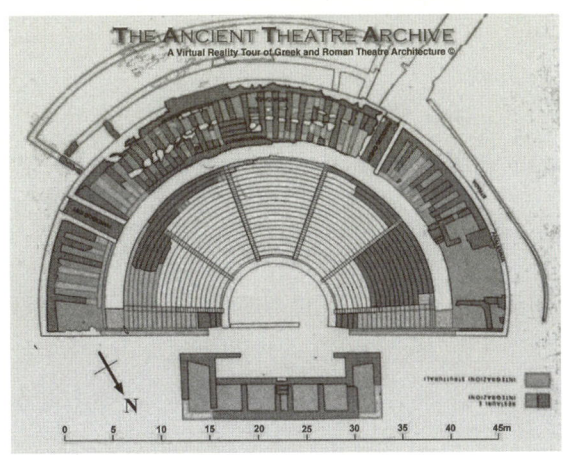

로가 객석 아래층과 위층 사잇길로 바로 통해 있어서, 이런 '성문 입장'의 느낌은 나지 않는다.

세게스타 시가지는 현재 남아 있지 않다. 방금 본 극장으로 올라가는 길 중간, 언덕 중턱에 몇 개의 건물지가 남아 있을 뿐이다. 전하는 바에 따르면, 점차 본도시보다는 북쪽으로 10킬로미터 정도 떨어진 외항이 더 발전하게 되고, 사라센인들이 이 섬에 도착할 무렵에는 본도시가 완전히 버려졌다고 한다. 세게스타의 외항은 지금도 옛날 그 자리에서 꽤 번성하고 있다. 팔레르모에서 세게스타로 가다 보면 길 오른쪽 바닷가에 있다.

펠로폰네소스 전쟁과 투퀴디데스

펠로폰네소스 전쟁(기원전 431~404년)은 기원전 5세기 그리스 도시국가들 사이에 벌어진 일종의 내전이다. 이는 스파르타와 코린토스를 중심으로 한 펠로폰네소스 동맹과 아테나이와 여러 섬, 해안 도시국가들의 동맹인 델로스 동맹 사이에 벌어진 전쟁이다. 이 전쟁의 기원과 전개 과정은 아테나이 출신 투퀴디데스(기원전 460~400년경)의 『펠로폰네소스 전쟁사』에 자세히 기록되어 있다. 투퀴디데스는 이 전쟁에 직접 참여해서 장군 자격으로 트라케 지역의 암피폴리스를 지키러 함대를 이끌고 갔으나, 그가 도착하기 하루 전에 암피폴리스가 함락되어 결국 책임 추궁을 당하고 국외로 추방되었다.

투퀴디데스는 이 전쟁을 '기존 강대국이 신흥 강대국을 견제하려고 일으킨 것'으로 보고 있으며, 현대에는 이런 상황 전개를 '투퀴디데스 함정'이라고 부른다. 이 전쟁에서는 아테나이가 패배하고 말았는데, 투퀴디데스는 그 원인이 페리클레스가 전쟁 초기에 죽고 그의 원칙이 지켜지지 않았기 때문이라고 본다. 페리클레스는 전쟁을 확대하지 말고, 적이 육전에 강하니 보병 전투를 피하고 해군을 이용해서 배후를 치자는 지침을 갖고 있었는데, 그 전략이 유지되지 못했다는 것이다.

펠로폰네소스 전쟁의 첫 10년(기원전 431~421년)은 보통 '아르키다모스 전쟁'이라 부른다. 『펠로폰네소스 전쟁사』 첫 부분에, 매년 여름이 시작되면 '스파르타 왕 아르키다모스가 군대를 이끌고 앗티케로 진격했다'는 구절이 반복적으로 나오기 때문이다. 그 10년의 마지막 부분에 양쪽 진영의 가장 극렬한 전쟁 주창자(스파르타의 브라시다스, 아테나이의 클레온)가 암피폴리스 전투에서 동시에 전사하면서 평화협정('니키아스의 평화')을 맺게 된다. 원래는 50년간 전쟁을 중지하기로 약속했으나 7년 만에 전쟁이 재개된다. 평화 기간에 두 진영이 아르고스를 끌어들이기 위해 애쓰고, 펠로폰네소스 반도 내에서 동서 방향의 도시 동맹과 남북 방향의 도시 동맹 간에 크고 작은 전투가 계속되는 한편, 아테나이가 시칠리아 대원정(기원전 415~413년)을 시도한 것 때문에 다시 전면전으로 번진 것이다.

『펠로폰네소스 전쟁사』는 애초에 '첫 10년-평화 기간 7년-마지막 10년'의 구도로 기획되었으나, 아테나이의 시칠리아 원정이 궤멸적 실패로 귀결된 후 아테나이가 함대를 재건하여 주로 에게해 동쪽에서 전투가 벌어지는 것을 보여주다가, 전쟁 21년차인 411년 대목에서 서술이 끊기고 만다. 아마도 저자가 갑자기 사망한 것 때문이 아닌가 추정된다.

『펠로폰네소스 전쟁사』는 전체가 8권으로 되어 있어서, 제1권에서는 전쟁이 발발하기 전 상황을 보여준다. 이 1권에는 헤로도토스가 『역사』에서 기록한 페르시아 침입 사건 이후에 어떤 일이 있었는지 보여주는 '50년사' 부분과 페르시아 전쟁 이전의 사건을 간략히 적은 '고고학적 부분'이 포함되어 있어서, 저자가 헤로도토스를 계승하면서 동시에 수정, 보충하려는 의도가 있었음을 알 수 있다. 2권에서 5권 초반까지는 첫 10년간의 '아르키다모스 전쟁'을 그리고, 5권 중간부터 끝까지는 '니키아스의 평화' 기간에 있었던 사건들을 그린다. 6권과 7권은 어쩌면 이 작품에서 가장 유명한 대목으로 아테나이의 야심적인 시칠리아 대원정을 보여준다. 8권은 그 이후 2년간 벌어진 사건을 기록하고 있다.

시칠리아 대원정은 주로 젊은 야심가 알키비아데스가 주창함으로써 시작되었다. 하지만 지휘관 세 명 중 하나인 그가 정치적인 문제로 소환되고, 도중에 적국으로 망명하는 바람에 일차적으로 차질이 생긴다. 이후 원정군은 시칠리아의 중심 도시인 쉬라쿠사이에 포위 방벽을 쌓으려 시도하지만, 상대쪽의 직각 방향 대항 방벽에 가로막혀 실패한다. 아테나이에서는 2차 원정단과 함께 젊은 장군 데모스테네스를 보내 니키아스를 돕게 하지만, 데모스테네스가 도착 직후 시도한 공격이 참담한 실패로 끝나고, 이후 여러 차례 해전에서도 거듭 타격을 입는다. 마지막엔 육로를 이용해서 이웃 도시로 탈출하려 하지만, 도중 적의 공격으로 큰 손실을 입고 결국 항복한다. 두 장군은 참수되고, 포로 대부분이 채석장에 갇혔다가 죽음을 당한다(기원전 413년).

셀리누스

세게스타 신전으로부터 2시간 정도 차로 이동하면, 남쪽 바닷가의 서부에 위치한 셀리누스(현재 셀리눈테)에 도착한다. 희랍인의 식민 활동으로 시작된 이 도시는 이 지역에 무성하던 식물 셀러리selinon를 도시 이름에 넣었고, 주화에도 셀러리를 새겨 넣었다. 우리가 이 도시를 찾아가는 이유는 두 가지다. 하나는 펠로폰네소스 전쟁의 출발점을 확인하자는 것이고, 다른 하나는 이 도시 자리에 대단한 신전 유적이 남아 있어서 확인하자는 것이다. 사실은 뒤의 이유가 더 크다. 이 도시는 펠로폰네소스 전쟁에서 곧 관심 밖으로 밀려났기 때문이다.

   셀리누스는 기원전 5세기에 세게스타를 압박해 그들로 하여금 아테나이에 도움을 청하게 해서 시칠리아 원정이 일어나게끔 먼 원인을 제공한 바로 그 도시다. 하지만 이 도시 역시 세게스타처럼 『펠로폰네소스 전쟁사』에서 곧 초점 밖에 놓이게 된다. 아테나이 주력군이 도착한 다음에는 섬 동남쪽의 쉬라쿠사이가 주된 전장이 되기 때문이다. 셀리누스는 그저 쉬라쿠사이에 약간의 응원군을 보냈다는 기록 정도만 남기게 되었다.

셀러리가 새겨진
고대 셀리누스의 주화.

아테나이 원정군이 궤멸하는 과정은 차후에 보기로 하고, 이 전역 다음에 셀리누스가 겪은 일들을 정리해 보자면 이렇다. 아테나이의 대원정이 실패로 돌아간 이후 셀리누스는 다시 세게스타에 압박을 가한다. 그러자 세게스타는 카르타고의 도움을 청한다. 카르타고는 처음엔 좀 미온적으로 응하다가 마침내 강력한 군대를 파견하고, 셀리누스는 심대한 타격을 받아 시민 대다수가 희생된다(기원전 409년). 좀 늦게야 쉬라쿠사이가 셀리누스에 도움을 주지만, 카르타고 세력도 만만치 않아 기원전 5세기 말과 4세기 내내 진퇴를 거듭한다. 결국 카르타고 영역과 희랍인 영역의 경계선이 셀리누스 동쪽에 설정되고(기원전 311년 히메라강 전투), 이 도시는 카르타고에 종속된다. 기원전 3세기 초 에페이로스 왕 퓌르로스가 시칠리아로 진격했을 때 잠깐 이 도시도 그의 편에 가담했었고, 1차 포에니 전쟁 중에 로마에게 밀린 카르타고가 점차 자기들의 거점을 줄여가면서 이곳 주민도 섬 서남쪽의 릴리바이움으로 옮기고 도시는 방치되었다.

〔셀리누스가 카르타고 영향권으로 귀속되게 된 결정적 계기가 히메라강 전투인데, 이것은 나중에 볼 히메라 전투(기원전 480년)와는 다른 것이다. 시기뿐 아니라 장소도 다르다. 히메라는 시칠리아 북부 해안에 있는 도시지만, 히메라강은 아크라가스와 겔라 사이로 흘러 남쪽 바다로 들어가는 강이다. 나중에 쉬라쿠사이에서 히에론 2세라는 인물에 대해 알아볼 터인데, 그 사람이 쫓아낸

이전 쉬라쿠사이 통치자 아가토클레스가 바로 히메라강 전투에서 패배한 사람이다. 이 아가토클레스는 기원전 4세기 말에 북아프리카로 쳐들어가서 상당한 전과를 올리기도 했다.]

앞에 말했듯 이 도시를 찾는 가장 큰 이유는 여기 엄청난 신전 단지가 있고, 여기서 우리가 이미 팔레르모 박물관에서 확인한 유물들이 쏟아져 나왔기 때문이다. 이곳 유적지는 크게 세 부분으로 나뉜다. 양쪽에 작은 강을 끼고 중앙부에 솟은 아크로폴리스 구역, 그 동편 강 건너에 있는 신전 구역, 그리고 서쪽 강 건너 구역.

아크로폴리스에서는 신전이 여러 개 확인되었는데, 그중 가장 오래되고 잘 보존된 것이 신전 C이다(기원전 550년). 다른 것들은 그냥 바닥에 깔려 있어 눈에 잘 띄지 않는데, 이것만 상당히 복원을 했다. 신전 북쪽 기둥 중 14개(동쪽 끝의 두 개는 기둥머리 없이 좀 낮게 복원)를 세우고 그 위에 보까지 얹었다. 원래 이 신전은 기둥 수가 6×17이었다. 앞에 제시한 공식 '가로=세로×2+1'에 비해 가로 방향이 상당히 긴데, 이는 입구 기둥을 두 줄로 만들었기 때문이다. 일단 동쪽 입구 앞에 가로로

셀리누스 유적지 복원 모형, 팔레르모 고고학박물관. 1 아크로폴리스 2 데메테르 성역 3 신전 D 4 신전 C 5 신전 A 6 신전 O 7 신전 E 8 신전 F 9 신전 G

늘어선 기둥들을 배치하고, 다시 기둥 두 칸만큼 앞쪽에 가로 기둥들을 한 줄 더 세웠다.

벽의 아랫부분만 남아 있는 내부 건물은, 동쪽부터 전실pronaos-내실 naos-지성소adyton의 구조로 되어 있다. 서쪽 끝이 벽으로 막혀 있어서, 아테나이 파르테논과 달리 서쪽 공간이 반개방 공간이 아니다(이와 같이 후실이 없는 것이 상고시대 방식이다. 아르카익 스타일).

이 신전은 나중에 표준이 된 도리스 양식과는 여러 면에서 다른 특징을 보인다. 배흘림을 사용하지 않은 점, 기둥이 더러 돌 하나로 이루어지기도 하고, 기둥 세로홈의 숫자가 제각각인 점, 기둥 간격이 고르지 않은 점(기둥 사이 간격을 측정하는 기준은 기둥의 바닥 지름이다. 나중에 비트루비우스(서기 1세기 로마 건축가, 『건축십서』 저자)는 건물 남북의 긴 방향 기둥 사이는 지름의 2+1/4배가, 신전 동쪽과 서쪽의 짧은 방향 기둥 사이는 지름의 세 배만큼이 가장 이상적인 간격이라고 추천했다), 모퉁이 기둥이 다른 것보다 굵은 점 등이다.

이 신전에서 발굴된 유물들은 팔레르모 박물관에서 확인했다. 거대한 테라코타 고르곤 박공장식(너무 부분적으로 복원되어 우습다고 했던 것), 고르곤 목을 베는 페르세우스, 케르코페스를 붙잡아 옮기는 헤라클레스, 그리고 앞에서 언급하지 않았는데 아폴론의 사두마차 정면상

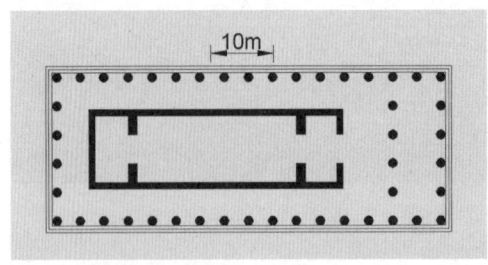

신전 C의 평면도.
오른쪽(동쪽)에서 들어가게
되어 있다.

등이다. 이 유물들은 영국인들이 무단으로 발굴해서 반출하다 적발되어 지금 팔레르모에 있게 된 것이다.

신전 C의 북서쪽에 신전 D가 있는데, 그 동쪽에 작은 신전 Y 자리가 남아 있다. 이 신전 Y는 '작은 메토프들의 신전'이라고도 불리는데, 팔레르모에서 본 '소로 변한 제우스 등에 탄 에우로페' 등의 얕은 부조 메토프들이 발굴되었기 때문이다.

아크로폴리스 제일 남쪽에는 신전 O와 신전 A가 있는데, 이들은 동쪽 언덕의 신전 E와 같은 구조로 되어 있다. 뒤에 보면 알겠지만, 동쪽 입구부터 전실로 들어갈 때도 계단을 올라가고, 전실에서 내실로, 내실에서 지성소로 들어갈 때도 계단을 오르게 구성되었다는 게 이 신전들의 공통된 특징이다.

신전 A는 나중에 카르타고인들이 이 지역을 차지했을 때, 페니키아 종교의 신전으로 전용되었기 때문에 전실 바닥에 페니키아 여신 Tanit이 모자이크로 그려져 있다. 전실과 내실 사이의 벽에는 내실의 이층으로 올라가기 위한 나선형 계단이 있었다는 것도 특이한 점이다.

아크로폴리스와 작은 강 Cottone 하나를 사이에 둔 동쪽 언덕 위에는 또 다른 신전들의 무리가 있다. 남쪽에서 북쪽으로 가면서 E, F, G 신전이 나란히 놓여 있다. 그중 가장 잘 복원된 신전 E는 가장 늦은 시기에 만들어진 것으로 보인다(기원전 460~450년경, 어떤 자료에는 490년경). 이 신전은 1950년대에 지금처럼 복원되었는데, 현대 기술을 적용하는 문제(시멘트 사용)를 둘러싸고 상당한 논란이 있었다. 기둥 수는 6×15여서 이것 역시 좀 길쭉하게 보이는데, 이는 지성소 뒤에 후실이 덧붙었기 때문이다. 그래서 '전실-내실-지성소-후실'의 구조다. 현재는 기둥을 거의 완전하게 둘렀고, 보도 반 이상 얹었다. 내부 구조물도 일부 복

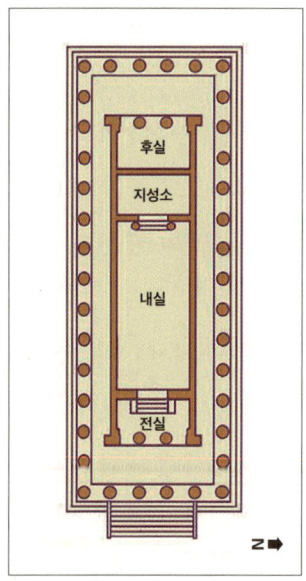

신전 E의 평면도.

원되어 있다. 서쪽 입구는 박공도 원래 모습을 추정할 수 있는 정도까지 복원되었다. 기둥은 머리가 그릇 모양이고, 기둥 받침이 없는 도리스 양식이다.

이 건물의 한 가지 특징은 바깥에서 제일 깊은 데까지 계속 계단으로 올라가게 조성되었다는 점이다. 우선 동쪽 입구에서 열 계단 올라가야 전실 평면에 도달한다. 전실에서 다시 여섯 계단 올라가야 내실, 내실 평면에서 다시 여섯 계단 올라가야 지성소에 들어갈 수 있다. 지성소의 서쪽 벽은 문 없이 막혀 있으므로, 후실opisthodomos로 가려면 다시 동쪽 입구로 나가서 바깥으로 돌아서 서쪽에서 진입해야 한다. 물론 현재는 벽이 완전히 복원되어 있지 않으므로, 그냥 신전 내부에서 조금만 돌아가면 된다.

신전 E에서 발굴된 유물도 모두 앞에서 소개했지만 다시 꼽아보자면, 아마존과 싸우는 헤라클레스, 제우스를 유혹하는 헤라, 아르테미스의 알몸을 보았다가 자기 사냥개들에게 찢겨 죽는 악타이온(사슴으로 그리지 않고 그냥 사람으로 그렸다), 거인 엥켈라도스를 제압하는 아테네 등의 부조. 다른 부분은 질이 그다지 좋지 않은 현지의 석재를 사용하고, 여성의 얼굴과 팔, 다리에만 질 좋은 파로스 대리석을 써서 그 부분이 잘 보존되어 있다. 모두 팔레르모 박물관에 소장되어 있다. 한편, 이 동쪽 언덕의 북서쪽에 작은 유물 전시관Antiquarium Baglio Florio이 있는데, 거기에도 악타이온 부조가 하나 전시되어 있다. 아마도 팔레르모에 있는 것이 진품이고, 현지의 전시품은 정교하게 만든 복제품일 가능성이 높다. (이런 정보는 확인하기가 어렵다. 현지에 가서 관리자에게 질문하면 대개는 자기들이 갖고 있는 게 진품이라고 주장한다.)

신전 E에서 헤라의 이름을 새긴 판이 발굴되어 헤라에게 바쳐진 신전이라는 주장이 제기되었지만, 아프로디테에게 바쳐진 신전이라는 주장도 여전히 남아 있다.

신전 E의 바로 북쪽에는 신전 F가 제대로 복원되지 못한 채, 거의 바닥에 깔린 모습으로 남아 있다. 구조는 우리가 앞에서 본 신전 C와 거의 같은데, 한 가지 특징은 이 신전의 바깥 테두리 기둥 사이를 전체 높이의 절반 정도까지 돌담으로 막고 벽에다 가짜 문을 그려놓았다는 점이다. 이 신전에 보관된 봉헌물을 지키기 위해서, 혹은 그 안에서 실행

신전 E에서 발굴된 사냥개들에게 물리는 악타이온(왼쪽)과 엥켈라도스를 제압하는 아테네. 팔레르모 박물관.

되는 제의의 비밀을 지키기 위해서 그랬던 것으로 추정된다.

신전 F의 북쪽에는 신전 G가 부재들만 수북이 쌓인 좀 처참한 꼴로 남아 있다. 저 정도면 적어도 기둥 몇개는 복원할 수 있겠다 싶을 정도로 보존 상태도 좋(았)고, 부재가 많기도 하다. 이 신전은 이 유적지에서 가장 규모가 큰 것으로 기둥 수는 8×17에 이를 정도였다. 기원전 6세기 말부터 약 120년 동안 조금씩 건설이 진척되어, 동쪽은 상고시대 양식으로, 서쪽은 고전기 양식으로 구성되어 있었다. 현장의 남은 기둥 부재drum에 세로줄무늬가 아직 새겨지지 않은 것도 있고, 부근의 채석장에서 같은 지름의 기둥 부재가 발견되는 걸 보면, 이 건물은 끝까지 완성을 보지 못한 것 같다. 19세기에 기둥 하나만 세워서 그것을 '할머니의 양털 막대distaff'라고 부른다.

이 건물은 전실 앞에 가로 방향으로 기둥들을 세웠다는 점도 특이하고, 무엇보다 내실을 — 중세 교회처럼 — 세로로 세 개의 '복도'로 나누고, 중앙 부분은 천장을 덮지 않은 노출형hypaethros으로 만들었다는 점이 특이하다. 중앙 부분 양쪽엔 조금 가는 기둥 10개를 세우고, 그 서쪽 끝에는 독립된 작은 방으로 지성소를 꾸몄다. 또 특이하게, 중앙 부분은 좌우의 지붕 덮인 부분보다 약간 낮아서 좌우로 올라가는 계단이 길게 뻗어 있었다. 이 신전은 아폴론 것이라는 주장도 있지만 대개는

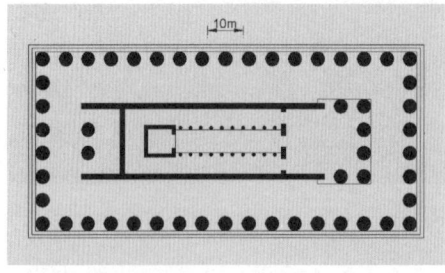

신전 G의 평면도.

셀리누스 데메테르 성역의
현재 모습(위)과 성역 안내도.

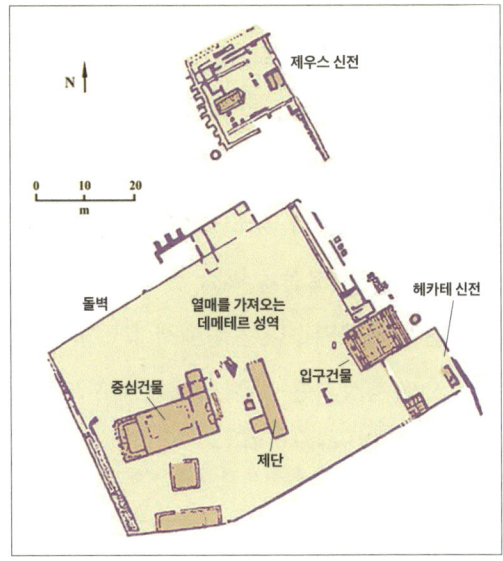

셀리누스

제우스에게 바쳐진 것이라고들 보고 있다.

아크로폴리스 북쪽에도 옛 도시 구역이 발굴되어 있긴 하지만 아주 인상적인 것은 없으니, 일단 건너뛰자. 아크로폴리스에서 서쪽으로 작은 강Modione을 건너면 또 하나의 구역(Gaggera 언덕)이 있는데, 가장 중요한 성역은 풍요의 여신 데메테르(Demeter malophoros, 열매를 가져오는 데메테르)에게 바쳐진 것이다. 원래는 제단만 있다가 나중에 동서로 길쭉하게 담장을 둘러서 성역temenos을 조성한 것이다. 큰 신전처럼 기둥들이 서있지는 않지만, 지금도 성역의 중심건물megaron 동쪽 입구의 좌우 문실주와 대여섯 킨으로 꽤 높이 쌓인 돌벽을 볼 수 있다.

이 성역은 조촐한 입구건물propylaia을 갖추고 있는데, 그 입구로 들어가는 계단 앞에 우물 모양의 둥근 돌 구조물이 남아 있는 게 이채롭다. 아마도 여기서 섬겨지던 여신이 땅과 관련된 신이어서 그랬을 것이다. 더구나 이 성역의 문간 곁, 그러니까 전체 성역의 남동쪽 모서리에는 '세 가지 모습을 지닌triformis' 헤카테 여신의 신전이 조성되어 있다. 달과 밤, 여성과 삼거리의 여신이다. 이 여신은 더러 페르세포네와 동일시되기도 하니 데메테르와 함께 모셔지는 게 적절하다. 이 성역 동북쪽에는 '자비로운meilichios 제우스'의 신전이 있는데, 이 제우스는 뱀의 모습으로 섬겨졌다는 점에서 특이하다. 원래 하늘 신이 '땅의 짐승'인 뱀으로 형상화된 것은, 대개는 대지모신을 모시던 토착 신앙의 신격과 통합되었기 때문이다.

아그리젠토

셀리누스에서 차로 1시간 20분 정도 이동하면, 시칠리아섬의 남쪽 해안 한가운데에 자리 잡은 아그리젠토(희랍어 아크라가스, 라틴어 아그리겐툼)에 도착한다. 한때 시칠리아에서 가장 번성하던 도시국가로서 인구가 적어도 20만(최대 80만)에 달했다는 주장까지 있는데, 현대 학자들은 그건 과장이고 대충 2만~4만 정도였으리라 보고 있다. 어쨌든 이 도시가 번영했던 주된 이유는, 시칠리아 한가운데를 세로로 관통하여 북쪽 해안에 있던 도시 히메라까지 이어지는 교역로가 이곳에서 시작되었기 때문이다.

우리가 이 도시를 찾아가는 가장 큰 이유도 셀리누스의 경우와 비슷하다. 대단히 넓은 지역에 펼쳐진 신전 단지가 남아 있다. 한편 이 도시가 유명한 인물을 몇 배출했는데, 키케로와 세네카 등의 저술에 꽤 여러 차례 언급된 폭군 팔라리스(기원전 6세기)와 헤로도토스가 강력한 군주로 기록해 놓은 테론(기원전 5세기)이 이 도시를 다스렸다. 또한 플라톤 이전 철학자 엠페도클레스(기원전 5세기 중반)가 이곳 출신이다.

이 도시는 기원전 580년경 설립되었으며, 그로부터 약 10년 뒤에 팔

팔라리스의 지시로 청동 황소를 제작한 사람을 가장 먼저 화형시키고 있다. 16세기 삽화.

라리스가 권력을 잡았다. 그는 산 사람을 청동으로 만든 황소 안에 넣고 그 밑에 불을 때서 익혀 죽였다는 폭군이다. 하지만 그의 치세에 이 도시가 상당한 번영을 누렸던 것으로 보인다. 그는 기원전 550년 무렵 죽게 되는데, 전설에 따르면 민중 반란으로 권력을 잃고 자신도 청동 황소 안에서 죽었단다. (연대로 보면 대충 아테나이의 현자 솔론과 같은 시대 사람이다.)

그 후 이 도시는 별로 두드러지지 않다가, 페르시아 2차 침입 무렵에 다시 역사의 전면에 나서게 된다. 이 도시는 서쪽에 위치한 셀리누스를 돕고자 카르타고에 맞설 원군을 보낸 적이 있는데, 사실은 그 이전에 이미 자신들의 이해관계 때문에 카르타고와 맞싸운 적이 있다. 아크라가스 쪽에서 교역 이익을 독차지하려고 히메라를 공격했고, 자신들의 힘만으로는 막아내기 어렵다고 판단한 히메라 쪽이 카르타고에 도움을 청해서 결국 두 세력이 맞붙은 것이다(기원전 480년, 히메라 전투). 이 사건에 대해서는 헤로도토스가 『역사』에 꽤 자세히 언급하고 있는데, 당시 히메라의 통치자와 그의 동맹자, 그리고 카르타고군의 구성과 그 지휘관(하밀카르, 아밀카스), 전투의 결과 등이다(7권 165장). 사실 이런 자세한 내용은 일반 독자의 기억 속에는 잘 남지 않는데, 이 사건 때문에 제2차 페르시아 전쟁 때 시칠리아 쪽에서 희랍 본토로 응원군을 보낼 수 없었다고만 기억하면 되겠다. 동쪽의 희랍 본토에 페르시아 대군이 침입했을 무렵, 이곳에도 카르타고군이 침공하여 아크라가스의 테론과 쉬라쿠사이의 겔론이 그들과 싸웠으며, 이 때문에 모국에 도움을 보낼 여유가 없었다는 것이다. 본토 파병 협상에서는 아크라가스보다는 쉬라쿠사이가 주도권을 쥐고 있었으므로, 그 전말은 쉬라쿠사이를 소개할 때 자세히 다루기로 하자.

히메라 전투에서 승리를 거둔 후 아크라가스는 시칠리아 서쪽의 광범한 영역을 지배하며 번영을 누렸고, 지금 남아 있는 거대한 신전 단지도 그때 조성된 것이라 한다. 특히, 잠시 후에 보게 될 엄청난 규모의 제우스 신전은 히메라 포로들이 세운 것이라고도 한다. 테론은 올륌피아 운동경기의 전차 종목에서 우승을 거두고 그리스 시인 핀다로스에게서 우승 축가를 헌정받은 바 있으며, 시인 시모니데스(테르모퓔라이 전몰자 묘비명을 쓴 시인)를 노경에 돌본 것으로도 알려져 있다.

하지만 테론이 죽고(기원전 473년) 얼마 후, 이 도시는 쉬라쿠사이의 히에론(겔론의 동생)에게 종속되고 그 후 과두정이 이어진 것 같다. 기원전 5세기 중반에는 정체가 민주정으로 바뀌는데, 이 과정에서 철학자 엠페도클레스가 큰 역할을 했다고 한다. 펠로폰네소스 전쟁 중 아테나이가 시칠리아 원정을 왔을 때(기원전 415년) 이 도시는 중립을 지켰다.

히메라 전투로부터 두 세대 정도 지난 기원전 406년엔 도시가 카르타고에 점령된다. 앞에 말한 대로 셀리누스를 돕다가 그 불똥이 튄 것이다. 그러니까 기원전 5세기 내내 희랍과 카르타고가 이 주변을 놓고 겨루다가 마지막엔 카르타고가 이겼다고 보면 된다. 그 후엔 로마와 카르타고가 다투고 결국 로마가 이곳을 차지했다는 정도로 정리하면 될 것 같다. 그 이후는 앞에서 시칠리아 역사 설명할 때 말했던 대로다. 두 단계의 게르만족-동로마(비잔틴)-사라센-노르만 왕가 등의 지배가 이어지는 것이다.

희랍 식민 시기의 도시 이름 '아크라가스'는 시가지 동쪽으로 흘러가는 강 이름을 딴 것이다. 로마가 이 이름을 '아그리겐툼'으로 고쳤고, 그것을 19세기에 되살려 '아그리젠토'로 정했다. 그 사이에는 이슬람 세력이 차지했던 시기의 이름(지르젠티Girgenti)을 썼는데, 그 이름을 사용하자는 주장도 여전히 있다.

고대 아크라가스의 유적지는 보통 '신전의 계곡'이라고 불린다. 하지만 실제로는 계곡이 아니라 나지막한 등성이를 따라서 신전들이 조성되어 있다. 전체적으로 바닷가에서 내륙으로 1킬로미터 정도 들어와서 동서로 펼쳐진 넓은 구역인데, 현재 입구는 동쪽에 있어서, 동쪽부터 차례로 헤라(유노) 신전-콩코르디아 신전-헤라클레스 신전-제우스 신전-디오스쿠로이 신전을 보게 된다. (헤라 신전부터 디오스쿠로이 신전까지 1.7킬로미터 정도 되니, 좀 많이 걸을 각오를 해야 한다.) 콩코르디아 신전 남쪽으로 약 8백 미터 떨어진 곳에는 아스클레피오스 신전이, 헤라클레스 신전 남쪽으로 약 50미터 떨어진 곳에 '테론의 무덤'이 있다. 이 구역 전체의 동쪽에는 도시 이름의 어원인 아크라가스강(현재 산 비아지오강)이 남북 방향으로 흐른다. 보존이 가장 잘된 것은 콩코르디아 신전

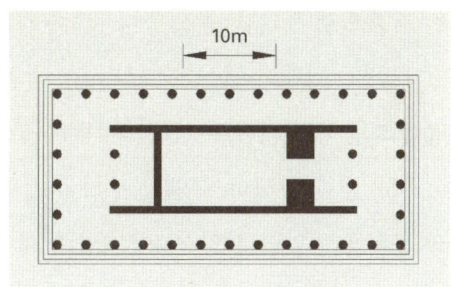

현재 아크라가스 헤라 신전의
동쪽 정면 모습과 평면도.

(유네스코 마크의 모델)이지만, '헤라 신전'(사실은 초기 발굴자들이 옛 저자의 글을 오독해서 이름이 잘못 붙었다는 주장도 있다)도 보존 복원 상태가 꽤 좋다. 이곳 신전들은 거의 모두 기원전 5세기 중반에 건립되었다.

 헤라 신전(신전 D)은 기둥 수가 6×13으로 공식에 딱 들어맞는 비율을 보인다. 기둥들은 받침이 없고, 기둥머리가 그릇 모양인 도리스식이다. 이 기둥들에는 ― 세게스타와 달리 ― 배흘림을 사용했다. 현재 둘레 기둥은 거의 다 채워져 있다. 우리가 제일 먼저 마주치는 정면인 동쪽은 원래의 기둥 여섯 개 중 하나가 없어져서 이가 빠진 듯한 인상이

아그리젠토 67

다. 그중 맨 왼쪽의 기둥 두 개에만 보가 얹혀 있다. 반면에 북쪽은 열세 개의 기둥 전체를 가로질러 보가 얹혀 있어서 아주 근사해 보인다(18세기에 복원). 서쪽은 기둥 여섯 개가 모두 서있지만, 기둥머리가 남은 것은 북서쪽 모서리 것을 포함해서 둘뿐이다. 남쪽은 약간 높은 기둥 네 개와 좀 낮은 기둥 세 개 정도가 들쭉날쭉 좀 처참한 인상이다. 어쨌든 사방으로 기둥들이 거의 채워져 있으니, 꽤 잘 보존된 셈이다.

신전 바닥은 네 층의 계단식 기단crepidoma으로 되어 있다. 내부 구조는 전형적인 '전실-내실-후실'의 구조로 되어 있는데, 특이하게도 내실로 들어가자마자 좌우에 계단이 있어서, 중앙 부분이 동서로 길게 뚫린 지붕으로 올라갈 수 있었다. (물론 지금은 지붕틀은커녕 박공조차 남아있지 않다.) 그래서 전실과 내실 사이의 벽이 두 겹이다. 그러니 앞에 한 말을 조금 수정해서, 이 신전의 내부 구조는 '전실-계단실-내실-후실'이라고 할 수 있겠다. 부재 일부가 붉게 변한 것은, 이 도시가 카르타고의 공격을 받았던 기원전 406년의 화재 때문인 것으로 여겨진다. 나중에 로마가 이 지역을 차지한 뒤에 개수되어 서로마 멸망 때까지 계속 신을 섬기는 용도로 사용되었다.

신전 동쪽에는 거대한 제단의 기단이 남아 있다. 고대 신전은 거의 신상 보관소처럼 쓰였기 때문에 종교 행사는 그 앞의 제단에서 이루어졌다.

헤라 신전에서 서쪽으로 7백 미터 정도 이동하면 콩코르디아 신전에 닿는다. '꽤 먼 거리인데 지루해서 어떻게 가나' 할지 모르지만, 길 왼쪽에 많이 침식된 바윗덩어리 같은 게 줄지어 있어서 그럭저럭 볼거리가 되어준다. 이는 동로마(비잔틴) 지배 시기부터 조성된 석실 무덤(arcosolium, 아치형 묘실)이다. 그리고 두 신전 사이 중간쯤에, 길 오른쪽

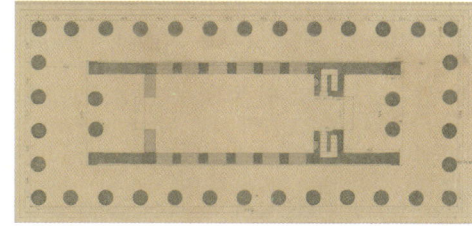

유네스코 마크의 모델이 된 콩코르디아 신전과 내부 건물의 변형을 보여주는 평면도.

(북쪽)으로 카페도 하나 있으니 들렀다 가도 된다.

 콩코르디아 신전(신전 F)은 그 부근에서 '콩코르디아(화합)'라고 새긴 명문이 발견되어 이런 이름이 붙었다. '화합의 여신'을 섬기던 곳인지는 확실치 않다. 그래도 고전을 공부하는 입장에서는, 서로 사이가 좋지 않던 헤라와 헤라클레스 사이를 조화의 여신이 중재하고 있다고 하면 이곳의 신전 배치가 잘 기억된다. 헤라 신전-콩코르디아 신전-헤라클레스 신전의 순서로 보게 되기 때문이다.

 이 콩코르디아 신전은 희랍 문화권 전체에서 보존 상태가 가장 좋다. (세게스타 신전도 보존이 잘 되었지만 거기는 내부 구조물이 없었다.) 사면을 둘러서 기둥이 빠짐없이 남아 있고, 그 위의 이중 보, 그리고 동서 정면의 박공까지 그대로 있다. 1700년대 말의 그림에도 현재와 큰 차이 없게 그려져 있다. 사실 이렇게 잘 보존된 신전이라면 당연히, 교회로 사용되었다고 생각해야 한다. 이 신전도 서기 6세기부터 기독교 교회로 이용되었고, 그래서 보존에는 도움이 되었지만 또 그 때문에 변형도 겪었다.

이 신전은 앞에 본 헤라 신전과 쌍둥이 격의 건물이다. 가로, 세로, 높이, 기둥 숫자 등 건물 규격과 형식이 거의 완전히 일치한다. 지붕으로 올라가는 계난을 갖춘 것까지도 같다. 기둥 수는 헤라 신전처럼 6×13이고, 기둥의 세로홈은 20개씩이며 살짝 배흘림을 넣었다. 한데 현재 내부 건물엔 중앙공간 좌우에 아치형 문이 여섯 개씩 뚫려 있다. 교회로 사용하느라고 만든 것을 그대로 두었기 때문이다. (아테나이 헤파이스토스 신전의 남쪽벽에 문이 뚫려 있는 것과 마찬가지다.) 또 내실과 후실 사이는 벽을 허물어서, 전체 구조가 두 구역으로 나뉘어 '전실-(내실+후실)' 꼴이 되어 있다. 그리고 원래 반개방형이던 전실과 후실의 전면을 벽으로 막고 아치형 문을 뚫어놓았다. 지금은 그 흔적이 남아 있지 않지만 사실 교회로 이용되느라 더 크게 개조됐었다. 교회 건물은 보통 위에서 내려다보면 십자가 형태가 되게끔 대개는 동서로 길쭉한 건물의 동쪽 부분에 가로 공간transept(익랑)을 갖추고 있다. 이 신전도 지금처럼 복원하기 전에는 그렇게 개조됐었다. 즉 신전 동쪽 부분의 바깥 둘레 기둥 사이를 벽으로 막아서 가로 공간을 만들고, 동쪽 입구 쪽에는 후진apse도 붙였던 것이다. 물론 지금은 이 구조물들을 모두 철거해서 희랍 신전의 일반적인 모습으로 돌아가 있다.

콩코르디아 신전 주변은 꽤 넓게 공터가 남아 있는데, 신전 동쪽에 있던 제단이 없어져서 그렇기도 하다. 현재 신전의 동북쪽에는 거대한 — 다리는 잘려나가고 날개가 달린 청년 — 청동상이 하나 넘어져 있는데, 이것은 고대의 유물이 아니고 현대의 작품이다. 2014년에 세상을 떠난 폴란드 조각가 이고르 미토라이 Igor Mitoraj 가 만들어 이곳에 영구 전시하게 된 이카로스상이다. 이분은 인체의 일부, 예를 들면 이마나 뒤통수가 없는 사람 얼굴, 또는 사지가 없는 흉갑 모양의 동체 등을 거대하게 제작하여 폼페이 유적지 등에서도 전시회를 했었다. 이카로스는 아버지 다이달로스와 함께 날개를 만들어 달고 크레테를 탈출하다가, 태양에게 너무 가까이 가서 밀랍이 녹아 하늘에서 떨어졌다는 인물이다. 그의 아버지 다이달로스가 이곳 시칠리아까지 도망쳤다니 이 조각상이 여기 있는 것도 꽤 그럴싸하다.

이카로스상은 상당히 큰 조각상이기 때문에 대개는 전체를 화면에

콩코르디아 신전 앞의 이카로스 조각상.

이카로스 날개 뒷부분에 새겨진 메두사 머리.

잡느라고 멀리서 사진을 찍고 마는데, 가까이 다가가서 보면 오른쪽 날개 뒷부분에 네모지게 홈을 파서 메두사의 머리를 새겨 두었다. 직접 눈으로 확인하면 기쁨이 쏠쏠하다. 메두사는 페르세우스에게 목이 베인 여성 괴물이다. 머리카락은 뱀으로 되어 있고, 그녀의 눈을 직접 본 사람은 돌로 변한다고 한다. 어쩌면 인간이 알면 안 되는 어떤 진리, 혹은 도달 불가능하여 오히려 야심가를 죽게 하는 지나치게 이상적인 목표를 상징하는 것일 수도 있다. 말하자면 이카로스도 그런 야심 때문에 죽은 셈이다.

2011년에 이곳 아그리젠토에서 전시했던 이고르 미토라이의 다른 작품들도 인터넷 공간에서 찾아볼 수 있다. 콩코르디아 신전을 배경으로 창에 기대어 서있는 손발 없는 청년상 등 여러 조각상이 있다.

다시 서쪽으로 5백 미터 정도 가면 헤라클레스 신전이 있다. 그 전에 길 왼쪽에 멋진 저택이 하나 있는데 '황금의 집 Villa Aurea'이라고 불리는, 1920년대에 이 유적지를 발굴하고 복원한 영국 고고학자 알렉산더 하드캐슬의 작업장이자 거처였던 건물이다. (크레테 크놋소스 유적지 부근에 에반스의 거처였던 '아리아드네 빌라'가 남아 있는 것과 비슷하다.) 지금은 유적 관리 사무소로 쓰이고 있다.

헤라클레스 신전은 기원전 6세기에 지어졌다는 주장도 있지만, 대체로 앞에 언급한 히메라 전투(기원전 480년) 전후에 테론이 지은 것으로 믿어지고 있다. 구조는 앞에 본 두 신전과 거의 같아서 이 건물도 지붕으로 올라가는 계단을 갖추고 있었다. (아크라가스 신전들의 특징이다.) 계단식 기단은 3단이어서 앞의 두 신전(4단)보다는 낮지만, 규모는 (길이도 폭도) 1.5배 정도 더 크다. 기둥 수는 6×15로 좀 길쭉하게 생겼다. 현재는 동남쪽의 기둥 여덟 개만 세워져 있다. 방금 말한 하드캐슬의 노력 덕분이다. 기둥머리 아래가 다른 신전 기둥들과 비교해서 더 깊이 팬 듯 보인다. 다른 신전들보다 한 세대 이상 앞선 것이어서 그렇다고 하는데, 일반인의 눈에는 크게 두드러져 보이지 않는다.

  헤라클레스 신전에서 서쪽으로 2백 미터 정도 가면 제우스 신전 앞에 도착한다. 한데 도로가 유적지를 남북으로 관통하고 있어서 구름다리로 건너야 한다. (창경궁과 종묘 사이를 구름다리로 건너던 것과 유사하다.)

  이 제우스 신전은 규모가 매우 크다. 일단 계단식 기단이 5단으로 조성되어 있고, 기둥 수도 정면이 다른 것보다 넓어서 7×14로 구성되었다. 반면에 길이 방향은 비율상 좀 짧은 편이다. (하지만 헤라 신전과 콩코르디아 신전의 길이가 40미터에 못 미치는 데 반해, 이 건물의 길이는 110미터 남짓 된다. 길이 방향으로 거의 세 배이다.) 이 신전은 앞에 소개한 대로 히메라 전투 직후 포로들을 이용해서 지은 것으로 알려져 있다. 시기적으로 다른 것들보다 앞섰기 때문에, 다른 건물에는 보이지 않는 특징이 있다. 일단 기둥들이 온전히 둥근 것이 아니라 벽에 묻힌 반기둥이다. 그리고 기둥들 사이를 중간 높이까지 벽으로 막았으며, 그 위는 기둥 사이에 거대한 남성상(telamones 또는 atlas)을 세워 보의 무게를 받치게 했던 것으로 추정된다. 현재 제우스 신전 부재 무더기 옆에 그런 남성상(복제품)이 하나 누워 있고, 유적지 북쪽으로 좀 떨어진 박물관에도 비슷한 것이 원래 모습을 보여주기 위해 똑바로 세워져 있다. 머리 위의 무게를 받치자면 가느다란 목만으로는 어렵기 때문에 팔을 위로 올려 보를 떠받쳤다. 그래서 지금 누워 있는 모습이 조금 우습다. 윗몸일으키기 자세처럼 보인다. 그리고 약간의 리듬을 주기 위해, 수염 난 사람과 수염 깎

위 제우스 신전 복원 모형, 아그리젠토 고고학박물관. 아래 제우스 신전 터에 누워 있는 텔라몬.

은 사람을 하나씩 번갈아 가며 배열했던 것으로 추정된다.

또 하나 특이한 점은 신전 동쪽에 중앙문이 아니라, 좌우문을 뚫었다는 점이다. (이 건물은 좀 작은 부재들로 맞춰져 있었기 때문에 복원하기가 곤란하다. 현대의 복원 전문가들이 작업할 때 기준으로 삼는 것은 옛날 이곳을 직접 방문했던 이들의 기록이다.) 내부는 '전실-내실-후실'로 되어 있었는데, 내실로 들어가는 문이 몇 개였는지는 불확실하다. 내실은 길이 방향으로 세 구역으로 나뉘었는데, 이는 페니키아-카르타고 양식을 본받은 것이라고 한다. 박공장식들은 지금 전해지지 않는데, 디오도로스 시켈로스('시칠리아 출신 디오도로스')가 전하는 바에 따르면 동쪽 박공에는 신들과 거인들의 전쟁이, 서쪽 박공에는 트로이아의 함락이 새겨졌었다고 한다. 대개 이런 주제들은 희랍 본토에서는 페르시아를 물리친 것에 대한 기념이라고 해석되는데, 이 신전의 경우 카르타고를 제압한 것을 기념한다고들 보고 있다. 거대한 남성상 기둥도 카르타고 노예라는 해석이 있다.

제우스 신전의 동쪽에는 거대한(바닥면을 비교하자면 헤라 신전보다 더 큰) 제단의 부재 무더기가 남아 있다. 이 제우스 신전의 부재들은 18세기까지 계속 반출되어, 잠시 후에 보게 될 엠페도클레스 항구의 방파제 등을 짓는 데 사용되었다.

제우스 신전에서 서쪽으로 3백 미터 정도 더 가면 디오스쿠로이 신전이 있다. 대개 제우스 신전까지 오면 지치기 때문에 거기까지는 잘 가지 않고 멀리서 사진만 찍는데 사실 일반인들로서는 그 정도면 충분할 듯하다. 현재는 북서쪽 모서리 기둥 네 개에 보를 꽤 여러 겹 얹었으며 (19세기에 잘못 복원한 것), 다른 기둥들은 세우지 않아서 부재가 주변에 그냥 널려 있다. 원래는 6×13의 둘레 기둥을 갖춘, 헤라 신전보다 약간

북서쪽 모서리 기둥에
보를 여러 겹 얹어놓은
디오스쿠로이 신전.

큰 도리스식 건물이었다. 로마의 포룸에도 디오스쿠로이 신전이 여기와 비슷하게, 건물 모서리는 아니지만 기둥 세 개를 세우고 그 위에 세 겹으로 보를 얹은 채 서있다. 어쩌면 아그리젠토의 디오스쿠로이 신전도 로마 것을 모델로 복원한 것인지도 모르겠다.

디오스쿠로이는 제우스의 쌍둥이 아들로, 제우스가 백조로 변해서 스파르타 왕비 레다와 결합하여 낳은 자식들이라고 한다. 둘 중 하나의 이름은 희랍식이든 로마식이든 카스토르인데, 다른 하나는 희랍식으로는 폴뤼데우케스, 로마식으로는 폴룩스다. 둘 중 하나는 인간인 스파르타 왕 튄다레오스의 자식이고 다른 하나는 제우스의 자식인데, 이름이 복잡한 쪽이 제우스의 자식이란다. 이들은 각기 권투와 말 다루기의 명수로 알려져 있으며, 바다에서 사고 당한 자들을 돕는 것으로도 알려져 있다. 폭풍이 몰아칠 때 전기적 현상으로 돛대 끝이 파랗게 빛나는 경우가 있는데(세인트 엘모의 불), 옛사람들은 그것을 디오스쿠로이가 도와주는 조짐으로 해석했다.

디오스쿠로이 신전에서 북서 방향에 헤파이스토스 신전이 있다. 오솔길을 따라가다가 철길을 건너야 하기 때문에 접근이 좀 어렵다. 원래는 6×13의 둘레 기둥을 갖춘 도리스식 건물이었지만, 지금은 기둥 두 개만 복원해 두었다. 기둥 끝부분도 거의 뾰족하게 깨져 있어서 부러진 연필같이 보인다. 이전에 있던 상고시대 성역 위에 지은 건물인데, 이전 건물의 토대도 발굴해서 드러내놓았다. 두 건물의 축선이 눈에 띄게 어긋나 있어서(내부 건물의 방향이 바깥 테두리에 가지런하지 않고 비틀려 있다), 사정 모르는 사람이라면 약간 의아해할 수도 있겠다.

여기까지 대체로 동쪽에서부터 서쪽으로 진행하면서 신전들을 살펴보았다. 이 구역 남쪽 방향으로 두 개의 유적이 더 있다. 하나는 헤라클레스 신전에서 남쪽으로 50미터 정도 떨어진 '테론의 무덤'이다. 히메라 전투에서 카르타고를 제압하고, 엄청난 규모의 제우스 신전을 지었다는 그 인물이다. 하지만 이 구조물은 테론 시대보다 3백 년 정도 후대인 제2차 포에니 전쟁의 전몰자를 위한 기념물이라는 주장도 있다. 사각기둥 모양으로 중간까지는 돌벽돌로 탑처럼 쌓고 그 위에는 네 모서리에 벽에 박힌 기둥을 새기고 사면에 가짜 문을 새겨놓았다.

콩코르디아 신전으로부터 멀리(8백 미터 남짓) 남쪽으로 아스클레피오스 신전이 있다. 이 신전은 유적지 구역 남쪽에 동서 방향으로 뻗은 고속도로 북쪽 길가에 있어서 그쪽에서 접근하는 게 빠를 텐데, 그 부근엔 갓길도 없어서 차를 잠깐 세우는 것조차 어렵다. 그저 속도를 늦

테론의 무덤.

쳐 지나가면서 훑어볼 수 있는 정도다. 가까이 가서 확인하려면 신전 구역에서 걸어가는 수밖에 없는데, 진입로에 철문이 하나 있어서 그게 언제나 열려 있는지 보장할 수 없다. 고고학 전공자가 아니라면 그냥 멀리서 보시라 권한다.

  이 신전은 둘레 기둥peripteros은 없고, '전실-내실'의 단순한 구조로 되어 있었다. 전실은 양쪽 벽이 팔을 뻗듯 앞으로 튀어나오고in antis, 동쪽 입구에 기둥 두 개가 서있는 반개방형 공간이었다. 특이하게, 내실 서쪽에 벽에 묻힌 반기둥을 박아서 마치 그쪽에 공간이 하나 더 있는 듯한 인상을 준다. 아테나이 아크로폴리스 입구의 니케 신전도 서쪽면에 기둥 네 개를 횡대로 세워서 비슷한 분위기를 보여준다. 그리고 남쪽벽에 출입구와 계단이 있었던 것으로 추정된다. 현재는 북서쪽 모서리와 남쪽의 벽만 좀 높게 쌓아 복원해놓은 상태다.

신전 구역 북쪽으로, 콩코르디아 신전을 기준으로 약 8백 미터 떨어진 곳에 작은 박물관이 있다. 앞에 말한 것처럼, 이곳에 제우스 신전의 '서있는 남자' 모양 기둥이 세워져 있고, 제우스 신전의 모형도 있다. 그리고 어떤 자료에는 신화적으로 아주 중요한 유물이 이곳에 소장되어 있다고 나온다. 바로 아킬레우스의 절친한 친구 파트로클로스가 전사하여 동료들이 그의 시신을 옮기는 도기 그림이다. 하지만 이 부근에서 출토되었을 뿐 소장처는 다른 곳인 모양이다. (거기 있다고 들은 유물이 막상 현장에 가면 그곳에 있지 않은 경우가 많다.) 이 박물관이 소장하고 있는 도기 그림 중 신화적으로 중요한 것은 안드로메다를 주시하고 있는 페르세우스 그림뿐이다.

박물관 바로 남쪽에는 로마의 원형극장을 평탄하게 만든 것 같은 구조물이 있어서 궁금증을 자아내는데, 자료를 찾아보면 대개 '팔라리스의 예배당oratory'이라고 나온다. 하지만 이것은 기원전 4~3세기, 희랍 식민도시 시절의 의사당bouleuterion이다. 여러 겹의 동심원으로 안에서 바깥으로 지름을 넓혀가면서 스무 줄 가까이 바위에 홈을 파서 일종의 좌

페르세우스 도기 그림.

파트로클로스 시신을 옮기는 도기 그림.

석을 만들어놓았다. 지금은 반원에 가까운 정도만 남아 있다. 그 서쪽으로 마치 독립문을 조금 길게 늘여놓은 것 같은 건물이 있는데, 로마시대의 신전이다. 동서 방향으로 조금 긴 사각기둥형 건물로 동쪽과 서쪽에는 아치형 문이 있다. 이렇게 아치가 쓰였으면 로마시대 건축물이라고 알면 되겠다. 희랍인은 아치를 사용하지 않았다.

앞에서 이 도시가 배출한 유명인으로 엠페도클레스를 언급했는데, 그의 이름을 딴 포구가 신전 계곡 남서쪽에 있다. 한데 막상 거기 가보면 시내 한가운데에 약간 엉뚱한 인물의 청동상이 서있다. 이 도시 출신으로 1934년에 노벨 문학상을 받은 피란델로Pirandello다. (그가 받은 메달은 이탈리아판 '금 모으기'에 기부하여 녹여버렸단다. 이 작가는 좀 온건한 파시즘 지지자였다고 한다.) 많이 유명하진 않지만 국내에도 그의 작품 몇편이 번역되어 나와 있고, 그의 희곡『작가를 찾는 6인의 등장인물』이 1950년대부터 꽤 여러 차례 상연되었다. 그의 생가는 콩코르디아 신전에서 서쪽으로 3.6킬로미터 떨어져 있다. 집 안에 조촐한 유물관이 있다. 그의 무덤은 생가 남쪽에 자리 잡고 있는데, 마치 우리가 신전 계곡에서 본 비잔틴 석실 무덤 같은 큰 돌덩이에 청동판을 붙여놓았다.

엠페도클레스의 조각상은 아그리젠토 시내에 있는데, 부근에 피란델로의 흉상이 하나 더 놓여 있다. (이분은 시칠리아의 자랑이어서 팔레르모에도 그의 흉상이 설치되어 있다. 피란델로가 팔레르모에서 처음 대학 생활을 시작했기 때문이다.) 엠페도클레스는 기원전 5세기에 활동한 '소크라테스 이전 철학자pre-Socratic'이다. 그의 학설의 요지는 이 세계가 네 가지 기본 원소(흙, 물, 공기, 불)로 이루어져 있고, 그들을 규제하는 원리는 사랑과 미움이라는 것이다. 이 세계가 지금 같은 모습인 것은 사랑과 미움이

아그리젠토 시내에 있는 엠페도클레스의 조각상.   엠페도클레스 항구에 서있는 피란델로상.

적절히 섞여 있기 때문인데, 만약 사랑이 너무 강하면 모든 원소가 골고루 섞여서 이 세계에는 아무 구별도 없게 될 것이고, 미움이 너무 강하면 네 원소가 완전히 나뉘어서 이 세계는 네 개의 층으로 변해버릴 것이란 말이다. 그러니까 사랑과 미움이 적절한 정도면 원소들끼리 더러는 섞이고, 더러는 분리되어 지금처럼 물이 많은 강과 바다도, 흙이 많은 땅도, 공기가 대부분인 하늘도 가능하고, 그것들이 적당히 섞인 예를 들면 동식물도 존재 가능하다는 것이다. 이런 학설(4원소설)은 시칠리아 자체가 바다(물)로 둘러싸인 땅이고, 거기에 하늘로 증기와 불을 뿜는 아이트나(에트나) 화산이 있어서 쉽게 착안한 것이 아닌가 하는 해석도 있다. 엠페도클레스는 나중에 자신이 신이라는 것을 입증하기 위해 아이트나 화산 분화구에 몸을 던졌다고 한다. 아그리젠토 시내에 있는 그의

게가 새겨진 아크라가스 주화

조각상은 오른손을 하늘로 뻗고 서있으며, 그의 왼쪽 겨드랑이 쪽에서 두 인물이 옷 주름 사이로 얼굴을 내밀고 있는데, 4원소를 규제하는 사랑과 미움을 표현한 것이라 한다. 그 대좌에는 이탈리아어로 '그들은 전에도 있었고, 앞으로도 영원한 시간 속에 늘 있을 것이다Erano anche prima e sempre saranno nel tempo infinito.'라고 적혀 있다.

아크라가스의 상징은 게다. 어쩌면 아크라가스 동쪽에 흘러가는 아크라가스강에 살던 민물 게인지도 모르겠다. 섬진강의 참게처럼. 고대 아크라가스 주화에도 게 그림이 들어가 있고, 현대 아그리젠토의 여러 안내판에도 게가 그려져 있다.

헨나와 피아차 아르메리나

시칠리아 남쪽 해안에서 또 하나 중요했던 도시가 겔라인데, 거의 아무 유적도 남아 있지 않아서 추천하기 어렵다. (아그리젠토에서 차로 1시간 반 정도 남동쪽으로 이동하면 된다.) 신전도, 극장도 제대로 발굴된 게 없다. 고고학박물관 근처, 옛 아크로폴리스에 도리스식 기둥이 하나 서있는 게 전부다. 아마도 신전이 있었으니 그런 기둥이라도 남았겠지만 현재로서는 돌아볼 가치가 크지 않다. 박물관의 도기들도 훌륭하지만 아주 중요한 그림을 담은 것은 없다. 고르곤을 새긴 부조가 좀 많은 편이다. 메토프는 페가소스와 크뤼사오르를 안고 있는 고르곤, 남자를 납치하는 새벽의 여신 등이 좋다.

사실 겔라를 찾아갈 이유가 한 가지 있기는 하다. 아테나이 비극작가 아이스퀼로스가 말년에 이곳에 와있다가 죽었기 때문이다. 현재 그의 무덤은 찾을 수 없지만, 박물관 입구에 청동상이 서있다. 펜을 쥔 오른손을 들고 생각에 잠긴 듯한 모습이다. 발밑에는 로마글자로 이탈리아어를 적은 게 아니라, 희랍글자로 희랍어식 이름이 적혀 있다. 그는 바닷가에 산책하러 나갔다가 독수리가 떨어뜨린 거북에 맞아 죽었다고

아이스퀼로스의 죽음을 그린 15세기 삽화.

전해진다. 독수리는 그의 빛나는 대머리를 보고 바위인 줄 알고 거북을 던져 깨뜨리려 했다는 것이다.

아이스퀼로스의 고향인 그리스의 엘레우시스에도 그의 청동상이 하나 서있는데, 엘레우시스 유적지에서 북동 방향으로 약 250미터 가면 된다. 그 청동상은 대머리가 아닌 모습이어서, 이 위대한 작가께서 더는 독수리의 공격을 받을 걱정이 없게 되었다는 농담이 있다.

겔라는 그냥 멀리 보면서 아그리젠토에서 바로 북쪽으로 섬의 중심부를 향해 가보자. 섬의 한가운데에 있는 도시는 헨나(현재 엔나)다. 이 도시 부근에서 페르세포네가 하데스에게 납치된 것으로 알려져 있고,

대개는 도시 남쪽으로 10킬로미터 남짓 떨어져 있는 페르구사 호수가 그 현장이라고 지목된다. 헨나엔 유적이 남아 있지 않지만 도시 전체가 산봉우리 위에 자리 잡고 있어서 특이하고 멋진 모습을 보여준다.

혹시 시내까지 들어가 보고자 하는 분이 있다면, 시내에서 페르세포네 납치 조각상과 기원전 2세기 노예 반란 지도자의 조각상을 챙겨 볼 수 있다. 이 도시의 시가지는 대충 삼각형 모양으로 생겼는데, 도시 북쪽면의 가운데쯤 절벽 가장자리에 하데스가 페르세포네를 납치하는 모습을 새긴 조각상이 있다. 로마 보르게제궁에 있는 베르니니의 대리석상을 청동으로 본뜬 것이다. '페르세포네 납치 샘Fontana del ratto di Proserpina'이라고 검색해야 나온다. 거기서 시가지 경계 북쪽면을 따라 동쪽으로 이동하면 시가지 끝에 중세의 성Lombardia Castle이 하나 있는데, 그 성의 북쪽 성벽 밑 모서리 안쪽에 에우누스Eunus 조각상이 있다. 에

헨나에 있는 에우누스 조각상.

우누스는 기원전 132년 시칠리아 노예 반란의 주모자로서 이 도시를 차지하고 있다가, 잠시 후에 보게 될 모르간티나에서 전투에 패해 죽음을 당했다. 조각상은 벌거벗은 사내가 쇠고랑의 사슬을 끊어 양손에 쥐고 포효하는 모습이다.

헨나는 이 도시만의 특별한 부활절 축제 행진이 있다. 부활절 무렵에는 시칠리아 여러 도시에서 다양한 방식으로 축제가 열리지만, 이곳 헨나에서는 남자들이 얼굴 전체를 가리는 KKK단과 비슷한 모습으로 행진하는 게 유명하다. 상의는 그룹에 따라서 파란색, 녹색, 검은색, 붉은색 등으로 갖춰 입고, 하의와 두건은 흰색인데 두건에 눈구멍 두 개만 뚫려 있어서 좀 무섭기도 하다. 이 행렬은 시칠리아를 배경으로 한 영화 〈당신을 기다리는 시간〉(2015) 마지막 부분에서도 볼 수 있다. 한 젊은이의 죽음과 그 어머니의 슬픔이 예수의 죽음과 부활, 페르세포네의 납치와 귀환으로 엮인 훌륭한 작품이다. (이 두 가지 이야기를 모르는 사람은 좀 어리둥절할 영화이니, 혹시 어렵게 느껴지더라도 원망하지는 마시기 바란다.) 내가 보기에 그 영화에서 축제 행렬은 저승의 혼령들을 상징하

헨나 남자들의 부활절 행진 모습.

는 것 같다.

　우리가 시칠리아섬 중앙으로 이동한 주된 이유는 그곳에 멋진 로마 모자이크가 있어서다. 헨나 남쪽에 있는 도시인 피아차 아르메리나의 남쪽에서 로마시대 대저택 빌라 로마나 델 카살레Villa Romana del Casale가 발굴되었는데, 모자이크 규모가 엄청나다. 이 저택은 서기 4세기에 지어져 150년 정도 이용된 것 같다. 주인 이름은 밝혀지지 않았는데 원로원 계급의 귀족으로 대농장을 소유했던 듯하다.
　이 건물군은 로마 멸망 이후, 게르만-비잔틴-아랍 통치하에서도 부분적으로 계속 사용되다가 12세기에 산사태로 매몰되어 버려졌다. 그후 19세기 말부터 조금씩 발굴되기 시작하다가, 1920년대에 파올로 오르시가 최초로 전문적인 발굴에 착수했다.
　이 건물은 크게 네 구역으로 나눠볼 수 있다. 이 구역들은 한 번에 다 지은 게 아니라, 시간차를 두고서 조금씩 확장해 나간 것이다. 지어진 순서대로 살펴보자. 조금 단순화하자면, 동서 방향으로 긴 직사각형을 그리고 중앙에 가로 세로로 선을 그어서 네 구역으로 나누면 되겠다. 그런 다음 오른쪽 위에서 시작해서 시계 반대 방향으로 돌아가면서 새로운 건물이 덧붙었다고 보면 된다. 수학에서 사분면을 구획하고 1-2-3-4사분면의 순서로 진행하는 것이나 마찬가지다. 각 구역이 꽤 독립적인 구조를 보이고 있어서, 점점 많은 모듈이 도킹해서 확장되는 우주정거장을 보는 듯한 인상이다. (자료마다 방 번호가 다르게 붙여져 있는데, 여기서는 현장에서 나눠주는 팸플릿에 적힌 번호를 기준으로 삼겠다.)
　제일 먼저 세워진 부분은 오른쪽 위(1사분면, 북동쪽)다. 네모난 정원을 둘러싸고 기둥을 둘러서, 반개방형 회랑으로 에워싸인 정원peristyle을

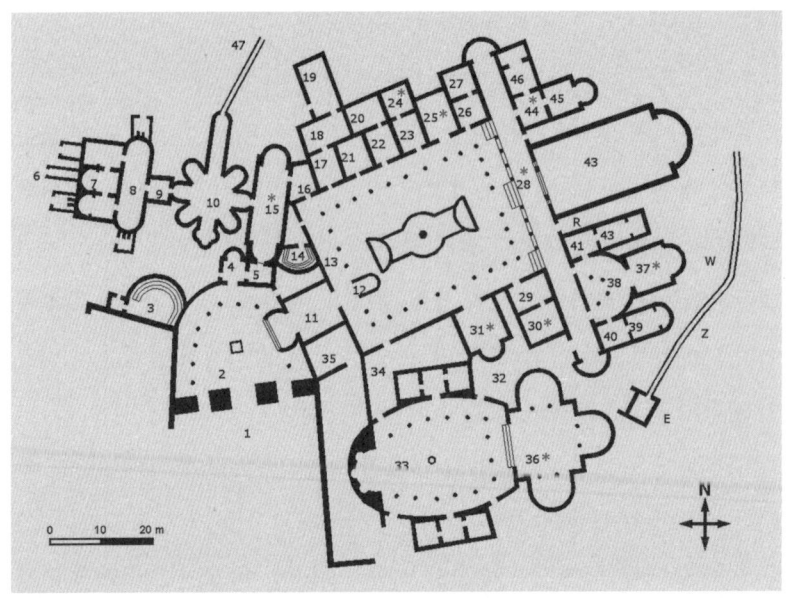

빌라 로마나 델 카살레 평면도. * 표시는 주요 모자이크가 있는 방.

조성하고 거기 부속된 방들을 붙였다. 로마에서 자주 보이는 아트리움 형태의 건물 양식이다. 네 구역이 모두 같은 규모인 것처럼 설명했지만 사실은 이 구역이 제일 크다. 정원 가운데는 동서로 길쭉하게 장구 모양의 연못을 만들고 연못의 동쪽과 서쪽 끝부분에는 반원형의 구획을 따로 나누었다.

북쪽 주랑을 따라서 문이 여섯 개가 있는데, 이 부분은 손님들이 머무는 공간이었던 것으로 보인다. 그중 왼쪽(서쪽)에서 두 번째(21), 다섯 번째(25) 문으로 들어가면 방이 하나뿐이지만, 다른 문들을 통해 들어가면 그 안에 방이 더 있는 이중실 형태로 되어 있다. 왼쪽에서 네 번째 문의 안쪽 방(24)에는 '고기잡이하는 에로스들' 모자이크가 있고, 다섯 번째 문 안(25)에는 '작은 사냥 장면' 모자이크가 있다.

한편 이 사각형 정원 동쪽에는 남북 방향으로 매우 긴 복도(28, '큰 사냥의 복도')가 붙어 있다. 동물들이 매우 사실적으로 잘 묘사되었고, 동물을 잡아서 배에 싣고 내리는 장면까지도 잘 그려져 있는 걸작이다. 그 동쪽에는 중앙에 꽤 큰 네모난 홀과 동쪽 끝에 후진을 갖춘 공간(43, 바실리카, 미팅 홀)이 있고, 그 좌우에 작은 교회당 묶음같이 보이는 공간들이 붙어 있는데, 이곳은 집주인의 사적인 공간이었던 것으로 보인다. 그중 왼쪽(북쪽) 무리는 방 세 개가 이어져 있는데, 첫째 방으로 들어가면 정면과 왼쪽에 다시 문이 있어서 다른 방으로 통한다. 처음 들어간 방(44)에 폴뤼페모스 모자이크가 있다. 바실리카 오른쪽의 방들도 세

위 큰 사냥 장면 모자이크 왼쪽 오뒷세우스가 폴뤼페모스에 포도주를 바치는 장면
오른쪽 돌고래를 타고 있는 아리온 모자이크.

가장 유명한, 운동하는 여인들 모자이크.

부분으로 나뉘어 있는데, 그중 가운데 방의 제일 깊은 곳(37)에 '돌고래를 타고 있는 아리온'이 그려져 있다. 공식적으로는 아리온으로 되어 있지만, 바다 여신이 파선당한 남자의 손에 리본 같은 것을 쥐여주고 있어서, 뗏목이 파선된 오뒷세우스에게 바다 여신 레우코테아(이노)가 나타난 장면처럼 되어 있다. 학자에 따라서는 이게 오뒷세우스를 그린 것이라 보기도 한다.

사각형 정원 남쪽의 동쪽 끝에는 꽤 넓은 방이 남북 방향으로 두 개 이어져 있는데, 손님들 모임방이라 한다. 그중 깊은 곳(30)에 비키니 여인들 모자이크가 있다. 이곳의 모자이크 중 가장 유명한 것으로, 비키니 차림의 여성들이 여러 종목의 운동경기를 하는 모습을 그린 것이다. 이 방은 '운동하는 여인들의 방'(또는 '열 명의 여인의 방')이라 불린다.

사각형 정원의 남쪽 방 중 한가운데 것(31)에는 오르페우스가 연주하고 온갖 동물들이 모여서 음악을 듣는 내용이 그려져 있어서, '오르페우스의 방'이라고 불린다. 음악당으로 쓰였을 수도 있고, 여름용 식당이었으리라는 추정도 있다. 남쪽 후진$_{apse}$ 가까이에 그려진 오르페우스는 얼굴, 어깨, 하복부와 허벅지 부분이 사라져서 얼른 찾기 어렵고 보기도 썩 좋지는 않다. 여러 동물을 그리는 게 이 모자이크의 주된 관심이었는지도 모르겠다.

맨 처음에 만들어진 사각형 정원 주변을 모두 보았으니, 그다음에 덧붙여진 북서쪽(2사분면)의 목욕탕 구역을 보자. 이 건물군도 도면을 보면 독자적인 우주정거장처럼 보인다. 우선 제일 서쪽에 로켓 꽁무니의 가스 분출구 같은 게 세 개 있는데 목욕탕 물을 데우기 위해 불을 때던 아궁이$_{praefurnium}$다. 벽돌로 좌우를 막은, 길쭉한 수평 굴뚝 같은 구조물이 지금까지 남아 있다. 그 바로 앞에는 서쪽부터 차례로 열탕$_{calidarium}$-온탕$_{tepidarium}$-냉탕$_{frigidarium}$으로 진행된다. 아궁이에서 데워진 물이 점차 식어가며 동쪽으로 흐른다고 보면 되겠다. 열탕(7)은 길쭉한 아궁이와 축선을 맞춰서 길쭉한 네모 공간 세 개가 있고, 그 동쪽에 온탕(8)이 전체를 하나로 이어준다. 그래서 이 공간은 다리가 셋 달린 파이π자 모양을 이룬다. 그 동쪽에는 평면도상으로 눈의 결정 같기도 하고, 여덟 장의 꽃잎을 갖춘 꽃 모양 같기도 한 냉탕 공간(10)이 있는데, 그 '꽃잎' 중 북쪽 것(더 길다)과 남쪽 것에는 수영장$_{piscina}$이 있었다. 다시 그 동쪽에 길쭉한 복도형 공간(15)이 체력 단련장$_{palaestra}$이다. 이 공간 바닥에는 전차 경주장$_{circus}$ 모자이크가 있다.

로마의 주택 공간은 직사각형과 반원이 기본이기 때문에 평면도를 보면 정말로 우주정거장이 연상된다. 그리고 지금 큰 네모 구역을 넷으로 나눈 것처럼 설명했지만 사실은 목욕탕 건물이, 전체의 중심적 구조물인 사각형 정원의 북서쪽 모서리에 붙어 있어서 그 남쪽에 피자를 한

목욕탕 구역 체력 단련장 바닥에 그려진 전차 경주장 모자이크.

조각 잘라놓은 것 같은 공간이 남는다. 이 부분에는 화장실(14)이 있었다. 수세식 좌변기가 구비되어 있었지만 칸막이는 없었던 것 같다.

  목욕탕이 지어진 다음에 남서쪽(3사분면)에 장엄한 입구 공간이 덧붙는다. 맨 처음에 지은 중심건물보다는 목욕탕 쪽에 축선을 맞췄다. 정문은 들어가는 통로가 세 개인데, 솟을대문처럼 가운데 통로를 좌우 것보다 크고 높게 지었다. 말하자면 솟을삼문 형태다. 그 안쪽에는 반원형 주랑을 조성했다. 이 입구 건물 바깥 왼쪽(서쪽)에도 반원형으로 외부 화장실(3)이 있다. 도면만 보면 작은 음악당이나 극장이 아닌가 싶은 구조물이다.

마지막으로 남동쪽(4사분면)에 타원형의 주랑 정원과 부속건물이 조성되었다. 중심건물 동쪽에 후진을 갖춘 바실리카가 있었던 것처럼, 마지막에 지은 이 건물군의 동쪽에도 후진을 세 방향으로 갖춘, 평면도상 클로버 모양의 건물(36)이 동쪽에 붙어 있다. 이것 역시 별도의 작은 우주정거장처럼 보인다. 이 부분은 손님과 주인이 만찬을 함께하는 식당 공간triclinium이다. 타원형 정원에서 계단을 올라가야 이 공간으로 들어갈 수 있는데, 계단 위에 기둥 둘이 현대의 재료로 복원되어 있다.

이 공간의 네모난 중앙 바닥에는 헤라클레스의 열두 가지 위업(의 대상들)이 모자이크로 그려져 있다. 얼른 보면 사자, 황소, 말 등이 그려져 있어서 이게 다 뭔가 싶을 텐데, 잘 보면 삼중인간 게뤼온, 머리 여럿 있는 휘드라(뱀 몸통에 여자 얼굴이 크게 달렸고, 머리카락이 다시 뱀으로 되어 있다), 켄타우로스, 아마존 여전사 등이 그려져 있다. 입구에서 볼 때 오른쪽 아래는 그림이 많이 깨져서 아쉽다. 벽 위로 통로를 만들어서, 삼

헤라클레스의 화살에 죽어가는 거인들 모자이크.

북서쪽에서 바라본 빌라 로마나 델 카살레 조감도.

면으로 붙인 반원형 후진의 바닥 그림도 잘 관찰할 수 있다. 왼쪽(북쪽) 후진 바닥에는 헤라클레스가 제우스에 의해 신으로 변하는 장면(헤라클레스의 얼굴 부분은 비교적 잘 남았는데, 제우스 얼굴이 많이 깨져 있다), 동쪽 후진 바닥에는 헤라클레스의 화살에 죽어가는, 다리가 대부분 뱀으로 그려진 거인들, 남쪽 후진에는 디오뉘소스 신앙을 탄압하다가 디오뉘소스를 따르는 무리에 의해 공격을 당하는 뤼쿠르고스가 모자이크로 그려져 있다.

 아마도 옛날 이곳에 장기 체류하러 온 손님은 우선 남서쪽(3사분면)의 입구건물을 통과해서, 우회전해서 사각형 정원(1사분면)으로 들어간 다음 좌회전해서 자신에게 배정된 방(사각형 정원의 북쪽)에 짐을 풀고, 정원을 가로질러 남쪽의 응접실에 들어가 주인이나 다른 손님과 이야기를 나눈 다음, 서북쪽(2사분면)의 목욕탕에 가서 목욕을 하고, 사각형 정원 남쪽의 달걀형 정원(4사분면)을 둘러본 후, 그 동쪽의 식당에서 식사를 하고, 다시 사각형 정원의 동쪽에 붙은 미팅 홀에서 모임을 갖고, 밤이 깊으면 자기 방으로 가서 휴식을 취했을 것이다.

현재 이 빌라는 옛 건물 비슷하게 보호 지붕을 씌웠는데 고증에 따라 아주 잘 만들어져서 항공사진을 보면 옛 건물의 형태를 잘 알아볼 수 있다. 공중보도를 따라가며 관람하게 되어 있는데 방이 너무 많아서 나중에는 좀 힘이 들 터이니, 몇가지 핵심적인 모자이크에만 집중하는 방법도 있다. 신화적 장면 세 가지(폴뤼페모스, 아리온, 죽어가는 거인들)와 규모가 압도적인 두 장면 '큰 사냥 장면'과 '전차 경주 장면', 그리고 가장 유명한 '비키니 여인들'만 잘 챙겨도 이곳을 방문한 보람이 충분하겠다.

이제 시칠리아 동부로 이동할 터인데, 시간 여유가 있으면 가는 길에 모르간티나(모르간티온)에 들르는 것도 좋다. 빌라 델 카살레로부터 북동쪽으로 35분 정도 거리에 있다. (어차피 카타니아 쪽으로 가는 길목이

모르간티나 유적.

다.) 이곳에는 희랍식 극장이 꽤 잘 복원되어 있고, 그 주변 유적들을 발굴해서 정비해 놓았다. 원래 격자형으로 반듯하게 규격화한 시가지가 있었고, 그 중심부를 차지했던 게 극장 부근의 유적들이다. 한 가지 다른 데서 보기 힘든 것은, 극장 동쪽에 좀 벌어진 기역자 모양으로 계단식 돌의자를 갖춘 회의장 유적이다. 중고등학교 운동장의 스탠드 생각하면 되겠다. 이 도시는 희랍인의 식민도시는 아니었고 시칠리아 원주민들의 도시로 주변 도시들의 분쟁에 휘말려 종속적인 지위에 놓였었는데, 그래도 이 주변에 드문 유적지로 남았다.

쉬라쿠사이

이제 시칠리아 남동쪽 해안에 있는 쉬라쿠사이로 가보자. 강성하던 아크라가스까지 제압하고 기원전 415~413년엔 아테나이 원정대를 전멸시킨 도시로서, 기원전 3세기에 '유레카!'를 외쳤던 과학자 아르키메데스의 고향이다. 빌라 로마나 델 카살레에서 남동 방향으로 2시간 20분 정도 이동하면 도착한다.

이 도시 출신으로 고대에 유명했던 다른 인물로 겔론이란 통치자가 있다. 아크라가스의 테론과 함께 히메라 전투를 치렀던 사람인데, 이름에서 알 수 있다시피 원래는 겔라 출신이지만 겔라는 동생(히에론)에게 넘기고 자신은 쉬라쿠사이를 차지해서 다스렸다.

그가 관련된 일화로, 페르시아 2차 침입 직전 희랍 본토에서 응원군을 얻으러 왔을 때의 이야기가 꽤 유명하다. 페르시아는 기원전 490년에 아테나이를 공격하도록 정예 병력을 보냈다가 마라톤에서 격파당한다. 그것을 복수하고자 준비하던 중에 다레이오스왕이 죽고, 그의 아들 크세륵세스가 대군을 몰아 다시 희랍으로 진격한다. 그러자 그 소식을 들은 희랍의 여러 도시가 모여 의논한 끝에 몇가지 대책을 짜는데,

그중 하나가 시칠리아 군대를 동원하자는 것이다. 사절단이 쉬라쿠사이로 겔론을 찾아오자, 그는 군대를 제공하는 조건으로 전군의 지휘권을 요구했다. 이에, 늘 희랍군을 지휘하던 스파르타 쪽에서 반발했다. 그러자 겔론은 한 걸음 물러서서 해군 지휘권만 주면 된다고 했다. 이번에는 가장 큰 함대를 갖고 있던 아테나이가 반발했다. 그러자 겔론은 이들을 그냥 돌려보내면서, '희랍 도시들이 병력은 없으면서 지휘관만 많다'고 빈정거렸다고 한다. 하지만 헤로도토스는 당시에 겔론이 카르타고와 대전을 준비 중이어서 동쪽으로 군대를 보낼 여유가 없었다고 기록해 두었다. 살라미스 해전이 벌어진 바로 같은 날 시칠리아에서도 카르타고와 희랍 식민도시들 사이에 전투가 벌어졌다는 것이다(『역사』 7권 166장). 앞에 소개한 히메라 전투가 바로 그것이다.

쉬라쿠사이 답사는 크게 세 부분으로 나뉜다. 도시 서북쪽의 네아폴리스 구역과 도시의 가장 오래된 부분인 오르튀기아섬, 그리고 마지막으로 네아폴리스 동쪽의 고고학박물관이다.

네아폴리스

쉬라쿠사이에 도착하면 대개는 제일 먼저 거대한 희랍식 극장을 방문한다. 그 부근에 고대 유적이 많이 남아 있는데, 사실 이 구역은 쉬라쿠사이에서는 좀 나중에 개발된 곳이다. 그래서 이름부터 '신도시(네아폴리스)'이다.

이 극장은 도시의 서북쪽에 바위 언덕 경사면을 깎아서 만든, 말하자면 돌덩이 하나로 된 극장이다. 적어도 하부 부재는 떼어 갈 수 없기 때문에 보존 상태도 상당히 좋은 편이다. (무대 배경 건물과 좌석 상부 석재는 후대 사람들이 떼어다 다른 건축물에 재활용했다.) 이 극장은 현대에도

위 쉬라쿠사이의 희랍식 극장.
아래 극장 통로 벽에 히에론 2세의
부인인 필리스티스의 이름이
새겨져 있다.

이따금 행사에 이용된다. 이미 돌로 된 좌석이 많이 깎여서 우둘투둘한 데다가 유적을 보호해야 하기 때문에, 대개는 석재 느낌이 나도록 현대적 소재로 만든 좌석을 덧대고 그 위에 앉아 공연을 감상한다.

쉬라쿠사이에 기원전 5세기 말에 극장이 존재했다는 기록이 있는데, 이것인지는 확실치 않다. 희망적인 사람들은 어쩌면 겔라에서 노년을 보내던 아이스퀼로스가 여기서 자기 작품을 공연했을지도 모른다고 추정하지만 그것도 확실치 않다. 이 극장은 기원전 3세기 말에 한 차례 개축되었는데, 그 이전까지는 객석 배치가 사다리꼴이었다가 그때에 지금 같은 반원형으로 변했을 거라는 추측도 있다. (사다리꼴의 객석은 그리스의 아르고스에 남아 있는데 헬레니즘시대 것이다.) 쉬라쿠사이 극장의 객석은 계단식으로 67열, 중간에 상하층을 나누는 가로 방향 통로diazoma가 있다. 이 통로의 벽에는 제우스, 헤라클레스 등의 신 이름과 히에론(기원전 3세기에 이 극장을 중수한 히에론 2세), 겔론 2세 등 당시 통치자와 그 가족의 이름이 새겨져 있다. 또 세로 방향 통행 계단이 여덟 줄 있어서 전체가 세로 방향으로도 아홉 구간cunei으로 나뉘어 있다. 객석 한가운데쯤에는 현대의 휠체어석처럼 특별한 공간이 조성되어 있는데, 높은 분들을 위한 '로열박스'로 추정된다.

 상층 객석 뒤로는 널찍한 평지가 극장을 에워싸고 있는데, 그 테두리에는 바위를 파서 만든 방들이 조성되어 있다. 이 부분은 '무덤들의 거리Via dei Sepolcri'라고 불린다. 아그리젠토에서 본 것 같은 석실들이 이어져 있어서다. 그 한가운데에 있는 특히 큰 방으로, 희랍시대부터 있던 수로를 통해 물이 쏟아져 들어와서는 수조를 거쳐 아래쪽 수로를 통해 극장 밑으로 들어간다. 이곳은 '요정의 성역 동굴grotta del Ninfeo'이라는 곳으로, 고대 배우들의 조합 같은 곳이었다. 수조를 만든 재료는 도기 조각 등을 석회와 섞은 '재활용' 재료opus signinum이다. 이 공간 주변은 원래 기둥도 세우고 그 앞의 평평한 부분에 주랑도 조성해서 근사한 신전 비슷한 것이었는데 지금은 좀 황량한 상태다. 심지어 근대적인 발굴이 이루어지기 전에는 '요정의 성역'에서 흘러나오는 물을 이용하기 위해, 현재의 극장 객석 위로 물방앗간들이 있었다고 한다.

 이 극장의 특이한 점 중 하나는, 로마시대까지 사용되었기 때문에 로마적 특성을 갖추게 되었다는 것이다. 무대 앞 공간에 가로 방향으로 길게 홈이 있어서 거기로부터 막을 끌어올릴 수 있었다는 점이다. (로마에서는 막이 위에서 내려오는 게 아니라, 밑에서 위로 올라가는 방식으로 사용되었다. 대개 극장이 실내 공간이 아니라 야외에 있었기 때문이다.) 그리고 이 시기에 무대 배경(스케네)도 마치 아테나이의 오데이온처럼 영구적인 건물로 장대하게 축조되었다. 한편 무대 밑에 지하 통로('카론의 계단')가 있어서 갑자기 사람이 땅에서 솟아나오는 장면도 연출할 수 있었다. 나중에 검투사 시합 등을 위한 변형이 이루어지지 않았을까 하는 추정도 있지만, 가까이에 로마식 원형극장이 있었기 때문에 그런 종류의 볼거리는 그곳을 이용했을 것으로 보인다. 하지만 모의 해전을 보여줄 정도까지는 변형되었던 듯하여, 지금도 이따금 이 희랍식 극장에서 해전 비슷한 장면을 공연하기도 한다.

이제 극장 아래쪽에서 동쪽 출구로, 끔찍한 역사적 사건의 현장(일 가능성이 높은 곳)으로 가보자. 기원전 5세기 말에 주로 쉬라쿠사이를 목표로 파견되었던 아테나이 원정대가 참패하고 항복했을 때, 포로들을 이 부근의 채석장에 가둬놓고 물도 식량도 없이 노천에 방치해서 추위와 더위에 많은 사람이 고통받다가 서서히 죽어간 사건이다. 투퀴디데스는 그 현장이 어디라고 꼭 찍어 전하지는 않지만 그와 유사한 곳을 아주 쉽게 방문할 수 있다. 우리가 방금 본 희랍 극장의 동쪽에 그런 채석장이 하나 있고, 거기에 '디오뉘시오스의 귀'라는 유명한 동굴이 바로 극장 밑으로 파고들어 있기 때문이다. 극장 동쪽 출구로 나가자마자 좌회전하면 곧장 '디오뉘시오스의 귀'로 들어가게 된다. 높직한 입구가 정말 사람의 귀처럼 생긴 특이한 형태의 동굴인데, 기원전 4세기 초에 이곳을 다스렸던 참주 디오뉘시오스가 그 안에서 사람들의 말을 엿들었다고도 한다.

이 디오뉘시오스라는 이름 자체는 사람들이 잘 기억하지 못하지만, 그가 관련된 꽤 유명한 일화가 있어서 어디선가 읽거나 들었을 것이다.

옛날 어떤 폭군이 한 사람을 잡아서 죽이려 하자, 그 사람은 가족에게 작별 인사를 하고 오겠노라고 잠깐 보내달라 청한다. 왕이 '네놈이 돌아온다는 걸 어떻게 보장하겠냐?'고 묻자, 그는 친구를 대신 잡혀 있게 하겠노라고 답한다. 세상에 그런 친구가 있을까 싶지만, 그에게는 정말 그런 친구가 있었다. 그래서 그 친구가 대신 잡혀 있는데, 처형 날짜가 다가오는데도 떠난 사람이 돌아오지 않는다. 왕이 대신 잡혀 있는 사람을 조롱하자 그는 친구에게 무슨 사정이 있을 거라고 옹호한다. 결국 정해진 기한이 다 차서 친구가 대신 죽게 되었을 때, 떠났던 사람이 허겁지겁 달려와서는 자기가 왔으니 친구는 풀어주리고 말한다. 왕은 이들의 우정에 감동해서 자신도 두 사람의 친구로 우정을 나누게 해달라

'디오뉘시오스의 귀'로 알려진 동굴 입구.

다몬과 퓌티아스의 우정을 그린 삽화.

고 청했단다. 이 이야기의 출처는 키케로의 『의무론』이다. 처음에 잡혀서 죽게 되었던 사람은 다몬이고, 친구를 위해 볼모가 되어 대신 죽겠노라고 했던 사람은 퓌티아스인데, 이들을 죽이려 하다가 나중에 우정을 청했다는 폭군이 바로 디오뉘시오스다. (어쩌면 디오뉘시오스 2세일 수도 있지만, 대개는 디오뉘시오스 1세라고들 보고 있다.)

'디오뉘시오스의 귀'에 들어가보면 내부 공간이 아주 크고 천장이 높다. 말을 하면 소리가 잘 울리기는 한다. 그러나 안에서 말하는 걸 밖에서 듣거나, 밖에서 말하는 걸 안에서 들을 경우에 또렷하게 잘 들릴지는 의문이다. 더구나 군주가 궁전을 버리고 그런 데 가서 소문을 염탐한다는 게 좀 억지스럽다. 어쨌든 대개 '특이한 동굴이군' 하고 지나치는 이곳에서 저 옛날 — 민주정의 부작용으로 — 엉뚱한 모험에 말려들었다가 비참한 최후를 마친 사람들이 있었음을 기억하면 좋겠다.

채석장을 나와서 좌회전해서 동쪽으로 가게 되는데, 몇걸음 가지 않아서 오른쪽(남쪽)에 히에론 2세가 세운 제우스 제단과 로마 원형극장을 잇달아 보게 된다. 히에론 2세는 기원전 3세기의 통치자로서, 아르키메데스를 이 도시로 초대해서 자신의 금관에 금이 정량대로 들어갔는지 알아봐 달라고 부탁했다는 인물이다. 아르키메데스가 목욕 중에 비중이라는 개념(물질마다 같은 부피의 무게가 다르다는 개념)을 처음 떠올리고 '유레카(알았다!)'라고 외친 게 바로 이 사람 때문이라는 것이다.

앞에도 말했지만 희랍의 종교 행사는 신전 앞에서 이루어지기 때문에 대개는 신전 동쪽에 남북 방향으로 길쭉한 제단을 세운다. 이곳의 제단은 고대 세계 최대의 제단으로, 폭도 상당히 넓은 거대 구조물이다. 지금은 자연 암반을 깎아서 만든 계단식 기단만 남아 있는데 기단 제일 윗부분의 폭이 약 21미터, 길이가 196미터(옛날 거리 단위인 도리스 스타디온)로 거의 남북 방향으로 길게 뻗어 있다. 제단이 여기 있으면 신전은 어디 있었나 싶으실 텐데, 사실은 제단 자체가 거대한 건물이었다. 길이 2백여 미터 건물 서쪽 부분에 일종의 담장이 남북 방향으로 뻗어 있었고 좌우에 출입문이 있어서, 그리로 들어가 제사 장소에서 제물을 바쳤던 것 같다. 건물은 전체적으로 동쪽 부분이 더 높게 지어졌다(높이가 서쪽은 6미터, 동쪽은 약 10미터). 현재는 북쪽 부분에만 구조물이 조금 두드러지고 나머지는 거의 평평한 데다가, 최대한 가까이 가보자 해도 울타리로 가로막혀 있어서 더 다가갈 방법이 없다. 제단의 양쪽 입구에는 아그리젠토 제우스 신전에서 본 것 같은 인간 모양 기둥(아틀라스 또는 텔라몬)을 두 개씩 세웠는데, 그 일부가 수습되어 쉬라쿠사이 고고학박물관에 전시 중이다. 제단 서쪽에는 지금은 빈터이지만 원래 꽤 큼직한 직사각형 인공 연못을 중앙에 두고 U자형 스토아가 둘러 있었으며, 더 서쪽에는 입구건물도 있었다고 한다. 물론 지금은 기초만 노출되어 있을 뿐이다.

이 제단을 세웠던 히에론 2세는 조금 전에 본 희랍식 극장을 중건한 사람이기도 한데, 앞에 얘기한 겔론의 동생과는 상관없는 사람이다. 이 히에론은 '2세'라기보다는 사실 '두 번째 히에론'이라고 해야 할 것이다. 쉬라쿠사이에서 태어나긴 했지만 그는 에페이로스 왕 퓌르로스가 시칠리아에 침공했을 때 그의 부하로 일하다가 나중에 시민들에 의해 지도자로 추대되었다. 이전에 쉬라쿠사이를 다스렸던 아가토클레스가 복귀하려는 것을 히에론이 막아냈기 때문이다. (이 아가토클레스는 아그리젠토 부분에서 소개한 기원전 311년 '히메라강 전투'에서 카르타고에게 패퇴한 인물이다. 앞에도 말했지만 기원전 480년에 테론과 겔론이 출전했던 '히메라 전투'와는 다른 사건이고, 전투 장소도 시칠리아 북쪽 해안이 아니다. 히메라강은 '도시 히메라' 남쪽에서 시작해서 시칠리아섬을 거의 반으로 가르듯

계단식 기단만 남은 히에론 2세 제단의 북쪽 부분.

이 북에서 남으로 흐르며 시칠리아 동부와 서부를 나눠주는 강인데, 아크라가스와 겔라 사이에서 바다로 흘러든다.) 이 히에론은 87세까지 장수하면서 60년 동안 쉬라쿠사이를 통치했다.

그리고 이 히에론의 상관이었던 퓌르로스는 굉장히 유명한 인물이다. 나중에 또 언급되겠지만 그는 기원전 3세기, 그러니까 한니발보다 두 세대 정도 전에 이탈리아 남부를 휩쓴 희랍 사람이다. 그의 원래 영토는 희랍의 서북쪽 에페이로스이다. 그는 전투할 때마다 결국 승리하긴 하지만 매번 자신도 피해를 크게 입어서, 이런 종류의 승리를 '퓌르로스의 승리'라고 부른다. 딘테의 『신곡』에는 폭력의 죄를 지은 자들이 뜨거운 피의 강에 잠겨 있는데, 퓌르로스도 그 무리에 들어있다. 하지만 트로이아 함락 때 지나치게 잔인한 짓을 했던 아킬레우스의 아들(네옵톨레모스)도 '퓌르로스(붉은 머리)'라는 별명이 있어서, 단테가 말한 사람은 이 인물일 가능성이 높다.

히에론의 제단을 오른쪽에 보면서 몇걸음 더 가면 다시 오른쪽으로 로마의 원형극장이 보인다. 로마의 콜로세움처럼 높직한 벽을 두르고 있지는 못하고, 이것 역시 기초만 남았다. 길이는 140미터, 최대 폭은 119미터다. 앞에 본 희랍식 극장처럼 이것도 자연적인 경사를 이용하여 암반을 깎아 만들었다. 전체적으로 남북 방향으로 길쭉하게 생겼고, 주된 진입로는 남쪽에 있었다. 물론 관객 출입의 편의를 위해 북쪽에도 출입구가 있긴 했다. 남쪽 입구 쪽에는 원래 아치형 문('아우구스투스 개선문')도 있었으나, 지금은 원형극장 남동쪽에 두 문설주의 토대만 남아 있다. (이 개선문은 축선이 원형극장 남쪽 입구까지 직선으로 이어지지 않고, 동쪽에서 들어오다가 우회전해서 원형극장으로 들어가게 되어 있다. 지금은 개선문 터 바로 동쪽과 남쪽에 자동차도로가 있어서 북쪽에서 접근하는 수

밖에 없는데, 방문자 통로에서 멀리 떨어져 있어서 직접 발로 밟아볼 수는 없다.)

행사가 벌어지던 중앙 타원형 공간(아레나)에는 남북으로 길쭉한 사각형 지하 공간이 있는데, 서쪽 객석 밑에서 그 공간으로 통하는 길이 있고, 다시 그 네모 공간에서 남쪽으로 통로가 뻗어 있다. 학자들은 이것이 원래는 행사를 위한 장비들을 이동시키던 시설이라고 설명한다. 애초에 이 시설은 관객에게는 보이지 않게 땅속에 설치되어 있던 것이어서, 그 위를 덮는 상판을 떠받치던 기둥 두 개가 사각형 공간 한가운

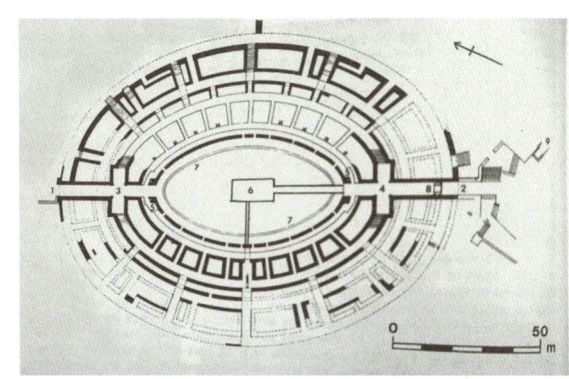

위 쉬라쿠사이 로마 원형극장 평면도.
아래 북쪽 입구에서 바라본 극장의
현재 모습.

데에 지금도 남아 있다. 관객석 밑으로는 원형극장 전체를 한 바퀴 도는 지하 통로가 있고, 객석 제일 윗부분에도 일종의 순환 통로가 주랑 형식으로 조성되었던 것 같다. 로마의 원형극장들은 대규모 관객이 쉽게 들어오고 나갈 수 있도록 되어 있었다. 오늘날의 야구장이나 축구 전용 구장 관람석을 생각하면 되겠다.

원형극장 전체는 동쪽 부분이 더 잘 남아 있고, 방문자 통로도 그쪽이 유적에 더 가깝게 설치되어 있다. 시간이 부족한 답사객이라면 북쪽 입구에서 시계 방향으로 돌면서 동쪽을 지나 남쪽을 향해 가다가 원형극장 중간쯤에서 돌아서는 방법을 권하고 싶다. 하지만 동쪽 부분을 전체 시야에 넣고 싶다면 서쪽 통로를 이용해도 좋겠다. 물론 전체를 한 바퀴 다 돌아보면 좀 뿌듯하긴 하겠다.

오르튀기아섬

자, 이제 '신도시'를 떠나서 옛 도시 핵심부로 가보자. 여기서 우리가 볼 것은 아폴론 신전, 아테네 신전, 그리고 아레투사샘이다.

옛날 쉬라쿠사이의 중심부는 육지 가까이에 붙어 있는 섬이다. 이 섬의 이름은 오르튀기아('메추라기')인데, 아폴론과 아르테미스가 오르튀기아에서 태어난 것으로 알려져 있다. 대개 이 두 신이 태어난 오르튀기아는 현재 그리스의 델로스라고들 보고 있다. 하지만 쉬라쿠사이 끄트머리의 오르튀기아도 두 신의 탄생지라고 주장하고 싶었던지, 그 두 신을 높이 섬겨서 신전을 지어 바쳤다. 아폴론 신전은 다른 유적지와 비슷하게 토대와 기둥 몇개 정도가 남아 있고, 아르테미스 신전(의 흔적)은 아쉽게도 오늘날 건물 밑에 묻혀 있다.

오르튀기아섬에는 대형 버스가 들어가지 못하게 되어 있어서 대개는 섬 바깥 주차장에 차를 세우고 걸어서 섬으로 진입하게 된다. 섬으로 들어가는 다리는 두 개인데, 주차장이 서쪽에 치우쳐 있어서 대개는 서쪽 다리를 이용한다. 하지만 동쪽(섬으로 들어가면서 보면 왼쪽) 다리 중간에, 시칠리아가 낳은 세계적인 수학자 아르키메데스의 조각상이 서 있다. 근래에 한국 학자 허준이라는 분이 '수학 분야의 노벨상'이라 불리는 필즈상을 수상하여 전 국민의 축하를 받았는데, 그 상 메달에 새겨진 인물이 바로 아르키메데스다. 오르튀기아로 건너가는 동쪽 다리는 중간에 작은 섬을 지나가게 되어 있는데, 그 섬 서쪽에 그분이 반사경을 들고 서쪽을 향해 서 계신다. 카메라의 줌 기능이 충실하다면 서쪽 다리에서도 당겨서 사진을 찍을 수는 있다.

  아르키메데스는 한니발이 코끼리를 몰고 알프스를 넘어온 제2차 포에니 전쟁(기원전 218~201년) 때 카르타고 쪽에 섰던 이 도시를 지키기 위해 여러 기기묘묘한 발명품을 제공했다는데, 그중 하나가 햇빛을 모아 적선을 불태우는 반사경이었단다. 그래서 지금도 반사경을 들고 있는 것이다. 이분은 지렛대의 원리도 발견해서 적절한 받침대와 지레만 있으면 땅덩이도 움직일 수 있다고 선언했다니, 지구를 지레로 움직이는 포즈여도 괜찮았겠다. 이분의 업적으로, 원주율 파이 π 크기를 3.14까지 계산한 것, 원의 면적과 구의 부피 계산법을 발견한 것, 그리고 도형을 작은 삼각형으로 거듭 쪼개서 면적을 계산하는 식으로 거의 적분법에 다가갔던 것 등을 꼽을 수 있다. 발명의 재주도 좋아서, 원통 속에 나선을 넣어서 손으로 돌려 물을 퍼올리는 양수기도 고안해 냈었다. 전기를 사용하기 어려운 지역에서 이용할 만한 적정기술이다. 이분은 쉬라쿠사이가 로마에게 함락될 때 로마군에게 죽음을 당한 것으로 알려져 있다. 모래 바닥에 뭔가를 그리며 계산하던 중에 젊은 군인이 그것

오르튀기아로 들어가는 동쪽 다리 위에, 반사경을 들고 서있는 아르키메데스 조각상.

을 밟고 지나가자 노인은 역정을 냈고, 화가 난 군인이 그만 이 대학자를 쳐서 죽였다는 것이다. 그 옛날에도 노인들은 화를 잘 내고, 젊은이들은 욱하는 마음을 잘 참지 못한 모양이다.

　다리를 다 건너면 약 50미터 앞에 아폴론 신전이 보인다. 옛날 지반이 현대의 지표면보다 훨씬 낮아서 유적이 눈에 확 띄지는 않는다. 이 신전은 기원전 6세기에 세워진 것으로 시칠리아 전체에서 가장 오래된 신전으로 꼽힌다. 로마가 멸망한 후 게르만족 침입 때 폐쇄되고, 동로마가 이곳을 차지하자 정교회로, 사라센이 점령하자 이슬람 사원으로, 노르만족이 차지하자 다시 가톨릭교회로 이용되었다. 그러다가 16세기에 스페인 세력이 차지하면서 요새로, 나중에는 개인 저택으로 이용되고, 19세기 말에 가서야 신전으로, 유적지로 제자리를 찾았다. 지금도 이 건물에 중간의 용도 변경 흔적들이 남아 있다. 기둥 수는 6×17

로, 동쪽 정면 앞에 두 줄로 가로 기둥들을 세워 상당한 위용을 갖췄다. 이 건물은 서쪽 벽이 막혀 있는 전실-내실-지성소의 구조이다. (이렇게 지성소를 갖춘 게 시칠리아 신전의 특징이라는 주장도 있다. 셀리누스의 신전 C도 그렇게 되어 있고, 신전 E는 전실-내실-후실 형이지만 내실 안에 지성소가 있었다.) 이 아폴론 신전의 내실에는 지붕틀을 받치기 위한 내부 기둥이—동서 방향으로—두 줄 서있었다. 그렇게 되면 3복도$_{aisle}$ 꼴이 되기 때문에 교회의 일반적인 내부 구조와 유사해서 교회로 바꾸기 쉬웠겠다.

이 신전은 지금 동남쪽의 기둥 두 개(동쪽에서 셋째, 넷째)가 거의 완전하게 남아 있는데, 여러 개의 부재(드럼)를 쌓은 것이 아니라 돌 하나로 되어 있다. 오르튀기아가 섬이니 이 기둥들은 모두 배로 실어 날랐을 텐데, 실로 놀라운 정성이라고 할 수 있다. 기둥들은 신전 남쪽 부분이, 그래 봐야 짤막한 밑동뿐이지만 더 잘 남아 있고, 내부 건물도 남쪽벽이 꽤 높게 남아 있다. 동쪽 정문 앞의 가로 방향(남북 방향) 기둥들도 두 줄 모두 밑동이 남아 있다. 동쪽 계단의 맨 위에는 아폴론의 이름이 새겨져 있어서 이 신전의 주인이 누구인지 드러내준다.

이 건물은 도리스식 신전의 초기 유형을 보여주는 것으로, 아직 하중 계산에 자신이 없었는지 기둥들 사이가 너무 가깝고 또 간격이 불규칙하며 지붕 밑의 교차돌림띠장식의 세줄장식$_{triglyps}$도 기둥과 일치시키지 않았다. 기둥 바로 위의 보(아르키트라브, 창방)도 후대 것에 비해 두껍게 조성되어 있는데, 대신 보의 무게를 줄이기 위해 석재 안쪽을 ㄴ자 형으로 깎았다. 말하자면 겉에서 보는 것보다 기둥 위의 돌림벽이 얇은 것이다. 기둥들은 전체적으로 높이가 그다지 높지 않아서, 코린토스의 아폴론 신전과 비슷한 느낌을 준다. (희랍-로마의 신전들은

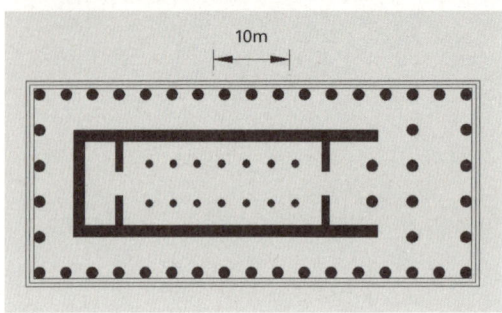

아폴론 신전의 현재 모습. 내부 건물의 남쪽벽과 기둥이 보인다. 아래는 평면도.

후대로 갈수록 기둥 높이가 높아지는 경향을 보인다.) 이 건물이 원래 어떻게 생겼었는지는 쉬라쿠사이 고고학박물관에 전시된 모형으로 좀 더 분명하게 확인할 수 있다. 우리가 그 박물관에 들러야 하는 이유 중 하나다.

아폴론 신전에서 남쪽으로 5백 미터 정도 가면 아테네 신전이었던 건물에 당도한다. 도중에 디아나(아르테미스)의 이름이 붙은 분수를 에워싼 꽤 널찍한 광장을 거쳐 가게 된다. 거기서 길이 좌우로 갈라지는데 오른쪽(서쪽) 길을 택한 후 바로 좌회전해서 남쪽으로 가면 된다. 아래투사 연못을 향해 가는 길로 한 블럭만 더 가면 왼쪽에 쉬라쿠사이 대성당이 있다. 그것이 아테네 신전(이었던 건물)이다.

아테네 신전을 보기 전에 우선 아르테미스 신전을 보자. 아르테미스 신전(아르테미시온)이 있던 터는 바로 대성당 북쪽이다. 현대 건물이 그 위를 덮고 있어서 겉에서 확인할 수는 없다. 대성당의 북쪽 벽면과 마주 보는 블럭의 한가운데에 아르테미스 신전 입구가 있으니, 원한다면 지하로 들어가서 옛 신전의 토대와 부재들, 그리고 후대에 덧지어졌던 건축물의 잔재들을 볼 수는 있다. 로마의 공중화장실 같은 것도 남아 있는데 화장실이 아니라 회의실이었다니 좀 의아하다. 의자 바닥에 구멍이 뚫려 있기 때문이다. 지상에는 건물로 에워싸인 정원에 약간의 조각 작품들이 전시되어 있는데, 아르테미스 신전의 내실 부분을 상징적으로 표현한 거라고 한다. 전체적으로 크게 감동을 줄 유적지는 아니다.

이 아르테미스 신전은 원래 기원전 6세기에 도리스식이 아닌 이오니아식으로 지어졌고 기둥 수는 6×12(또는 14)였던 것으로 추정된다. 20세기 초반에 고고학자 파올로 오르시(쉬라쿠사이 고고학박물관의 정식 명

쉬라쿠사이 아폴론 신전 복원 모형(왼쪽)과 단면 모형도. ㄴ자 형으로 깎은 보의 석재를 잘 보여준다.

칭에는 그의 이름이 들어가 있다)가 발굴했는데, 이 위대한 학자도 유적 위에 다른 건물이 덮이는 건 막지 못한 모양이다. 이 신전 역시 모형이 박물관에 전시되어 있다. 전실과 후실을 갖췄지만 내실은 지붕이 없어서 혹시 일부러 하늘을 보게 주랑으로 에워쌌던 게 아닌가 하는 추정도 있다. 이 건물은 어떤 이유에선지 완성을 보지 못했던 것 같다.

다시 아테네 신전으로 돌아가자. 이 신전은 교회로 변형되는 바람에 꽤 많은 부분이 살아남았고, 지금은 복구된 여러 다른 신전들이 약 2백 년 전쯤까지 어떤 모습을 하고 있었는지 보여주는 좋은 자료 역할을 한다. 대체로 북쪽에서 접근해서 대성당의 북쪽벽을 보게 된다. 방금 살펴본 아르테미스 신전의 현재 입구와 마주 보는 벽면이다. 그 벽의 오른쪽(서쪽) 부분에는 벽에 박힌 기둥 네 개가 기둥머리까지 거의 멀쩡하게 보존된 게 보인다. 좀 더 동쪽 부분은 기둥머리는 보이는데, 그 아래 나머지 부분은 벽 속에 완전히 감춰져서, 기둥이 여전히 남아 있는 것인지 의문을 불러일으킨다. (성당 안에 들어가서 보면 기둥들이 모두 남아 있다.)

다시 돌아서 성당의 서쪽 입구를 보자. 얼핏 고대의 건축양식을 좀 과

이오니아식으로 지어진 쉬라쿠사이 아르테미스 신전의 복원 모형.

장한 듯한(바로크 양식), 웅장하고 보존이 잘 된 정문이 보인다. 문 양쪽에 문설주 대신 거대한 기둥을 세운 숫을삼문이라고 생각하면 된다. 입구에만 기둥이 여섯 개다. 이것은 17세기 말에 대지진으로 무너진 교회를 다음 세기 초에 재건하면서 덧붙인 것이다.

원래 이 신전은 기원전 5세기에 세워진 기둥 수 6×14의 도리스식 건물이었다. 서기 7세기에 기독교(동방정교) 교회로 용도 변경되었다가, 9세기에는 이슬람 사원으로, 11세기에 로저 1세에 의해 다시 가톨릭교회가 되었다. 팔레르모의 팔라티나 예배당을 지은 로저 2세의 아버지다.

누누이 말하지만 희랍 신전은 동서 방향으로 놓이는 게 기본이고 동쪽이 정면이다. 하지만 기독교 교회는 서쪽에 주 출입구가 있고, 동쪽은 후진apse으로 막혀서 거기에 성상들을 모시는 게 일반적이다. 그리스도는 태양으로 상징되기 때문에 동쪽을 바라보며 예배를 드리는 것이다. 따라서 고대 신전을 교회로 전용하려면 일단 신전 내부 건물의 동쪽을 막고 반원형 공간을 덧붙인 후, 전실과 내실 사이, 그리고 내실과 후실 사이의 벽을 전면적 또는 부분적으로 제거하여 실내 공간을 넓힌다. 그리고 바깥을 에워싼 기둥들peripteros 사이를 벽돌로 전부 막아 실내 공간으로 바꾸거나, 아니면 동쪽 부분만 마치 동서 방향의 중심 공간이 좌우로 팔을 벌린 것처럼 막아서, 위에서 보면 십자가 모양이 되도록 수랑transept으로 꾸미고, 또 서쪽 기둥들 사이를 막고 거기에 문을 내서 주된 출입구로 삼는다. 쉬라쿠사이의 대성당도 그런 과정을 겪었다.

원래의 전실-내실-후실로 이어지는 동서 방향의 벽에는 아치형 문을 여러 개 뚫어서 원래의 실내 공간을 신랑nave으로 삼고, 원래의 북쪽 벽, 남쪽벽과 바깥 기둥들 사이 공간은 복도aisle로 변형한 것이다. 이 대

위 아테네 신전이었던 쉬라쿠사이 대성당의 정문.
아래 대성당 북쪽벽에 보이는 아테네 신전의 바깥 기둥(왼쪽)과 대성당 내부의 벽 속에 박힌 기둥들.

성당 서쪽의, 근세에 새로 덧붙인 입구로 들어서면 바깥벽 속에 박힌 기둥들이 잘 보인다. 바깥쪽보다는 안쪽이 보존 상태가 훨씬 좋다. 일찍부터 비바람과 외력으로부터 보호받았기 때문이겠다.

이 대성당이 중요한 또 하나의 이유는 이곳에 모셔진 유명한 성녀의 조각상 때문이다. 단테가 『신곡』에서 아주 중요한 인물로 그린 산타 루치아다. 그녀는 서기 3세기 쉬라쿠사이 출신으로 기독교 신앙을 버리도록 고문을 당하다가 순교했는데, 일설에 따르면 고문 도중에 두 눈알이 빠져버렸지만 하느님께서 또 다른 눈알을 채워주셔서 여전히 앞을 볼 수 있었다고 한다. 다른 판본에 따르면 자신의 결의를 보여주기 위해 스스로 눈을 뽑았는데, 나중에 장례 치를 때 보니 두 눈이 멀쩡했다고도 한다.

시인 단테는 '지옥편' 2곡에서, 성모님께서 단테를 걱정하셔서 이 루치아 성녀를 베아트리체에게 보냈고, 베아트리체가 지옥의 림보(기독교 이전 시기에 살았던 선한 자들의 영역)에 직접 찾아와 베르길리우스에게 단테를 안내하도록 부탁한 것으로 그렸다. 한편 '연옥편' 9곡에서는 단테가 연옥산을 오르던 도중 잠든 것을 루치아 성녀가 친히 품에 안아서 높은 데까지 올려준다. 단테가 이렇게 루치아 성녀를 높인 이유는

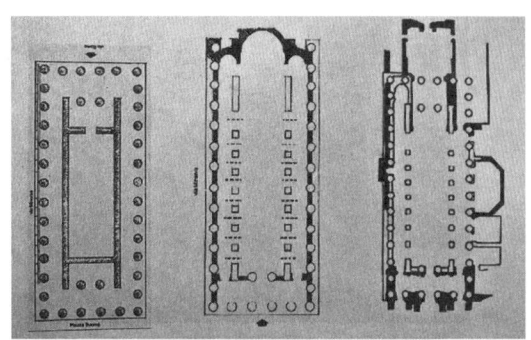

쉬라쿠사이 아테네 신전이
교회로 변형되는 과정.

아마도 그녀가 '빛lux'과 연관된 이름을 갖고 있어서 '진리의 빛'을 상징한다고 보아서일 것이다.

쉬라쿠사이는 루치아 성녀의 고향으로서 그녀의 유골을 지키려 애썼지만, 외부세력에 의해 8세기경에 이탈리아 본토로, 프랑스로, 거기서 콘스탄티노플로 갔다가 다시 베네치아로, 거기서 머리만 떼어서 프랑스로 갔단다. (저자마다 다르게 하는 말이니 이동 시기나 장소에 대한 말들은 너무 곧이듣지 마시고, 그냥 유골이 이리저리 떠돌아다녔고 여러 곳으로 분산되었다고만 아시기 바란다.) 나머지 유골은 베네치아에 한동안 머물러 있다가(그래서 베네치아 곤돌라 사공들이 그렇게 '산타 루치아'를 노래하는 것이다) 16세기 이후 어느 땐가 전부는 아니고 일부 유골이 돌아와서, 그중 일부가 지금 우리가 보는 대성당에 모셔진 조각상에 들어가고, 나머지는 고고학박물관 동남쪽에 지어진 '산타 루치아 묘지 교회Chiesa di Santa Lucia al sepolcro'에 안치되었다. 성녀의 유골을 일부 품고 있는 조각상은 피에트로 리조의 1599년 작품으로 경동맥에 단검이 꽂힌 형태로 서 있는 입상인데, 매년 두 번, 5월 첫째 일요일과 12월 13일에 시내를 행진하는 것으로 유명하다. 평소에는 특별한 보관실에 모셔져 있기 때문에 일반인들은 볼 수 없다. 행렬은 남쪽의 대성당에서 시작해서 북쪽의 '묘지 교회'까지 가서 여드레 동안 성상을 그곳에 모셨다가 (겨울의 경우, 12월 20일에) 다시 대성당으로 돌아오는 것으로 되어 있다.

이 산타 루치아와 관련된 유명한 작품이 또 하나 쉬라쿠사이에 있다. 〈산타 루치아의 장례식〉(1608)이라는 카라바조의 그림이다. 평생 말썽을 일으켰던 이 불량배 천재는 그의 짧은 생애 말기에 몰타까지 도피했다가 잠시 쉬라쿠사이에 머물렀다. 그때 그린 이 그림은 한동안 대성당 바로 남쪽의 '바디아의 산타 루치아' 성당에 있다가, 지금은 루치아 성녀의 유골을 모신 '묘지 교회'로 옮겨가 있다. 이 '묘지 교회'는 '성 밖의 산타 루치아 교회' 바로 남쪽에 있는 팔각형 독립 건물이다. 예배당 내부로 들어가면 동쪽 정면에 모로 누운 성녀의 조각상과 유골함이 있고, 카라바조의 그림은 왼쪽 벽에 걸려 있다.

대성당에서 1백 미터 정도 남쪽으로 진행하면 바닷가에 아레투사샘(연못)이 있다. 바다 바로 옆에 담으로 둘러싸인 민물샘이다. 파퓌로스가 자라고 있고 오리들이 한가히 놀고 있다. 이 주변은 유럽에서 유일하게 파퓌로스가 자라는 곳이다. 전설에 따르면 이 샘은 바다 밑으로 해서 희랍의 아르카디아 지역과 연결되어 있다고 한다. 오비디우스의 『변신이야기』에 그 사정이 자세히 그려져 있다. 아레투사는 원래 아름다운 요정이었는데, 알페오스강(올륌피아 곁으로 흐르는 강)의 신이 그녀에게

〈산타 루치아의 장례식〉,
카라바조, 1608,
산타 루치아 묘지 교회.

구애하며 쫓아와서 그녀가 강물로 변하자 알페오스도 물의 모습으로 그녀와 섞이려 하기에, 아르테미스 여신께 빌어서 땅을 뚫고 이곳까지 도망쳐 왔다는 것이다. (이와 유사하게, 중앙아시아에 사는 고려인 동포들은 이식쿨호가 땅 밑으로 해서 바이칼호와 연결되어 있다고 믿는단다.)

아레투사샘은 바닷가 쪽 입구를 통해(무료) 구내로 들어가서 한 바퀴 둘러볼 수도 있지만, 수면이 해수면과 거의 같아서 그냥 시가지 쪽에서 내려다보아도 된다. 다만 구내로 들어가면 요정 아레투사를 알페오스가 추격하는 모습의 조각상(마치 에밀레종의 비천상 같다)을 가까이서 볼 수 있다. 이 샘은 옛날부터 쉬라쿠사이의 상징이었기 때문에 옛 주화에도 요정 아레투사의 모습이 새겨져 있다.

아레투사샘까지 왔으면 그 서쪽에 펼쳐진 바다를 좀 바라보시기 바란다. 쉬라쿠사이는 동쪽에 작은 항구(아르키메데스 조각상이 서있던 다리 동

파퓌로스가 자라고 있는 아레투사샘.

왼쪽 쫓아오는 알페오스와 도망치는 아레투사를 새긴 조각상 오른쪽 아레투사가 새겨진 주화.

쪽), 서쪽에 큰 항구를 갖고 있는데, 지금 보는 이 큰 항구가 기원전 413년 아테나이 원정대가 해전에 패배한 곳이다. 여러 차례 맞붙어도 점점 피해만 커지자 그들은 결국 배를 버리고 육로로 퇴각하다가 항복한다. 그리고 앞에 말한 것처럼 병사들 대다수가 비참한 최후를 맞이하고, 두 장군 니키아스와 데모스테네스는 포로가 되었다가 참수되었다.

투퀴디데스는 『펠로폰네소스 전쟁사』 6~7권에 그 전말을 소상히 기록하고 있는데, 때로는 지나치게 진취적이고 창의적인 아테나이인들이 자기들과 너무나 비슷한 사람들을 만나서 결국 패배한 것으로 그려놓았다. 누구도 이루지 못할 법한 일, 해전으로 아테나이를 무찌른 이들이 바로 이곳 쉬라쿠사이 시민들이다. 그때 아테나이군이 진영을 설치했던 곳은 우리가 이미 둘러보고 온 네아폴리스보다 조금 서쪽의 바닷가다. 그리고 잠시 후에 들르게 될 고고학박물관 북쪽 언덕(에피폴라이)에서 아테나이군과 쉬라쿠사이군이 서로 먼저 성벽을 쌓으려고 경쟁을 벌였다. 아테나이군은 도시를 포위하기 위해서, 그리고 쉬라쿠사이 사람들은 포위를 당하지 않기 위해서였다. 결국 쉬라쿠사이 사람들이 쌓은 대항 성벽이 먼저 완성되어 아테나이의 포위 시도는 헛수고가 되고 말았다.

이 사건 때 쉬라쿠사이인들을 조직하고 지휘했던 인물은 헤르모크라테스라는 사람인데, 그의 뛰어난 자질과 활약상은 『펠로폰네소스 전쟁사』에 잘 그려놓았다. 그는 아테나이가 패퇴한 뒤에도 희랍 본토와 소아시아 해안까지 함대를 이끌고 나섰다. 하지만 본토 여러 도시국가들의 주도권 다툼과 당시의 국제 정세에 휘말려 더는 큰 업적을 세우지 못했고, 나중에는 내부 정적들에 의해 자기 도시에서 추방되기도 했다. 그 후 카르타고 세력이 쉬라쿠사이를 침공하자(예전에 셀리누스와 다투느라 아테나이를 끌어들였던 세게스타가 이번에는 카르타고 세력을 불러들였다) 그에 대항하는 운동을 일으키지만, 도시 내부 분쟁의 와중에 길거리에서 피살된다.

플라톤은 그에게 깊은 감명을 받았던지 헤르모크라테스를 자신의 작품 『티마이오스』와 『크리티아스』에 등장시켰다. 플라톤이 쉬라쿠사이 출신의 인물에게 존경을 보낸 이유 중 하나는 플라톤 자신도 이 도시와 관계가 있어서다. 앞에서 우리가 채석장의 대표 격으로 방문했던 '디오뉘시오스의 귀'의 디오뉘시오스가 플라톤과 연관된 이름이다. 헤르모크라테스가 죽은 직후에 쉬라쿠사이의 권력을 차지해서 거의 40년 동안 통치한 디오뉘시오스 1세는 한편 강력하고, 다른 한편 무자비하고 의심 많은 인물이었다. 그는 자기 아들을 거의 감금해서 키웠고, 아버지가 죽고 나서 권력을 이어받은 아들 디오뉘시오스 2세는 국가를 이끌어갈 준비가 전혀 되어 있지 않았다. 그래서 그를 지도한 사람이 이 젊은 통치자의 외삼촌 디온이고, 그 디온이 플라톤을 모셔다 젊은이를 교화하고자 했다. 하지만 천하의 플라톤도 그의 후원자도 이 도시의 정치적 음모에는 버텨낼 수가 없었다. 결국 디온이 먼저 추방되고 이어서 플라톤이 그 도시를 떠나게 되어, 조카를 이상적 지도자로 만들려던 디온의 계획도 그리고 지상에 '이상국가'를 세워보려던 플라톤의 계획도 허사가 되고 만다. (하지만 플라톤은『국가』에서 등장인물 소크라테스의 입을 통해, 귀족 젊은이가 철학을 공부하거나 아니면 철학자가 권력을 잡을 수도 있으니, 지상에 이상국가가 생겨날 가능성이 완전히 없진 않다고 여전히 희망을 피력하고 있다.)

고고학박물관

고전과 관련하여 오르튀기아섬에서 보아야 할 것은 다 보았다. 이제 발길을 돌려 오르튀기아에서 나와 박물관으로 가보자. 쉬라쿠사이 파올로 오르시 고고학박물관은 희랍식 극장 등이 몰려 있는 네아폴리스 구역에서 동쪽으로 한두 블록밖에 떨어져 있지 않다. 그리고 그 맞은편에는 특이한 모양으로 눈길을 끄는 '눈물의 성모 교회 Basilica Santuario Madonna delle Lacrime'가 서있다. (마녀의 모자에 세로 주름을 많이 넣은 것 같은 모습이다. 교회 안팎으로 조각 작품과 예술적 설치물 들이 많으니 한번 둘러보는 것도 나쁘지 않다.)

 고고학박물관의 모습도 매우 현대적인데 평면도를 보면 대략 정삼각형 중앙에 바퀴 모양 건물을 놓고, 각 꼭지점과 중앙 바퀴 사이에 육각형 건물을 세 개 채워넣은 꼴이다. 부속 공간들도 모두 작은 육각형으로 채워넣었다. 내부로 들어가면 계속 비슷한 공간을 돌게 되기 때문에 방향감각을 잃기 쉽다. 방 번호를 확인하면서 관람하는 게 좋다.

 앞에서 오르튀기아에 있었던 세 개의 신전 모형이 고고학박물관에 있다고 소개했다. 나로서는 이것들을 제일 먼저 챙겨 보시라 권한다.

실물도 아닌 게 뭐 그리 중요하냐고 하실지 모르지만, 현재 남아 있는 것이 너무 적고 우리의 상상력이 더러 미치지 못하는 대목이 있어서다. 이외에 소장 유물 중 가장 눈에 띄는 두 가지만 챙기면 이곳을 방문한 보람이 충분하겠다. 하나는 소포클레스의 『오이디푸스왕』 장면이 그려진 도기 조각이다. 코린토스에서 사자가 도착하여 오이디푸스에게 '아버지'가 돌아가셨다고 전하다가 오이디푸스의 진짜 혈통이 드러나는 결정적 장면이다. (이 비극 작품과 무관한 그림일지도 모른다는 의혹이 여전히 남아 있긴 하다.)

대개 알고 계시겠지만, 희랍 비극을 잘 모르는 분을 위해 이 그림에 반영된 상황을 조금 설명하자. 테바이의 통치자 오이디푸스는 나라에 역병이 돌자 델포이에 사람을 보내 해결책을 구한다. 그러자 이전 왕 라이오스가 피살되었는데, 범인을 찾아서 추방하거나 처형해야 한다

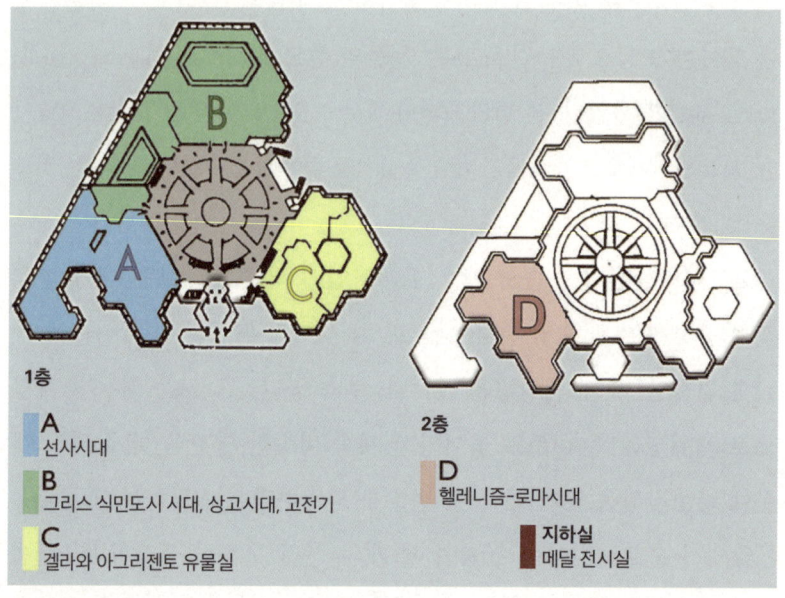

1층
A 선사시대
B 그리스 식민도시 시대, 상고시대, 고전기
C 겔라와 아그리젠토 유물실

2층
D 헬레니즘-로마시대
지하실 메달 전시실

쉬라쿠사이 파올로 오르시 고고학박물관의 평면도.

쉬라쿠사이 대성당으로 변형되기 이전의 아테네 신전 모형, 쉬라쿠사이 고고학박물관.

는 신탁이 내린다. 인간의 지혜로는 해결하기 어려운 문제인지라, 오이디푸스는 눈먼 예언자 테이레시아스를 불러 도움을 청한다. 예언자는 처음엔 답하기를 주저한다. 그러자 오이디푸스가 혹시 당신도 라이오스를 죽이는 음모에 가담했던 것 아니냐고 추궁한다. 이에 화가 난 예언자는 오이디푸스 자신이 그 범인이라고 폭로하고, 그뿐 아니라 오이디푸스는 가장 가까운 사람과 부끄러운 관계를 맺고 있다고, 그리고 입에 담기 어려운 자식을 낳았노라고 선언하고 떠나버린다. 오이디푸스는 처남인 크레온이 예언자를 사주하여 이런 비난을 보내는 것으로 의심한다. 이어 크레온이 억울하다며 찾아오고 둘 사이에 언쟁이 벌어진다. 그걸 본 오이디푸스의 아내 이오카스테는 남편을 말리면서, 예언자의 말은 신경 쓰지 말라고 자신이 전에 겪은 일을 들려준다. 라이오스와 자기 사이에 아이가 태어나면 그 아이가 아버지를 죽일 거라는 예언이 있어서 아이를 태어난 지 사흘도 되기 전에 발목을 묶어 산에 버렸는데, 라이오스는 엉뚱하게 델포이로 가는 삼거리에서 도적들에게 죽고 말았다는 것이다. 이 말을 들은 오이디푸스는 '삼거리'라는 말에 놀란다. 자신이 옛날 어떤 삼거리에서 마차 탄 노인 일행을 죽인 적이 있기 때문이다. 그는, 라이오스가 죽을 때 그와 동행하다가 혼자 살아 돌아온 사람이 있다는 말을 듣고는 그를 불러, 자신이 왕을 죽인 자인지 묻기로 한다. 이제 그의 걱정은 자기가 범인으로 밝혀지면 이 도시에서 추방될 텐데, 고향으로 돌아가기도 곤란한 상황이라는 점이다. 그는 델포이에서, 자기가 아버지를 죽이고 어머니와 결혼할 운명이라는 신탁을 받은 적이 있기 때문이다. 한데 바로 그 순간, 오이디푸스의 '고향' 코린토스로부터 전령이 찾아온다. 오이디푸스의 '아버지'가 돌아가셨고 그곳 시민들이 오이디푸스를 자기들의 통치자로 선택하였으니, 두 도시국가를 모두 다스려 달라는 것이다. 하시만 오이디푸스는 '어머니'와 얽히게 될까 두려워서 고향에 돌아가지 않겠노라고 답한다. 그러자 전령 노인은 사실은 오이디푸스가 코린토스 왕가의 친자식이 아니며, 자기가 어린 오이디푸스를 얻어다가 그 집에 양자로 주었다고 밝힌다. 테바이와 코린토스의 경계에 있는 키타이론산에서 함께 양을 치던 테바이 목자로부터 어린 오이디푸스를 얻었다는 것이다. 그 말을 듣는 순간 이오카스테는 오이디푸스가 자기가 버렸던 아들임을 깨닫는다. 그래서 도기 그림 오른쪽에 서있는 여자(이오카스테)가 놀라는 표정과 몸동작을 하고 있는 것이다. 한편 오이디푸스는 아직 사태를 완전히 파악하지 못하여 별달리 놀라는 표정을 보이지 않고 있다. 잠시 후에, 라이오스가 피살될 때 곁에 있었던 노인이 증인으로 불려올 텐데, 그 사람이 테바이 왕가의 심복으로서 어린 오이디푸스를 이웃나라 목자에게 넘긴 사람이기도 해서 곧 모든 사실이 밝혀질 것이다.

  이 도기 그림은 굉장히 드물고 소중한 자료인데, 도기 몸통은 사라지고 그 그림이 들어간 도기 목 부분만 수습되어 전시되고 있다. 혹시 옛날에 그릇을 실수로 깨뜨리고서, 그림이 아까워서 그 부분만 일종의 장

오이디푸스의 진짜 혈통이
밝혀지는 순간이 그려진
도기 조각.

식으로 보관했다가 지금까지 전해진 게 아닐까 싶다. (유물 번호가 66557이라고 붙은 걸 보면 이 박물관에 소장된 게 분명한데, 늘 전시되는지는 확실치 않다.) 이 도기가 희랍 본토에서 만들어진 게 아니라 시칠리아 현지에서 제조된 것이라면 이곳에서도 소포클레스의 이 유명한 작품이 상연되었다고 믿을 근거가 하나 늘어나는 셈이다.

다른 유물들은 대개 희랍과 관련된 박물관들에서 볼 수 있는 것들이니 크게 주목할 것 없고, 거의 이 박물관에서만 볼 수 있는 유물이 난쟁이 코끼리 화석이다. 좀 놀라울지 모르겠는데 지중해의 여러 섬에서 이런 화석이 발견되었다. 사르데냐, 시칠리아, 크레테, 퀴프로스 등은 그나마 거대한 섬이니 이해가 되지만, 심지어 몰타나 정말 작은 섬인 델로스에서까지 그런 화석이 발견되니 신기한 일이다. 아마도 지중해의 해수면이 훨씬 낮고 섬들이 모두 연결된 육지였을 때 고대의 코끼리가 번성하다가, 해수면이 상승하면서 각각의 섬에 고립된 무리가 생기고 별다른 포식자가 없어지면서 덩치가 작아진 것 아닌가 생각된다. (거대 포식자가 없으면 물소나 코끼리, 하마 따위의 체격이 작아지는 현상이 흔히 관

쉬라쿠사이 고고학박물관의 난쟁이 코끼리 화석.

찰된다.) 어쨌든 쉬라쿠사이 고고학박물관에서 거의 온전한 난쟁이 코끼리 화석을 볼 수 있으니, 이 드문 기회를 놓치지 마시기 바란다. 크레테에서 발견된 화석도 거의 온전한 상태인데 현재 네덜란드로 옮겨져 있다.

어떤 학자들은 이 코끼리의 두개골 화석이 외눈박이 괴물 퀴클롭스 이야기를 낳은 게 아닐까 추정하기도 한다. 코끼리 두개골의 두 눈구멍이 이마 가운데에 몰려 있고, 눈 사이 콧날 부분이 제대로 보존되지 않았으면 눈 하나인 존재로 보이게 된다는 것이다. 마침 오뒷세우스가 마주친 퀴클롭스의 거주지가 시칠리아였다는 설도 있으니 그럴싸하다. 우리가 앞에 본 빌라 델 카살레 모자이크에 퀴클롭스가 그려진 것도 이와 연관이 있을 것이다.

카타니아와 아이트나

이제 시칠리아 동쪽 해안을 따라서 북쪽으로 가보자. 쉬라쿠사이에서 한 시간 정도 이동하면 이 섬에서 두 번째로 크고, 국제공항도 갖추고 있는 도시 카타니아를 지나게 된다. 대규모 여행객이라면 이곳에서 1박을 하게 될 공산이 크다. 도시가 커서 숙박 시설도 많기 때문이다. 이 도시는 투퀴디데스의 『펠로폰네소스 전쟁사』에 꽤 여러 번 언급되는데, 무슨 큰 사건이 있어서라기보다는 아테나이 원정군이 이 도시를 거점으로 보급도 받고, 더러는 이곳으로 물러나 휴식을 취하기도 해서다. 그 이후의 역사는 로마 귀속 – 게르만족 – 비잔틴 – 사라센 – 노르만 – 앙주 집안 등 시칠리아의 다른 도시들이 겪은 것과 비슷하다.

이 도시는 아이트나 화산 바로 동남쪽에 있어서 옛날부터 화산 폭발의 피해를 많이 입었고, 지금은 화산 방문의 베이스캠프 같은 역할을 한다. 한번은 엄청난 용암이 이 도시로 흘러왔지만 성벽에 막혀서 빙 돌아 흘러내리는 바람에 파괴를 면한 적도 있다. 아이트나 화산은 신화적으로 헤파이스토스의 대장간이 있는 곳이라고도 하고, 제우스에게 패배한 튀폰이 밑에 갇혀 있는 곳이라고도 한다. 그 괴물이 밖으로 나오려고 몸부림을 치면 지진이 일어나고 화산이 폭발한다는 것이다. 이처럼 자연현상을 설명하는 신화를 원인설화aetiology라고 한다. 이것은 말하자면 오늘날 과학이 하는 역할과 같은 것이다. 그래서 『황금가지』를 쓴 제임스 프레이저는 신화가 '잘못된 과학'이라고 규정하기도 한다. 역할은 과학과 비슷한데, 그 특징은 '잘못된 설명'이라는 점이다. 하지만 아무 설명도 없는 것보다는 이런 설명이라도 있는 게 우리를 안심시킨다. 인간은 어디서나 질서와 의미를 추구하기 때문이다.

시간이 허락된다면 아이트나 화산에 한번 올라가보기 바란다. 최고봉의 높이는 3,350미터 안팎인데, 새로운 폭발이 있을 때마다 화산재가 쌓여서 조금씩 높아지고 있는 중이다. 하지만 언젠가 대폭발이 일어나면 정상 부분이 날아가 오히려 조금 낮아질 수도 있다. 대개 중간인 사피엔차 대피소(해발 1,910미터)까지는 대형 버스로 가고 거기부터는 케이블카를 이용하게 되는데, 이따금 분화 후에 케이블카 복구가 늦어지면 바퀴가 큰 소형 버스 같은 것을 이용하기도 한다.

보통은 연기가 솟아나는 첫 번째 분화구까지만 가서 시간이 있으면 작은 분화구를 한 바퀴 돌고서 내려오게 되는데, 저 멀리 연기가 꽤 많이 솟고 있는 봉우리 근처까지는 몇시간 걸어야 하기 때문에 시간 여유가 아주 많은 답사객에게나 가능한 일이다. 갑자기 꽝 하고 폭발하면 어떻게 하나 걱정이 될 수도 있지만, 대규모 분화가 일어날 때는 대개 그 전에 조짐이 보이기 때문에 관광객이 변을 당할 위험은 거의 없다. 현지인들은 이 화산을 '온화한 거인'이라고 부른다.

날이 흐리고 바람이 많이 분다면 케이블카 종착점에서 외투(유료)를 빌려 입는 것이 좋다. 아니면 바람막이 겉옷 정도 준비해 가는 게 좋다. 봄날이라도 잘못하면 저체온증으로 고생하게 된다.

1669년 아이트나 화산 폭발로 인한 용암 분출을 그린 프레스코화, 카타니아 대성당.

다시 카타니아로 돌아가자. 이 도시에서는 희랍식 극장과 로마의 음악당(오데온)을 멀리 외곽까지 나갈 것 없이 바로 시내에서 볼 수 있다는 점이 재미있다. 극장은 보존 상태가 매우 좋지만, 무대 뒤쪽에 현대의 건물들이 바짝 붙어 상당히 답답하게 느껴진다. 무대 서쪽(객석에서 볼 때 오른쪽)에는 아예 무대와 거의 직각 방향의 건물이 객석 아래 부분까지 뻗어나와 있다. 현재는 그 건물에 붙어서 베란다처럼 공중에 뜬 보행로를 만들어놓아서 답사자는 그 길을 따라 내부를 관람할 수 있다. 혹시 비가 많이 오는 계절에 방문하면 오르케스트라에 물이 고여서 일종의 연못을 이루고 있는 신기한 광경도 목도하게 될 것이다.

이 극장이 지어진 것은 서기 2세기경으로 추정된다. 형태는 희랍식이지만 건립 시기는 로마 때인 것이다. 지금은 건물들 사이에 옹색하게 끼어 있지만 옛날에는 바다를 내다보며 꽤 좋은 전망을 누렸을 듯하다. 희랍 극장들은 ─ 아마도 햇살을 피하기 위해 ─ 남쪽을 보고 있는 경우가 흔하지 않은데 이곳은 바다 방향을 보기 위해서 이쪽으로 자리 잡은 모양이다. (아테나이 디오뉘소스 극장과 쉬라쿠사이 극장은 약간 예외적으로 정남향이지만, 극장 유적이 가장 완벽하게 남아 있는 에피다우로스는 북서향, 앞에 본 세게스타 극장은 거의 북동향, 앞으로 볼 타오르미나 극장은 남서향이다.) 이 극장의 객석은 21열, 관객은 최대 7천 명 정도 수용할 수 있었다. 객석의 아래쪽 다섯 줄 정도까지는 보존 상태가 아주 좋고, 그 위쪽은 아마도 현대의 행사를 위해서인 듯 나무로 의자를 만들어 덮어 놓았다. 다른 극장들처럼 상하층으로 이동할 수 있는 세로 방향 계단과 중간 출입구, 그리고 객석 밑의 통로가 설치되어 있어서 관객이 입장하고 퇴장하는 데 어려움이 없도록 되어 있다. 희랍식 극장 바로 서쪽에

로마시대에 지어진 카타니아 희랍식 극장.

는 지름이 희랍 극장의 절반 정도 되는 음악당 유적이 남아 있는데, 희랍 극장만큼 보존 상태가 좋지는 않다.

  이 도시는 19세기 작곡가 벨리니(오페라 〈청교도〉, 〈노르마〉 등의 작곡자)의 고향이어서 시내에 그 흔적이 남아 있으니 둘러봐도 좋겠다. 희랍 극장의 동남쪽에 바로 벨리니의 생가가 있어서, 작은 박물관도 꾸며져 있다. 벨리니의 조각상은 생가에서 북동쪽으로 5백 미터 정도 떨어진 곳에 있는데, 바로 그 서쪽에 로마의 원형극장amphitheater이 발굴되어 있다. 지표면보다 낮은 우묵한 곳에 벽돌로 지은 구조물을 일부만 노출시켜 놓았는데, 보기에 아주 훌륭하진 않다.

타오르미나

다시 북쪽을 향해, 시칠리아 동부 해안을 따라 가보자. 카타니아에서 차로 1시간 거리에 타오르미나가 있다. 고대에 유명한 도시는 아니어서『펠로폰네소스 전쟁사』에도 언급되지 않는다. 그보다는 바닷가에 붙어 있던 낙소스가 많이 등장한다. 하지만 현대에는 타오르미나가 유명한 관광지가 되어 G7 정상회담이 열린 적도 있고, 국내 TV 프로그램에도 소개되었다. 아기자기한 골목과 계단을 따라 화사하게 핀 부겐빌레아꽃 등이 사진 찍어 남에게 자랑하기 좋다. 고전에 관심 있는 답사자가 돌아볼 만한 곳은 희랍식 극장 하나뿐이다.

사실 이 도시는 낙소스의 후예라고 할 수 있다. 낙소스 이주민들이 정착한 도시이기 때문이다. (시칠리아의 낙소스는 델로스 남쪽에 있는, 테세우스가 아리아드네를 버리고 갔다는 그 섬과 이름이 같다. 초기 이주자들 중에 그 섬 출신이 많았기 때문인 듯한데, 어찌 된 일인지 이 도시를 개척한 사람들은 에우보이아의 칼키스 출신이라고 알려져 있다.) 낙소스는 펠로폰네소스 전쟁 중에 아테나이와 동맹을 맺었다. 전쟁 5년차에 (기원전 427년) 아테나이가 시칠리아로 '1차 원정대'를 보냈는데, 그때 낙소스는 메시나와 분쟁 중이어서 얼른 아테나이와 동맹을 맺은 것이다. 하지만 아테나이 본국으로부터 응원이 지체되는 사이에 낙소스는 메시나의 공격을 받았고(기원전 425년), 결국 격퇴하긴 했지만 자신들도 큰 타격을 받았다. 그 후로 낙소스 시민들은 이곳 저곳에 새로운 정착지를 마련하려고 여러 차례 시도하지만 여의치 않다가, 약 3세대 뒤인 기원전 4세기 중반에 타우로메니온(타오르미나)에 정착하게 된다. (이 도시는 이전에 시칠리아 본토 사람들이 세운 것이다.)

타오르미나 극장은 기원전 3세기 헬레니즘시대에 세워졌으며, 서기 1세기 전반(아마도 5현제 중 하나인 트라야누스 또는 그 후임 하드리아누스 때)에 한 번 정비되고, 다시 3세기에 개수되었다. 마지막 개축 과정에서 무대는 사라지고 그 자리를 아레나가 차지했다. 그러니까 무대예술보다는 검투사 경기나 모의 해전 같은 게 중심이 되었다는 뜻이다. 이

타오르미나 극장.

렇게 로마시대에 여러 번 고쳤기 때문에 지금도 벽돌로 된 부분이 많이 남아 있으며, 무대 배경 건물 양옆에는 바실리카(네모난 건물)가 덧붙여졌다. 객석 전체 지름은 100미터 조금 넘고, 수용 가능한 관객 수는 1만 명 정도였을 것으로 추정된다. 특이하게도 객석 뒤쪽에 중간중간 벽감(벽 속으로 우묵하게 들어간 얕은 동굴형 공간)을 갖춘 담장 같은 것이 지금도 남아 있는데, 원래는 지붕을 덮은 주랑이 객석 위쪽을 빙 둘러 있었던 것 같다. 그 주랑의 중심 테두리를 막아서 무대를 향한 쪽은 벽감 속에 조각상들을 세우고, 벽 바깥쪽은 관객이 원활하게 드나들 수 있도록 통로로 사용된 것 같다. 이 극장은 지금도 공연에 이용되며, 특히 '타오르미나 국제영화제'의 행사장으로 자주 이용된다. 객석에서 약간 왼쪽으로는 바다가 보이고, 약간 오른쪽으로는 아이트나 화산의 전체 모습이 한눈에 들어온다. 사진 찍기 좋은 곳이다.

사실 이 도시는 쇼핑하기 좋은 곳이어서 많은 이들이 상점을 순회한다. (나중에 동행자들에게 소감을 물어보면, 이 도시에서 보낸 시간이 제일 좋았노라는 분이 많아서 고전 선생을 좌절하게 한다.) 그 시간에 공부를 더 하자는 분이 있다면, 한두 곳 볼 게 더 있다. 도시 동남쪽의 희랍식 극장에서 나와, 도심을 향해 약간 북서 방향으로 직진하면 성 카타리나 교회가 나온다. 그 교회 뒤(북쪽)에 로마의 음악당(오데온)이 발굴되어 있다. 따로 입장할 것 없이 창살 문으로 들여다보면 된다. 도심의 현대 건물들 사이에 있어서 카타니아의 희랍식 극장과 처지가 비슷한데, 규모는 이 오데온이 훨씬 작고 보존 복원 상태도 허술하다.

성 카타리나 교회 동쪽에는 '코르바야Corvaja 궁전'이 있다. 로마시대 기초 위에 지은 노르만 성채를 후대에 계속 개축한 것이다. 창문이 뾰족아치와, 가운데에 기둥을 갖춘 이중아치, 삼중아치로 되어 있으며,

옥상은 높고 낮은 부분(총안銃眼)이 교대되는 낮은 담(성가퀴)을 둘러서 상당히 공을 들인, 높은 분의 거처 같은 느낌을 준다. 지금은 이슬람-민속 박물관으로 이용되고 있다. 내가 마지막 방문했을 때는 마침 모딜리아니 인물화를 전시 중이어서 즐겁게 관람한 기억이 있다.

한편, 성 카타리나 교회에서 서쪽으로 뻗은 길이 이 도시의 중심 가로인데, 그 길을 따라 남서쪽으로 3백 미터 정도 가면 '4월 9일 광장'에 닿는다. 이 광장의 이름은 1860년 가리발디가 시칠리아에 상륙하기로 되어 있었던 것을 기념하기 위해 그렇게 지은 것이다. 하지만 부르봉 왕조의 지배로부터 이 섬을 해방시킬 그 영웅은 한 달 뒤인 5월에 도착했다. 광장 주변엔 얼른 보아도 유서 깊어 보이는 건물이 여럿 있다. 우선 정면인 서쪽으로는 '시계탑과 중간문'이 보인다. 12세기에 지어져 계속 개축된 건축물로 문 위쪽에 정말 시계가 박혀 있다. (유럽에 시계가 보급되기 시작한 게 그 무렵이어서, 단테의 『신곡』에도 시계에 대한 언급이 꽤 자주 나온다.) '중간문'을 통과해서 더 서쪽으로 가면 이 도시의 끝인 '카타니아 문'에 닿는데, 도시의 분위기를 즐기겠다는 분이라면 거기까지 가볼 수도 있겠다. '4월 9일 광장'에서 350미터 정도 떨어져 있다. 한편 이 도시의 동쪽 끝은 '메시나 문'으로 되어 있다.

광장 북쪽으로는 성 요셉 교회가 있다. 정문 양쪽으로 계단을 갖춘 '시칠리아 바로크 양식'의 대표 건물이다. 이 교회에 사람들이 모여 예배를 드리는 도중에 가리발디의 도착 소식이 들렸다고 한다. 마침 가리발디의 이름도 '요셉Giuseppe'이어서 공교롭다. 이 광장의 남쪽 테라스는 바다와 희랍식 극장, 아이트나 화산을 모두 둘러볼 수 있는 일종의 전망대 역할을 한다. 광장 동쪽에는 15세기에 지어진 성 아우구스티누스 Sant'Agostino 교회도 있다. 현재는 도서관으로 이용되고 있다.

한편 이 광장으로 가기 위해 동쪽에서 서쪽으로 이동하다 보면, 중심 가로('움베르토 거리') 중간쯤에 왼쪽(남쪽)으로 내려가는 계단 골목이 있다. 그 계단으로 내려가다가 만나는 왼쪽(동쪽) 첫 골목 안으로 로마 시대 벽돌 구조물이 동서 방향으로 길게 이어진 게 보인다. '나우마키아'라는 구조물인데, 이 말은 '해전'이라는 뜻이다. 벽돌 담을 따라가며 벽감이 여럿 조성되어 있고, 그것을 기초 삼아 그 위로 현대의 건물들이 서있다. 옛 사람들이 이 구조물을, 모의 해전 공연을 위해 지어진 것으로 오해해서 이런 이름이 붙었다고 한다. 원래는 쉬라쿠사이 희랍식 극장 위쪽에 있던 것 같은 요징의 성역이었으리라고 한다.

이제 타오르미나를 떠나 다시 북쪽으로 이동하자. 시칠리아섬 동부 해안의 북쪽 끝을 차지하고 있는 메시나가 목표다. 이 도시는 이탈리아반도와 가장 가까이서 마주 보는 위치에 있다. 『오뒷세이아』에서 오뒷세우스가 통과하는 카륍디스와 스퀼라 중 거대한 소용돌이 카륍디스가 바로 그 도시 앞에 있었고, 맞은편 이탈리아반도의 서쪽 끝 동굴에 머리 여섯 개 달린 스퀼라가 살았다고 한다. 사실 『오뒷세이아』에는 이들의 위치까지는 나오지 않는데, 나중 사람들이 위치를 잡았고 『아이네이스』에도 그렇게 나오면서 완전히 자리를 굳혔다.

원래 이 도시의 희랍식 이름은 멧세네였고, 그 전에는 장클레('낫')라고 불렸다. 이 도시의 항구가 낫 모양이어서 그런 이름이 붙었다고 하는데, 사실은 이 지역 전체가—북쪽을 향해 직선으로 뻗어나간 게 아니라—동쪽으로 상당히 구부러져서 전체적으로 낫 모양으로 생겼다. 어쨌든 '낫'이라는 이름을 쓰다가, 기원전 4세기 초에 해협 건너편 레기온(레기움)의 통치자가 이 도시를 카르타고인들로부터 구해내면서, 자기 고향인 희랍 땅 메세니아의 이름을 따서 도시 이름을 바꿨다고 한다.

이 도시에는 대단한 유적이 보존되어 있지는 않다. 우리가 이곳에 가는 이유는 오뒷세우스의 모험을 되새겨 보고 싶어서다. 그러자면 스퀼라와 마주 보는 시칠리아 동북쪽 끝의 곶에 가야 하는데, '등대 탑Torre Faro'이라는 지역이다. Faro는 이집트 알렉산드리아의 유명하던 등대 '파로스'에서 온 단어다. 하지만 이름과 달리 이곳의 등대는 그다지 대단한 게 아니고, 주택들 사이에 끼어 있어서 찾기도 좀 힘들다. (뒤에 설명하는 송전탑 북쪽으로 250미터 거리에, 흰색과 검은색 띠로 층층이 구별되어 보인다.) 곶이 험준한 낭떠러지도 아니고 평평한 모래밭인 데다가, 그 앞바다에 거대한 소용돌이가 있는 것도 아니다. 옛날에는 어땠는지 모르지만 현재로선 카륍디스라고 하기엔 좀 심심하다.

이곳 바닷가에서 가장 눈에 띄는 구조물은 거대한 송전탑(232m)이다. 전선도 없이 철탑만 덜렁 서있어서 궁금증을 일으킨다. 철탑의 이름은 '탑 퓔론Pylon'이다. 희랍어 'Pylon'은 '문'이란 뜻으로, 대개는 이집트의 거대한 입구건물을 가리키는 단어다. 아테나이 아크로폴리스 서쪽에 있는 프로퓔라이아를 생각하면 되겠다. 이 송전탑은 시칠리아와 이탈리아 본토를 이어주던 것으로, 1955년부터 1994년까지 이용되었다. 점차 큰 용량이 필요하게 되고 허공에 띄운 전선으로는 감당이 안 돼서 해저 케이블을 설치하고 나니까 애초의 송전선은 불필요하게 되었다. 그래서 전선은 걷어냈지만 철탑은 철거하지 않아서 해협 양쪽에, 마치 지브롤터 해협을 지키는 헤라클레스의 두 기둥처럼 서있게 된 것이다. 시칠리아 것의 짝이 되는 다른 철탑은 이탈리아 본토 레지오 칼라브리아의 빌라 산 조반니에 서있다.

제2장
이탈리아 남부

이탈리아반도의 남부 지역을 둘러보자.
이 지역은 유적지가 잘 보존되어 있지 않고
유적지들 사이의 거리가 멀어서
일반인들로서는 찾아가기에 어려움이 있다.
하지만, 이곳에 있었던 고대 희랍 도시들은
역사적으로 매우 중요한 곳들이다.
당장 방문하기 어려우면 훗날을 위해서라도
같이 알아보자.

레지오 칼라브리아와 스킬라

메시나 항구에서 맞은편의 레지오 칼라브리아(희랍어 레기온)까지 뱃길로 6.6킬로미터밖에 되지 않아 배를 타고 30분 정도면 충분히 건널 수 있다. 이곳에 다리를 놓자는 논의가 여러 차례 일어났다가 취소되고, 다시 제안되었다가 취소되곤 했다. 다리를 놓자면 가장 짧은 구간이 유리하기 때문에 현재의 뱃길보다는 앞에 본 '등대 탑' 지역(3.1킬로미터)이 유력한 후보로 꼽히고 있다.

레지오 칼라브리아로 가는 이유는 거기 유명한 청동상을 소장한 마그나 그라이키아 국립박물관이 있어서다. 이탈리아 남부와 시칠리아를 통칭해서 마그나 그라이키아(Magna Graecia, 대大그리스)라고 부르는데, '광역 그리스'라는 뜻으로 알면 되겠다. 이 주변에서 수습된 유물들 대부분이 레기온에 소장되어 있고, 그중 가장 뛰어난 것이 이 부근 바다에서 건져 올린 청동상들이다.

레지오 칼라브리아 국립박물관에 소장된 청동상은 '리아체 브론즈'라고 불리는 두 명의 전사상이다. 리아체는 레기온에서 동쪽으로, 이탈리아를 장화라고 한다면 발바닥이 시작되는 부분쯤에 있다. 그곳 바닷

마그나 그라이키아의 도시들. 지명은 옛날식으로 적었다.

속에서 1972년에 발견되어 9년간 복원·보존 처리한 끝에 1981년부터 대중에게 공개되고 있다. 이 둘은 각기 청동상 A, 청동상 B라고 불리며 실랍失蠟법으로 만들어져 두께가 얇고 부피에 비해 가볍다. 실랍법이란 '밀랍을 녹여서 만드는 기법'이다. 우선 점토로 원하는 모양을 빚은 후에 그 표면에 밀랍을 바르고, 다시 그 위에 점토를 입힌다. 점토가 굳으면 구멍을 통해 녹인 금속을 부어 넣는다. 그러면 밀랍이 녹으면서 그 자리를 금속이 채우게 된다. 금속이 다 굳으면 겉면의 점토를 벗겨내고, 내부의 점토를 파낸 후 금속 표면을 연마해서 거친 부분을 제거한다. 아테나이 고고학박물관에서 볼 수 있는 제우스(또는 포세이돈)상도 마찬가지 기법으로 만든 것이다. 지금 우리가 보는 리아체 청동상은 기원전 460~430년경의 작품으로 추정된다.

자세는 왼다리를 앞으로 내밀어 살짝 굽혔고, 오른쪽 다리를 곧게 펴서 전체의 무게가 그쪽에 걸리게 하고 있는 '쿠로스형'이다. ('쿠로스'는 희랍 상고시대의 전형적인 조각상으로, 왼다리를 앞으로 내밀고 거의 차려 자세로 서있는 청년 입상이다.) 입술과 젖꼭지는 다른 금속을 써서 색감을 달

리아체 청동상 A.

리했고, 눈에는 보석을 박아서 그 눈빛이 자못 형형하다. 왼팔은 니은자로 굽혀서 앞으로 내밀었는데 방패를 고정했던 고정대가 붙어 있다. 옛날 전사들은 왼팔에 방패를 장착했는데, 손힘만으로는 그 무게를 버틸 수 없어서 방패 중간에 띠를 만들어서 팔을 걸고 방패 안쪽 가장자리에 있는 손잡이를 잡았다. 그래서 이 전사도 왼손 네 손가락을 살짝 안으로 굽혀 모아 쥐고 있다. 오른손에는 원래 창을 잡고 있었을 테니, 그쪽도 약간 느슨하게 주먹을 쥔 형태인 게 당연하다. 아테나이 고고학박물관의 '벼락 던지는 제우스상' 못지않은 걸작이다.

이 박물관의 소장 작품 중, 다른 데서 보기 힘든 또 하나가 '마라피오티Marafioti의 기사'이다. 벌거벗은 젊은이가 말 등에 앉아 있고, 그 밑

에 날개 달린 여성 스핑크스가 엎드린 채 두 팔을 세워 젊은이의 두 발을 받치고 있는 장대한 테라코타상이다. 이 작품은 시칠리아 쉬라쿠사이 박물관에 그 이름을 남긴 파올로 오르시가 20세기 초에 '서쪽 로크리스'(원래 로크리스는 희랍 중동부 지역인데, 거기 사람들이 서쪽으로 이주해서 '대그리스' 지역에 새로운 도시를 세웠다)의 신전 자리에서 발굴한 것이다. 기원전 6세기 작품으로 추정되며 아마도 지붕 꼭대기 장식이거나, 아니면 제우스의 쌍둥이 디오스쿠로이로 지붕 양끝 장식이었는데 하나만 발견된 것일 수도 있다. 쌍둥이 아들 중 대개 하나(폴뤼데우케스)는 권투에 능하고 다른 하나(카스토르)는 말 다루기에 재능이 있었다고 하는데, 둘 다 말을 타고 있는 모습으로 그려지기도 한다.

이 박물관에 이와 비슷한 디오스쿠로이 한 쌍이 또 있다. 그들은 말에서 막 내리는 듯한 동작을 취하고 있으며, 말 아래에는 스핑크스가 아니라 세이렌이라고 보아야 할 인어상이 두 손으로 각기 말의 앞발 하나씩을 받치고 있다. 이것은 테라코타가 아니라 파로스 대리석으로 만든 조각상이다. 연대는 기원전 5~4세기로 추정된다.

알타미라 동굴 벽화 같은 들소 그림이 돌판에 가는 선으로 새겨진 것도 있다. 데생 솜씨가 좋은 어떤 장인이 한 번에 그린 것 같은 단순하면서도 특징을 잘 잡은 걸작이다.

리아체 브론즈 비슷한 청동상의 머리 부분만 발견된 것들도 여럿 전시되어 있다. 대개는 로마인들이 희랍에서 빼앗아 옮기다가 바다에서 잃어버린 것들로 여겨진다.

신전 지붕 꼭대기 장식이 약간 기하학적으로 양식화된 꽃 모양으로 복원된 것도 보기에 좋다. 아테나이 아크로폴리스 박물관에 있는 것과 비교할 만하다.

앞에 본 '서쪽 로크리스' 지역에서 발굴된 여러 점의 테라코타 장식판이 많은 신화적 내용을 담고 있다. 상당히 희귀한 유물들이다. 하데스가 페르세포네를 데려가는 장면은 납치하는 게 아니라 매우 젊고 잘생긴 젊은이가 닭을 선물로 주고 처녀를 데려가는 모습인데, 처녀 역시 공포나 고통을 드러내지 않고 만면에 미소를 지으며 손을 흔들어 작별 인사를 건네는 모습으로 그려졌다. 어쩌면 이 그림은 정식으로 결혼식을 치른 뒤에 신혼집으로 이동하는 모습일 수도 있겠다.

이보다는 좀 나이 먹은 듯 그려진 하데스와 페르세포네가 보좌에 나란히 앉아서 각기 곡식과 채소를 들어 보이는 장면도 있다. 저승 신들은 땅속에 살기 때문에 토지의 생산력을 대표하기도 한다.

헤르메스가 아프로디테를 수레에 태워 가는 장면도 매우 드문 자료다. 이 둘이 사랑을 나눠서 — 부모님의 이름을 함께 이어받은 — 헤름아프로디토스를 낳았다는 얘기가 『변신 이야기』에 나오지만, 이 두 신이 함께 그려진 옛날 자료는 좀처럼 만나기 힘들다. 그들의 수레는 비둘기를 손에 든 에로스와 빵 덩이 비슷한 것을 받쳐 든 여성 신이 함께

젊고 잘생긴 하데스와 페르세포네 테라코타.

헤르메스와 아프로디테가 함께 있는 도상.

끌며 날고 있다. 특이한 도상이다.

이 도시에는 현대에 만든 멋진 고전적 조각상도 하나 있어서 찾아가 볼 만하다. 박물관으로부터 약 800미터 남서쪽 바닷가에 있는 '승리의 여신 기념물 monumento della vittoria'이다. 바다 가장자리에 문이 하나 서있고, 그 앞으로 왼손에는 방패를 들고 오른손엔 창을 들어 앞으로 던지려는 듯 겨냥하는 여신상이 서있다. 문은 전체적으로 희랍의 낙소스섬에 남아 있는 신전 문틀처럼 바다와 하늘을 등지고 있어서 마치 4차원으로 통하는 입구 같은 느낌을 주고, 여신의 모습은 아테나이 아크로폴리스에 있었던 아테네 프로마코스('앞장서서 싸우는 아테네') 같은 인상이다. 그 앞에는 희랍식 극장 같은 반원형 객석이 만들어져 있어서 작은 공연도 가능하게 되어 있다. 문 위에 쓰여 있는 문구는 비토리오 에마누엘레 3세(재위 1900~1946년)를 기리는 것으로 되어 있다.

이 조각상으로부터 직선 거리로 약 250미터 남쪽에 시립미술관이 있다. 마티아 프레티 Mattia Preti의 〈탕자의 귀환〉, 루카 조르다노의 〈불륜을 저지른 여인과 예수〉, 안토넬로 다 메시나 Antonello da Messina의 〈아브라함을 찾아온 세 천사〉 등의 작품이 볼 만하고, 현대 이탈리아 화가들의 작품도 좋은 것이 꽤 된다. 이탈리아를 여행할 때면 늘 느끼는 것이, 이 나라의 근현대 예술이 수준급이어서 어느 도시를 가나 기회 있을 때마다 근현대 미술관도 함께 둘러보면 참 보람이 크다는 점이다. 너무 고전만 찾아다녀서 좀 지친 눈이 여기서 휴식을 얻고 청량함을 맛본다고나 할까? 이곳 레지오 칼라브리아 시립미술관도 그런 곳이니, 이왕 방문한 김에 한 곳이라도 더 둘러보시라고 권한다. 나선형 유리 계단을 통해 이층으로 올라가보는 것도 특이한 경험이 되겠다. 아테나이의 아크로폴리스 박물관처럼 밑에서 위쪽이 보이는 문제가 있을 수도 있으니, 이곳을 방문하려는 분은 미리 복장에 신경을 쓰시는 게 좋겠다.

 다시 방향을 북쪽으로 돌려, 차로 20분 정도 이동하면 이탈리아 '장화'의 발등이 시작되는 부분에 닿는다. 그 서쪽 바다 건너로는 우리가 앞에 들렀던 메시나의 북단이 마주 보인다. 이곳은 스킬라라는 작은 도시이다. 시칠리아 해협 북쪽 끝이 '카립디스와 스킬라'라면, 카립디스에 해당되는 부분은 이미 보았고 이제 그 짝이 되는 부분을 찾아온 것이다. 『오뒷세이아』에는 스킬라가 머리 여섯 개 달린 괴물로 서쪽을 내다보는 바위 벼랑에 산다고 되어 있는데, 사실 이 부근은 그런 벼랑이 거의 없다. 레지오 칼라브리아에서부터 이곳 스킬라까지 시가지가 거의 끊김 없이 이어진다. 다만 스킬라에 도착하면 도심에서 약간 서쪽으로 튀어나온 곳이 하나 있는데, 그게 약간의 벼랑을 이루고 있을 뿐이다. 그리고 사실 이곳이 해협의 가장 좁은 곳도 아니다. 가장 좁은 부분은 이 도시보다 조금 더 남쪽인데, 여기가 메시나 북쪽 끝인 '등대 탑Torre Faro' 곶이 동쪽으로 휘어지며 정면으로 가리키는 곳이고, 이 부근부터 벼랑이라고 봐줄 만한 지형이 시작되고 있어서 이곳 이름이 '스킬라'가 된 모양이다. 도시 서쪽에 바다로 튀어나간 곳에 등대가 하나 있어서 '스킬라 등대Faro di Scilla'라는 이름을 차지했다.

 신화를 확인하고자 이곳을 찾은 방문객에게 한 가지 위안이 있다면, 현대에 만든 스킬라 조각상이 있다는 점이다. 방금 말한 등대에서 남쪽으로 약 300미터 떨어진 곳에 있는 전망대Belvedere di Piazza San Rocco "u' ffacciaturi"에 그 조각상이 있다. 구글 지도에는 세이렌상Monumento della Sirenetta이라고 되어 있으나, 전체적인 도상은 스킬라에 맞춰져 있다. 대개 도기 그림이나 조소 작품에 스킬라는 허리춤에 개 머리가 여럿 둘

상체는 여성, 하체는 물고기로 허리춤에 개 머리가 여럿 달린 스퀼라. 기원전 4세기 도기 그림, 파이스툼.

린, 상체는 여성이고 하체는 물고기인 괴물로 그려지는데, 지금 이곳에서 만나는 조각상도 바로 그런 모습을 하고 있다. 날개까지 갖추고 있어서 조금 의아할 수도 있는데 고대 도기 그림에도 그런 식으로 그려진 게 있어서, 학자들은 애당초 이 여신은 '하늘, 땅, 바다를 모두 다스리는 큰 여신'이 아닐까 추정하기도 한다.

크로톤

이탈리아반도 '장화' 밑바닥에는 고대에 많은 희랍 식민도시들이 있었지만, 유적이 제대로 남은 게 없어서 볼거리가 부족하고 박물관들의 소장품도 아주 특별한 게 없다.

다만 '장화'의 발바닥이 막 오목해지기 시작하는 부분에 자리 잡은 크로톤(라틴어 크로토나, 현재 크로토네)은 특히 퓌타고라스가 생의 마지막을 보낸 곳이고, 박물관이 상당히 알차서 들러볼 가치가 있다. 이 도시로 가자면 스킬라에서 북쪽으로 가다가 라메치아 테르메Lamezia Terme라는 도시에서 동쪽으로 방향을 꺾어야 한다. 이 라메치아 테르메는 이탈리아 남서부에서 유일하게 국제공항을 보유한 도시다. 다음 국제공항을 만나려면 나폴리까지 가야 한다. 지금 지나는 지역은 지방 공항조차도 매우 드물다. 거의 매 도시마다 공항을 갖추고 있는 북부와 대비되는 대목이다.

크로톤은 기원전 710년경에 희랍의 아카이아 출신인 뮈스켈로스라는 사람이 세운 것으로 알려져 있다. 이 사람 이야기는 오비디우스의 『변신 이야기』에 꽤 길게 소개되어 있다. 그가 신의 명령에 따라 도시를 세우기 위해 고향을 떠나려 하자, 국가의 허락도 없이 떠나냐고 당국자가 체포했단다. 하지만 재판에 회부되어 유죄 여부를 가리는 배심원들의 투표에서, 그를 유죄라고 판정한 검은 돌들이 모두 무죄를 뜻하는 흰돌로 변해서 무사히 풀려날 수 있었다고 한다.

이 도시는 퓌타고라스가 머물렀던 곳으로도 유명한데, 이것 역시 『변신 이야기』에 매우 길게 그려져 있다. 로마의 두 번째 왕인 누마 폼필리우스가 이곳을 방문하여 퓌타고라스의 가르침을 들었고, 그것을 바탕으로 로마의 종교의례를 제정했다는 것이다. 한데 오비디우스는 이 이야기를 비틀어서 독자들을 놀려먹고 있다. 전통적으로 누마는 기원전 715년부터 다스린 것으로 알려져 있는데 크로톤이 세워진 것은 그로부터 약 5년 뒤이며, 누마가 가르침을 받았다는 퓌타고라스는 기원전 6세기 사람이니 누마보다 150년 정도 뒤에 살았던 것이다. 게다가 누마는 퓌타고라스의 학교를 찾아가서 '침묵하는 청중들' 가운데서 강의를 들은 것으로 되어 있는데, '침묵하는 사람들'이란 죽은 자를 가리키는 표현이다. 한편 누마는 로마로 돌아와서 짐승을 잡아 신에게 바치는 방법을 가르치는데 그것은 퓌타고라스가 설파한 윤회설과 육식 금지에 완전히 반대되는 것이다. 그러니까 오비디우스는 누마가, 아직 생겨나지도 않은 도시를 찾아가서, 아직 태어나지도 않은 철학자의 강의를, 죽은 자들과 함께 듣고서, 선생의 가르침과는 반대되는 행동을 했다고, 말도 안 되는 얘기를 펼쳐놓은 것이다. 현대 독자라면 사정을 잘 모르니 그냥 그런가 보다 하고 지나가겠지만, 고대의 학식 있는 독자들은 시인의 농담에 남모르는 웃음을 지으며 즐거워했을 것이다.

크로톤에는 희랍 유적이 딱 하나, 그것도 상당히 부실해 보이는 것뿐이다. 바닷가에 덜렁 혼자 서있는 기둥이 그것이다. 현재의 크로토네

크로톤 헤라 신전 유적지에 서있는 기둥.

 도심에서 20분 정도 남동쪽으로 가면 이 기둥이 속한 유적지에 닿는다. (이 지역 이름도 '기둥의 곶Capo Colonna'이다.) 높이 약 8미터인 이 도리스식 기둥은 원래 헤라 신전에 속한 것인데, 신전은 간신히 기초만 드러나 있고 그 동쪽에 이 기둥이 서있다. 기둥머리도 한쪽이 깨져 없어져서, 멀리서 보면 마치 검지 끝을 구부려 어딘가를 가리키는 것처럼 보인다. 그 뒤로 하늘과 바다가 펼쳐져서 뭔가 신비로운 느낌도 없지 않다. 주변은 온통 평탄한 풀밭이고 방문자를 위한 보행 다리가 설치되어 있다.
 이 기둥이 속했던 헤라 신전은 기원전 5세기에 세워졌다. 전설에 따르면 헤라클레스가 삼중인간 게뤼온의 소들을 빼앗아서 이 지역을 지나고 있을 때 라키니우스라는 악당이 그것을 훔치려다 헤라클레스에게 죽었단다. 그 사건을 기념하기 위해 헤라클레스가 이 신전을 세웠다는 것이다. 이곳에서 섬겨지는 헤라 여신의 이름은 '라키니아 헤라'이다.

지금은 쓸쓸하게 버려졌지만 고대에는 이 신전의 위세가 엄청나서, 기원전 3세기 말에 로마를 침공했던 한니발도 이탈리아를 떠나기 직전에 이 신전에 자신의 업적을 페니키아어로 새겨 바쳤다고 한다. 그로부터 한 세대 뒤에 이 신전의 부재를 반출하여 로마에 다른 신전을 지었던 한 장군 Quintus Fulvius Flaccus 은 그 후 가정의 불상사를 당하여 자살했는데, 사람들은 헤라 여신이 그를 미치게 만들어서 그런 거라고 수군댔다.

한니발이 이곳에 모셔진 헤라 여신에게 존경을 바친 것 같지만, 키케로는 『예언에 관하여』(1권 48장)에서 다른 이야기도 전해준다. 이곳 신전의 기둥은 금으로 되어 있었는데, 한니발은 기둥들이 저 깊은 데까지 전부 금으로 되어 있는지 구멍을 뚫어보게 했고, 전체가 금이라는 게 확인되자 기둥들을 카르타고로 옮겨가려 했다. 그러자 그날 밤 꿈에 헤라 여신이 나타나서 그의 두 눈 중 남은 하나를 빼앗겠다고 위협했다. (한니발은 전투 중에 부상당해서, 혹은 알프스를 넘던 중 눈병이 생겨서 한쪽 눈을 보지 못했던 것으로 알려져 있다.) 꿈에서 깨어난 한니발은 자기가 파낸 기둥의 금가루를 모아서 작은 암소상을 만들어 신전 기둥 위에 붙이고 떠났다고 한다.

신전은 서기 16세기까지 온전하게 보존되다가 이 도시의 주교관과 요새를 지을 때 자재가 반출되어 지금처럼 망가졌다고 한다. 원래 기둥 수는 6×14, 기둥 하나가 드럼 8개로 구성되어 있었다. 구조는 희랍 신전의 전형적인 틀을 따라서 전실-내실-후실로 되어 있고, 전실과 후실 입구에는 기둥을 두 개씩 세워서 전체 기둥 수는 40개였다.

이 신전 주변에 다른 신전 세 개가 더 있었는데, 하나는 기원전 6세기 것이고 나머지 둘은 기원전 4세기 것이다. 유적지 서쪽에 2002년에 개장한 작은 박물관이 있다. 박물관 부지가 전체적으로 직각삼각형처럼 생겼는데, 아마도 퓌타고라스 정리를 기리기 위해 그렇게 한 모양이다. 이 유적지와 인근 바다에서 수습된 유물들을 전시하고 있으며, 헤라 신전의 평면도 등도 확인할 수 있다. (주로 오전에만 개장하고 어떤 요일에는 오후에만 개장하니 시간이 잘 맞아야 관람할 수 있다.) 짐승을 잡고 있는 인물의 청동상이 특이한데, 쟁기질하는 모습이라고 보기에 좋은 자세이다. 짐승이 사슴처럼 날씬하고 주둥이도 뾰족해서 어쩌면 케뤼네이아의 사슴을 포획하는 헤라클레스일 수도 있겠다. 그 밖에 코린토스식 투구, 테라코타 여신 흉상, 바다에서 건져낸 닻 등이 주된 소장품이다.

이제 크로톤 시내의 고고학박물관으로 가보자. 이 박물관에서 가장 눈에 띄는 유물은 헤라 여신의 황금 머리띠와 세이렌 청동 기름병이다. 헤라의 머리띠는 마케도니아 알렉산드로스 집안의 보물들처럼 황금으로 월계수잎과 가지, 열매를 정교하게 만들어서 꽤 넓은 황금띠에다 덧붙인 것이다.

세이렌 기름병은 상체는 아름다운 여성, 하체는 새(비둘기 모양)처럼 만들었는데, 특이한 것은 두 팔의 자세와 지닌 물건이다. 왼손에는 석류를, 오른손에는 목동 피리(팬파이프)를 들고서 두 팔을 나란히 내밀고 있다. (얼핏 보면 납작한 샌드위치나 작은 책을 들고 있는 것처럼 보인다.) 전체적으로 ㄴ자 모양으로 생겨서 등쪽에는 손잡이를 달았는데, 작은 소년이 손은 몸에 붙이고서 몸 전체를 등쪽으로 휘어 버린 것처럼 만들었다.

다른 데서 보기 힘든 유물로 청동 배 모형이 있다. 특이한 점은 배가 그냥 우묵하게 그려진 게 아니라, 말하자면 갑판 위로 올라온 일종의 객실을 갖추고 있어서, 측면의 창문들도 표현이 되어 있다는 점이다.

세이렌 기름병.   청동 배 모형.

　세부 장식도 놀라운데, 배의 양쪽에 김수레를 끄는 작은 소 청동상을 달아놓았다.
　청동 전차 모형도 다른 데서 보기 힘든 것이다. 마치 큰 바퀴가 달린 등받이 높은 휠체어처럼 보이는데, 등받이에 해당되는 곳에 등을 대고 앉는 게 아니라, 그쪽이 정면이어서 개방된 쪽을 등지고 두 명씩 타고 전선까지 이동하는 것이다. 여기서 보는 전차 모형은 좌우 폭이 너무 좁아서, 『일리아스』에 등장하는 것 같은 전투용이라기보다는 마부 혼자 타고서 말들을 조종하는 경기용으로 보인다.
　작은 청동상들도 미적으로 완벽하고 보존 상태도 좋은 것들이 여럿 있다. 괴물이라기엔 너무나 밝은 표정으로 그려진 고르곤, 단정하고 아담한 스핑크스, 사자머리 장식이 있는 대들보 비슷한 것을 목 뒤에 얹어 나르고 있는 청년상(레게 머리를 하고 있는 상고시대 작품), 몸을 자유롭게 비틀어서 한껏 몸매를 과시하는 테라코타 나체 여신상(아마도 아프로디테)들, 청동제 말 입마개, 청동 투구와 가슴받이 세트, 양 머리 모양의 뿔잔rhyton 등 좋은 소장품이 여럿 있다. 이 정도 유물을 갖춘 작은 박물관을 만나기는 사실 쉽지 않다.

박물관 북쪽에 카를 5세의 탑이라는 16세기 유적이 남아 있으니 잠깐 둘러볼 수도 있다. 원래는 고대 크로톤의 아크로폴리스였던 것을 사라센 침공을 막아내기 위해 요새로 만들었고, 이후 통치자들의 보강을 거쳐 16세기 신성로마제국 황제였던 카를 5세 때 더욱 보강되었다. 매우 튼튼하고 웅장한 성과 탑이다.

크로톤 박물관에서 서쪽으로 1.5킬로미터 정도 떨어진 곳에 퓌타고라스 공원Giardino di Pitagora과 박물관이 조성되어 있다. 노출 콘크리트로 길쭉한 상자처럼 멋지게 지은 건물에, 바깥에는 퓌타고라스의 여러 도식과 도형이 일종의 조각 작품으로 만들어져 있다. 특히 공원으로 들어가는 보행로에 황금분할을 금속 틀로 표현해서 일종의 문으로 삼은 것(몬드리안의 그림 같다)이 계속 이어져 있다. 퓌타고라스 정리를 직각삼각형과, 그 변의 제곱으로 이루어진 정사각형으로 바꿔서 면적으로 표현한 것을 철 구조물로 만들어 놓아 마치 가지를 나누어가는 나무처럼 조성한 것도 보기에 좋다. 경사가 가파르지 않은 계단 형식으로 꾸민 일종의 마방진도 있어서, 어린이들이 밟으면서 놀기에 좋다. 그 밖에 피보나치 수열로 만든 일종의 '평면 피라미드'(퓌타고라스학파의 신비로운 상징 tetractys를 상기시킨다), 축구공 모양의 다면체 안에 다른 다면체를 넣은 조형물 등 어린이들이 좋아할 만한 조각 작품도 많다. 공원의 전체적인 분위기는 마케도니아 스타게이라에 조성된 아리스토텔레스 기념 공원과도 비슷하다.

고고학박물관 바로 서쪽에는 이 도시의 중심에 해당되는 로터리가 있는데, 그 이름이 퓌타고라스 광장이다. 거기쯤에 조각상 하나 정도는 모실 법도 한데 그러지 않았다. 사실 퓌타고라스는 이오니아 해안의 사모스섬 출신이다.

밀론이 늑대에 잡아먹히는
모습을 그린
조제프-브누아 쉬베의
18세기 그림.

크로톤 출신의 유명인으로 올림피아 경기에서 여러 차례 우승했던 레슬링 선수 밀론Milon이 있다. 그는 헤라클레스처럼 힘센 사람의 대명사로 여러 일화에 등장하는데, 생의 마지막에 자기 힘을 시험하기 위해 거대한 나무를 갈랐다가 그 틈에 손이 끼어 빠져나오지 못하고 결국 늑대들에게 잡아먹혔다는 얘기도 있다. 퓌타고라스 공원 바로 동쪽에 밀론 스포츠센터가 있고 그 앞에 이 역사의 조각상이 있다. 별로 명예롭지 못한 모습이다. 앞의 일화를 반영한, 나무 등치에 손이 끼인 채로 사자에게 먹히는 모습이기 때문이다.

한편 헤로도토스의 『역사』에는 이 도시 출신의 명의名醫 데모케데스의 일화가 전해진다. 그는 사모스 참주 폴뤼크라테스가 페르시아 태수의 계략에 걸려 죽을 때 그와 동행했다가 일종의 포로가 되어 페르시아 수도까지 잡혀가 노예살이를 했다. 거기서 다레이오스의 발 부상을 치료해 주고 이어서 왕비 아톳사의 종기를 치료해 주어서(최초의 유방암 치료로 보는 학자도 있다) 신망을 얻은 후, 희랍 지역을 정탐해서 정보를 주겠노라고 명분을 만들어 고향으로 돌아와서는 귀환하지 않았단다. 한데 그가 결혼한 상대는 바로 밀론의 딸이어서, 두 명사 집안이 혼맥으로 서로 연결된다.

메타폰토

이탈리아 '장화'의 밑바닥을 따라 계속 동쪽으로 가면 크로톤으로부터 약 3시간 거리에 메타폰토(희랍어 메타폰티온, 라틴어 메타폰티움/ 메타폰툼)가 있다. 다음 목적지가 너무 멀다고 생각하면 중간에 쉬바리스와 투리이의 흔적을 찾아볼 수 있다. 크로톤과 메타폰티온의 중간쯤 된다. 쉬바리스는 고고학공원과 고고학박물관(Sibaritide 박물관)이 시내 가까이 바닷가에 있는데, 유적지는 그냥 기초만 노출되어 있고 박물관의 소장품도 크게 눈에 띄는 게 없다. 다만 청동 황소상의 상체가 멋진 모습으로 남아 있으니 그것을 위안으로 삼을 수는 있겠다.

쉬바리스는 기원전 6~5세기에 크로톤과 대립관계였는데, 헤로도토스는 이 두 도시가 싸울 때 스파르타 왕자 도리에우스가 전투에 참여했다가 죽었다고 적고 있다. 이 도리에우스는 무능한 이복형 클레오메네스가 왕위를 계승하자 실망해서 자신만의 모험을 찾아 나섰다가 조금 허무하게 여기서 죽었다. 클레오메네스는 (아마도) 알콜성 치매에 걸려 일찍 죽었다. 도리에우스가 좀 더 참을성이 있었더라면 왕 자리를 이어받았을 것이다. 그가 죽는 바람에 그 바로 밑의 동생이 스파르타 왕이 되는데, 그가 바로 300명의 전사를 이끌고 테르모퓔라이 협로에서 페르시아군을 막았던(기원전 480년) 레오니다스이다. 그 밑의 동생도 왕까지는 아니지만 국왕 대리(섭정) 역할을 오래 맡았고 역사에 길이 남을 공을 세우는데, 바로 플라타이아이 전투를 승리로 이끈(기원전 479년) 클레옴브로토스 장군이다.

투리이도 일반인들은 잘 모르는 도시다. 사실 그럴 이유도 한 가지 있는데, 이곳은 쉬바리스가 크로톤에게 멸망한 후 유민들이 새로 개척한(기원전 443년) 도시여서 역사가 비교적 짧다. 그 영역은 쉬바리스보다 약간 서쪽이었다. 지금 남은 유적은 거의 없지만 그래도 이 도시를 빛낸 인물이 있었으니 바로 역사가 헤로도토스이다. 헤로도토스는 소아시아 남부의 할리카르낫소스 출신이지만 투리이 설립에 참여했다고 알려져 있다. 그래서 이따금 '투리이 출신의 헤로도토스'라고 부르기도 한다. 또한 아테나이에서 활동했던 연설가 뤼시아스도 이 도시 설립에 동참했던 것으로 기록되어 있다. 다른 데서는 언급할 기회가 없으니, 여기서 뤼시아스를 조금만 더 소개하자. 플라톤의 대화편 『파이드로스』에는 이 뤼시아스가 에로스에 대해 했다는 연설이 길게 인용되고, 주인공 소크라테스는 그것을 비판하면서 자기 이론을 전개한다. 하지만 (작품에서 말고) 현실에서는 소크라테스와 뤼시아스의 사이가 좋았던지, 키케로에 따르면 뤼시아스는 소크라테스가 재판에 회부되었을 때 그

청동 황소상, 쉬바리스 고고학박물관.

를 옹호하는 연설을 하기도 했다(『연설가에 관하여』 1권 54장 231절).

자, 이제 중간의 쉬바리스+투리이는 슬쩍 지나치고, 본래 목적지인 메타폰티온으로 가보자. 이 도시는 이탈리아 '장화'의 발바닥이 오목하게 들어간 부분의 중간쯤에 자리 잡고 있으며, 이름 자체가 '바다 중간'이란 뜻이다. 이 도시는 고대에 전혀 두드러지지 않았다. 큰 사건에 연루된 적도 없고, 이곳 출신의 유명 인물도 없다. 그저 헤로도토스의 『역사』에 퀴지코스 출신의 신비로운 인물 아리스테아스가 갑자기 사라졌다가 340년 뒤에 이 도시에 나타난 적이 있다고 기록해 놓은 것뿐이다. 그래도 풍요로운 벌판에 자리 잡은 이 도시는 제법 융성했던 것 같은데, 한니발이 로마로 침공했을 때 그의 편에 가담했다가 그가 패퇴하면서 시민들도 흩어지고 그 후로 도시가 버려진 듯하다.

이 작은 도시를 찾아가는 이유는 이 지역에서는 드물게 신전 유적이 남아 있어서다. 기둥이 두 줄로 서있는 헤라 신전으로 도리스 양식 건물이다. 기둥 수는 원래 6×12였는데 현재는 북쪽 10개, 남쪽 5개가 서 있고 그 위로 보가 얹혀 있다. 동쪽과 서쪽 기둥들은 사라졌고 바닥면도 제대로 남아 있지 않지만 그래도 기둥들이 온전하게 머리와 보까지 남아 있어서 보기에 좋다. 신전 내부 구조는 동쪽부터 '전실-내실-지성소'로 되어 있어서, 제일 서쪽 공간은 서쪽에 문이 없고 그냥 벽으로 막혀 있었다. 앞에 말한 것처럼 벽 밑의 기초는 남아 있지만, 신전 전체 바닥면은 유실되고 복원되지 않은 상태여서 돌판으로 덮이지 않고 그냥 잔디로 되어 있다. 현재 메타폰토는 워낙 도시가 작아서 각 유적의 거리를 가늠할 기준을 정하기 어려운데, 메타폰토 고고학박물관을 중심으로 보자면 헤라 신전은 박물관 북동쪽 약 5킬로미터 지점, 고속도로 너머에 있다.

한편 메타폰티온의 고대 유적지 두 곳 중 하나가 박물관에 가까이, 동쪽 1킬로미터쯤에 있다. 고고학 공원이다. 아폴론 신전 등 여러 건물지가 발굴되어 있지만 지상에 세워진 것이 적어서 아쉽다. 네다섯 개의 신전 기초와 기둥 잔해가 노출되어 있는데, 이 신전들은 조금 특이하게 정면을 동쪽이 아닌 동남쪽으로 (거의 남북 방향으로 길게) 향하고 있다. 전체 부지 중앙의 두 신전이 제일 오래된 것(기원전 6세기)이다.

이 공원의 동남쪽에 우리에게 약간의 위안을 주는 구조물이 있다. 조금만 복원한 희랍식 극장이다. 객석이 앞쪽 몇줄만 남아 있는데, 돌로 된 좌석이 너무 낮아서 불편해 보인다. 한데 사실은 그 돌 벤치에 그냥 앉는 게 아니라, 그 위에 나무판자를 덮어서 옆으로 긴 나무 벤치에 앉

메타폰티온의 헤라 신전.

아서 공연을 감상했던 것 같다. 원래 그랬으리라고 추정되는 방식으로 현대식 나무판자를 조금 덧붙여 놓았다.

특이하게도 무대 멀리 저 뒤쪽으로 극장 테두리를 이루던 구조물이 일부 남아 있다. 무대에서 볼 때 왼쪽 뒷부분인데, 아래쪽 절반은 벽으로 막고 그 위에 기둥을 세운, 아그리젠토의 제우스 신전에서 본 것과 같은 형식을 취하고 있다. 아테나이 아크로폴리스의 에렉테이온 남쪽 발코니(처녀 모습의 기둥으로 유명한 구조물)도 그렇고, 서쪽벽도 그렇게 되어 있다. 12개의 짧은 기둥들 위로 이중의 보가 얹혀 있고, 지붕 테두리까지 복원되어 있다. (현재의 메타폰토 고고학박물관은 이 극장 테두리 구조물의 모양을 본떠서 지었다.) 벽면 안쪽에는 답사객이 올라가서 주변을 둘러볼 수 있도록 계단과 전망대를 붙여놓았다.

한편 현재 남아 있는 객석과 그 뒤의 구조물 사이를 보면, 바닥의 흔적으로 볼 때 왠지 축선이 한 번 변경된 듯한 느낌이 든다. 원래는 기원전 6세기에 동서로 길쭉한 타원형의 공연 공간이 있다가 그것이 남향의 반원형 극장으로 개조된 것이어서다. 지금도 타원형 극장의 동서 방향 통로를 남기고, 원래 객석의 테두리를 약간 보여주게끔 정리해 놓았다.

박물관 유물 중에 가장 관심 있게 보는 것은 신화 내용을 그린 도기 그림이나 신전 메토프 따위인데, 유감스럽게도 이곳 박물관에는 그런 게 없다. 별 특색은 없지만 거의 완벽하게 보존된 도기들과 생활용품들은 꽤 많다. 이 부근이 아풀리아(이탈리아 남부) 도기의 생산지이기 때문이다. 좀 특별한 걸 꼽아보자면 청동으로 만든 아이비 화관, 테라코타 건물 모형, 동물 모양의 주전자, 거북 껍질을 울림통으로 사용한 뤼라 등이 눈길을 끈다.

박물관 바로 동쪽에는 우리가 크로톤에서 그토록 애타게 찾았던 퓌타

메타폰티온의 희랍식 극장 유적. 왼쪽 뒷부분에 극장 테두리 구조물 일부가 보인다.

고라스 조각상이 서있다. 크로톤의 정치체제가 바뀌면서 공격을 당하게 된 이 철학자는 메타폰티온으로 도피해서 거기서 삶을 마친 것으로 알려져 있다. 이곳의 조각상은 유리로 된 정사면체 안에 왼손으로 또 하나의 작은 정사면체를 짚고, 오른손에는 두루마리를 들고 서있다.

너무 조각상에 집착하는 것 같아서 조금 변명을 하자면, 여러 사람이 함께 답사를 가면 늘 고민되는 것이 '낭만파와 학구파의 대립'이다. 자유시간을 주기보다는 박물관 하나라도 더 들르자는 학구적인 분들만 있으면 큰 문제가 없는데, 그저 공부되는 곳만 계속 도는 것을 힘겨워하는 분이 늘 있기 때문이다. 이런 분들을 위해 약간의 관광요소를 넣어야 하는데, 그나마 공부도 되고 관광도 되는 것이 현대에 만든 조각상을 찾아가는 것이다. 코린토스에서 '통 속의 철학자' 디오게네스가

메타폰토 **165**

메타폰티온의
퓌타고라스 조각상.

알렉산드로스 대왕에게 그림자 드리우지 말고 좀 비키라고 손짓하는 조각상을 보고 나니, 이렇게 이야기가 들어간 조각상 어디 또 없나 하는 바람이 생겼다.

퓌타고라스의 조각상으로 멋진 것이 그리스의 사모스섬에 또 있다. 한쪽으로 기울어진 십자가 비슷한 구조물 아래 수직으로 팔을 뻗고 서 있는 퓌타고라스상이다. 이탈리아에서는 로마에 가면 다시 퓌타고라스상을 만날 수 있는데, 그곳에는 이분뿐 아니라 이탈리아와 연관이 있는 모든 위인들을 다 조각으로 만들어서 공원을 가득 채웠다. 보르게제 공원 서쪽에 있는 핀치오Pincio 테라스 주변이 그곳이다. 저 옛날의 카이사르, 폼페이우스뿐만 아니라, 현대의 가리발디 같은 정치가와 군인도 있고 베르길리우스, 오비디우스, 루크레티우스, 타키투스 같은 문인과 학자도 모셨다. 이탈리아/ 로마 사람뿐 아니라, 이 나라에 잠깐 머물렀던 괴테와 어쩌면 이 나라 출신이라고도 할 수 있는 (코르시카 출신) 나폴레옹의 기념물도 있다. 그 조각상과 기념물을 하나하나 다 찾아보자면 상당한 시간이 소요되겠다. 퓌타고라스 흉상은 공원 남서쪽 모서리 가까이에 있고, 우리의 주된 관심사인 고대의 인물들은 대체로 이 부근, 공원 남쪽면에 몰려 있다.

더 동쪽으로 타렌툼(타란토)이 고대에 중요한 도시였지만, 그곳 역시 지상에 남은 유적이 거의 없어서 방문을 권하기가 약간 미안하다. 시내 한가운데에 기둥 두 개가 남은 포세이돈 신전이 거의 전부다. (아르테미스나 페르세포네 같은 여신을 모신 성전이었으리라는 추측도 있다.) 그래

타렌툼 포세이돈 신전의 모습.

도 기둥은 머리 부분까지 완벽하게 복원되어 있어서 보기에 나쁘지 않다. 이 신전은 내륙 쪽의 석호를 큰 바다로부터 가로막은 작은 섬에 있는데, 부지가 바닷가에 바짝 붙어 있고 저녁이면 조명을 멋지게 해서 석양에도 밤중에도 사진 찍기 좋다. 원래 기둥 수 6×13의 전형적인 비율로 지어진 도리스식 건물이었는데, 교회와 수도원을 짓기 위해 부재들이 거듭 반출되고, 지금은 테두리 기둥peristasis 중 북쪽의 기둥 두 개와 밑동 하나가 남아 있을 뿐이다. 신전 바닥면에는 후대에 덧붙였던 구조물의 흔적이 약간 어지럽게 남아 있다. 건물 서쪽 부분은 현대 건물이 덮고 있어서, 아마 하부소가 거의 파괴되었을 듯하다.

고고학박물관 유물 중에는 상고시대의 청년상(벼락을 던지는 제우스?)이 좋다. 도기들도 메타폰티움보다 크고 화려하며, 신화적 내용을 담은 것도 더러 있다. 트리톤과 싸우는 헤라클레스 흑색상 등이 있고, 여신의 젖을 빨고 있는 에로스가 그려진 도기도 있는데, 헤라의 젖을 먹는 아기 헤라클레스라고 했으면 딱 좋을 도상인데 아기 어깨에 날개가 있으니 아프로디테의 젖을 먹는 에로스라고 하는 수밖에 없겠다. 오랫동안 번영을 누린 도시여서 그런지 '구석기 시대의 비너스'같이 다소 투박하고 풍만한 원시적 여신상부터 로마시대 모자이크와 유리 제품까지 시대적으로 끊김 없이 여러 유물이 수집되어 있다. 신상과 장신구도 금박을 얇게 오려 만든 꽃잎관과 금으로 만든 참나무잎관 등 앞의 도시들보다 훨씬 다양하고 화려하다. 특히 거의 서커스 동작을 하는 듯한 인물상이 많은 게 특징적이다. 물구나무선 여인과 나체 여인의 어깨에 올라타 머리띠를 묶어주는 듯한 에로스 등이다.

이탈리아반도 최남부, '장화'의 발바닥 부분에는 유적이 너무 적어서 가보시라 권하기 좀 부담스럽다. 특히 공부보다는 관광에 더 관심있는 분들께 그렇다. '관광 추구형' 여행자를 위해 북쪽을 향해 가는 길에 '관광 명소'를 두 군데만 추천하자.

하나는 북쪽으로 가는 길목에 있어서 추천하기에 마음이 좀 가볍다. 마테라Matera라는 도시인데, 이 도시에 가면 건물들이 모두 다공성 석회암tufa 동굴 또는 이 암석을 파내서 만든 벽돌집들이다. 이곳 호텔 중 다수가 이런 건물로 되어 있어서 거기 하룻밤 머물면 꽤 특이한 체험이 될 것이다. 도시 전체가 언덕 위에 있어서 보기도 좋다. 이곳 마을들을 '돌의 도시Sassi'라고 부르기도 한다. 타렌툼에서 바로 가면 1시간 거리다.

추천할 다른 곳은 '예쁜 나무'라는 뜻의 도시 알베로벨로Alberobello다. 이 도시는 돌벽돌로 지은 집들이 유명한데, 벽면에는 대개 회칠을 해서 별로 특이하게 보이지 않지만 지붕이 특별하다. 고깔 모양으로 솟아 있다. 한국의 진안 마이산 탑사의 돌탑 같은 것들이 온 마을을 채우고 있다. 이런 집들을 '트룰로(trullo, 복수는 트룰리)'라고 부르는데, 원래는 '헛간'이란 뜻이다. 이 돌벽돌들은 열용량이 아주 커서 여름에는 실내가 시원하고 겨울에는 따뜻하단다. 이곳에도 돌벽돌 호텔들이 있어서, 마을을 구경하고 그런 호텔에 머물면 즐거운 추억이 될 것이다. 동선이 우리가 가려는 방향과는 약간 어긋나지만, 다행히 타렌툼에서 아주 멀진 않다. 타렌툼 고고학박물관에서 차로 50분 정도면 닿는다.

관광 명소를 하나 더 추천하자면, 알베로벨로나 마테라로부터 북쪽으로 1시간 거리에 있는 '산 위의 성(카스텔 델 몬테)'이다. 같은 이름의 이탈리아 북부 도시가 있으니 혼동하지 말아야 한다. 이 성은, 이탈리아 남부에서 발칸반도로 건너갈 수 있는(드브로브니크로 가는 배도 있다.) 항구도시 바리Bari 서쪽의 언덕 위에 있다. 전체적으로 8각형의 중심 구

위 마테라 동굴집 내부의 모습. 아래 알베로벨로의 트룰리.

프리드리히 2세가 지은 카스텔 델 몬테.

조물에 모서리마다 하나씩 8개의 작은 팔각기둥이 에워싸고 있는 모습이다. 단테에서 자주 언급되는 신성로마제국 황제 프리드리히(페데리코) 2세가 십자군 전쟁에 다녀온 후 이슬람식으로 지은 것이라고 한다. 보존 상태가 매우 좋다. 달랑 중세 건물 하나만 있어서 좀 심심할 수도 있지만, 『신곡』에 나오는 인물과 익숙해질 수 있는 기회다.

엘레아

이제 다시 북쪽으로 이동하여 엘레아(현재 벨리아)로 가보자. 이곳은 기원전 5세기 전반에 주로 활동했던 파르메니데스의 고향이다. 그의 제자 제논과 멜릿소스 등과 함께 엘레아학파라고 불린다. 이 세계는 존재로 가득하여 아무 변화도 운동도 없으며, 우리가 변화/운동이라고 생각하는 건 모두 환각이라고 주장한 학파다. (그러면 그 환각의 주체는 무엇인지—존재인지, 비존재인지—에 대한 언급은 없다.) 파르메니데스는 고대에 영향력이 대단한 사람이었고, 그 사람의 주장은 오늘날 우리가 보기엔 이상하지만 당시로서는 반박하기 곤란한 것이었다. '있는 것은 있다'라는 동일률에 기초를 둔 것이어서다. 서양말에서 '있음'은 '~임'이기 때문에, 있는 것은 '~임'의 상태에 머물러 있어야지, 결코 '~이 아님'이 될 수 없다는 논리다. 이 움직일 수 없는 논리를 벗어나기 위해 많은 학자들이 노력했는데, '결코 변화하지 않는 상태'를 공간적으로 한정한 것이 데모크리토스의 원자론이고, 그 상태를 아예 다른 차원에 설정한 것이 플라톤의 이데아론이라고 할 수 있겠다.

파르메니데스를 모르는 사람이라도 제논에 대해서는 들어본 적이 있

위 일부 복원된 희랍식 극장에서 바라본 엘레아 유적지. 아래 아치문 위에 아치가 하나 더 있는 엘레아 옛 성문.

엘레아 173

을 것이다. '아킬레우스와 거북이'라는 예화('제논의 역리')가 그 사람의 것이다. 아무리 발이 빠른 아킬레우스라도 거북이가 먼저 출발하면 결코 따라잡을 수 없다는 주장이다. 아킬레우스가 거북이 있던 곳에 도달하면 거북이는 그 사이에 조금 더 앞에 가 있고, 다시 그 자리에 가면 또 조금 더 앞에 가 있고, 이런 식으로 무한히 나누면 결코 추월이 안 된다는 얘기다. 현실에서는 추월이 가능한데, 따라서 우리가 보는 현실이 환각이란 말이다. (어쩌면 우리가 사는 공간은 무한 분할 가능하지 않다고 해야 할지도 모르겠다. 즉 공간의 최소 단위가 있어야 한다는 뜻이다.)

비슷한 역설로 '화살은 과녁에 도달하지 못한다'라는 것도 있다. 과녁에 닿기 전에 일단 과녁까지 거리의 절반을 먼저 날아가야 하는데, 그 전에 다시 그 절반을 날아가야 하고, 다시 그 절반… 하는 식으로 공간을 무한 분할하다 보면 아예 화살이 출발도 못하게 되는 것이다. 이 대목에서 실소할 사람이 많겠지만, 어째서 현실에선 그런 일이 일어나지 않는지 논리적으로 설명해 보라면 누구나 말문이 막힌다.

엘레아는 이탈리아 남서 해안, '장화'의 발등이 끝나고 발목이 시작되는 부분에 있다. 타렌툼에서부터 자동차로 3시간 반 정도 걸리는 거리다. 유적지는 단출하다. 거의 해변까지 동서로 뻗은 능선 위에 중세의 탑 Torre di Velia이 하나 있고, 그 동쪽에 교회 Cappella Palatina가 박물관으로 쓰이고 있다. 교회는 비교적 자잘한 돌벽돌로 쌓은 건물이어서 아주 웅장해 보이지는 않는다. 전시된 유물도 아주 대단하진 않은데, 그 깊은 안쪽 후진apse에 파르메니데스의 조각상이 모셔져 있다.

탑은 예전에 있던 신전의 동북쪽 모서리를 깔고 앉아 있다. 아래쪽은 원뿔형이고 그 위에 원통을 얹은 모양으로, 원래의 신전을 분해해서 그 부재를 이용해 지은 것이다. 탑 중간쯤까지 올라가 볼 수 있도록 외부에 현대식 철제 계단이 설치되어 있다. 파괴된 신전은 기초를 노출해 놓아서, 신전 테두리와 내부 구조물의 삼중구조(전실-내실-후실)를 그럭저럭 확인할 수 있다. 탑의 동쪽으로 교회 가까이에 희랍식 극장이 하나 있다. 전체적으로 동남쪽을 보고 있는데, 객석의 서쪽 1/3 정도만 복원해 놓았다. 극장 남쪽과 산비탈 아래에 옛 건물들의 기초를 발굴해 놓았는데, 아직까지는 발굴과 정비가 좀 미흡해서인지 아주 특이한 것은 없다.

언덕 위의 건물군 말고도 돌아볼 곳이 하나 있긴 하다. 옛 성문이다. 극장에서 북동쪽으로 조금 떨어진 거리에 돌로 된 성문 Porta Rosa이 있다. 보존 상태가 매우 훌륭한 기원전 4~3세기 문이다. (희랍 문화권에서는 보기 드문 아치형 문이라고 소개된 자료도 있는데, 아치는 에트루리아와 로마인들이 주로 쓰던 것이라서, 희랍시대 이후에 개축한 결과일 수도 있겠다.) 좀 특이한 점은 아치문 위에 다른 아치가 하나 더 있다는 점이다. 그 아치의 아래쪽은 돌벽돌로 메워져 있다.

지금 우리가 보는 유적지는 옛 도시를 에워싼 일종의 산성 안쪽인데, 그 성의 테두리를 이루는 동서 방향 산줄기가 끊긴 곳에 벽을 쌓고 문을 만들어 놓은 것이다. 그 남쪽으로는 옛길이 뻗어 있다. 워낙 덜 알려진 곳이라서 혼자 여행하는 사람이 찾아가기엔 좀 으슥한 느낌이 있다. 성문 쪽은 여럿이 갔을 때나 둘러보시라 권하고 싶다. 사실은 이 유적지 언덕 밑으로 철도 터널도 지나고 있다. 좀 씁쓸하다.

파이스툼

이제 이탈리아 남부에서 가장 볼거리가 많은 유적지 파이스툼으로 가 보자. 사실 시칠리아를 떠난 이후에 둘러본 도시들은 고대에 꽤 중요한 곳이긴 했지만 볼거리가 많지 않아서 현대의 답사자들이 많이 찾지도 않는 곳이고, 한국에서 이탈리아까지 간 사람이라면 대개는 시간이 부족할 터이니 나로서도 강력히 추천하기 어렵다. 하지만 이곳 파이스툼은 다른 곳을 희생해서라도 둘러보기를 강력히 권한다. 거의 멀쩡한 거대 신전이 무려 세 개나 남아 있는 곳이고, 거기 딸린 작은 박물관이 상당히 쏠쏠해서다.

파이스툼은 엘레아에서 자동차로 45분 정도 북상하면 닿게 된다. 혹시 이탈리아반도 남쪽을 둘러볼 시간이 없는 사람이라면 시칠리아(카타니아 또는 팔레르모 공항)에서 나폴리까지 비행 편으로 이동하여, 다시 남쪽으로 1시간 반 정도 이동하는 방법도 있다. 레지오 칼라브리아에서 살레르노역까지 기차로 이동하는 방법도 있는데, 5시간 정도 소요되니 참을성 강한 사람이나 이용할 수 있겠다. 살레르노역은 파이스툼 유적지 근방에 있다.

파이스툼의 옛 이름은 포세이도니아다. 당연히 포세이돈을 섬기는 성역이 있어야겠지만 지금 남아 있는 신전들은 모두 여신들의 것이다. 아테네 신전이 하나 있고, 헤라 신전이 두 개여서 헤라 신전 중 하나는 포세이돈 신전으로 추정되기도 했다. 신전은 현재 남아 있지 않지만 옛 주화에는 포세이돈이 새겨져 있다. 왼팔을 앞으로 내밀어 균형을 잡으면서 오른손으로 삼지창을 들어 겨냥하고 있는 모습인데, 아테나이 고고학박물관에 모셔진 제우스 또는 포세이돈상과 유사한 자세다.『그랜드투어 그리스』에서 설명했지만 그런 자세를 취한 조각상은 제우스 것이 가장 흔한데 포세이도니아의 주화에 그 자세의 포세이돈이 보이니 아테나이 조각상이 어떤 신인지 자세만으로 결정하기는 어렵다.

포세이도니아를 정복한 루카니아(이탈리아 남부 내륙)인들이 부여한 새 이름 파이스토스에서 현재의 지명이 유래되었다.

북쪽 상공에서 바라본 파이스툼 유적지.

포세이도니아 주화.

파이스툼 유적지는 남북으로 길쭉한 직사각형에 가깝게 생겼고, 입구는 부지 전체의 동쪽면 중 북쪽 끝에 있다. 입구로 들어서면 오른쪽(북서쪽)으로 아테네 신전이 보인다. 6×13의 전형적 비율을 취한 도리스식 신전이다. 연대는 기원전 500년경으로 페르시아 전쟁 이전 상고시대 것이다. 기둥이 모두 온전하게 남아 있고, 기둥 위의 보(아랫보architrave만)도 완벽하게 보존되어 있다. (짐작하겠지만 옛 신전이 이렇게 온전하게 남게 된 것은 기독교 교회로 변형되었기 때문이다. 이 건물은 서기 8세기까지 교회로 쓰였고, 기독교식 무덤도 신전 내부에서 발굴되었다. 앞으로 볼 두 개의 헤라 신전은 동쪽에 후진apse의 흔적이 남아 있다.)

동쪽 박공은 윗보frieze와 함께 중앙 부분 1/3 정도 남았고, 서쪽 박공은 양쪽 귀퉁이를 제외한 전체가 잘 남아 있다. 내부 구조물은 벽체가 모두 사라졌지만 벽체 기초는 남아 있어서 일단 방 세 칸짜리 구조를 확인할 수 있다.

이런 경우 대개는 '전실-내실-후실(또는 지성소)'의 짜임이 가장 일반적인데, 이 신전은 그 구도를 벗어난다. 우선 전실이 매우 길다. 전실 입구에는 좀 가느다란 이오니아식 기둥이 ㄷ자 모양으로 배치되어 있었다. 정면인 동쪽에 네 개, 그리고 북쪽면과 남쪽면에 기둥 두 개씩을 더 세웠는데, 그중 제일 안쪽 기둥 두 개는 벽에 반쯤 묻힌 기둥이다. 대개 다른 신전은 입구에 두 개의 기둥을 세우고 내부벽이 동쪽을 향해 '앞으로 나란히' 하듯 뻗어나와 사각기둥으로 끝나면서 가운데 두 원기둥

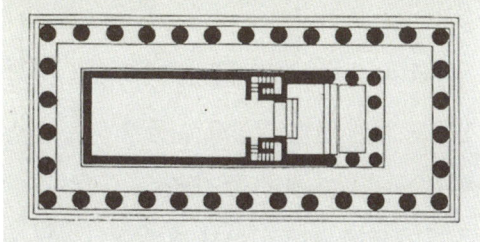

아테네 신전의
동쪽 모습과 평면도.

을 좌우에서 보좌하는데, 이곳은 그렇게 하지 않았다. 원기둥으로 ㄷ자를 만든 다음, 그 공간을 지나면 계단을 올라 벽으로 둘러싸인 '전실 2층'으로 들어가고, 거기서 다시 계단을 몇개 올라서 그 안쪽 공간으로 들어간다. 다음 공간은 보통의 경우처럼 두 칸으로 나누지 않고 그냥 서쪽벽까지 죽 이어지는 한 개의 방인데, 입구 좌우에 계단실이 있어서

파이스툼 **179**

지붕으로 올라갈 수 있었던 듯하다. 이 계단실 부분은 '복도corridor'라고 부르기도 한다. 어찌 보자면 두 칸 구조, 또 어찌 보자면 네 칸 구조라고 할 수 있겠다. 물론 현재 답사객이 이런 구조를 다 알아볼 수 있는 것은 아니고, 고고학자들의 복원에 따른 설명이다. 현재는 울타리를 쳐놓아서 일반인은 신전 내부로 들어갈 수 없다.

다시 바깥을 보자면, 기둥머리 아래를 아주 잘록하게 만들고 배흘림을 많이 넣어서, 잠시 후에 볼 '헤라 제1신전'보다는 후대에 조성된 것임을 알 수 있다. 동쪽 박공 아래에 세줄장식triglyph이 하나 남아 있고, 중간면장식은 모두 비어 있다. 원래 상식이 없었거나 그림으로 그려 넣었던 것으로 추정된다. 이 지역은 좋은 돌이 나오는 채석장이 없어서 대체로 석질이 그다지 좋지 않은 사암이나 석회화 암석으로 신전을 지었기 때문에 직접 부조를 새기지 않았고, 이따금 발견되는 사암 부조들은 형태가 거친 편이다. 나중에 박물관에서 셀레Sele의 헤라 신전 부조들을 보기로 하자.

아테네 신전을 본 다음엔 서쪽으로 진행하다가 좌회전해서 유적지 전체를 시계 반대 방향으로 돌게 되는데, 남쪽으로 가다 보면 왼쪽(동쪽)에 마치 땅속에 묻힌 집 같은 게 보인다. 영웅의 성역heroon인데 벽체가 지면 밑에 숨어 있어서 그렇게 보이는 것이다. 세 층으로 쌓인 돌벽 돌 담장 안에 있기 때문에 자칫 그냥 지나칠 수도 있다. 이 구조물은 이 도시의 설립자를 기리기 위해 세운 것으로 추정되는데, 아마도 그 설립자가 죽은 직후가 아니라 도시 건립 이후 100년 정도 지나서 조성된 듯하다. 원래는 봉분으로 덮여 있던 것을 노출시킨 것이다. 석관 위에 돌로 된 맞배지붕이 얹힌 석실분이고, 그 안에서 꿀이 담겼던 청동 항아리와 여성상 등이 발견되었다. 이 유물들은 유적지 동쪽 박물관에 전시되어 있다.

아테네 신전에서 남쪽으로 약 5백 미터 떨어진 곳에 헤라 신전 두 개가 나란히 있다. 거기까지는 길 좌우에 수많은 옛 건물들의 토대가 노출되어 있는데 답사자의 눈높이에서는 그냥 양쪽에 돌담들이 늘어선 것처럼 보인다. 원래 희랍 아고라였다가 로마시대에는 포룸이 있던 곳이다. 이 공간의 특징적인 유적은 주로 동쪽에 몰려 있으니 돌아오는 길에 보기로 하자.

먼저 도착하는 신전이 더 잘 보존되어 있다. '헤라 제2신전'이다. (옛날에 어떤 책에 '헤라 2세의 신전'이라고 소개된 것도 본 적이 있다. 영어로 Temple of Hera II라고 적기 때문이다.) 이 신전은 더러 포세이돈 신전으로 불리기도 하는데 18세기에 잘못 붙여진 것이다.

이 신전은 내부 기둥까지 보존되어 있어서 거의 유례 없이 완전에 가

영웅의 성역 유적.

까운 상태라 할 수 있다. 기둥 수는 6×14로 전형적 비율보다 가로 방향이 약간 길다. 기둥 위에는 아랫보(창방)와 윗보(평방)가 모두 제대로 보존되어 있는데, 윗보의 교차돌림띠장식에서 세줄장식 triglyph은 제대로 갖춰져 있지만, 중간면장식 metope은 그냥 비어 있다. 앞에 말했듯 이 지역 돌의 석질이 좋지 않아서 중간면장식에 부조를 새겨 넣지 않고, 채색 테라코타를 사용했기 때문이다. 이 테라코타 장식은 유적지 동쪽의 박물관에서 확인할 수 있다. 동서 양쪽의 박공도 거의 온전하게 보존되어 있는데, 이 역시 현재로서는 장식 없이 비어 있는 상태다. 기둥 수는 잠시 후에 볼 제1신전이 더 많지만 전체 면적은 제2신전이 조금 더 넓다. 그러니 이 신전의 기둥이 얼마나 거대한지 미루어 짐작할 수 있겠다. 기둥이 굵어서 그런지 세로홈장식 flute도 일반적인 20개가 아니라 24개로 되어 있다.

  이제 신전의 내부로 들어가 보자. (대개는 바깥에 울타리를 쳐놓아서 내부로 들어갈 수 없게 해놓았는데, 프로그램에 참여하면 안으로 들어갈 수도 있는 모양이다.) 일단 동쪽 정면으로 들어가기 위해 계단식 기단을 올라가야 한다. 3단 기단 위에 바깥 둘레 기둥이 서있고, 전실은 거기서 한 단 더 올라서야 들어갈 수 있으며, 내실은 다시 세 계단을 올라가야 들어갈 수 있어서 참배자가 중심부를 향해 들어갈수록 점점 위로 올라가는 모양새다. 전실은 좌우에 내부 건물의 벽이 동쪽으로 돌출해 있고, 그 사이에 두 개의 기둥이 서있다. 앞에 본 아테네 신전이 전실 입구에 이오니아식 기둥을 지닌 것과 달리 이 신전의 전실 입구 기둥은 —테두리 기둥들처럼— 도리스식이다. 두 기둥 사이로 들어서면 좌우에 벽이 계속 이어져야 하지만 현재 좌우벽은 거의 사라져서 전실 입구가 마치 개선문처럼 보인다.

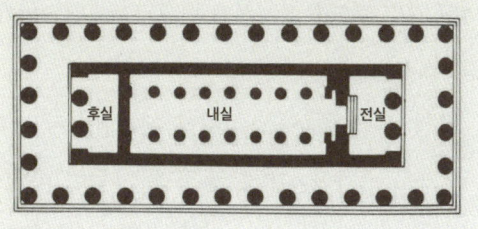

내부 구조가 잘 남아 있는
헤라 제2신전을 동쪽에서 바라본
모습(위)과 평면도.

　계단을 올라 내실로 들어서면 좌우에 일종의 경비실처럼 작은 방이 있었지만 현재는 겨우 구조를 추측할 정도만 벽체가 남아 있다. 내실 좌우 벽도 모두 사라졌는데, 그럼에도 내실의 기둥 중 아래층 기둥들이 동서 방향으로 7개씩 두 줄로 여전히 서있다. 그 아랫기둥들 위로 보가 없고, 그 위에는 다시 조금 짧은 윗기둥들이 좌우에 무려 5개씩이나 여전히 서있으며, 그 위에도 보가 여전히 얹혀 있다. 이런 내부 구조를 여전히 유지하고 있는 곳은 희랍 본토에서도 아이기나에 있는 아테네 아파이아 신전 한 곳뿐이다. 이 내부 기둥들도 모두 도리스식이다.

내실과 후실 사이의 벽은 사라졌는데, 거기 문이 있었는지 없었는지는 학자마다 달리 추정하는 모양이다. 후실은 전실과 비슷한 구조인데 좌우 벽체는 전실보다 약간 덜 남아 있어서 후실 입구의 좌우 네모기둥을 지탱하는 정도다. 그 사이 두 개의 원형기둥은 잘 보존되어 있다. 이 신전은 아테나이 파르테논에 적용된 세 가지 착시 보정 장치를 모두 사용하고 있어서, 학자들은 이 신전을 지은 건축가가 희랍 본토 출신이거나 적어도 본토에서 훈련받은 사람이라고 추정하고 있다. (기단을 평평하게 만들면 중앙 부분이 꺼져 보이기 때문에 그 부분을 약간 높게 조성한다. 기둥을 똑바로 세우면 바깥으로 기운 듯 보이기 때문에 기둥을 약간 안으로 기울여 세운다. 기둥선이 직선이면 기둥 중간이 가늘어 보이기 때문에 배흘림을 넣어 기둥 중간을 불룩하게 만든다. 『그랜드투어 그리스』의 아테나이 부분을 참고하시기 바란다.)

유적지 남쪽 끝에는 '헤라 제1신전'이 있다. 이 신전도 매우 특이한데, 기둥 수가 9×18로 짧은 쪽 기둥이 이렇게 많은 경우는 거의 없다. 하지만 앞서 말한 대로 전체 규모는 '헤라 제2신전'이 조금 더 크다. 제2신전보다는 보존 상태가 약간 떨어지지만 그래도 전체적으로 다른 유적들에 비해 월등히 좋은 상태다. 바깥 테두리 기둥이 모두 제대로 서 있고, 아랫보도 완전히 보존되어 있으며, 윗보는 중간 중간 없는 정도고 박공은 동쪽이고 서쪽이고 남아 있지 않다. 내부 구조도 특이하다. 내부 건물은 전실-내실-지성소(원래는 후실이었다가 개조됨)로 이루어져 있는데, 전실 입구의 기둥이 세 대다. 동쪽 바깥 테두리 기둥이 9개이니, 전실 입구에 기둥을 2개만 세우면 균형이 잘 맞지 않긴 하겠다. 한편 내실로 이어지는 문은 좌우 2개이고, 내실에는 중심선을 따라 내부 기둥이 원래 7개 있었는데, 지금은 3개가 남아 있으며 그 위에 보가 엎혀 있다. 그 내부 기둥 선을 따라서 기둥 받침 같은 것도 두 개 남아 있는데, 도리스 양식은 기둥 받침을 따로 만들지 않았으니 이것은 기둥 머리가 남은 것으로 보아야 할 것이다. 기둥이 서있는 것을 보면, 기둥 머리echinus는 둥근 사발처럼 생겼고, 그 위에 네모난 판abacus이 얹힌 것처럼 보이는데, 지금 이 신전에 남은 것은 그것을 뒤집어 놓아서 마치 네모난 돌판 위에 둥근 기둥 받침을 얹은 것처럼 보이는 것이다.

내실의 중심선을 따라 기둥이 놓인 것에 대해서는 다른 설명도 있다. 이 신전이 두 신(예를 들면 제우스와 헤라)을 함께 모시기 위해 구역을 나눈 것이란 말이다. (제2신전의 두 줄로 된 내부 기둥도 그렇게 설명할 수 있다. 실내를 세 구역으로 나눠서 세 분 신을 함께 모셨단 말이다.) 그러면 내실 문이 두 개인 것도, 전실 기둥이 세 개인 것도 잘 설명된다. 기둥이 셋이면 그 사이로 두 문이 방해 없이 밖에서도 바로 보이기 때문이다. 하지

헤라 제1신전. 중심선을 따라서 내부 기둥과 함께 뒤집어진 기둥머리 2개도 보인다.

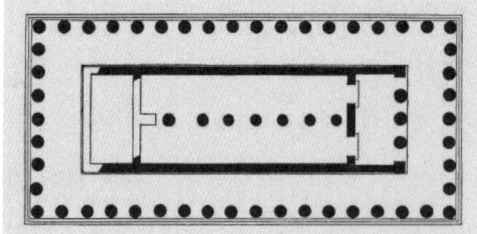

헤라 제1신전의 평면도.

만 구조적인 고려에서 그렇게 만들었을 가능성도 있다. 지붕틀을 받치기 위해 내부 기둥을 세웠는데, 그것이 내실 바깥까지 연장되자면 전실 기둥이 셋인 것이 편리하기 때문이다. 또한 이 신전은 내부와 외부의 기둥이 모두 같은 높이와 굵기를 가졌다는 점에서도 특이하다. 일반적으로는 내부 기둥이 더 가늘고 높이도 낮다. 어쩌면 이 신전이 이런 건축물의 거의 최초 사례이기 때문에, 아직은 여러 가지 유형을 시험하는 중이어서 이렇게 되었을 수도 있다.

제2신전이 기원전 5세기 중반 것인 데 반해 제1신전은 그보다 약 100년 전에 만들어진 것으로 추정된다. 제2신전의 바깥에 울타리가 쳐진 데 반해, 제1신전은 내부에 탐방로가 조성되어 있어서 누구나 들어가 볼 수 있다. 입구는 제2신전 쪽(북쪽면)의 서쪽에 치우쳐 있다. 내부로 들어가면 일단 동쪽으로 전진해서 전실 입구 중앙의 세 기둥과 좌우의 네모기둥 그리고 그 위에 얹힌 보와 내부 벽의 일부를 확인하고, 갔던 길을 돌아 나오면서 내실 중앙 기둥들을 확인하면 된다.

이 신전은 영화에 나온 적이 있다. 돈 채피Don Chaffey 감독의 〈아르고 황금 대탐험Jason and the Argonauts〉(1963)이라는 영화에서, 하르퓌이아들이 눈먼 예언자 피네우스를 괴롭히는 배경이 바로 이곳이다. 화면을 정지시키고 보면, 신전의 테두리 기둥이 짧은 면(동쪽과 서쪽)에 9개 있는 것과 테두리 기둥 바깥으로 제2신전이 보이는 걸 확인할 수 있다. 그때만 해도 문화재 관리가 허술하던 때라서, 영웅들(사실은 스턴트맨)이 보위를 달리며 그물을 던져 하르퓌이아들을 포획하는 장면을 실사로 찍었다. (컴퓨터 그래픽도 아직 초보적인 시대였다.) 유적지를 잘 살펴보고 영화를 보면 감회가 남다를 것이다.

이제 세 개의 신전을 모두 다 둘러보았다. 부지의 동쪽면을 따라서 다시 입구 쪽으로 진행하여 절반 정도 지나 좌우에 세 개의 옛 회합 장소를 보게 된다. 먼저 왼쪽에 계단식의 동심원이 있다. 옛 회의장 comitium 이다. 희랍 문화권 기준으로는 아주 오래된 구조물은 아니고 기원전 3세기에 조성되어 시민들의 모임 장소로 쓰이다가 한 세기 뒤에는 다른 신전에 흡수된 듯하다. (정사각형 테라스의 남서쪽을 먹어 들어온 다른 건물 기초가 현재도 남아 있다.) 전체적으로 정사각형 테라스를 만들고 그 정사각형의 북쪽면에는 길쭉한 건물을 덧붙였다. 사각형의 한가운데에는 계단식 돌의자가 원형으로 설치되어 있으며, 출입구는 사분원의 북쪽면을 뺀 나머지 세 방향에 조성했다. 다른 출입구는 하늘까지 열리도록 좁은 골목형으로 만들었고, 남쪽 출입구는 아치형 문설주로 장식했었다.

다시 유적지 출구를 향해 북쪽으로 몇걸음 옮기면 오른쪽으로 원형극장이 남아 있다. 원래는 2층 건물로 지었던 것인데 현재는 아랫부분 객석만, 그것도 동서로 길쭉한 타원형이었던 것이 서쪽 절반 정도만 발굴되어 있다. 나머지 절반은 담장 바깥 도로와 민가 아래 묻혀 있다. 그래도 서쪽으로 뚫린 개선문 형태의 아치 출입구를 통과하면 고대인의 일상에 잠시 참여하는 느낌을 맛볼 수 있다. 가운데에 큰 문, 좌우에 작은 문이 뚫린 '3문형'이다.

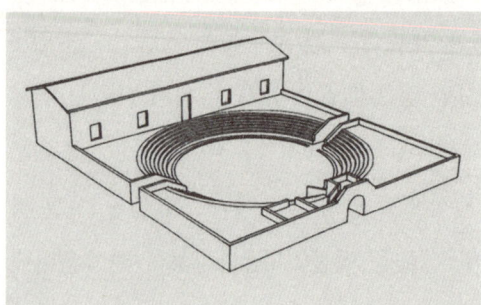

위 아치 출입구가 보이는
원형극장의 현재 모습.
아래 옛 회의장의 복원도.

　원형극장을 지나면 유적지 출구 가까이 길 오른쪽에 다시 동심원 계단식 공간이 나온다. 이것은 기원전 5세기 초에 만들어진 민회장 ekklesiasterion으로 2천 명 가까이 모일 수 있는 공간이다. 포세이도니아 시절에 일종의 민주정이 실현되던 장이었는데, 루카니아의 정복 이후에 버려지고 그 위에 다른 건축물이 지어졌던 것을 발굴 복원해 놓았다.
　파이스툼에서는 매년 9월 말에 열기구 축제를 열고 있으니 그 시기에 방문하면 특이한 체험을 할 수 있다. 흔히 보는 물방울 형태의 열기구 말고도 나비나 꿀벌, 기린, 해마 등 여러 동물과 인형을 본뜬 기구도 많이 있다. 평소에도 열기구 체험이 가능한데, 비용을 지불하면 ― 다소 불경스러운 느낌이 없지 않지만 — 유서 깊은 고대 신들의 성역을 위에서 내려다볼 수 있다.

유적지 넓이의 3배 이상 되는 넓은 영역을 상당한 높이의 성벽이 에워싸고 있다. 동쪽 문과 서쪽 문은 꽤 잘 남아 있다.

유적지 동쪽에는 작은 박물관이 있다. 이 박물관이 가장 자랑하는 유물은 부근 석관에서 발견된 프레스코화다. 석회암판으로 만든 석관의 내부 벽과 뚜껑 안쪽에 다섯 점의 그림이 그려져 있다. 잔치 장면은 아마도 죽은 자의 행복한 사후 생활을 기원하는 것이겠는데, 그보다는 뚜껑에 그려진 다이빙하는 사람 그림이 신비롭다. 학자들은 보통 이 그림의 의미를 근원적인 물, 일종의 생명의 샘에 뛰어들어 새로운 삶을 얻으라는 뜻이라고 해석한다. 희랍 식민도시 예술가의 솜씨인지, 현지 이탈리아 화가의 작품인지 아직 의견이 엇갈리고 있다. 이것 말고도 석관 프레스코가 여럿 있는데 다른 데서는 보기 힘든 작품이니 잘 챙겨 볼 일이다.

유적지 북쪽으로 승용차로 15분 거리에 셀레 강변 Foce del Sele 헤라 신전 발굴지가 있다. 신전 자체는 완전히 파괴되었지만 거기서 수습된 중간면장식이 복원되어 파이스툼 고고학박물관에 전시 중이다. (앞에서 석질이 좋지 않다고 말한 부조들이다.) 그냥 액자처럼 벽에 건 게 아니라 옛 신전의 벽을 흉내 내어 원래 높이에 세줄장식과 번갈아가며 배치되어 있어서, 옛 느낌이 좀 있는 한편 또 자세히 보기에 어려움이 있다.

부조 내용은 주로 헤라클레스의 위업을 그린 것이다. 헤라클레스가 멧돼지를 잡아오자 에우뤼스테우스가 청동 항아리에 숨는 장면, 장난꾸러기 케르코페스 둘을 붙잡아 장대 양쪽 끝에 매달고 가는 장면 등이 대표적이다. 바위를 굴려 올리는 시쉬포스 부조도 볼 수 있다. 하지만

위 다이빙하는 사람 프레스코화가 신비롭다.
아래 아이아스 자결 장면 부조.

정서적 충격이 가장 큰 것을 꼽자면 단연 아이아스의 자결 장면이다. 트로이아 전쟁 때 아킬레우스 다음으로 잘 싸우던 이 영웅은, 아킬레우스 사후 그의 무구를 놓고 오뒷세우스와 경쟁하다 패배한 후 자결하였다. 그가 땅에 묻은 칼 위로 넘어져 스스로 목숨을 끊는 장면이 굵직한 선으로 세부 묘사 없이 그려져 있다. 고졸하고 묵직한 느낌을 준다. 그 밖에 달리는 여인들 부조도 솜씨가 뛰어나고 매력적이다.

폼페이

파이스툼에서 북쪽으로 1시간 20분(나폴리로부터는 남쪽으로 약 30분) 거리에 폼페이 유적지가 있다. 폼페이는 제대로 적자면 '폼페이이Pompeii'라고 복수 형태를 살려줘야 하지만 모두 '폼페이'로 적으니, 분란 일으킬 것 없이 대세를 따르기로 하자. 다만 영어에서는 폼페이우스를 Pompey라고 적으니 둘을 혼동하지 않도록 기억해 두자.

폼페이는 약 2천 년 전 사람들의 삶이 거의 그대로 '얼어붙은' 곳이다. 서기 79년 베수비우스 화산 폭발로 화산재 속에 묻혀 버렸고, 그 후 누구의 손도 타지 않고 2천 년 가까이 땅속에 잠들어 있었다. 그러다 18세기쯤부터 조금씩 발굴이 진행되어 지금까지 도시의 3/4 정도가 발굴, 정비되었다. 1960년대 이후로는 신중히 아주 제한적인 발굴만 진행하고 있다. 유적이 일단 비바람에 노출되고 나면 보존에 어려움이 있기 때문이다. 초기에 발굴된 부분은 벌써 2백 년째 지면에 노출되어 있어서 많이 손상되었고, 지진 피해(가깝게는 1980년)까지 겪은 적도 있다.

사실 폼페이는 한국에 제법 알려진 편이지만, 이곳 못지않게 유명한 다른 화산 매몰 유적지가 있다. 폼페이보다 조금 북쪽에 있는 헤르쿨라네움이다. 폼페이보다 규모가 작으니 시간 여유가 있으면 폼페이를 찾아가고, 시간이 좀 부족하다 싶으면 헤르쿨라네움을 둘러보는 게 좋겠다.

폼페이 유적지는 전체적으로 ㄴ자 모양으로 구성되어 있다. 원래는 동서로 길쭉한 타원형에 가깝게 시가지가 조성되어 있었는데, 현재까지 발굴된 영역은 남쪽 지역의 동서로 길쭉한 부분과 그 서쪽에 남북 방향으로 길게 뻗은 부분이다. 대체로 남쪽 지역은 공적인 구조물이 많고, 서쪽의 남북 방향 축에는 개인의 저택들이 많은 편이다. 신전들은 그 두 축선이 만나는 남서 방향에 주로 몰려 있다.

이 도시는 남서쪽 귀퉁이에서 시작해서 그 북쪽, 그 동쪽, 더 동쪽으로 확장되었다. 이 확장의 역사는 주된 주민이 변화한 역사와 맞물려 있다. 기원전 8세기 초에 오스키족(Osci, 고대 이탈리아반도 중앙부에 살았던 민족)의 다섯 도시 연합으로 시작되었고, 기원전 8세기 중반 희랍인이 도착하여 식민도시를 조성하고(이 시기의 대표 유적은 대극장 옆 삼각형 포룸의 도리스 신전), 기원전 6세기 초에 첫 번째 성벽을 두르고, 기원전 6세기 말에 에트루리아의 영향권에 들어간다(이 시기 대표 유적은 도시 서쪽 입구 가까이에 있는 아폴론 신전). 기원전 5세기 초에는 나폴리 북쪽에 있는 쿠마이와 시칠리아 쉬라쿠사이의 연합 세력이 에트루리아와 싸워 육전과 해전에서 모두 승리를 거두고, 이후 폼페이도 에트루리아의 영향을 벗어난다. 기원전 5세기 말에는 삼니움족(이탈리아 남부 내륙 민족)이 이 지역을 차지하고, 기원전 4세기 말부터 기원전 3세기 초까지 약 50년 이어진 삼니움 전쟁 이후에 로마의 영향력이 커진다. (그러니까 뜻밖에도 기원전 300년경까지 로마는 아직 이탈리아반도 남부를 온전히 지배하지 못했다는 말이다.) 그 후 기원전 3세기 초의 퓌르로스 전쟁과 기원전 3세기 말 2차 포에니 전쟁 때도 폼페이는 충실하게 로마 동맹시로 남아 있었다. 큰 구조물들은 대체로 이 시기에 건설된다. 포룸, 회의장comitium, 대극장, 제우스 신전, 스타비아 목욕장 등이다.

기원전 1세기 초, 로마의 여러 동맹시들이 완전한 로마 시민권을 요구하며 궐기했던 동맹시 전쟁 때는 폼페이도 로마에 반기를 들었으나, 술라의 진압군에게 결국 항복하고 말았다. 그 뒤로 폼페이의 중심 언어는 라틴어로 바뀐다. 요약하자면 폼페이의 역사는 '희랍 식민 시대(기원전 8세기)-에트루리아 시대(기원전 6세기)-희랍 도시 시대(기원전 5세기)-삼니움 시대(기원전 4세기)-로마시대'라고 보면 되겠다.

로마에 복속한 이후로도 중요한 구조물들이 지어지는데, 기원전 80년 이전에 포룸에 주랑이 둘러지고, 기원전 70년에는 원형극장(도시의 동남쪽 끝), 포룸 목욕장, 음악당 등이 덧붙는다. 그 후 아우구스투스 시대에 포룸의 동쪽면을 이루는 건물들, 즉 식료품 시장, 아우구스투스 성역, 에우마키아 건물 등이 건립된다.

옛 도시들은 대개 성벽을 두르고 여러 개의 성문에 그 문으로 나가 닿을 수 있는 이웃 도시들의 이름을 붙였다. 오늘날 폼페이 유적지의 주된 출입구는 남서쪽의 마리나 문('바다 방향 문')이다. 기차역도 매표소도 그쪽에 있다. (유적지 남동쪽에도 출입구가 있다.) 거의 어디나 그렇지만, 유적지의 지표면은 현대 도시 지면보다 낮아서 유적지 전체를 발굴하면 지면보다 깊어진다. 매표소를 지나면 아치형 통로를 통해 유적지로 들어가는데, 그 통로로 들어서기 직전 왼쪽에 고대 목욕장이 하나 있다. 이 목욕장은 내부 치장이나 보존 상태가 아주 좋지는 않으니 '포룸 목욕장'을 자세히 둘러보는 걸로 대신하자.

동쪽을 향해 터널형 통로로 들어서자마자 오른쪽에 작은 박물관이 있다. 이 박물관은 근래에 지어져 2021년부터 상설 전시를 시작했다. 오래전에 폼페이를 방문했던 분이라면 '이런 게 있었던가?' 싶으실 것이다. 이곳의 전시물(?) 중 관람자들에게 특히 충격을 주는 것이 몸을 비틀며 죽어가는 사람들의 모습이다. 사실 원래의 시신은 다 타버리거나 이후에 삭아 사라져서 화산재 속에 빈 공간만 남는데, 그 공간에 석고를 채워 굳힌 후에 발굴한 것이 현재의 희생자들 모습이다. (근래에는 아직 남아 있는 유골을 보호하기 위해, 화산재 지반에서 구멍이 발견되면 석고보다는 송진을 채워 넣는 방식으로 바뀌었다.) 누운 사람, 엎드린 사람, 코를 가리고 웅크려 앉은 사람 등이 있고 개와 나귀의 모습노 있다. 이들 희생자 유해 중 다수(13구)가 '대피자들의 정원'이라는 곳에서 수습되었다. (이 정원은, 잠시 후에 설명하는 I구역 동남쪽 모서리 가까이에 있다.) 현재 유해의 석고형들은 여기저기 분산되어 전시 중인데, 이는 2차대전 때의 쓰라린 기억 때문이다. 그 이전에 발굴된 유해들을 한곳에 모아놓았다가 포격의 피해를 크게 입었던 것이다.

박물관을 나와 다시 동쪽을 향해 전진하면 오른쪽에 베누스 신전, 몇 걸음 가서 왼쪽에 아폴론 신전이 있지만 경역이 넓으니 일단 그냥 지나가자. 이어서 남북으로 길쭉한 광장인 포룸을 만나게 되는데, 여기가 폼페이 유적 답사의 기점이라고 보면 된다. 북쪽으로 제우스 신전과 그 너머 베수비우스 화산이 보이고, 왼쪽에는 조금 전에 지나온 아폴론 신전, 오른쪽(동쪽)에는 옛날 식료품 시장macellum 입구가 있다. 모두 특이한 기둥으로 식별할 수 있다.

이 광장에 도착하면 방향을 어느 쪽으로 잡을지 결정해야 하는데, 다시 한번 지도를 확인해 보자면, 원래의 도시는 동서로 약간 길쭉한 타원형인데, 동서 방향의 큰 길이 두 개, 남북 방향의 큰 길이 도시 서쪽으로

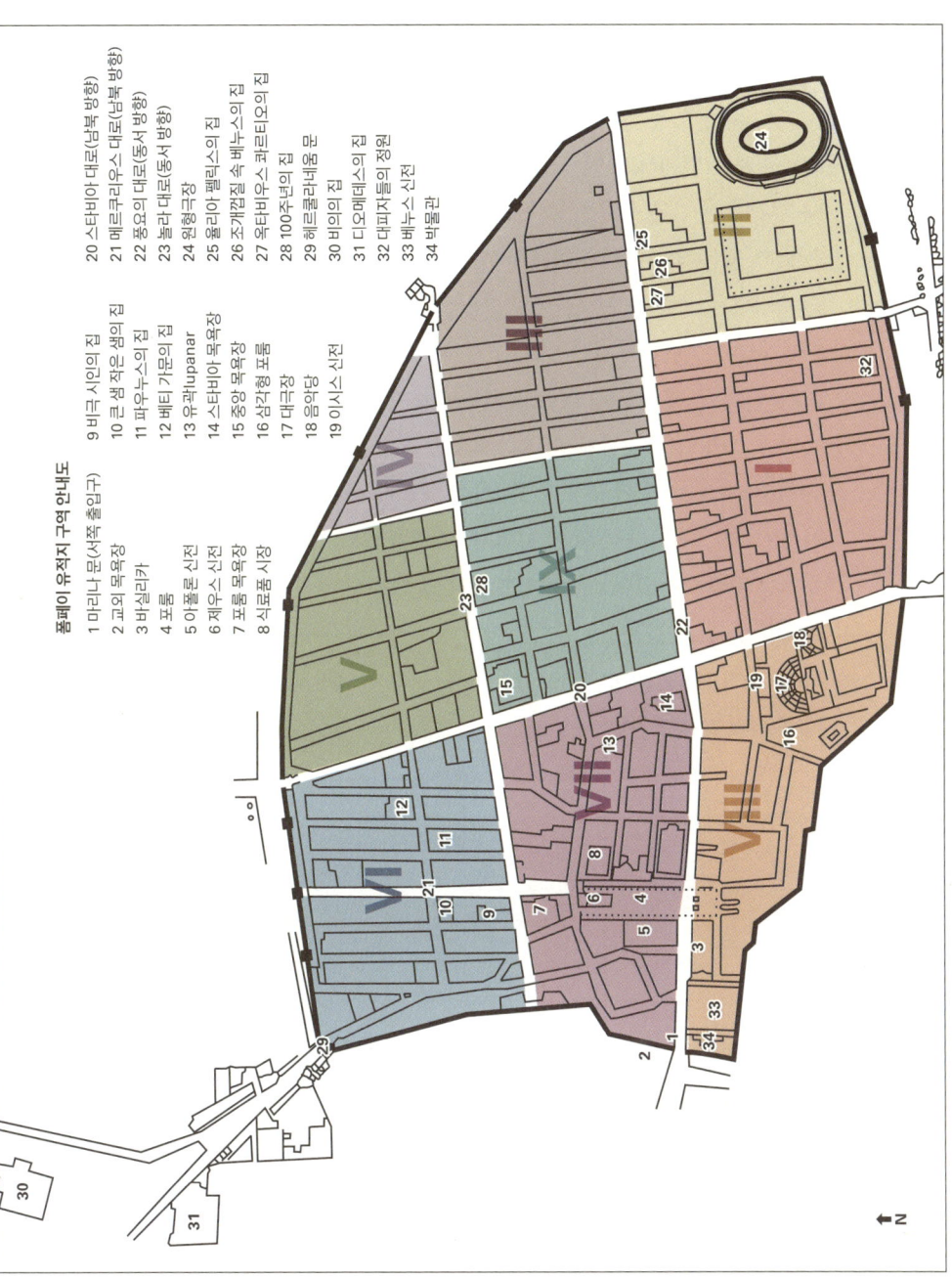

폼페이 195

로마숫자 읽는 법

로마숫자는 어찌 보자면 5진법이다. 매 다섯 단위마다 새로운 표기가 나온다. 우선 기본 숫자를 알아야 한다. I(1), V(5), X(10), L(50), C(100), D(500), M(1000). 다른 수는 이 기본 수에 더하거나 빼서 표현한다. 앞의 수 오른쪽에 뭔가를 덧붙이면 그만큼 더하라는 뜻이고, 왼쪽에 덧붙이면 빼라는 뜻이다. 일단 I, II, III까지는 잘 읽을 것이고, V가 5인데, 거기서 1만큼 빼면 4, 즉 IV이다. V부터는 다시 VI, VII, VIII로 덧붙여 가다가, X가 10이기 때문에 IX는 9가 된다. L이 50이기 때문에 XL은 50-10이어서 40이 된다. C가 100이기 때문에 90은 XC이다. 500은 D여서 CD가 400이다. 1000은 M이어서 900은 CM이다. 이런 표기법의 문제는 자릿수를 알아보기 어렵게 숫자 길이가 왔다 갔다 하는 데다가, 이따금 숫자 표시가 아주 길게 늘어진다는 점이다. 예를 들어 1999년은 MCMXCIX이고 2000년은 MM이 된다. 이렇게 되면 간단한 덧셈 뺄셈도 아주 복잡하게 된다.

1	I	11	XI	50	L
2	II	12	XII	100	C
3	III	13	XIII	500	D
4	IV	14	XIV	1000	M
5	V	15	XV		
6	VI	16	XVI		
7	VII	17	XVII		
8	VIII	18	XVIII		
9	IX	19	XIX		
10	X	20	XX		

폼페이 포룸. 북쪽 제우스 신전 너머로 베수비우스 화산이 보이며 왼쪽에 아폴론 성역이, 앞쪽엔 미트라이의 켄타우로스상이 보인다.

치우쳐서 하나 있다. 남북 방향 길이 너무 서쪽에 치우쳐 있기 때문에, 전체를 균등하게 나누기 위해 그 동쪽에 남북 방향의 가상 경계선을 하나 설정하면, 전체가 9개의 구역으로 나뉘게 된다(앞의 폼페이 유적지 구역 안내도 참조). I구역은 중앙의 남쪽이다. 거기서 시작해서 시계 반대 방향으로 돌면서 숫자가 늘어가고, 한 바퀴를 다 돌아서 I구역의 바로 서쪽에 오면 거기가 VIII구역이다. 이제 남은 것은 도시 전체의 한가운데 구역인데, 여기가 IX구역이다.

공적 공간들

다시 앞으로 돌아가자면 우리는 VIII구역과 VII구역 사잇길로 들어왔고, VII구역의 중앙쯤에 있는 광장(포룸)을 둘러보는 참이다. 북쪽의 베수비우스 화산을 멀리 보면서 왼쪽(서쪽)에 아폴론 성역이 있다. 원래는 에트루리아 시대에 세워진 오래된 신전이 있던 곳이지만 현재 건물은 기원전 2세기 것이고, 그나마 서기 62년에 지진 피해를 겪은 후 크게 수리한 것이다. (네로의 처가가 이 부근이었기 때문에 황제가 피해 복구를 많이 도왔다고 한다.)

이 성역의 큰 특징은 부지가 남북 방향으로, 희랍 신전의 일반적 배치를 벗어났다는 점과 성역 전체를 주랑으로 에워쌌다는 점이다. 성역 전체를 둘러싼 기둥들은 짧은 쪽은 9개, 긴 쪽은 17개다. 그렇게 일단 전체 성역을 아트리움 형태로 만들고 그 안뜰에 단을 높이고 신전을 세웠는데, 신전 자체는 부지의 북쪽에 치우쳐 꽤 높은 기단 위에 서있고 그 앞에는 제단이 있다.

신전 자체의 테두리 기둥은 6×9였고, 현재는 계단을 14칸이나 올라가야 신전 실내로 들어갈 수 있도록 복원해 놓았다. (물론 일반인이 신전 안까지 들어갈 수는 없다.) 신전의 내부 건물은 방이 하나뿐이다. 이 내실도 상당히 북쪽으로 치우쳐 있어서, 그 앞에 상당한 공간이 비어 있다. 그 공간이 일종의 전실 역할을 한다고 보면 되겠다. 신전의 기둥 중 전면의 양쪽 끝 두 개를 제일 잘 복원해 두었는데, 넘어질까 봐 철제 띠로 중간중간 묶어서 좀 안쓰러워 보인다.

이 신전 주변은 잘 살펴보면 다른 데 없는 재미있는 여러 유물이 여기저기 숨어 있다. 우선 제단도 좀 신기하다.

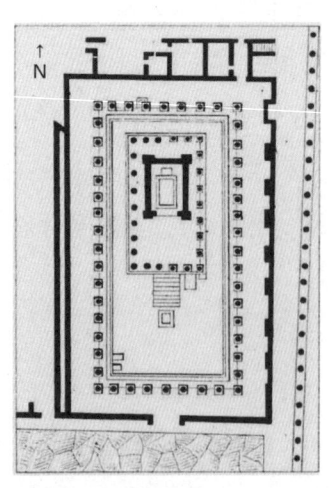

아폴론 신전의 평면도.

높은 기단 위에 조성된 폼페이 아폴론 신전.

대개 희랍 신전에 딸린 제단은 크기가 거대하고 신전 동쪽에 거의 신전의 폭만큼 길게 조성하는데, 이 제단은 전혀 다르다. 일단 크기가 그다지 크지 않고, 방향도 신전 부지와 같이 남북 방향으로 길쭉하다.

한편 신전으로 올라가는 계단의 왼쪽에는 그다지 높지 않은 이오니아식 기둥이 하나 서있는데 기둥머리 위에 돌로 새긴 해시계가 있으니 이 또한 눈여겨볼 일이다. 부지 전체의 동남쪽 주랑 기둥 몇개가 보존 상태가 좋고 그 위에 교차돌림띠장식을 갖춘 보도 얹혀 있다. 금상첨화로 그 앞에는 청동상이 하나 있어서 사람들이 사진을 많이 찍는다. 잘생긴 청년이 나체에 숄을 두른 채 서쪽을 보면서 왼발을 앞에 두고 약간 달려나가는 듯한 모습인데, 왼손을 멀리 뻗고 오른손은 왼손을 받치는 듯한 자세를 취했다. 오른손의 다른 손가락은 굽혔고, 검지와 새끼

왼쪽 아폴론 성역의 활 쏘는 아폴론상.
오른쪽 나폴리 국립박물관의 원본 아르테미스상.

손가락은 좀 더 많이 펴서 얼핏 보기엔 뤼라를 연주하는 손동작 아닌가 싶은데, '활 쏘는 아폴론Apollo Saettante'이란 이름이 붙었다. 진품은 나폴리 국립박물관에 있는데, 19세기 초 세 번에 걸쳐 부분 부분 발견되었다. 왼팔과 오른손, 오른발은 좀 나중에 발견된 것이다.

그와 짝이 되는 아르테미스상도 함께 발굴되었는데 상체뿐이고 그나마도 왼팔의 아랫부분은 찾지 못했다. 한 가지 아폴론상보다 나은 점은 눈의 원래 모습이 그대로 남았다는 점이다. 흰자위 부분은 뼈를 사용했고 눈동자에는 유리를 사용했다. 이분도 원본은 나폴리 국립박물관에 모셔져 있고, 복제본이 성역 서쪽 부분에 중앙 정원을 사이에 두고 아폴론상과 마주보며 서있다. 아폴론상과 달리 상체만 남아서, 돌 기단 위에 사각기둥을 세우고 그 위에 반신상을 얹었는데 보기에 좀 안쓰럽다.

성역 전체의 동쪽 벽 바깥에는 다시 주랑을 덧붙여서 포룸의 서쪽 경계선을 이루고 있는데, 그중 이층 기둥이 몇개 남아 있어서 포룸에서 보면 잘 보인다. 아래층 기둥 네 개 위에 보를 얹고 그 위에 짧은 기둥 네 개를 세운 것인데, 희랍 신전의 내실에서 이따금 보던 형식이다. 광장의 남서쪽에도 거의 같은 구조물이 남아 있는데, 그것은 아랫기둥 네 개, 윗기둥 세 개다.

또 하나 아폴론 신전 바깥에 특이한 게 있다. 성역 동북쪽 모서리에 포룸으로 나오는 길이 있는데, 나오면서 바로 오른쪽에 반개방된 방 안에 옛 도량형이 있다. 돌판에 오목하게 여러 개 패어 있는데, 바로 근처에 시장이 있어서 소비자가 속지 않도록 설치해 놓은 고정형 계량컵이다. '무게를 달아보는 탁자mensa ponderaria'라는 것이다.

전에 포룸 여기저기에 다양한 청동상들이 서있거나 쓰러져 있었다. 고대의 작품이 아니라 아그리젠토에서 본 바 있는 현대 작가 미토라이

아폴론 신전 바깥에 설치된 고정형 계량컵.

폼페이 **201**

의 작품이다. 켄타우로스상, 거대한 얼굴, 그리고 쓰러져 누운 이카로스 등인데 전시 기간이 끝나서 대개는 다른 곳으로 옮겨갔고, 현재는 포룸 남쪽 대좌 위에 설치한 켄타우로스상만 영구 전시 형식으로 남아있다.

포룸의 북쪽에는 제우스 신전이 있다. 기원전 2세기, 조금 전에 본 아폴론 신전을 중수하던 시기에 세워졌다. 원래 이 도시의 주된 숭배 대상은 아폴론이었는데, 로마의 영향이 커지면서 로마에서 중시하던 제우스(읍피테르) 신전이 아폴론 숭배를 밀어내는 과정이다. 유노와 미네르바를 함께 모셔서 '카피톨리움 3신'의 신전이라 불리기도 한다.

이 신전 역시 아폴론 신전처럼 남북 방향으로 길게 조성되어 있다. 전체적으로 약 3미터 높이의 기단 위에 서있는데, 남쪽 양옆으로 설치된 좁은 계단으로 올라간 다음 넓게 펼쳐진 계단을 더 올라가야 신전 바닥면에 닿는다. (현재 첫 계단 입구에 문을 막아놓아서 일반인은 들어갈 수 없다.) 신전 건물의 남쪽 부분은 ㄷ자 모양의 기둥으로 둘러진 전실이다. 이 부분의 기둥 수는 6×4이다. 일반인은 바깥에서 이 기둥들까지만 볼 수 있는데, 원래 코린토스식이었다는 기둥들의 머리가 사라져서 양식을 구분하기 어렵고, 서로 높낮이가 달라서 약간 공장 굴뚝같이 보인다. 특히 제일 오른쪽의 높은 기둥은 철제 끈으로 칸칸이 묶어놓아서 더욱 굴뚝 같다.

기둥들로 이루어진 ㄷ자의 두 팔이 끝나는 부분부터는 벽이 이어진다. 희랍 신전의 전실처럼 내부 건물의 팔이 아주 짧게 남쪽으로 뻗어 나와 있지만, 그 벽의 끝부분 네모기둥 사이에 원기둥이 서있지는 않다. 내실로 들어가면 내부 기둥이 한쪽에 8개씩 두 줄로 서있다. 실내공간에 자주 그러하듯 이층으로 구성되어 아래쪽은 이오니아식인데,

보 위쪽의 기둥들은 모두 사라져서 원래 어떤 양식이었는지 분명치 않다. (이 신전은 서기 62년 지진 피해를 본 후 복구를 기다리다가 매몰되었다.) 내부 기둥이 두 줄로 늘어서 있어서 실내 공간이 길쭉한 세 부분의 회랑nave으로 나뉘게 되는데, 세 신을 모시기 위해서 이렇게 했다는 해석이 있다. 내부 기둥 선이 끝나는 가장 깊은 곳에 작은 방이 세 개 조성되어서 세 신을 한 분씩 모신 곳인가 싶은데, 학자마다 그 용도를 다르게 추정한다.

신전 내부에서 제우스 석상의 머리 부분이 발견되어 현재 나폴리 국립박물관에 소장되어 있다. 한편 그것을 복제한 두상이 신전 북쪽 끝부분, 조금 볼품없는 대좌 위에 전시되어 있다고 한다. 더러 사진을 얻어볼 수 있긴 한데, 일반인이 들어갈 수 없는 구역에 있으니 도대체 그렇게 설치한 이유가 뭔지 의구심이 든다. 어쩌면 전문가들이 방문할 때를 위해 준비해 둔 것일 수도 있겠다. 어쨌든 이 조각상(원본)은 로마의 카피톨리움 제우스상을 모사한 것으로 여겨진다.

포룸의 동쪽면에는 여러 공간이 구획되어 있고 나름대로 여러 이름이 있지만, 대개는 담장 안에 널찍한 잔디밭이 펼쳐져 있을 뿐이어서 일반인이 특별한 감흥을 느끼긴 어렵다. 원래는 대개 이층으로 된 주랑으로 에워싸인 내정과 동쪽으로 튀어나온 후진을 갖

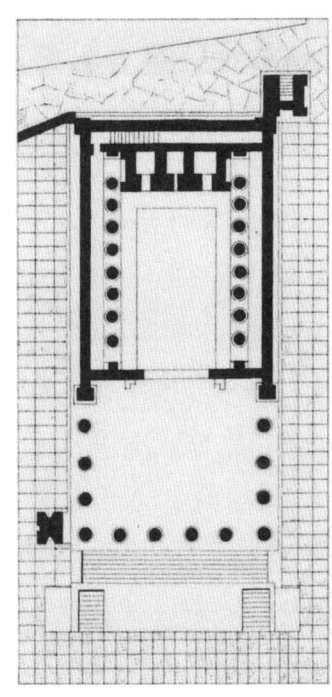

제우스 신전의 평면도.

제우스 신전 한쪽에
전시되고 있는 제우스 두상.

춘 웅장한 건물들이었다 한다.

동쪽면 중 제일 북쪽은 식료품 시장macellum이었다. 전체적으로 동서로 약간 길쭉한 사각형 공간 한가운데에 안뜰을 조성하고 바깥 테두리를 따라 바깥쪽으로 열린 작은 가게들이 에워싸고 있었다. 처음 발굴했을 때는 혹시 여러 신을 모신 판테온이 아닌가 싶었지만, 이후에 특히 북쪽 부분에서 곡물과 과일이, 안뜰에서는 생선 비늘과 뼈 들이 발견되어 식료품 시장으로 확인되었다. 포룸 쪽에서 보자면 중앙 입구에 세 개의 코린토스식 기둥이 서있고 그 위에 보가 얹혀 있다. 기둥 둘은 중간을 벽돌로 메워 넣은 상태여서 보기에 별로 아름답지는 않다. 중앙 출입문으로 들어서면 안뜰 한가운데에 원형으로 남은 기둥들의 기초가 보인다. '도토리형 건물'의 흔적이다. 하늘에서 찍은 사진을 보면 좀 더 멋진데, 지표면에 선 관람자의 시선에는 별로 두드러지지 않는다.

제우스 신전 뒤(북쪽)에는 포룸 목욕장이 있다. 로마 시내에도 목욕장 유적이 남아 있지만, 이곳만큼 보존 상태가 좋은 것이 없으니 잘 보아두는 게 좋다. 다른 곳의 목욕장들은 오랜 세월 계속 사용되면서 변형되고 뜯겨나가고 했지만, 이곳은 멀쩡할 때 곧장 매몰되었기 때문이다.

폼페이에는 목욕장이 네 곳 있었다. 서쪽 입구로 들어오면서 왼쪽에 있던 게 '교외 목욕장Suburban baths'이고, 나머지 목욕장들은 이 도시의 주요 도로가 만나는 사거리에 위치해 있다. 동서 방향 큰길 두 개 중 북쪽

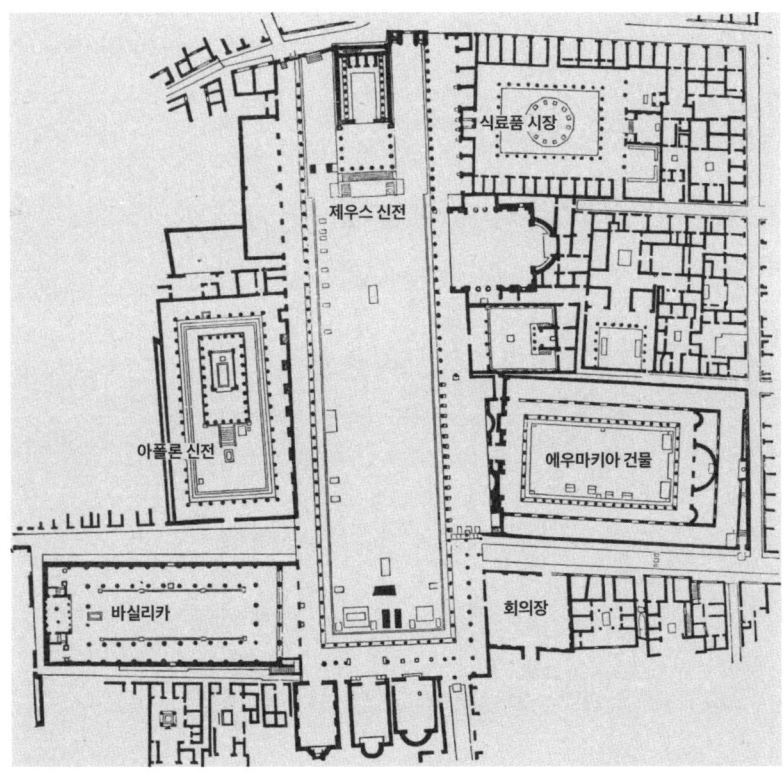

포룸 주변의 평면도.

길(놀라 대로Via di Nola)과 남북 방향 길(스타비아 대로Via di Stabiana)이 만나는 곳에 '중앙 목욕장Central baths'이 있고, 동서 방향 큰길 중 남쪽 길(풍요의 대로Via dell'Abbondanza)과 스타비아 대로가 만나는 곳에 스타비아 목욕장이 있다. 그리고 사실은 남북 방향의 대로가 도시 서쪽으로 치우쳐서 하나 더 있는데, 이 길은 메르쿠리우스 대로Via di Mercurio라고 부른다. 동서 방향의 큰길 중 북쪽 것인 놀라 대로와 메르쿠리우스 대로가 만나는 사거리에 있는 게 바로 포룸 목욕장이다. 시내의 세 목욕장 중 규모는 가장 작지만 실내장식이 뛰어나고, 위치도 좋아서 시간이 부족한 방문객에게 맞춤한 유적이다.

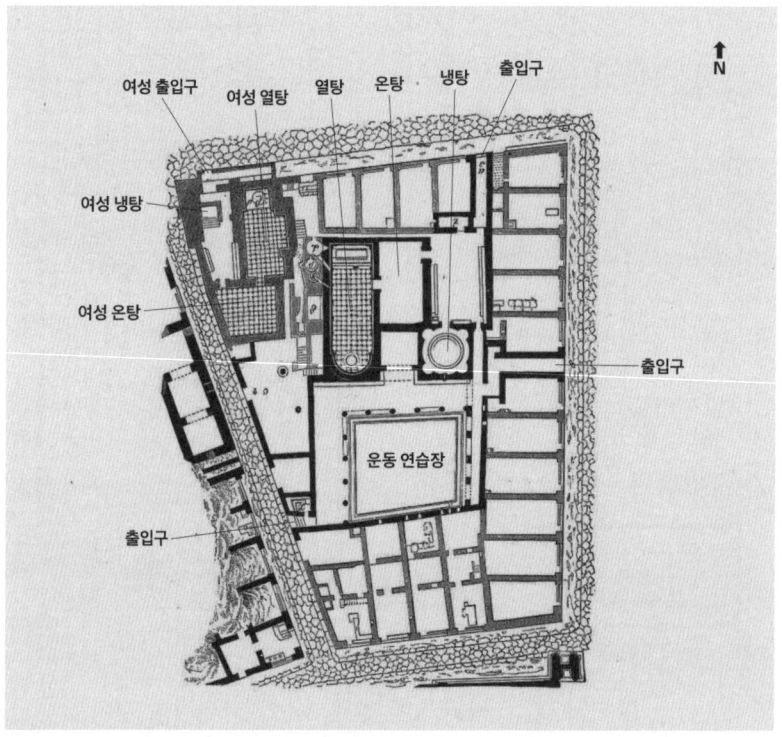

포룸 목욕장의 평면도

옛 그림 속에 묘사된 포룸 목욕장 온탕 유적. 벽을 둘러 장식된 남성 모양 기둥들이 보인다.
조셉 테오도르 한센, 1884.

　포룸 북쪽의 제우스 신전 양옆에 아치문이 하나씩 있는데, 서쪽 문은 신전의 기둥이 시작되는 선에 맞춰져서 포룸에 가깝게 다가와 있고, 동쪽 문(네로 문)은 뒤(북쪽)로 물러서서 신전의 뒷벽 선에 맞춰져 있다. 어느 문을 통과하든 그 뒤의 목욕장으로 이어진다. 목욕장은 상점들로 둘러싸인 구역의 안쪽에 있는데, 남성들의 출입구는 동쪽, 서쪽, 북쪽 세 군데에 있었다. 지금은 동쪽 출입구가 가장 눈에 띈다. 여성들의 구역은 그 블럭의 북서쪽 귀퉁이를 차지하고 있으며 여성들의 출입구는 북쪽으로 나있다. 남성 구역과 여성 구역 사이에는 물을 데우는 공간이 끼어들어 있다. 남성 구역은 서쪽부터 열탕-온탕-냉탕이 배치되어 있고, 이들의 남쪽에 정사각형에 가까운 운동 연습장palaestra이 있다.

열탕 공간 실내로 들어가면 남쪽에 붙은 후진 중앙에 거대한 석조 우물 모양의 구조물이 있는데, 원통 위에 원형 석조 수조를 얹은 것이다. 물과 공기가 너무 뜨거우니 손님들이 찬물을 몸에 끼얹을 수 있도록 준비해 놓은 것이다. 이 부분은 천장이 반원기둥을 눕혀놓은 것처럼 생겼다. 벽과 천장에는 돋을새김 장식과 프레스코 흔적이 남아 있다. 한편 온탕 공간에서 무엇보다 눈에 띄는 것은, 벽을 지탱하고 있는 남성 모양 기둥telamones이다. 열탕과 온탕 공간에는 청동제 침상 비슷한 것이 남아 있는데, 일종의 보온 벤치였던 것으로 추정된다.

포룸의 남서쪽, 그러니까 유적지 서쪽 출입구로 진입해서 포룸으로 들어서기 직전 오른쪽에 널찍한 공간이 남아 있는데 바실리카 자리다. 기둥 받침들이 동서로 길쭉하게 직사각형을 이루고 있다. 서양의 교회 양식 중 고딕 양식 이전에 널리 퍼졌던 것이 바실리카인데, 교회당으로 이용된 바실리카는 벽돌을 쌓아 만든 육중한 창고형 건물이지만, 이곳의 바실리카는 중앙 정원을 둘러싸고 주랑으로 사면을 에워싼 건물이다. 주랑 안쪽에는 이층 기둥들로 지붕을 높였었는데, 이 바실리카 서쪽 부분에 이층 기둥 형태를 조금 복원해 두었다. 중앙 정원을 둘러쌌던 내부 기둥의 숫자는 4×12로, 네모받침 위에 원기둥의 첫 번째 드럼만 남아 있고, 북쪽벽에는 벽묻힘 기둥이 몇개 복원되어 있다. 북쪽 벽면의 한가운데에 입구가 나 있으니, 포룸에 도착하기 전에 잠깐 들어가서 확인하고 돌아 나와도 된다.

도시의 남쪽 부분을 동서로 가로질러 가면서 보아야 할 곳이 크게 두 군데 더 있다. 우선 포룸에서 동남쪽으로 100미터 정도 떨어진 곳에 대극장과 음악당(또는 소극장)이 있다. '풍요의 대로'를 따라 동쪽으로 가다가 북쪽에서 오는 스타비아 대로를 만나고, 그 사거리에서 우회전해서 직진하면 스타비아 문을 통해 성밖으로 나가게 되는데, 그 직전 오른쪽(서쪽)에 두 구조물이 있다. 물론 두 대로가 만나는 사거리 전에 우회전해서 골목으로 들어가는 게 더 빠른 길이긴 하다.

두 극장이 다 보존 상태가 매우 좋다. 대극장은 5~6천 명이 들어갈 수 있는 규모고, 음악당은 1500명 정도 수용할 수 있는 공간이다. 이와 같이 대극장과 음악당이 나란히 있는 곳으로 시칠리아의 카타니아를 앞에서 보았다. 그곳은 음악당이 서쪽, 극장이 동쪽에 있었는데, 이곳 폼페이는 반대로 대극장이 서쪽에 있다. 매몰 당시 폼페이 인구가 어느 정도였는지는 학자마다 달리 추정하지만 대충 2만 명 정도로 보면, 이곳 극장에는 도시 인구의 1/4 이상이 들어갈 수 있었던 셈이다. 이 극장은 기원전 2세기에 지어진 것으로 석조 극장으로는 상당히 초기 것에 속한다. (아테나이 디오뉘소스 극장도 기원전 4세기에야 지어졌다.) 대극장과 음악당 모두 무대에 가까운 좌석(귀빈석, ima)은 경사가 매우 완만하고, 그 뒤의 일반석(media, summa)은 경사가 상당히 가파르게 되어 있다. 두 극장의 남서쪽 모서리에는 '삼각형 포룸'이 있다. 앞에서 자세히 살펴본 포룸이 조성되기 전에 도시의 중심지 역할을 하던 곳인데, 현재는 그다지 인상적인 모습을 보이진 않는다.

대극장 바로 북쪽에 이시스 신전이 있다. 로마는 여러 종교에 매우 관용적이어서 많은 이방 종교가 로마에 정착했다. 주랑으로 둘러싸인 마당에, 높은 기단podium 위에 조성되어서 계단으로 올라가야 하고, 내실 앞에는 ㄷ자 모양으로 기둥을 두른 일종의 전실이 조성되어 있다. 기둥 수는 4×2. 이 건물은 이 유적지의 다른 신전과 달리, 희랍 신전들처럼 동쪽을 보고 있다. 신전 앞에는 신전 형태의 맞배지붕을 갖춘 작은 건물이 이시스 신전과 직각 방향인 북향으로 서있다. 정화소purgatorium

라는 것이다. 거기서 지하로 계단을 내려가면 나일강 물이 담긴 수조가 있었다고 한다. (정말로 나일강에서 물을 실어 왔는지, 아니면 그냥 상징적으로 나일강 물이라고 하는 것인지 불분명하다.) 신전 계단 앞에 약간 남쪽으로 치우쳐 제단이 하나 있고, 신전 기단 남동쪽에도 제2제단이 설치되어 있다.

이 신전의 특이점 중 하나는 이곳에서 신화를 담은 멋진 프레스코가 발견되었다는 것이다. 제우스의 사랑을 받았다가 소로 변한 이오가 이집트에 도착해서 다시 인간으로 변하는 장면이다. 이 그림은 신전을 에워싼 주랑 중 서쪽에 있는 방ekklesterion의 남쪽벽에 그려진 것이다. 그와 마주보는 북쪽벽에는 헤르메스가 아르고스에게 음악을 들려주는 장면이 그려져 있다. 둘 다 현재는 나폴리 국립박물관에 소장되어 있는데, 헤르메스와 아르고스 그림은 주제를 알아보기 약간 어렵다. 일단 이오가 완전히 소로 그려진 게 아니라 남쪽 그림처럼 머리에 뿔이 있는 인간 여성으로 그려졌고, 아르고스도 눈이 여러 개 있는 게 아니라 보통

이시스 신전 서쪽방에 그려졌던 이오 프레스코화(왼쪽)와 헤르메스와 아르고스 프레스코화, 나폴리 국립박물관.

폼페이 원형극장의 59년 난투극을 그린 프레스코화. 극장 서쪽의 계단식 출입구가 잘 그려져 있다.

인간처럼 그려졌다. 헤르메스는 왼손에 전령의 지팡이를 든 채로 팬파이프를 쥔 오른손을 아르고스 쪽으로 내밀고 있는데, 약간 허술하게 그려진 팬파이프다.

도시의 동남쪽 모서리, 방금 본 대극장에서 6~700미터 떨어진 곳에 원형극장amphitheatrum이 있다. 기원전 70년경에 세워진 것이어서 석조 원형극장으로서는 최초의 사례다. 로마의 콜로세움은 이보다 100년 정도 뒤의 것이다. 2만 명까지 수용할 수 있어서 당시 폼페이 인구 전체를 담을 정도였다.

남북 방향으로 길쭉한 타원형인데, 남북 방향은 133미터 정도, 동서 방향은 100미터 남짓한 크기다. 지표면 출입구는 남쪽과 북쪽에 뚫려 있다. 타원의 동쪽 부분 좌석은 상당히 많이 복원해 놓았지만, 서쪽 부분은 남서쪽 모퉁이 부분만 조금 복원했다. 이 공간에서 서기 59년에 이웃 도시Nuceria 관객들과 폼페이 시민들 사이에 난투극이 벌어져 한동안 행사가 금지되기도 했다. 약 5백 년 뒤에 콘스탄티노플에서 벌어진 니카 폭동(532년, 유스티니아누스 황제 때)의 선조 격인 사건이라 하겠다.

그 사건은 이 부근 건물에 프레스코로 기록되어 있었는데, 현재 나폴리 국립박물관에 소장되어 있다. 이 원형극장의 특징은 다중이 위층 객석에서 바깥으로 바로 나가서 좌우로 분산되어 흩어질 수 있도록 조성된 계단식 출입구이다. (군중 통제 전문가들이 극찬하는 구조이다.) 그 계단이 좌우로 벌어진 삼각형 공간 밑으로는 하층 객석의 관객이 드나드는 출입구가 뚫려 있다. 이 구조는 방금 언급한 프레스코에도 잘 반영되어 있다. 이 계단 출입구는 원형극장 서쪽에 있는데 현재는 일반인 출입이 허용되지 않으며, 일반 관람객은 원형극장 북쪽의 출입구로 해서 바닥면으로 들어서게 되어 있다.

사적 공간들

도시의 남쪽면을 동서로 가로질러 중요한 공적 공간들은 모두 보았다. 이제부터 여기저기 흩어진 중요한 사적인 공간을 몇군데 둘러보자. 이 공간들은 대체로 도시의 서쪽에 많이 있다.

트로이아 전쟁 그림이 많이 발견된 '비극 시인의 집'

포룸 목욕장 바로 북쪽에 '비극 시인의 집'이 있다. 배우들이 무대 뒤에 모인 장면을 그린 모자이크가 발견되어 이런 이름이 붙었는데, 희랍 신화를 주제로 한 프레스코도 많이 발견되어 '호메로스의 집' 또는 '일리아스의 집'으로 불리기도 한다. 문간에는 사나운 개 그림과 함께 '개 조

비극 시인의 집 문간의 '개 조심' 모자이크.

심cave canem'이라고 쓴 모자이크가 있는데 이것도 꽤 유명하다. 전체적으로 규모가 그리 크지 않은 집이지만 장식이 워낙 뛰어나서, 시간이 부족한 여행자에게 아주 '가성비 높은' 방문지라 하겠다. 공적인 장소 말고 사적 공간을 딱 한 군데만 방문한다면 이곳을 추천하고 싶다.

이 집은 전형적인 로마인의 주거 형태를 보이고 있으니, 여기서 그것을 확인해 보자. 우선 거리를 향한 남쪽면에 꽤 큰 가게taberna

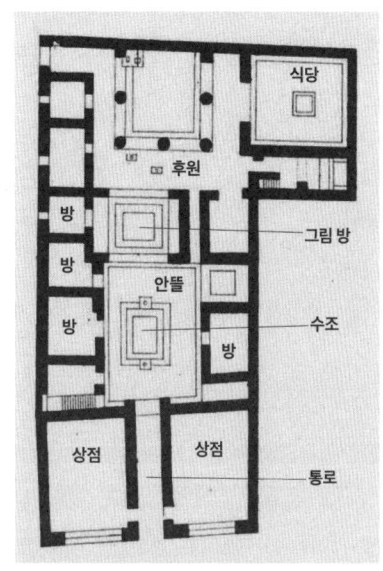

비극 시인의 집 평면도. 이 집은 식당이 오른쪽 구석에 있다.

두 개가 바깥을 향해 열려 있다. 그 두 가게 사이 통로fauces로 들어서면 넓은 안뜰atrium이 있는데, 뜰은 지붕이 씌워져 있지 않아서 비가 오면 빗물이 가운데의 수조impluvium로 모이게 되어 있다. 안뜰을 에워싸고 건물 테두리를 돌아가며 여러 개의 방(cubiculum, 침실)들이 설치되어 있어서 각 방으로 들어가려면 일단 안뜰로 진입해야 한다. 일반적으로, 안뜰에서 진입하는 공간 중 하나는 식당triclinium이고, 그 식당 주위에는 대개 부엌과 음식 준비 공간이 딸려 있다. 안뜰보다 더 안쪽에는 '그림 방tablinum'이 있다. 이곳은 대개 프레스코로 치장하고 좌우 벽을 따라서 조상들의 흉상을 모시던 공간이다. 그 안쪽으로는 대개 후원hortus으로 통하는 통로나, 통로가 따로 있는 경우, 창문이 있다. 후원은 대개 주랑으로 둘러싸여 있어서 '기둥 테두리 공간peristyle'이라고 하는데, 이 이름

왼쪽 비극 시인의 집 안뜰에 있던, 아가멤논에게 끌려가는 브리세이스 프레스코, 나폴리 국립박물관. (이하 동일)
오른쪽 후원에 있던, 제물로 바쳐지는 이피게네이아.
아래 그림 방에 있던, 연극을 준비하는 배우들.

은 때로는 이런 형태의 주거 양식을 가리키기도 한다. 후원에 응접실과 조상신 사당을 갖추는 경우도 흔하다.

'비극 시인의 집'은 특히 안뜰 벽의 프레스코로 유명하다. 그중에 특히 '제우스를 유혹하는 헤라'(『일리아스』 14권), '아가멤논에게 끌려가는 브리세이스'(『일리아스』 1권)가 보존 상태가 좋다. (모두 나폴리 국립박물관에 소장되어 있다.) '그림 방' 바닥에는 연극을 준비하는 배우들 모자이크가 있어서 이 집의 이름을 정하는 데 영향을 주었다. 쌍피리를 불고 있는 연주자를 에워싸고 가면을 벗는 사람, 의상을 입는 사람, 바닥의 상자에 담긴 가면 들이 그려져 있다. 후원의 기둥 테두리 공간에서는 '제물로 바쳐지는 이피게네이아' 프레스코가 수습되었다.

두 개의 '샘의 집'

'비극 시인의 집'과 같은 블록insula의 북쪽 부분에 '큰 샘의 집'과 '작은 샘의 집'이 있다. '큰 샘'은 수평 방향의 수조와 수직 방향의 출수구, 두 부분으로 구성되어 있다. 출수구 부분은 마치 교회 건물의 후진처럼 생겨서apsidal fountain, 원기둥 위에 반구를 얹은 후 세로 방향으로 절반 잘라낸 것처럼 생겼다. 출수구 머리 부분은 동심원적으로 넓어지면서 여러 색깔의 모자이크 문양으로 화려하게 치장했는데, 중세 교회의 출입구 위에 조성된 팀파눔(tympanum, 반원형 혹은 삼각형 부조 장식)과도 유사

왼쪽 큰 샘의 집을 그린 옛 그림, 루이지 바자니, 1927 이전. 오른쪽 작은 샘의 집.

하다. 아치 모양의 상인방 위로는 삼각형 박공이 그려져 있다. 그 아래 원기둥 부분의 위쪽에는 갈대로 둘러싸인 강물 신의 얼굴이 그려져 있다. 강물 신의 입 아래에는 네모꼴 출수구가 있고, 그 밑으로 계단이 놓여 있다. 아치의 좌우 기둥에는 대리석으로 깎은 연극 가면이 걸려 있다. 아래의 수조는 직사각형 모양으로 양 끝을 반원형으로 마무리하였다. 수조 안에는 원형의 대좌가 있어서 돌고래를 든 소년의 청동상이 서있다. (아주 옛날 자료에는 그 청동상이 없는 것으로 보아 비교적 근래에 복원한 모양이다.) 모자이크 장식의 테두리는 피조개나 꼬막처럼 홈이 있는 조개의 껍질로 장식했고 더러는 뿔고둥으로 두른 부분도 있다. 로스앤젤레스의 게티 빌라(게티 박물관 아님)에 이 샘의 복제품이 아름답게 조성되어 있다.

'작은 샘의 집'의 샘은 세로 방향의 출수구 부분만 있고, 그 앞의 수조는 '큰 샘'의 경우처럼 앞으로 멀리 튀어나온 것이 아니라, 그냥 반원기둥 아래의 공간뿐이다. 안쪽의 치장도 아주 화려하진 않은데, 강물의 신 대신 위쪽 둥근 부분에 물고기 하체를 양쪽으로 벌린 물의 신이 그려져 있다. 수조 양쪽에 대좌가 있는데, 우리가 볼 때 오른쪽에만 청동상이 하나 앉아 있다. 둥근 모자를 쓰고 낚시질하듯 오른손을 뻗고 있는 소년(?)의 모습이다.

'큰 샘'이 넓은 야외 공간에 조성된 반면, '작은 샘'은 풍경 프레스코가 많이 그려진 작은 방 안에 있다. 원래는 이곳도 반개방 공간인데 지금은 그 위쪽으로 반투명 천창을 덮었다. 애초에는 샘 뒤쪽과 왼쪽은 회칠한 벽돌벽, 다른 두 면은 주랑으로 둘러싸인 공간 pseudo-peristyle이었다. 샘 구조물 자체는 전체적으로 앞으로 좀 튀어나오고 맞배지붕의 신전 안에 조성된 모양이어서 '큰 샘'에 비해 더 집같이 보인다. 서양에서 샘

fountain은 바위나 땅바닥의 틈새에서 물이 퐁퐁 솟아나는 것이 아니라, 멀리서 물을 끌어다가 쏟아져 나오게 만든 일종의 '수돗가'이다. 대개는 이단으로 수조가 있어서 아래쪽 수조의 물은 허드렛물로 사용한다.

알렉산드로스 모자이크가 발견된 '파우누스의 집'

두 '샘의 집'에서 동쪽으로 한 블록 너머에 '파우누스의 집'이 있다. 이 집에는 자연의 신인 파우누스의 청동상이 큼직큼직한 마름모꼴 포장석으로 덮인 마당 한가운데(사실은 아주 얕은 빗물 수조)에 서있다. 파우누스Faun는 자연의 신으로 대개는 희랍의 판Pan과 동일시되며 보통 염소 발굽을 지닌 것으로 그려지지만, 이 집에서 발견된 청동상은 인간의 발을 하고 있다. 매우 우아한 동작으로 춤을 추는 모습이다. 어찌 보면 방문자를 반기며 달려 나오는 듯하다.

이 집이 유명한 이유는 이 조각상보다는 여기서 발견된 놀라운 모자이크 때문이다. 바로 '알렉산드로스 모자이크'이다. 알렉산드로스 대왕이 페르시아의 다레이오스 3세와 전투하는 장면인데, 그 둘이 처음 맞붙었던 잇소스 전투(기원전 333년)를 그린 것으로 여겨진다. (잇소스는 소아시아 반도 남쪽 해안선의 동쪽 끝이다.) 이 두 왕은 2년 뒤에 티그리스 강변의 가우가멜라 전투에서 다시 맞붙어 결판을 보게 된다. 원래는 기원전 4~3세기에 그려진

우아한 동작의 파우누스 청동상.

알렉산드로스의 잇소스 전투를 그린 모자이크. 나폴리 국립박물관.

그림을, 기원전 100년경에 모자이크로 재현한 것으로들 보고 있다. 혼란스런 군중 전투 장면 속에서도 왼쪽(대개 승리하는 쪽)의 알렉산드로스와 오른쪽 다레이오스의 모습이 잘 표현되어 있다.

이 모자이크의 원본은 나폴리 국립박물관에 소장되어 있고, 정교한 복제품이 2005년부터 원래의 자리에 전시되어 있다. 모자이크 조각 tessera이 약 200만 개 사용되었다고 한다. 한편 이스탄불 박물관에 가면 그 모자이크의 원본 그림이 원래 자신들의 것이었노라고 주장하며, 폼페이 모자이크를 복제한 현수막을 밖에 걸어두고 있다.

폼페이에서 발굴된 옛 건물 중 중요한 것들은 대개 지붕을 씌워두었는데, '파우누스의 집'은 알렉산드로스 모자이크가 있는 부분만 지붕을 씌웠다. 사실 이 집은 폼페이 시내에서 가장 넓어서 한 블록insula 전체를 차지하고 있으니 다 덮자면 비용상의 어려움도 있었겠다. 남쪽 입구로 들어가서 우선 마주치는 안뜰atrium에 파우누스상이 서있고, 안으로 더

들어가면 주랑으로 에워싸인 넓은 안뜰이 있다. 이 두 번째 안뜰peristyle
에는 현재 기하학적 정원이 정비되어 있는데, 둘레의 기둥은 밑동뿐이
다. 그 안뜰을 통과하면 다시 주랑으로 둘러싸인 더 큰 안뜰이 있다. 제
일 넓은 이 안뜰은 널찍한 잔디밭 중앙에 덤불로 원을 그리고(그 안에
키 큰 종려나무가 있었는데 몇년 전에 말라 죽어 베어냈다) 멀리 큰 나무, 작
은 나무 두 그루씩을 좌우로 짝지어 심어두었다. 주위의 기둥은 대부분
기둥머리까지 채워 넣었으나, 그중 다수가 상단을 벽돌로 보충한 것이
어서 아주 예쁘지는 않다.

 알렉산드로스 모자이크가 설치되었던 곳은 원래 주랑으로 둘러싸인
두 안뜰 사이의 공간exhedra이었는데, 아마도 여기서 손님을 접대한 것
같다. 이 집의 이름이 유래한 파우누스상이 설치된 안뜰도 다른 두 안
뜰보다 작을 뿐이지 현대인이 보기엔 상당히 넓은 것이어서, 이 춤꾼은
현재 주위에 아무것도 없는 널찍한 마당 한가운데 시원하게 또는 외롭
게 서있다. 대개 문간에서 파우누스상이 있는 안뜰을 들여다보고 그냥
지나치는 경우가 많은데, 알렉산드로스 모자이크가 원래 어떻게 있었
는지 확인하자면 저 깊은 데까지 들어가봐야 할 것이다. 파우누스상이
서있는 안뜰 오른쪽(동쪽)으로 안뜰이 하나 더 있다. 여기에는 중앙의
수조를 에워싸고 네 개의 기둥이 서있다. 이런 형태를 특별히 '코린토
스식 아트리움'이라고도 부르는데, 이와 대비해서 청동상이 있는 안뜰
은 '토스카나식 아트리움'이라고 한다.

다양한 신화 그림이 그려진 '베티Vettii 가문의 집'
'파우누스의 집'과 모서리를 맞대고 북동쪽 블록에 있는 집에서는 여러
종류의 신화 그림이 발견되었다. 베티우스Vettius라는 이름을 가진 두 사

람이 그 집의 주인이어서 복수 형태를 취하여 Vettii의 집이 되었다. 이 집의 그림들은 모두 서기 62년의 지진 이후에 그려진 것으로 서기 79년 매몰 당시로서는 아직 매우 '신선한' 상태였다.

폼페이에서 발견된 프레스코화는 크게 네 유형으로 나뉘는데, 대리석 따위의 건축 자재처럼 보이도록 눈속임으로 그린 것이 제1유형, 작은 동물이나 정물을 그린 것이 제2유형, 건축물이나 가구 같은 착시를 불러일으키는 눈속임 그림이 제3유형, 신화 속 사건 따위를 그린 서사적 그림이 제4유형이다. 이 집의 그림들은 제3유형들 사이에, 액자처럼 신화적 내용의 제4유형 그림들이 끼어 있다. 여기서 발견된 그림은, 불타는 수레바퀴에 묶이는 익시온, 가짜 암소 속에 들어가려는 파시파에, 여자 옷을 입고 숨어있다가 들키는 아킬레우스, 어머니와 이모들에게 찢겨 죽는 펜테우스, 소에 묶여 벌을 받는 디르케, 뱀을 목 졸라 죽이는 아기 헤라클레스 등으로, '비극 시인의 집'에서 발견된 그림에 비해 솜씨가 더 좋고 인물들의 크기도 별로 왜곡되지 않았다. 옛 그림은 인물의 가치에 따라 크기를 달리하는 기법을 사용했는데, 이 집에서 나온 그림들은 그 정도가 별로 심하지 않다.

이 집은 특이하게 안뜰이 두 개, 주랑 정원이 두 개씩 갖춰져 있다. 남쪽 부분에는 큰 안뜰과 큰 주랑 정원, 북동쪽 부분에는 작은 안뜰과 작은 주랑 정원. 큰 쪽은 주인들의 영역이고 작은 쪽은 하인들의 영역이었던 듯하다. 두 주랑 정원에는 각기 식당이

베티 하우스의 프리아포스 그림.

가문 수호신 성역에 그려진 벽화.

딸려 있고 신화 그림들은 식당 벽에 그려져 있다. 신화적 내용뿐 아니라 가문 수호신을 모신 공간lararium의 벽화와 자신의 거대한 성기를 저울에 달아보고 있는 프리아포스 그림도 유명하다.

가문 수호신 성역 그림의 의미는 대개 이렇게 설명한다. 아래쪽에 그려진 거대한 뱀은 집안을 지켜주는 혼령들을 상징하고, 위쪽 중앙에 토가를 입은 인물genius은 이 집안 가부장의 영혼을 상징하며, 그 좌우에서 뿔잔을 들고 춤추는 젊은이 둘(lars, lares)은 외부 위협을 막아주는 가정 수호신을 상징한다. 신당은 집집마다 다르게 조성하는데, 베티 집안의 신당은 신전처럼 좌우에 기둥이 있고 그 위에 박공이 얹힌 모습의 상당히 큰 석회 부조aedicula로 벽에 붙이고 그 안에 프레스코 그림을 넣었다. 박공에는 왼쪽부터 소 두개골 장식bucranium, 헌주 접시patera, 희생용 칼을 돋을새김했다.

성적인 벽화들이 남아 있는 유곽 lupanar

이제까지는 대체로 VI구역을 돌아보았는데, 그 남쪽 VII구역에 꼭 들러야 할 곳이 하나 있다. 옛날 사창가였던 곳이다. 포럼 북쪽에 있는 제우스 신전 옆의 네로 문을 통과하자마자 우회전하여 크게 두 블록을 지나 다시 우회전, 한 블록이 끝나는 곳의 모서리 삼각형 건물이 바로 그 집이다. 그 바로 동남쪽에 스타비아 목욕장이 있으니, 영업하기에 좋은 위치라고 해야 할 것이다. 목욕장은 옛날 유흥 시설이기도 했다. (이 목욕장도 실내 장식과 보존 상태가 좋으니 한번 방문할 만하다. 주랑으로 둘러싸인 널찍한 공간도 있어서 자못 웅장하다.)

유곽 건물의 구조는 어찌 보자면 매우 단순하고 기능적이다. 중앙 복도 좌우에 작은 방이 빽빽할 뿐이다. 동쪽의 정문 외에, 이런 시설에서는 당연히 그러하듯 뒷문도 준비되어 있다. 작은 방 안에는 석재와 석회로 만든 붙박이 침상도 벽면에 붙어 있어서, 2천 년 전 누군가의 고단한 삶을 전해준다. 작은 방 중 하나는 화장실이다. 이층도 있는데 '발코니 확장'을 한 것처럼 1층보다 꽤 많이 튀어나와 있다. 로마인들도 도로 같은 공유지를 사적으로 이용하기 위해 잔꾀를 많이 썼는데, 이곳 유곽 건물도 그렇다. 형태도 좀 특이하고, 이 유적지에 이층까지 복원된 건물이 많지 않기 때문에 눈에 띈다.

많은 사람이 관심을 보이는 '야한 그림'은 복도 벽면에 그려져 있다. 특히 동쪽 문으로 들어서자마자 왼쪽 벽 좀 높은 곳에 그려진 두 점이 특히 보존 상태가 좋다. 벌거벗은 남녀가 마주 앉거나, 하나는 눕고 다른 사람은 앉은 자세로 그려져 있다. 더러 여자는 가슴띠를 두른 모습으로 그려져서, 시칠리아 빌라 델 카살레에서 본 모자이크와도 유사점이 있다. 이 유곽은 인기 있는 장소여서 늘 관람객으로 북적이는데, 실내에 사람이 너무 많으면 그냥 입구에서 이 두 그림만 확인하고 돌아서도 될 듯하다. 물론 그림이 하나하나 다 다르니 굳이 안에까지 들어가서 확인하겠다면 말리지는 않겠다.

여기서 잠깐 유곽(lupanar, 늑대 소굴)이라는 단어를 설명하자면, 라틴어로 lupa는 원래 '암늑대'라는 뜻인데 이것이 차차 양치기들을 상대로 몸 파는 여자를 지칭하게 되었다고 한다. 그래서 로마의 설립자인 로물루스와 레무스가 늑대 젖을 먹고 자랐다는 얘기를 합리적으로 해석할 때도 이 단어가 동원된다. 그 쌍둥이는 늑대 젖이 아니라 창녀의 젖을 먹고 자란, 사창가 출신이었다는 것이다.

이런 종류의 유곽이 35개(에로틱한 그림이 그려진 것을 모두 유곽으로 분류한 것이어서 확실치는 않다), 선술집thermopolium이 약 100개, 빵집이 약 30개 있었다. 부뚜막이 여러 개 있으면 선술집, 맷돌이 있으면 빵집으로 알면 될 것이다. '비극 시인의 집' 바로 옆에도 선술집이 하나 있다.

다른 저택들

도시의 북서쪽 성문(헤르쿨라네움 문) 밖에 있는 두 개의 저택이 꽤 유명하다. 시내에 조금 가까운 곳인 '디오메데스의 집'은 많은 주화가 발굴된 곳이고, 더 북쪽의 '비의mystery의 집'은 비밀스런 종교 의식 과정이 훌륭한 벽화로 남아 있어 유명하다.

그 밖에, 시내에 있는 주요 저택으로 '100주년Centenary의 집'이 있다. 이 집은 폼페이 매몰 1800주년이 되던 1879년에 발견되어 앞에 붙은 18은 떼고 이런 이름을 얻었다. 이 집에서 포도 모양으로 그려진 디오뉘소스 프레스코가 발견되었다. 그 밖에 '타우리케의 이피게네이아' 프레스코와 개인 저택으로서는 좀 기이하게 성적인 장면이 그려진 프레스코

왼쪽 비의의 집에 그려진 종교 의식 프레스코. 오른쪽 100주년의 집에서 발견된 포도 모양 디오뉘소스 프레스코.

도 발견되었다. (학자들은 모종의 성적인 모임이 이 집에서 있었던 게 아닐까 추측하고 있다.) 중앙 목욕장에서 동쪽으로 두 블록 떨어진 곳에 있다.

한편 도시의 동쪽에도 흥미로운 저택들이 몰려 있다. 우선 원형극장 북쪽에 '율리아 펠릭스의 집'이 있는데, 개인 목욕탕을 갖추었을 뿐 아니라 중앙 정원으로 열린 식당triclinium이 매우 특별하다. '큰 샘의 집'에서 본 것 같은 계단이 갖춰진 인공 폭포가 실내에 만들어져 있고, 그 앞의 직사각형 수조에 발을 담글 수도 있게 되어 있다. 전체적으로 흰색 계열의 석재를 써서 엄청나게 고급스런 느낌을 준다. 그 식당에서 내다보는 정원의 한가운데에는 길쭉하게 수조들이 네 개나 이어져 있다. 주위의 주랑도 사각기둥으로 멋지게 복원해 놓았으니, 원형극장을 보고 나오는 길에 이 집을 통과하는 것도 동선을 최대한 활용하는 방법이 되겠다. 이 집의 남쪽 문은 원형극장 북쪽으로 곧장 통한다. 집 벽에도 달걀, 과일, 요리용 새 등을 아주 운치 있게 그려놓았다. 유럽 식재료 정물의 근원이 여기 있지 않나 싶다.

조개껍질 속의
베누스 벽화.

'율리아 펠릭스의 집' 바로 서쪽에는 '조개껍질 속 베누스의 집'이 있다. 아프로디테가 조개껍질 속에 옆으로 길게 누워 있는 장면이 주랑 정원 벽면에 그려졌고, 그 좌우의 풍경화도 보기에 좋다. 정문으로 들어가면 일단 안뜰이 있는데, 그림은 그 안쪽으로 더 들어가야 있으니 성급하게 돌아서지 말고 몇걸음만 더 진입하시기 바란다.

베누스 그림이 있는 집 바로 서쪽에는 '옥타비우스 콰르티오Octavius Quartio의 집'이 있다. (이전에는 집주인 이름이 잘못 알려져서 'Loreius Tiburtinus의 집'으로 되어 있었지만, 나중에 옥타비우스의 이름이 새겨진 반지가 발견되었다.) 이 집은 정원 꾸밈과 벽화가 인상적이다. 북쪽의 입구로 들어서면 안뜰의 빗물 수조가 특이하다. 원래는 빗물을 모으다가 수도가 잘 공급되자 '샘'(사실상 분수대)으로 개조했기 때문이다. 무엇보다도 이 집 정원에는 긴 수조가 동서 방향으로 하나, 남북 방향으로 하나 설치되어 있다. 그 둘은 각각 위쪽 에우리포스, 아래쪽 에우리포스라고 부른다. 에우리포스는 희랍 본토와 그 동쪽의 에우보이아섬 사이 해협을 가리키는 이름인데, 이곳의 조류 방향이 하루에도 여러 차례 변하는 것으로 유명하다. 두 수조가 T자 모양으로 접하는 부분에는 네 기둥을 세운 작은 신전이 세워져 있다.

북쪽 수조의 동쪽 끝에는 여름 식당biclinium이 설치되어 있는데, 자주 보는 '삼면형 식탁 배치'가 아니라 '양면형 식탁 배치'로 되어 있다. (triclinium은 '삼면으로 눕는다'란 뜻이고, biclinium은 '양면으로 눕는다'란 뜻이다. 옛사람들은 긴 의자에 비스듬히 누워서 식사를 즐겼다.) 이 여름 식당의 동쪽 끝은 작은 가옥 형태aedicula로 끝나는데, 그 안에 무릎을 꿇은 남자상telamon이 놓여 있지만 현재로서는 출수구가 보이지는 않는다. (이 집은 이차대전 중에 폭격·포격 피해를 크게 입었다.) 그 가옥의 좌우에 신화적 내용의 프레스코가 그려져 있다. 우리가 볼 때 왼쪽 것은 물에 비친 자기 모습을 들여다보고 있는 나르킷소스고, 오른쪽 것은 퓌라모스가 죽은 것을 보고 자신도 자결하는 티스베의 모습이다. 후자는 남녀가 벌

퓌라모스와 티스베
신화를 그린 벽화.

스타비아에서 찾아낸,
꽃을 꺾는 여인 벽화.

거벗은 모습으로 되어 있어서, 얼핏 보면 성적인 내용같이 보이지만 저 멀리 사자가 그려진 것에 주목해야 한다. (퓌라모스는 자기가 사랑하는 티스베가 사자에게 죽은 것으로 알고 자결한다. 그것을 본 티스베도 남자의 칼로 자결하고, 그 둘의 피가 뿜어나와 뽕나무 열매가 검게 변했다고 한다.) 이 그림들과 멀리서 마주보고 있는 서쪽 벽에는 아르테미스의 알몸을 보았다가 자기 사냥개들에게 찢겨 죽는 악타이온이 그려져 있다. 사슴으로 완전히 변한 모습은 아니고 그냥 뿔 돋은 사람이 개들에게 공격당하는 것으로 그려졌다.

아래쪽 에우리포스도 특이하다. 죽 이어지는 수조 한가운데에 마치 중앙아메리카의 피라미드같이 생긴 구조물을 만들어 넣었다. 마치 계단형 케이크처럼 사각형 기단 위에 다시 사각형 단이 올라앉아 있는데, 사면에 작은 계단을 조성해 놓았다. 학자들은 이것을 분수대로 보고 있다.

폼페이와 함께 매몰된 다른 도시들도 있지만 도시 크기도 작고 발굴도 제대로 이뤄지지 않아서 일반인으로서는 찾아가기에 어려움이 있다. 그나마 남쪽의 스타비아에서 빌라 몇개가 발굴되었고, 아주 훌륭한 벽화도 찾아냈다. 걸어가며 꽃을 꺾는 여인의 뒷모습인데, 폼페이 전시회를 하면 거의 언제나 대표 상품으로 내세워지는 멋진 그림이지만 사실은 폼페이가 아니라 그 남서쪽 도시 스타비아에서 찾아낸 것이다.

헤르쿨라네움

폼페이 북쪽 차로 약 20분 거리에 또 다른 매몰 도시 헤르쿨라네움(에르콜라노)이 있다. 서기 79년 베수비우스 화산 폭발로 폼페이와 함께 땅에 묻힌 이 도시는 폼페이보다 약 50년 먼저 발굴되기 시작했다. 초기 발굴품(주로 주방과 가정용품)들은 유럽에 새로운 디자인 바람을 불러일으키기도 했다. 하지만 화산재가 20미터나 쌓여서 발굴이 매우 어렵다 보니 겨우 4미터만 파면 되는 폼페이에 비해 우선 순위가 뒤로 밀렸다. (화산'재'라고 하니까 그냥 파헤치면 될 것 같은 느낌이지만, 현지에 가서 보면 2천 년 동안 짓눌려 거의 콘크리트처럼 변해 있다. 이 부근 화산재가 로마 콘크리트의 주원료였던 것을 참고하시라.) 그 후로 주변에 현대 도시가 발달해서 지금은 토지 보상 문제 등으로 전체적 발굴이 제대로 이뤄지지 않고 있다. 현대 도시 이름은 원래 '레지나Resina'였지만 지금은 옛 이름을 되살려 에르콜라노라고 부르고 있다.

헤르쿨라네움 유적지에는 포룸이나 대극장, 원형극장 같은 랜드마크가 부족하다. 도시 자체의 규모가 좀 작기도 하고 발굴이 충분하지 않은 이유도 있다. 도시 중심부의 목욕장과 교외 목욕장이 그나마 중요

구조물이라고 할 수 있다. 도시 북서쪽에 있는 희랍식 극장은 — 터널식으로 파들어갔던 — 초기 발굴지 중 하나인데 지금은 현대 시가지 밑에 묻혀 있다.

앞에서 시간이 부족해서 폼페이를 찾을 여유가 없다면 헤르쿨라네움을 가라고 했지만, 그보다도 이 도시를 찾아볼 주된 이유가 두 가지 있다. 하나는 여기서 수많은 인골이 발견되었다는 점이고, 다른 하나는 이 부근에서 엄청난 파피루스 자료가 발견되었다는 점이다. 이 도시를 덮은 화산재는 폼페이를 덮은 것과 달라서 훨씬 많은 유기물들이 남게 되었기 때문이다.

먼저 희생자들의 유해가 있는 곳을 보자. 매몰 당시에 헤르쿨라네움은 인구 5천 명 정도로 폼페이의 1/4 정도 규모였다. 하지만 부유층의 저택이 몰려 있어서 나름대로 호화로운 도시였다. 처음엔 이 유적지에서 유해가 거의 나오지 않아서 주민들이 완벽하게 대피한 것으로 생각했지만, 1980년대에 (저 옛날에는 바닷가에 있었던) 선박 보관소에서 인골이 쏟아져 나왔고 최종적으로 약 300구가 수습되었다. 해변에서 발굴된 것은 주로 성인 남성의 유골이고, 선박 보관소의 유해는 주로 여성과 어린이들이었다. 아마도 남자들이 배를 구해 올 때까지 바닷가의 실내에서 기다리다가 최후의 화산재 산사태(화산쇄설물류)에 희생된 듯하다. 많은 장신구를 지닌 당당한 체형의 중년 여성 유골이 특히 큰 관심을 모았다. '반지의 숙녀 Ring Lady'라는 여성인데, 이분이 귀부인이었는지 귀족 집안의 하녀였는지가 쟁점이 되기도 했다.

헤르쿨라네움 유적지의 입구는 마름모꼴로 생긴 전체 부지의 동쪽 모서리에 있다. 매표구 옆 입장 통로로 들어서 유적지 경계선을 따라 ㄴ자 모양으로 돌아간 다음 서쪽에서 진입하게 된다. 유적지 자체는 현재의 지표면보다 매우 낮은데(해수면 아래 4미터), 유적지로 내려서기 전에 유물관이 하나 있으니 먼저 둘러보고 가는 게 좋겠다. 도시 전체는 원래 정사각형에 가까운 모습이었는데, 북서쪽이 아직 발굴되지 않아서 현재 발굴, 노출된 부분은 북동-남서 방향으로 길쭉한 직사각형에 가깝다. 큰길이 북동-남서 방향(전통적으로는 '남북 방향')으로 3개, 북서-남동 방향('동서 방향')으로 1개여서 도시 구조가 매우 단출하다. 구역insula 번호는 서쪽 모서리부터 붙이는데, 아직 발굴이 안 된 부분을 남겨놓고 II구역으로 시작한다. 시계 반대 방향으로 진행하면서 바다에 가까운 쪽은 II, III, IV구역이고, 내륙에 가까운 쪽은 V, VI, VII구역이다. 한편 도랑과 흙벽으로 격리되어 있긴 하지만 매표구에 가까운 쪽은 '동쪽 I구역insula orientalis', '동쪽 II구역'으로 부른다. 현대의 우리가 보기엔 남동쪽이지만 옛사람들의 방향감각은 우리와 다른 모양이다. 그러니까 '동쪽 II구역' 동쪽의 통로(현재 지표면 높이)로 입장해서 두 번

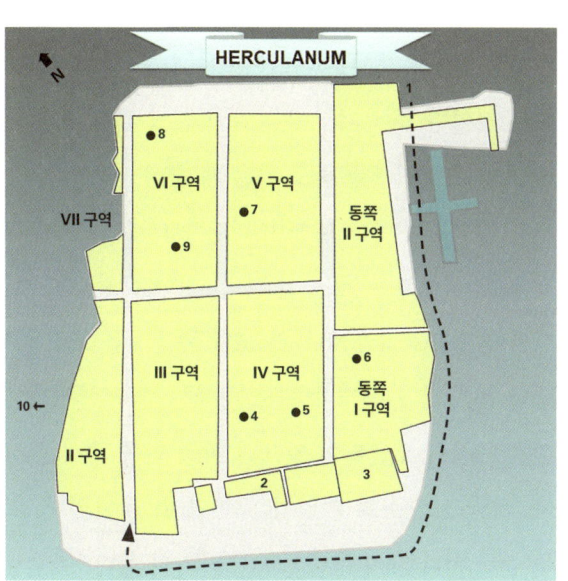

헤르쿨라네움 유적지 구역.
1 유적지 입구
2 선박 보관소
3 교외 목욕장
4 모자이크 아트리움의 집
5 사슴의 집
6 텔레포스 부조의 집
7 포세이돈과
   암피트리테의 집
8 아우구스투스
   사제들의 집
9 시내(중앙) 목욕장
10 파피루스 빌라
※ 점선은 유적지로
들어가는 동선

가운데 계단을 중심으로 왼편 아래에 선박 보관소가 있고 오른쪽 상단에는 교외 목욕장으로 가는 테라스가 있다. 멀리 베수비우스 화산이 보인다.

우회전해서 유적지로 내려서서는, II구역과 III구역 사잇길로 들어서게 되는 것이다. 유적지로 내려가기 전에 깊은 도랑 아래로 선박 보관소가 잘 보이니 미리 확인하고 가는 게 좋다.

이 유적지는 주요 유물이 나온 (그리고 그 복제품이 전시된) 집에 중점을 두고 돌아보는 게 좋다. 우선 선박 보관소를 보러 가면서 그 위층의 성역(석조 인물상과 제단)과 교외 목욕장을 보고 아래로 내려가는 게 보통의 동선이다. 선박 보관소 자체는 별로 설명할 것이 없고, 거기에 수많은 유골이 노출되어 있으니 미리 마음 준비를 하고 가시라 충고드린다. 선박 보관소로 가려면, 유적지로 들어선 첫 사거리에서 우측으로 두 블록 지나 다시 우측으로 내려가야 한다.

대개 '교외 구역suburban district'이라고 부르는 이곳에는 선박 보관소 말고도 '교외 목욕장'이 있는데, 이 유적지에 별다른 공공건물이 없으니 목욕장들을 좀 자세히 살펴보기로 하자. 교외 목욕장은 매몰 초기에 천창skylight으로 화산재가 쏟아져 들어와서 내부를 채우는 바람에 오히려 전체 유적이 토압을 잘 견디고 살아남았다. 선박 보관소로 내려가는 비탈길 끝에서 좌회전하여 내려가면 왼쪽에 '교외 목욕장'이 있다.

널찍한 테라스에 남쪽을 보고 서있는 인물(목욕장 기증자 노니우스 발부스) 석상과 제단이 있고, 그 옆으로 벽에 박힌 두 개의 반기둥 사이 나무 문으로 들어가 계단을 내려가면 목욕장 현관이다. 이 목욕장은 남녀 구역이 따로 나뉘어 있지 않은 것으로 보아, 남녀가 날짜를 달리하여 이용했던 것 같다. 현관 천장은 기둥 네 개로 아치를 받쳐놓았다. 현관 왼쪽에 아폴론 흉상이 있고, 그 앞에 돌 대야가 있다. 아폴론상은 이 대야로 물을 공급하던 장치의 일부였다. 현관과 통하는 외부 보일러실 공간에 '텔레포스 부조의 집'으로 통하는 통로가 있는 것으로 보아 그 집은 이 목욕장 기증자인 발부스의 소유였던 듯하다. 현관으로 내려서는 계단 오른쪽에는 남쪽을 내다보는 창이 여러 개 있는 공간이 있어서, 바다 경치와 대화를 즐기던 장소로 보인다. 현관 오른쪽 부분에 열탕을 위한 내부 보일러실이 하나 더 있다.

계단에서 정면으로 보이는 입구로 들어가면 탈의실apodyterium, 그리고 같은 공간 동쪽에 조성된 냉탕frigidarium 욕조가 있다. 거기서 우회전하면 온탕 공간tepidarium이다. 벽을 따라서 대리석 벤치를 붙여두었다. 온탕 서쪽에는 열탕 공간calidarium, caldarium이 있다. 열탕 남쪽 후진apse에는 돌 대야가 있고, 열탕 공간의 북쪽, 그러니까 내부 보일러실과 벽을 사이에 두고 붙은 공간에 욕조가 있다. 이 공간들은 좋은 대리석으로 바닥을 포장했다. 다시 온탕 공간으로 나와서 동쪽 문으로 통과하면 실내 수영장natatorium, piscina이 있다. 수영장 북동쪽에는 한증막 공간laconicum 이 있다. 실내 수영장과 한증막은 자주 만나기 힘든 공간이니 여기서 자세히 보는 게 좋겠다.

다시 위로 올라와 IV구역에서 '모자이크 아트리움의 집'을 보는 게 좋다. 대체로 기하학적 문양의 모자이크들이 보인다. 그 오른쪽(동쪽) 에 있는 '사슴의 집'에서는 사슴을 공격하는 사냥개들의 석조상을 볼 수 있다. 한편 그 집 길 건너편(동쪽)에는 이 유적지에서 가장 멋진 신 화 소재 미술품이 발굴된 집이 있다. '텔레포스 부조의 집'이다(동쪽 I구 역). 아름다운 헬레네가 납치되자 그녀를 구출하기 위해 희랍 연합군이 트로이아로 출발한다. 하지만 이들은 처음에 길을 잘못 들어, 엉뚱한 땅에 가서 엉뚱한 왕을 다치게 만들고는 돌아온다. 부상당한 왕 텔레 포스는 시간이 지나도 상처가 아물지 않자 신탁을 구한다. 그러자 '다 치게 한 사람만이 낫게 할 수 있다'는 신탁이 내린다. 텔레포스는 거지 로 변장하고 희랍땅으로 잠입하여 아가멤논의 어린 아들을 납치해서

교외 목욕장 평면도.
1 현관 2 내부 보일러실
3 탈의실 4 한증막
5 대기실 6 열탕 7 온탕
8 실내 수영장
9 냉탕 욕조
10 외부 보일러실

헤르쿨라네움에 걸려 있는 텔레포스 부조.

는 제단에 앉아 인질극을 벌인다. 결국 그를 다치게 했던 아킬레우스가 불려 오고, 그가 자기 창의 녹을 갈아서 텔레포스의 상처에 붙여주자 그 부상이 치유되었다고 한다. (파상풍의 위험이 있으니 절대로 따라 하면 안 된다.) 이 집 벽에, 창의 녹을 갈아서 텔레포스의 허벅지에 발라주고 있는 아킬레우스의 모습이 부조로 새겨져 걸려 있다. 이곳에 있는 것은 물론 복제품이다. 진품은 나폴리 국립박물관에 있다.

바로 인근인 V구역 한가운데에는 포세이돈과 암피트리테의 멋진 모자이크가 있는 집이 있다. 멀리 들어갈 것 없이 입구에서 바로 보이는 안뜰atrium 벽에 붙어 있다. 그 밖에 VI구역의 북쪽 모서리 '아우구스투스 사제들의 집'에는 벽화가 많이 남아 있으니 한번 들러볼 만하다.

이 유적지는 폼페이와 다르게 건물들의 2층이 많이 남아 있고, 또 목재로 된 물건이나 부재가 꽤 잘 남아 있으니 그런 것에 주목하면서 여러 살림집을 돌아보면 될 것이다. 내가 마지막 방문했을 때는 인근 음악학교의 학생들이 이곳저곳에서 연주 연습을 하고 있어서, 문화재를

활용하는 멋진 방법이란 생각이 들었다.

Ⅵ구역에 시내(중앙) 목욕장이 있다. 이 목욕장은 블록의 남쪽 절반 정도를 꽉 채우고 있는데, 그 북동쪽에 좁게 여성 구역이 있고, 남서쪽은 좀 더 넓게 조성된 남성 구역이다. 남자들의 영역에는 주랑으로 둘러싸인 널찍한 야외 공간palaestra이 있고, 이 블록의 왼쪽과 오른쪽에 각기 하나씩 출입구가 있는데, 그리로 들어가면 먼저 이 야외 공간에 닿는다. 이곳에서 좀 재미있는 것은 서북쪽(왼쪽) 입구 바로 옆에 화장실이 있다는 점이다. (원래 안뜰과는 벽으로 가로막혀 있었으나, 현재는 그냥 벽 기초가 노출되어 안마당에서 바로 볼 수 있다.) ㄴ지 모양으로 소변이 흘러나갈 수 있게 홈이 패어 있고, 냉탕에서 흘러나온 물로 계속 씻어내리게 되어 있다.

안마당에서 화장실 오른쪽의 입구로 들어서면 탈의실이 있다. 옷을

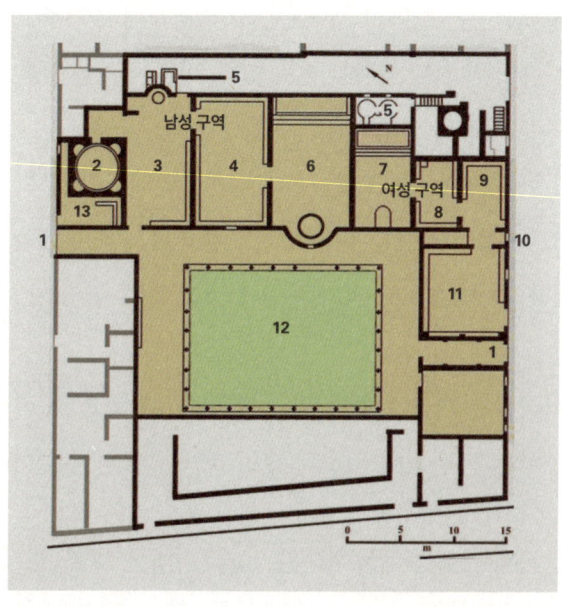

중앙 목욕장 평면도.
1 출입구 2 냉탕 3 탈의실
4 온탕 5 보일러실 6 열탕
7 열탕 8 온탕 9 탈의실
10 여성 출입구 11 대기실
12 야외 공간
13 화장실

올려둘 수 있는 선반이 벽을 따라 붙어 있다. 탈의실 입구에서 마주 보이는 북쪽 끝 후진에 돌기둥 위에 얹힌 돌 대야가 있고, 그 왼쪽에는 작은 욕조가 있다. 탕으로 들어가기 전에 몸을 대충 씻던 곳이다. 탈의실 왼쪽으로는 냉탕이 있는데, 대개는 맨 마지막에 몸을 식히는 곳이다. 오른쪽으로 들어가면 온탕 공간이다. 온탕 바닥에는 흰 바탕에 검은색 모자이크로 그려진 트리톤과 돌고래 들이 있다. 이 목욕장에서 꽤 인상적인 게 모자이크인데, 사실 남성 구역의 이 모자이크는 여성 구역의 것보다는 구성이나 솜씨가 좀 떨어지는 듯하다. 거기서 다시 더 안쪽으로 들어가면 열탕 공간이 있다. 열탕 남쪽 후진에는 위쪽에 창이 나 있어서 빛이 들어오게 되어 있는데, 그 밑에 놓였던 돌 대야는 부르봉 왕가에서 약탈해 가버렸고 높게 조성한 대좌만 남아 있다. 열탕 공간 맞은편 끄트머리에는 사각형 욕조가 있어서 손님들이 몸을 담글 수 있었다.

여성들의 구역은 남성 구역보다 좁지만 보존 상태는 더 좋다. 동쪽에 있는 별도의 입구로 들어서면 먼저 대기실이 있다. 이어서 북쪽에 탈의실이 있는데, 그곳 바닥에 바다 신 모자이크가 있다. 물고기 모양의 하체가 양쪽으로 둥글둥글 균형있게 배치된 바다 신인데, 물고기 하체 두 개가 한쪽으로 몰려 있는 남성 구역의 것보다 더 멋지다. 이 여성 구역의 다른 방들도 미로 문양 모자이크로 바닥을 장식했는데 보존 상태가 매우 좋다. 그 서쪽에는 온탕, 더 안쪽에는 열탕이 있다. 열탕의 남쪽에 돌 대야가, 북쪽엔 욕조가 있는데 욕조의 보존 상태가 매우 좋다.

목욕장 북쪽은 보일러실 공간이다. 별도의 출입구가 동쪽에 있고, 남성 구역으로만 길이 통한다.

이제 시내를 대충 다 보았으니 이곳을 방문한 두 번째 이유를 충족시킬 차례다. 파퓌로스 자료가 대량으로 발굴된 곳을 둘러보는 일이다.

중앙 목욕장 여성 탈의실 바닥에 그려진 바다 신 모자이크.

'파피로스 빌라'라는 곳인데 직접 방문하는 데 약간 어려움이 있다. 이 집이 유적지 가운데 있지 않고 서쪽으로 따로 떨어져 있어서다. 주변의 길도 좀 복잡해서 현지 안내자에게 따로 부탁해야 갈 수 있다. 이 빌라는 당시의 바닷가를 따라서 남북으로 길쭉하게 지은 거대한 저택인데, 지금은 해안선이 서쪽으로 멀리 물러가 있다. 현재 이 집은 도로를 사이에 두고 헤르쿨라네움 유적지와 나뉘어 있고, 땅속에 우묵 들어앉은 채 축대 밑에 바짝 붙어 있어서 좀 초라한 꼴이다. (주변에 화산재가 많이 쌓여서 현대의 지면이 높기도 하고, 화산 지형에 자주 나타나는 지반 침하 때문에 빌라의 지표면이 가라앉기도 했다. 게다가 17세기에 또 다른 화산 분출로 빌라 북쪽 부분이 용암으로 덮이기까지 했다.)

이 빌라는 카이사르의 장인이었던 피소Piso의 소유로 알려져 있는데, 매우 훌륭한 도서관을 갖췄으며 건물 자체도 대단했다. 내부 주랑 정원

말고도 외부에 거대한 주랑 정원을 갖춘 호화로운 건물이었지만 현재로서는 그 진면목을 눈으로 확인할 수 없어 아쉽다. 하지만 이 저택을 현대에 완벽하게 재현한 것이 있으니 거기를 찾아가면 다소 위안을 얻을 수는 있겠다. 로스앤젤레스에 있는 게티 빌라가 그것이다. 앞에 설명했듯 게티 빌라에는 폼페이 '큰 샘의 집'의 샘을 본뜬 구조물도 있고, 작은 희랍식 극장도 조성해 두었다. 게다가 훌륭한 소장품이 많이 있으니 발품의 가치가 충분할 것이다. (게티 빌라는 로스앤젤레스 북서쪽 말리부 해안에 있고, 게티 박물관The Getty은 거기서 동쪽으로 20분 거리에 따로 있으니 혼동하면 곤란하다.)

이 '파퓌로스 빌라'에서 수습된 고대 문헌 자료들은 대부분 헬레니즘-로마시대 철학자들의 글이다. 이집트의 옥쉬링쿠스에서처럼, 명성만 남기고 실물은 사라져버린 문학작품들이 나오기를 기대했지만 그

파퓌로스 빌라를 현대에 재현한 게티 빌라.

공기놀이하는 여인들 프레스코화.

만큼 유명한 것들은 별로 나오지 않았다. (탄화된 두루마리를 풀기 위해 추를 매달아 돌리는 등 여러 '첨단 기법'이 동원되었다.)

헤르쿨라네움 주변에서는 특히 많은 청동상이 수습되었다. 파퓌로스 빌라에서 나온 '달리기하는 청년들', 세네카의 초상 조각이라고 알려진 (그렇지만 요즘은 그냥 '철학자'라고 부르는) 흉상, 스키피오의 초상 조각이라고 알려진 작품 등이 특히 유명하다. 그 밖에도 중요 유물로 '공기놀이하는 여인들'과 '테세우스에게 감사드리는 아테나이 소년들' 프레스코 등이 있다. 모두 나폴리 국립고고학박물관에 있으니 그곳을 꼭 들르시라 권고한다.

나폴리

이탈리아 남부에서 북쪽으로 향하는 동선을 좇자면, 나폴리는 헤르쿨라네움에서 차로 약 30분 거리에 있다. 나폴리도 인구가 100만 가까이 되는 큰 도시이기 때문에 어디를 중심으로 잡아야 할지 좀 어렵지만, 나의 기준은 거의 언제나 고고학박물관이다. 로마에서 출발하는 여행자라면 카피톨리움 박물관에서부터 2시간 40분 거리다.

나폴리의 옛 이름은 네아폴리스(신도시)로 희랍인들이 개척한 식민시였다. 이 도시에는 현재 희랍과 로마의 유적이랄 게 거의 없다. 우리가 이곳에 가는 이유는 박물관 때문이다. 나폴리 국립고고학박물관의 소장품 수준은 이탈리아 전체에서 고대 관련 박물관을 셋만 꼽으라면 거기 들어갈 정도다. (나머지 둘은 로마의 카피톨리움 박물관과 바티칸 박물관이 될 것 같다. 내가 보기에 마시모 팔라초는 카피톨리움보다 못하다.)

기원전 8세기 처음 이곳에 생긴 식민시의 이름은 파르테노페('처녀의 얼굴')였다. 보통 이곳에 세이렌이 살아서 그녀의 이름을 딴 것이라고들 한다. 원래 나폴리만 북쪽의 쿠마이(이탈리아 최초의 희랍 식민도시) 사람들이 세운 도시였는데, 원래의 도시보다 더 번성하자 쿠마이 쪽에서 파괴해 버렸다고 한다. 나중에 쿠마이 망명자들이 이곳에 도시를 재건하면서 네아폴리스라는 이름을 택했고, 현재까지 이어진 것이다. (쿠마이는 『아이네이스』에서, 트로이아 멸망 후 살아남은 사람들이 아이네아스를 지도자로 모시고 서쪽으로 이주했을 때, 이탈리아반도에서 처음 발 디딘 곳으로 되어 있다. 그리고 이곳에서 아이네아스가 저승 여행을 다녀왔다고 한다. 그 자세한 사정은 나중에 따로 살피기로 하자.) 그 후의 역사는 이 부근 다른 도시국가들과 비슷하다. 삼니움족이 차지했다가 로마에 복속되고, 포에니 전쟁 때 로마 편에 섰다. 로마인들의 존중을 받아서 오랫동안 희랍어를 사용하는 도시로 남아 있었다.

이탈리아 북부의 만토바 출신인 베르길리우스가 나폴리에 와서 공부했고, 나중에 이 부근에서 죽어서 그의 무덤이(라고 전해지는 것이) 남아 있다. 근처에 있는 묘비에도 그가 묻힌 도시 이름이 '나폴리'가 아니라 '파르테노페'로 적혀 있다. 이 묘비는 1930년에 베르길리우스 탄생 2천 주년 기념으로 세운 것이다. 묘비 새김글을 지은 분이 고대 로마의 목욕장을 연구하는 분이어서 비문의 위쪽은 그 부근의 목욕장들에 대한 언급이고, 마지막 부분에 베르길리우스가 죽기 전에 자신을 위해 지었

베르길리우스 무덤.

베르길리우스 묘비 새김글.

다고 전해지는 운문이 적혀 있다.

만토바가 나를 낳았고, 칼라브리아가 나를 채어갔으며, 나폴리가 나를 지니고 있노라. 나는 목장과 농촌과 장군들에 대해 노래했도다. Mantua me genuit, Calabri rapuere, tenet nunc / Parthenope; cecini pascua, rura, duces

특히 이 구절 맨 앞부분은 단테의 『신곡』 '연옥편'에 여러 차례 등장한다. 단테의 안내자인 베르길리우스가 '만토바가 나를 낳았고…'라고 시작하면 대개 상대방이 그를 얼싸안거나, 그 앞에 무릎을 꿇는 것으로 되어 있다. 이 묘비는 나폴리 서쪽 Piedigrotta에 있는 '베르길리우스 공원'에 있다. 메르젤리나 Mergellina 기차역 뒤쪽으로 들어가면 된다. 바로 이웃에 19세기 시인 자코모 레오파르디 Giacomo Leopardi의 무덤이 있는데, 벽감 안에 흉상도 세우고 제단 모양의 기념비도 있어서 베르길리우스보다 더 높이는 듯도 보인다. 베르길리우스의 무덤이라고 알려진 구조물은, 지금은 산사태로 막혀 사용되지 않는 옛 로마시대 터널 Crypta Neapolitana 입구 왼쪽에 높직이 솟아 있다. 아래쪽은 사각기둥, 위쪽은 원기둥으로 되어 있는데, 학자들은 이 부근 유력 가문의 공동 무덤이었을 것으로 추정하고 있다.

나폴리에는 널리 알려진 좋은 유적지가 없지만, 그래도 잘 찾아보면 유적이 아주 없지는 않다. '베르길리우스 무덤'에서 서쪽으로 차로 15분 거리에 로마 목욕장 Terme Romane이 있다. 이 목욕장은 비교적 복원 상태가 좋고 큰길가의 지면 아래 있어서 잠깐 내려다보기 좋다. 그 부근에 현대의 여러 운동 경기장과 공연장이 몰려 있다. 거기서 다시 10분 정도 서쪽에 다른 큰 목욕장 Terme di Agnano이 있지만 보존 상태가 좋지 않다. 거의 멀쩡한 목욕장을 폼페이와 헤르쿨라네움에서 (그리고 시칠리아 빌라 델 카살레에서) 보았기 때문에 앞으로 다른 목욕장은 그냥 어디 있는지만 적어두는 정도로 지나가려 한다.

이 목욕장에서 남쪽으로 20분 거리에 로마 극장이 하나 있다. 그 부근도 '베르길리우스 공원'으로 명명되어 있다. 푸테올리(포추올리)와 나폴리를 나누는 곳의 남서쪽이다. 이 극장은 제법 잘 복원되었고, 그 맞은편에 극장식 현대 공연장도 있어서 그럭저럭 둘러볼 만하다. 극장 규모는 아주 작다. 나폴리 국립고고학박물관 근처에도 로마 극장이 하나 남아 있는데, 박물관에서 남동 방향으로 약 5백 미터 떨어진 곳이다. 주택가 한가운데에 집들로 포위되어, 객석의 절반 정도만 노출되어 있다. 하지만 좁은 골목길로 꼬불꼬불 들어가야 하고 늘 개방하는지도 불분명하다. 더구나 나폴리는 치안이 별로 안 좋다는 평을 듣고 있으니 유념하시기 바란다. 내가 처음 나폴리에 갔을 때는 경찰이 우리 차에 찾아와서 되도록 혼자 돌아다니지 말라고 충고했다.

나폴리 고고학박물관과 카포디몬테 미술관

나폴리 시내에는 우리가 꼭 들러야 하는 박물관이 두 군데 있다. 하나는 고고학박물관이고 다른 하나는 카포디몬테 미술관이다. 고고학박물관이 폼페이와 헤르쿨라네움 출토품을 다수 소장하고 있다는 건 이미 앞에 말했고, 다른 주요 소장품으로 파르네제 컬렉션이 있다.

파르네제 추기경은 교황 바오로 3세(재위 1534~1549년)의 손자로 자기 이름이 붙은 로마의 저택(파르네제궁)에 대단한 수집품을 소장하고 있었다. (이 궁은 안니발레 카라치의 벽화로 유명하다. 헤라클레스의 위업은 물론 〈디오뉘소스의 개선〉과 같은 다른 신화적 내용도 다채롭게 그려 넣었다.)

이 궁에 있던 수집품들은 18세기 말에 나폴리로 옮겨져 지금은 국립고고학박물관에 전시되어 있다.

　파르네제 컬렉션 중 가장 유명한 것이 뒷짐을 짚고 있는 헤라클레스 상이다. 기원전 4세기 희랍의 조각가 뤼시포스의 작품을 크기를 키워 모각한 뒤 카라칼라 목욕장(서기 216년 개장)에 둔 것인데 그 유적지에서 15세기 중반에 발굴되었다. 뤼시포스의 원작은 콘스탄티노플에 있다가 1200년대에 4차 십자군의 공격을 받아 파괴되었단다.

　이 헤라클레스는 왼쪽 겨드랑이 아래에 자신의 고유한 무기인 몽둥이와 사자 가죽을 세워 거기 기대고 있는데, 한 가지 주목할 점은 뒤춤에 감춘 오른손이다. 얼핏 보기에 호두 같은 작은 열매 몇개가 손에 쥐여 있는데, 이는 헤라클레스가 세상 끝에 가서 구해 온 헤라의 황금 사

황금 사과를 뒤춤에 감추고 있는 헤라클레스, 파르네제 컬렉션.

하늘을 떠받친 아틀라스.   파르네제 황소.

과이다. 그가 이 사과를 어떻게 얻었는지는 두 가지 판본이 있다. 하나는 헤라클레스가 머리 둘 달린 뱀 라돈을 죽이고서 이 사과를 직접 따왔다는 판본이고, 다른 하나는 헤라클레스가 하늘을 떠받들고 그 사이에 아틀라스가 대신 가서 사과나무를 지키던 자기 딸들 헤스페리데스에게 부탁해 사과를 얻어다 주었다는 판본이다.

이 조각상의 머리와 오른발은 따로 발견되어 나중에 제자리에 맞춰졌다. 특히 오른발은 굴리엘모 델라 포르타라는 조각가의 복원이 너무나 뛰어나서, 원본이 발견된 이후에도 한동안 원본 대신 이 조각의 무게를 지탱하고 있다가 나중에야 교체되었다.

하늘을 떠받친 아틀라스도 파르네제 컬렉션 중 유명한 조각이다. 이따금 그가 지고 있는 것이 지구라고 소개된 글들도 있는데, 이것은 공

모양으로 형상화된 하늘이고 거기 새겨진 그림은 하늘의 별자리들이다. 이 역시 카라칼라 목욕장에서 발견되었다. 이 천구에 새겨진 별자리가 기원전 2세기 힙파르코스의 이론을 따른 것인지 논란이 있다.

이 컬렉션에 속한 대작으로 '파르네제 황소'가 있다. 두 젊은이가 황소를 통제하고 있고, 그 아래에 어떤 여인이 애원하듯 한 청년의 다리를 잡고 있는 모습을 새긴 것이다. 두 젊은이는 테바이에 성벽을 두른 암피온과 제토스이고, 애원하는 여인은 두 젊은이의 어머니인 안티오페의 숙모 디르케다. 안티오페는 사튀로스 모습으로 나타난 제우스와 결합하여 아기를 갖게 되었는데, 그녀의 아버지 뉙테우스는 자기 딸이 부모 허락도 없이 남자를 만나 임신한 것에 분노하여 그녀를 징계하려 하지만, 뜻을 이루지 못하고 자결한다. 그는 죽기 전에 동생 뤼코스에게 복수를 부탁한다. 안티오페가 낳은 두 아들은 버려지고, 안티오페는 뤼코스와 디르케에게 박해를 받는다. 버려진 아이들은 목자의 손에 키워져 나중에 어머니와 만나게 되고 디르케를 소에 묶어 끌려다니다 죽게 만든다. 그 사정이 그려진 것이 우리가 보는 조각상이다. 소의 정면에서 볼 때 오

폼페이 베티의 집에서 발견된, 소에 묶여 벌을 받는 디르케 프레스코화.

나폴리 **247**

른쪽 아래에 뤼라가 새겨진 것은 그쪽에 서있는 젊은이가 뤼라의 달인 암피온이라는 뜻이다. 이 이야기가 그려진 프레스코화가 폼페이에서 발견되어 나폴리 국립고고학박물관에 소장되어 있다.

파르네제 컬렉션에 속하는 귀한 예술품 중 하나가 '에페소스의 아르테미스'상이다. 아르테미스는 보통 순결한 처녀 신으로 알려져 있는데, 우연히 자기 알몸을 본 청년 악타이온을 사슴으로 변화시켜 사냥개들에게 찢겨 죽게 만들었다는 얘기가 유명하다. 하지만 어디서나 늘 그런 것은 아니어서 소아시아 해안의 에페소스에서 섬겨지던 아르테미스는 가슴에 젖이 주렁주렁 달린 풍요의 여신이었다. 그 모습을 그린 것 중 거의 최고의 작품이 바로 나폴리 국립고고학박물관에 소장된 분이다. 몸 전체는 설화석고로 만들고, 얼굴과 손발은 청동으로 만들어 끼웠다. 아주 잘생긴 분인데, 사실 청동 부분은 후대의 예술가 Giuseppe Valadier(1762~1839)가 만들어 넣은 것이다. 머리에는 도시를 나타내는 관을 쓰고, 광배와 양팔, 하체의 전면에 여러 짐승들이 새겨져 있다. 짐승들의 여주인이면서 목축의 풍요를 주는 분이란 뜻이리라.

폼페이에서 발굴된 프레스코들도 모두 이곳에서 볼 수 있는데, 앞에서는 주로 신화와 관련된 그림을 소

에페소스의 아르테미스, 파르네제 컬렉션.

삽포의 초상. 　　　　　　　　테렌티우스 부부 초상.

개하느라 언급할 기회가 없었던 것 중 놀라운 작품이 몇가지 있다. 하나는 기원전 7~6세기 시인인 삽포Sappho의 초상이라고 알려진 그림이다. 명민해 보이는 여성이 머리에 망사 모자를 쓴 채, 왼손에는 당시의 서판(나무판에 밀랍을 입힌 것)을 들고 오른손으로는 철필stylus을 세워 입술에 대고 뭔가 생각하는 듯한 모습이다. 이런 초상화를 파이윰Fayum 초상화라고 한다. 로마가 지배하던 시기 이집트 파이윰 지역에서 미라가 든 목관 또는 미라 표면에 고인의 생전 모습을 이런 식으로 많이 그려 넣었기 때문이다.

　이런 종류의 그림으로 또 하나 유명한 것이 폼페이에서 발굴된 부부의 초상이다. 서양미술사 책의 첫 장에 자주 나오는 그림이다. 이 초상화는 테렌티우스 네오라는 사람을 뽑아달라고 광고하는 벽글씨가 있는 집에서 발굴되었다. 그래서 보통 '테렌티우스 부부 초상'이라고 불린다. 남자는 아마도 파퓌로스 두루마리를 쥐고 있고, 여자는 앞에 본 '삽포'처럼 왼손에는 서판을 펼쳐 들고, 오른손에는 철필을 들어 턱 끝

위 〈다나에〉, 티치아노, 1544~6, 카포디몬테.
아래 〈갈림길의 헤라클레스〉, 안니발레 카라치, 1596, 카포디몬테.

에 대고 있다. 생각에 잠긴 듯 초연한 두 사람의 눈길이 약 2천 년 전에 살았던 중산층 인텔리 부부의 모습을 잊기 어려운 것으로 만든다. 명품이다.

고고학박물관에서 북쪽으로 2킬로미터 거리에 카포디몬테 미술관이 있다. 마사치오와 보티첼리부터 라파엘로, 엘 그레코와 피터 브뤼헐, 카라바조 등 근대 거장들의 걸작이 많이 수집되어 있다. 신화와 관련해서는 두 작품만 강조하고자 한다. 하나는 티치아노의 〈다나에〉다. 티치아노는 다나에를 소재로 여러 작품을 남겼는데, 개인적으로 이곳에 소장된 작품이 가장 아름답지 않나 생각한다. 제우스가 황금의 비가 되어 내려 다나에를 임신시켰고 그녀에게서 페르세우스가 태어났다는 이야기인데, 티치아노의 여러 〈다나에〉는 여인의 왼쪽과 오른쪽에 누가 그려져 있는지에 따라 조금씩 다르다. 이곳 카포디몬테의 것은 오른쪽에 에로스가 그려진 판본이다.

  이 미술관이 소장한 신화 소재 그림 중 또 하나 유명한 것이 안니발레 카라치의 〈갈림길의 헤라클레스〉이다. 젊은 헤라클레스가 길을 가는데, 두 여신이 나타난다. 한 여신은 아름다운 도시로 가는 편한 길을 가리킨다. 쾌락의 여신이다. 다른 여신은 짐승이 우글거리는 험한 산길을 가리킨다. 덕의 여신이다. 헤라클레스는 덕의 여신을 좇아 결국 신이 되었다는 얘기다. 이 이야기는 기원전 5세기 아테나이에서 활동한 프로디코스가 처음 들려주었다고, 크세노폰의 『소크라테스 회상』에 기록되어 있다. 그림 오른쪽에 가면이 그려져 있는데, 이는 연극을 상징하기도 하지만 다른 한편 기만의 상징이기도 하다. 쾌락이 주는 만족은 일시적이고 기만적이란 뜻이다.

나폴리 외곽

카프리, 푸테올리, 바이아이, 쿠마이

나폴리만에서는 약간 서쪽의 푸테올리가 오히려 유적이 잘 남아 있는데 잠시 후에 보기로 하자. 나폴리만은 이탈리아반도 중부 해안이 서쪽을 향해 양팔을 벌린 것 같은 형상인데, 자세히 나누자면 만이 셋이어서, 중앙에 큰 굴곡이 하나, 그리고 서쪽과 남쪽에 작은 굴곡이 하나씩 있다. 남쪽 굴곡부를 차지하는 게 폼페이고, 서쪽 굴곡에 있던 도시가 푸테올리이다. 푸테올리만의 서쪽 끝 곶이 있는 쪽에는 온천 휴양도시로 유명했던 바이아이와 미세눔 해군기지가 있었다.

한편 폼페이 남쪽의 곶이 서쪽으로 뻗어나가는 도중에 소렌토(수르렌툼)가 있고, 그 곶이 끊어진 곳 바로 서쪽에 카프리섬이 있다. 카프리섬 동쪽 높은 곳에는 로마의 두 번째 황제 티베리우스의 궁전(Villa Jovis, 제우스 빌라)이 있었지만, 지금은 그저 답답한 느낌의 돌벽돌 건물 폐허만 남아 있다. 나폴리나 소렌토에서 배를 타고 카프리로 건너가서, 남들이 가는 관광지와는 반대 방향으로 언덕을 올라가면 된다. 카프리섬은 전체적으로 나비넥타이처럼 생겼는데 서쪽 부분이 더 크고 높다.

티베리우스의 궁전은 동쪽 부분에서 육지를 바라보는 곳에 있다. 바다와 건너편 육지를 내다보는 경치는 제법 좋다.

아우구스투스는 되도록 자기 핏줄에게 권력을 물려주고 싶어 했지만, 후계자로 정해놓은 사람이 자꾸 죽는 바람에 아내 리비아가 전남편에게서 얻은 아들 티베리우스에게 권력을 넘겨주는 수밖에 없었다. 한데 이 후계자는 궁중 암투에 질리고 암살 위험도 피하고 싶어서 이 섬에 요새를 짓고, 20년 통치 기간 중 후반부 10년을 원격 통치하다가 세상을 떠났다(서기 37년). 수에토니우스는 『12황제의 생애』에서 티베리우스가 여기서 뭔가 음란한 짓을 했다고 적고 있지만, 사실이라기보다는 당시 사람들의 의심을 그런 식으로 표현한 듯하다. 티베리우스가 죽은 후, 황제 자리는 미친 인간 칼리굴라에게 넘어간다. (칼리굴라는 티베리우스의 아들이 아니라, 아우구스투스의 외손녀와 아우구스투스 누이의 외손자가 6촌 간에 결혼해서 낳은 아들이다. 굳이 따지자면 아우구스투스의 피가 섞인 증손자뻘 자손이라 하겠다.)

나폴리 서쪽의 푸테올리(현재 포추올리)에서는 원형극장과 옛 시장 건물(세라피스 신전)을 보아야 한다. 되도록 둘러보시라고 권하는 나폴리의 베르길리우스 무덤으로부터 약 20분 서쪽으로 이동하면 원형극장에 도착한다. 이탈리아 전역에서 세 번째로 큰 원형극장이다. (콜로세움과 카푸아의 원형극장이 1, 2위를 차지한다. 카푸아 원형극장은 나폴리에서 북쪽으로 4~50분 거리에 있다. 그곳도 포추올리 원형극장과 흡사하다.) 북서-남동 방향으로 길쭉하게 생겼는데, 바닥면을 잘 정리해 두어서 관람자가 들어가 바닥 철망 사이로 지하 구조물을 확인할 수 있다. (콜로세움은 지하 구조물을 노출시켜 놓았기 때문에 관광객이 바닥면을 직접 밟을 수는 없

위 푸테올리 원형극장.
아래 세라피스 신전.

고, 테두리의 보행로에서 밑을 내려다보게 된다.) 현대 공연을 위해 남동쪽에 객석도 덧붙여 놓았다. 입장 통로는 전체 부지의 북서쪽에 있다.

원형극장 서쪽으로 철길 건너 100미터 정도 떨어진 곳에 '세라피스 신전'이 있다. 지표면보다 낮은 대지 한가운데에 키 작은 기둥들이 원형으로 서있고, 그 동쪽에 높은 기둥 세 개가 보인다. 옛날에는 이 부근에서 세라피스상이 발견되어 '세라피스 신전'이라고 불렸으나, 요즘에는 폼페이에서 본 것과 같은 식료품 시장 macellum으로 여겨지고 있다. 동쪽의 후진 모양 입구로 들어서면 폼페이 시장과 유사하게 작은 가게들로 사면이 에워싸인 정사각형 안마당이 나오고, 그 한가운데에 원형건물 tholos이 서있었다.

세라피스는 알렉산드로스의 후예인 프톨레마이오스 왕조 때 이집트에서 크게 섬겨지기 시작한 신으로, 이집트 신 오시리스와 희랍의 저승신이 뒤섞인 존재다. 대개 머리에 기둥 장식이 있는 남성 신으로, 홀을 잡고 보좌에 앉아 케르베로스를 거느린 모습으로 그려진다. 포추올리 '세라피스 신전'의 기둥들은, 이 부근 지표면이 융기와 침하를 반복해서 해수면의 변화에 따라 여러 단계로 바다 밑에 들어갔다가 다시 솟아났다. 그 결과 고둥들이 뚫어놓은 구멍이 위아래로 층을 이루어 분포해 있어서 지질학 발전 초기에 큰 관심의 대상이 되기도 했다.

이 부근은 화산 지형이 다양하게 분포되어 있어 베르길리우스가 저승의 입구로 설정하기도 했다. 원형극장에서 동쪽으로 1킬로미터쯤 떨어진 곳에 있는 '플레그라이 벌판'은 여러 차례 분화한 칼데라 속

푸테올리 세라피스상.

메르쿠리우스 신전.

의 평지다. 분화구가 생긴 곳에 다시 분화하고, 또 한번 분화해서 세 번이나 겹친 분화구도 있다. '플레그라이'는 원래 신화적으로 신들과 거인들이 싸웠다는 장소로도 꼽히는데, 대개는 희랍 북동쪽의 칼키디케에 있는 팔레네반도(현재 이름은 캇산드라반도)가 그곳이라고 한다.

한편 원형극장으로부터 서쪽으로 4~5킬로미터 더 가면 아베르누스 호수가 있는데, 이곳 역시 『아이네이스』에 저승 입구에 있는 호수로 소개되어 있다. 그 이름은 희랍어로 '새가 없다a-ornos'는 뜻으로, 호수에서 독한 가스가 솟아올라 그 위로 날아가던 새가 떨어져 죽는다는 의미였다고들 한다.

원형극장에서 서쪽으로 포추올리만을 반 바퀴 돌아가면 고대의 유명한 온천 휴양지 바이아이(현재 바이아)가 있다. (서기 1~2세기에 활동했던 풍자 시인 유베날리스의 시에도 소개되었고, 네로의 스승 세네카가 이곳의 사치를 비판한 적도 있다.) 이곳은 특이하게도 돔형의 실내 건물들이 거의 온전하거나 절반쯤 무너진 채로 남아 있다. 그중 '메르쿠리우스 신전'으로 알려진 곳은 돔 아래 물이 고여 있어서 소리 울림이 아주 아름다운 것으로 유명하다. 한편 절반 무너진 돔은 '디아나 신전'이다. 이곳은 복잡하게 실내로 들어갈 것 없이 밖에서 구경할 수 있다. 원래는 신전이 아니라, 지하에서 뿜어나오는 증기를 모으던 목욕장 시설이었던 것으로 추정된다.

한편 이 유적지에는 작은 방들로 이루어진 이층의 반원(에 가까운) 공간 안쪽에 원형 풀장같이 보이는 구조물이 조성된 곳도 있는데, '님프의 극장', 또는 Sosandra Sector라고 부르는 곳이다. 이 두 번째 이름은 이곳에서 발굴된 멋진 여신상에서 따온 것이다. '남자를 구해주시는 아프로디테Aphrodite Sosandra'라는 분이다. 흔히 보는 나체의 여신이 아니라, 옅은 미소를 띤 얼굴만 빼고 온몸을 긴 천으로 감싸고 왼손을 앞으로 내민 모습인데, 외면이 매끈하게 마감되지 않고 약간 거칠게 되어 있어서 미완성으로 보인다. 현재 나폴리 국립고고학박물관에 모셔졌다. (이

님프의 극장.

님프의 극장에서 발굴된 아프로디테 소산드라상.

런 조각상이 아테나이 아크로폴리스 입구에도 있었다고 루키아노스가 적고 있는데, 이곳에서 발굴된 것은 그런 청동상을 로마시대에 모각한 것으로 보인다. 루브르에도 이런 여신상의 흉상이 하나 소장되어 있다.) 이 구조물은 용도가 모호해서 혹시 숙박시설이 아니었나 하는 추정이 있다. 원형으로 배치된 작은 방들이 말하자면 객실이라는 것이다.

이 휴양지는 경역이 꽤 넓고 정교한 모자이크 장식들도 볼 수 있어서 그럭저럭 만족할 만한 곳이다. 바이아 목욕장 고고학 공원Parco Archeologico delle Terme di Baia으로 찾아야 한다. 요트들이 제법 많이 정박된 바이아 포구 바로 뒤의 언덕에 유적지가 있다. 전체적으로 북쪽부터 남쪽으로 가면서 '디아나 신전', '메르쿠리우스 신전', '님프의 극장', 그리고 지붕이 뚫린 원통형 건물 '베누스 신전'이 잇달아 나타난다. 사실 지금 '신전'으로 불리는 구조물들은 모두 옛 목욕 시설이다.

한편 거기서 남쪽으로 3킬로미터 정도 떨어진 바닷가에 작은 박물관(플레그라이 벌판Campi Flegrei 고고학박물관, 바이아 아라곤 성채Castello Aragonese di Baia)이 있어서, 이 부근에서 발굴된 유물들을 볼 수 있다. 앞서 말한 세라피스상도 이곳에 있다.(이 조각상은 나폴리 국립고고학박물관 소장품으로 분류되어 있어서, 이곳에 있는 것은 복제품일 가능성도 있다. 물론 소

속은 나폴리 국립고고학박물관, 소장처는 바이아일 수도 있다.)

이제는 포추올리만의 굴곡을 다 돌아왔으므로, 바이아이 온천 유적지에서—서쪽이 아니라— 더 남쪽으로 이동하면 나폴리만의 북쪽 경계를 이루는 곳에 닿게 된다. 이곳은 아이네아스의 동료였던 미세누스의 이름을 따서 '미세눔'이라 불렸고 로마의 해군기지가 있었다. 미세누스는 트로이아 멸망 이후 8년여를 아이네아스와 함께 방랑했고 드디어 이탈리아 땅에 도착했지만, 어리석게도 바다 신과의 음악 시합에 도전했다가 죽음을 당하고 말았다.

바이아이까지 왔으면 포추올리만 너머 북쪽의 쿠마이까지 가볼 수도 있다. 바이아이 목욕장 유적지로부터 차로 10분 정도 북서쪽으로 가면 된다. 이곳은 아이네아스가 저승 여행에 이용했다는 지하 통로가 있

시뷜라가 아이네아스를 저승으로 안내할 때 이용했다는 쿠마이의 지하 통로.

나폴리 외곽 **259**

고, 그를 저승으로 안내하는 여사제 시뷜라가 봉직하던 아폴론의 신전이 있다. 사실 이 '지하 통로'는 1932년에 발견된 것으로, 그 주변에 아우구스투스가 폼페이우스의 아들과 싸울 때 이용하던 해군 시설 Crypta Romana이 있어서 이 통로도 로마의 해군이 이용하던 것이라는 주장이 있다. (아이네아스가 저승 여행 때 이용한 길로 바이아이 근처의 지하 복합 시설이 꼽히기도 한다. 그것은 고대에 화산활동으로 생겨난 자연 동굴로 이어졌을 수도 있다.) 쿠마이 언덕 위에 아폴론 신전의 기초가 노출되어 있는 것은 사실이다. 기둥 받침 몇개와 벽체의 아랫부분 일부뿐이어서 별 볼품은 없으니 그리 아시기 바란다.

이곳은 유적보다는 고전 작품의 분위기를 느끼러 가는 곳이니, 구조물의 상태에 너무 집착하지 않는 게 좋겠다. 그래도 유적지로 들어갈 때 꽤 높직한 터널을 통과하면 다른 차원으로 이동하는 듯한 기분이 들기도 한다. 내가 마지막 방문했을 때는 먹구름이 끼고 이따금 번개도 번쩍여서, 아이네아스가 시칠리아 앞에서 풍랑을 만나던 『아이네이스』 도입부 분위기와도 유사했었다.

베르길리우스는 쿠마이가 이미 기원전 12세기경에 존재했던 것처럼 그려놓았으나, 실제로는 기원전 8세기에 희랍인의 식민도시가 그 자리에 세워졌다. 그래도 도시 역사가 매우 길고 국세도 강력하여, 로마의 마지막 왕 타르퀴니우스가 이곳으로 망명하여 여생을 마쳤다고 한다. 기원전 5세기 말에 오스키와 삼니움인들에 의해 희랍 도시가 멸망하고, 그로부터 약 100년 뒤에 로마에 복속된다. 쿠마이가 한창 강성할 때에 나폴리(파르테노페)와 폼페이를 공격했던 사정은 앞에 설명했다.

트라야누스 개선문으로 유명한 베네벤토

나폴리에서 북동쪽으로 1시간 반 정도 이동하면 베네벤토(베네벤툼)에 다다른다. 중세에 베네벤토 전투가 벌어졌던 현장으로 이곳에 꽤 유명한 개선문이 있다.

먼저 베네벤토 전투에 대해서 보자. 단테는 『신곡』'연옥편' 3곡에서, 파문당한 경력 때문에 연옥 문간에서 대기하고 있는 인물들을 소개하는데, 그중 만프레디(시칠리아의 만프레드)라는 사람을 꽤 중요하게 기용하고 있다. 이마와 가슴에 깊은 상처를 지니고 있는 자로서, 그가 전사한 전투가 바로 이곳 베네벤토에서 벌어졌었다(1266년). 이 만프레디는 신성로마제국 황제였던 프리드리히 2세(페데리코 2세)의 아들이다. 처음엔 자기 조카인 코라디노(콘라트 3세)의 섭정으로 시칠리아를 다스리다가 나중에(1258년) 그의 권력을 빼앗았다. 하지만 교황의 지지를 등에 업은 앙주의 샤를(카를로 단조 1세)에게 베네벤토에서 패배하고 처참하게 죽은 것이다. 한번 파문된 사람은 파문 기간의 30배만큼 기다려야 본격적인 연옥에 입장이 가능하다.

약간 복잡하지만 지금 여기 언급된 인물들은 단테의 『신곡』에 여러 차례 직접 등장하거나 평가의 대상이 되고 있으니, 단테를 좀 깊이 있게 읽으려면 알아두어야 한다. (코라디노는 만프레디가 죽고 나서 시칠리아의 권력을 요구하다가 본인도 앙주의 샤를에게 목이 베여 죽었다. 당시 이탈리아 중남부는 독일을 기반으로 하는 신성로마제국 세력과 프랑스 세력이 서로 다투고 있었는데, 로마에 자리 잡은 교황은 자기 세력권을 넓히기 위해 대체로 프랑스 세력을 끌어들여 황제파를 견제했다. 물론 때에 따라서 신성로마제국 세력 내부에서도 권력투쟁이 있었고, 교황과 프랑스 세력 사이에 알력이 생길 수도 있었다.)

고대에도 베네벤토 부근에서 큰 전투가 벌어진 적이 있다. 기원전

〈코끼리를 선물하며 파브리키우스를 매수하려는 퓌르로스〉, 페르디난트 볼, 1656, 암스테르담 로열 팰리스.

275년에 있었던 일이다. 로마가 점점 팽창하여 이탈리아 남부 지역까지 세력을 뻗치자, 희랍 식민도시 중 중심 역할을 하던 타렌툼 사람들이 에페이로스(그리스반도 북서부) 왕 퓌르로스를 불러들인다. 그의 군대와 로마군이 서로 큰 피해를 입는 전투를 몇차례 교환한 끝에 이곳 베네벤툼에서 로마가 결정적 승리를 거둔다. 그래서 그 이전까지는 '말레벤툼(나쁜 사건)'이었던 도시 이름을 '좋은 사건'이란 뜻의 베네벤툼으로 개명했단다.

앞에서도 잠시 설명했지만, 퓌르로스는 한니발이 이탈리아를 침공(기원전 218년)하기 약 두 세대 전에 이탈리아 남부 지역을 휘저었던 인물이다. 단테의 '지옥편'에 폭력의 죄 때문에 뜨거운 피의 강에 몸을 담그고 있는 것으로 그려져 있는데, 지옥에서 벌 받는 이 퓌르로스는 아킬레우스의 아들일 수도 있다. ('퓌르로스'는 아킬레우스의 아들 네옵톨레모스의 별명이기도 하다. 이 옛날 퓌르로스도 트로이아 함락 당시에 헥토르의 아버지 프리아모스를 죽이고, 헥토르의 아들 아스튀아낙스를 성벽에서 떨어뜨리는 등 난폭한 행동을 많이 했기 때문에 폭력 지옥에 떨어질 만한 인물이다.) 한편 기원전 3세기의 역사적 인물 퓌르로스는 단테의 '연옥편'에서도 살짝 암시된다. 그와 맞섰던 로마 장군 파브리키우스를 뇌물로 매수하려다 실패했기 때문이다. 파브리키우스는 탐욕의 연옥에서, 탐욕과는 반대되는 절제의 덕목을 보여주는 모범으로 제시된다.

베네벤토 개선문은 트라야누스 황제를 기리기 위해 서기 117년에 건립되었다. 위치는 로마에서부터 남쪽으로 달려온 아피우스 가도의 중간쯤에 해당된다. 거기서 길이 두 갈래로 갈라져서 서쪽 것은 아피우스 가도, 동쪽 것은 트라야누스 가도라고 불린다. 두 길은 이탈리아반도의 동남부 해안 도시인 브룬디시움(브린디시)에서 다시 만난다. 트라야누

로마에서 뻗어 내려온 아피우스 가도(실선)와 베네벤토에서 새로이 갈라지는 트라야누스 가도(점선).

스 황제가 새로운 길을 낸 것을 기념하여 그 갈림길에 세워진 것이 바로 이 개선문이다. (아피우스 가도는 국내에 보통 '아피아 가도'라고 알려져 있으나, 아피우스의 이름을 '가도Via'에 맞춰서 여성 형용사 형태로 적어서 그렇게 된 것이다. 우리말로는 원래 이름을 살리는 게 옳겠다. 아피우스는 로마에 기념비적인 수도를 건립한 인물로도 유명하다.)

현재 이 개선문은 도시 한가운데쯤 서있으며 보존 상태는 상당히 좋다. 후대에 성벽이 연결되어 성문으로 쓰이기도 했었는데, 현재는 주변 구조물이 제거되어 외따로 떨어져 서있다. 아래층에 문 하나인 아치가 있고, 아치의 양쪽 기둥 전면에는 묻힘 기둥pilaster이 한쪽에 두 개씩 새겨져 있다. 아치 위에 상부구조attic가 얹혀 있으며 '네르바의 아들 트라야누스에게 바친다'는 글귀가 쓰여 있다. 아주 많은 글씨가 있지만, 거의 전부 황제가 맡은 여러 직책 이름이다. 이런 개선문 글귀는 나중에 단테의 지옥문 위에 쓰인 글귀의 모델이 된다.

트라야누스(재위 98~117년)는 서기 1세기 말부터 2세기 말까지 이어진 '5현제 시대'의 두 번째 황제다. 네로가 나라를 말아먹고 자결한 서기 68년 이후 여러 경쟁자들이 다투다가('네 황제의 해') 결국 '예루살렘 정복자' 베스파시아누스 황제(재위 69~79년)가 집권하고, 그에 이어 큰아들 티투스가 로마를 잘 다스렸지만 일찍 죽고(재위 79~81년), 이어서 '미치광이' 작은아들 도미티아누스가 제위에 올라 기독교 박해 등 여러 분란을 일으키다 암살된다(재위 81~96년). (타키투스나 수에토니우스 같은 고대 작가들은 도미티아누스를 무자비한 폭군으로 그리고 있으나, 그의 통치가 상당히 훌륭해서 그다음 세기의 번영이 가능했다는 반론도 있다.) 그 뒤를 이어 네르바가 집권하면서 '다섯 명의 현명한 황제 시대'가 열린다. 이 현명한 황제들은 자기 자식에게 권력을 물려주지 않고, 일찌감치 똑똑한 사람을 양자로 들여 교육하다가 그에게 권력을 물려주었다. 하지

베네벤토 개선문.

트라야누스 개선문으로 유명한 베네벤토 **265**

만 그 다섯 현자 중 마지막인 '스토아 철학자' 마르쿠스 아우렐리우스는 자기 친아들에게 권력을 넘겨주었는데, 그 아들이 또 다른 '미치광이' 콤모두스다.

트라야누스는 군사적 승리를 많이 거두고 로마 역사상 최대 판도를 이룩한 황제였다. 그의 군사적 행동을 새긴 기념기둥은 로마에서 보기로 하자. (이 기둥에 새겨진 그림이 단테에게 영감을 주어, 연옥산 첫째 층의 바위벽에 황제의 일화가 새겨진 것으로 설정된다. 해외 원정을 떠나는 길에 어떤 과부에게서 아들의 원수를 갚아달라는 탄원을 받고, 먼저 그 일을 해결한 다음에 출발했다는 일화다. 오만과 대비되는 겸손의 사례로 제시된 것이다.) 이곳 베네벤토 개선문에는 트라야누스가 여러 지역을 정복한 후 그 지역 지도자들과 함께 서있는 모습, 신들께 제사 지내는 행렬, 신들의 축하를 받는 모습 등이 새겨져 있다. 이 부조들은 문의 전면과 후면, 그리고 아치 내면에 새겨져 있고, 바깥쪽 좌우에는 부조가 없다.

제3장
이탈리아 중부
로마 남쪽

이제 이탈리아 중부 지역을 둘러보자.
이탈리아 행정구역상, 도시 로마가 속한
주인 라치오, 그 동쪽의 움브리아,
더 동쪽의 마르케, 라치오 북쪽의 토스카나
이 네 주를 중부로 분류한다.
나폴리를 지나 북쪽으로 올라가는
우리의 여정에서는 라치오와 그 동쪽의
아브루초에서 의미있는 몇몇 도시들을 살펴본다.

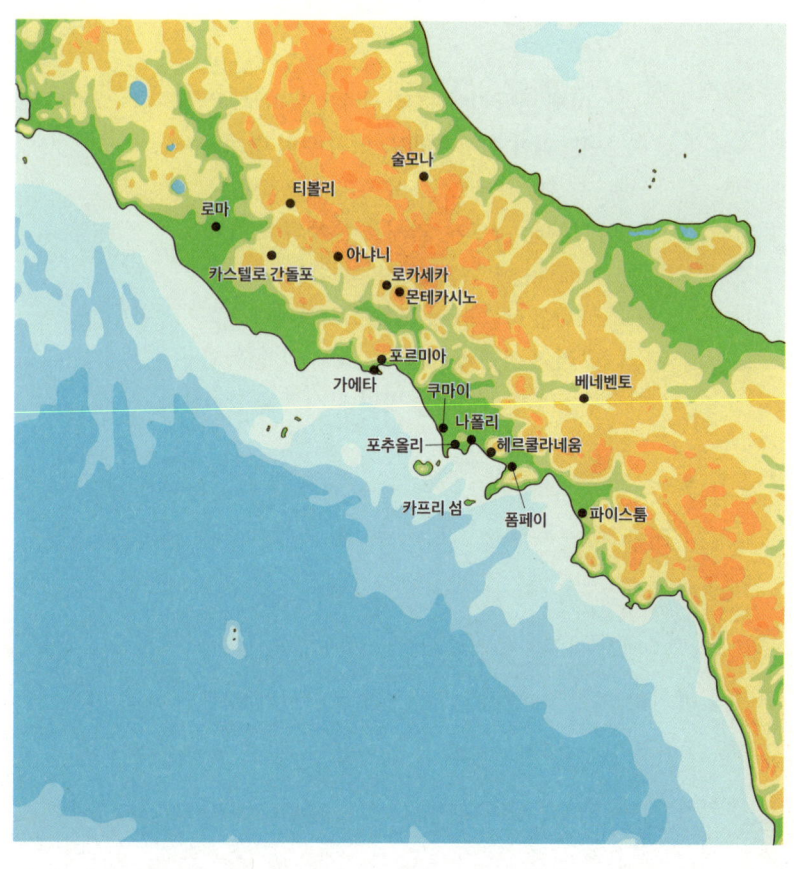

키케로의 마지막 안식처, 포르미아

도시 로마로 가는 길에 더는 큰 유적지가 없고, 몇몇 위인들과 관련된 좀 작은 답사지가 있을 뿐이다. 베네벤토에서 고속도로를 따라 북쪽으로 1시간 반 정도 올라간 다음 서쪽 바닷가를 향해 20분 정도 더 가면 '키케로의 무덤'이 있는 포르미아에 닿는다. 어쩌면 군사적 용도의 구조물이었을 수도 있지만 현지에서는 '키케로의 무덤'이라고 알려져 있다. 로마 공화정 말기에 가장 두드러지는 지식인이었던 키케로(기원전 106~43년)는 이 부근의 빌라에 머물다가, 2차 삼두정이 결성된 후 안토니우스의 부하들에게 피살되었다. 그가 안토니우스를 극력 비판했기 때문이다. 그 비판 연설들은 지금 『필리피카』라는 책으로 남아 있다. 희랍에서 마케도니아 왕가가 일어날 때, 거기에 대항해야 한다고 열렬히 주장했던 아테나이 연설가 데모스테네스의 연설이 바로 〈필리피카〉(필립포스에게 대항하는 연설)인데, 키케로가 안토니우스를 그 필립포스에 비기고 자신을 데모스테네스와 동일시해서 붙인 제목이다.

안토니우스가 보낸 자객들이 오고 있음을 눈치챈 키케로는 배를 타고 희랍으로 도주하려 했으나, 심한 풍랑에 뱃멀미를 견딜 수 없어 중도에 포기한다. 다시 시골집으로 돌아오는 길에 자객들과 마주치는데, 키케로는 저항하는 그의 종들을 만류하고 스스로 목을 내밀어 죽음을 받아들였다고 한다. 한편 안토니우스는 그 밉살스러운 연설문을 적었던 손을 잘라, 그의 머리와 함께 로마 포룸의 연단에 걸어놓았다고 한다. 일설에 따르면 안토니우스의 아내 풀비아는 자기 남편을 모욕했던 키케로의 얄미운 혓바닥을 못으로 여러 차례 찔렀다고도 한다(서기 2~3세기에 활동했던 역사가 카시우스 디오의 기록이다).

로마사의 큰 줄기

공화정 얘기가 나왔으니, 여기서 잠깐 로마사의 큰 줄기를 챙겨보자. 전설에 따르면 기원전 12세기에 트로이아 유민들이 아이네아스를 따라 이탈리아반도에 도착했다고 한다. 아이네아스는 3년 뒤에 죽고, 그의 아들 아스카니우스(이울루스)가 새로운 나라 알바롱가를 세워 30년을 통치한 후에 이탈리아 현지에서 태어난 배다른 동생 실비우스에게 나라를 물려주고, 그 나라가 300년 지속된 후에 로마로 이어졌다고 한다. (이 300년에, 아이네아스가 다스린 3년과 아스카니우스가 다스린 기간이 포함되는지는 불분명하다.) 그후에 알바롱가의 — 적법한 — 마지막 왕 누미토르가 동생 아물리우스에게 쫓겨나고, 누미토르의 딸 레아 실비아는 처녀 사제가 되었는데, 전쟁의 신 마르스가 레아 실비아와 결합해서 쌍둥이 로물루스와 레무스가 태어난다. 상자에 담겨 티베리스강에 버려졌던 두 아이는 늑대 젖을 먹고 자라나서 로마를 세운다(기원전 753년).
일곱 명의 왕이 잇달아 로마를 통치하다가, 마지막 왕 '오만한 타르퀴니우스' 때 혁명이 일어나 공화정이 시작된다(기원전 509년). 공화정이 4백 년 정도 지속된 후에 큰 인물들 사이에 권력투쟁이 일어나고, 그런 혼란이 약 100년 이어진다. 각 세대를 대표하는 인물의 쌍은 마리우스와 술라, 카이사르와 폼페이우스, 아우구스투스와 안토니우스다. 1차, 2차 삼두정은 그 막간에 일어난 일들이다. 카이사르와 폼페이우스가 일시적으로 협력 관계를 맺은 것이 1차 삼두정, 아우구스투스와 안토니우스가 일시적으로 협력하기로 약속한 게 2차 삼두정이다. 둘만 협정을 맺기 좀 어색했던지 아주 대단치는 않은 인물을 하나 끼워 넣어서 '3인 협력 체제'로 만든 것이다.

기원전 31년 악티움 해전에서 아우구스투스가 승리하고, 그 다음해에 클레오파트라가 죽은 다음, 기원전 27년부터를 황제정(원수정)의 시작으로 잡는다. 제국의 팽창기가 지나고 몇차례 위기를 겪은 후, 광대한 제국을 한 사람이 다스리는 데는 무리가 있다고 본 디오클레티아누스가 로마를 동서로 나누고 황제 밑에 부황제를 둔 이른바 '사두정치 tetrarchy'를 293년에 시작하면서 동쪽과 서쪽이 조금씩 나뉘게 된다. 그러다가 도시 로마에 큰 변화가 생긴다. 서기 330년에 동서 로마를 모두 다스렸던 콘스탄티누스가 오늘날의 이스탄불(콘스탄티노플)로 수도를 옮긴 사건이다. 동서 로마를 모두 다스렸던 마지막 황제 테오도시우스 사후(395년)에 로마제국은 다시 동서로 나뉘고 다시는 통합되지 않는다. 서로마는 476년에 멸망하고, 이후 동로마가 커졌다 작아졌다 하면서 약 천 년을 더 버티다가 1453년 콘스탄티노플이 함락되면서 그 자리를 오스만제국이 차지한다.

요약하면 이렇다.

기원전 753년 로마 건국	서기 476년 서로마 멸망
기원전 509년 공화정 출발	서기 1453년 동로마 멸망
기원전 27년 황제정 시작	

'키케로 무덤'은 아피우스 가도 바로 곁에 있어서 찾기 쉽다. 형태는 나폴리의 '베르길리우스 무덤'과 유사해서 아래쪽은 사각기둥, 위쪽은 위로 좁아지는 원통형으로 봉수대같이 보이기도 한다(높이 24미터). 아래쪽에 문이 있어서 실내로 들어갈 수 있다. 실내는 꽤 큰 방이다. 경역은 철문 안에 있어서 미리 현지 관리자에게 연락을 해두어야 들어갈 수 있다. 내가 마지막 방문했을 때는 나이 드신 관리자께서 현지 전통 음식 전문가까지 동원해서 특별한 간식을 대접하기도 했다. 우리 일행은 감사의 마음으로 유적 관리를 위한 약간의 모금액을 전달하고 기념 촬영도 했는데, 어쩌면 지역 신문에 실렸을지도 모르겠다. 답사 여행에서 흔치 않은 흐뭇한 기억 중 하나다.

이 무덤은 특별한 볼거리라기보다는 서양 문화의 기초를 놓은 인물을 기리기 위해 방문해 볼 만한 곳이다. 한때 한국에서 엄청난 인기를 얻었던 시오노 나나미는 키케로를 아주 하찮은 인물로 평가했지만, 오

〈키케로의 머리를 모욕하는 풀비아〉, 몬타네르, 1888, 프라도 미술관.

키케로 무덤.

늘날 서양에서 쓰는 고급 어휘는 거의 다 키케로가 만든 것이다. 그는 희랍 문화를 라틴어로 번역하여 서쪽 세계에 널리 알렸는데, 희랍어와 라틴어의 특성이 달라서 새로운 어휘를 많이 만들 수밖에 없었다. 예를 들자면, 희랍어는 아무 말에나 정관사를 붙이면 명사가 된다. 그래서 동사나 짧은 문장도 쉽게 명사화할 수 있다. 반면에 라틴어에는 정관사가 없다. 그래서 정관사+부정사 to einai로 표시되던 '존재' 같은 희랍어 단어도 명사로 따로 만들어야 했다. 오늘날 자주 '본질'로 옮겨지는 essence가 바로, 키케로가 만든 essentia라는 단어의 후손이다. 희랍어로 '정관사+의문사'로 표현되던 '양', '질' 같은 단어도 새로 만들어서 quantitas(quantity), qualitas(quality) 같은 단어가 생겨났다.

'키케로 무덤'에서 남쪽으로 5킬로미터 정도 가면 서쪽으로 돌출한

키케로의 마지막 안식처, 포르미아

곳이 있는데, 저 옛날 아이네아스가 자신의 유모를 묻은 곳이라 하여 그 유모의 이름을 따서 가에타라 불렀다, 현재의 도시도 그 이름을 쓰고 있다. 색슨족 관습법에 어떤 사람이 새로운 땅에 들어가서 자기 개가 죽을 때까지 살았으면 그 땅에 대한 소유권을 인정받았다고 하는데, 아마도 트로이아 유민들이 자기 '가족'을 묻은 땅이니 자기들도 권리가 있다고 주장하기 위해 지어낸 일화인 듯하다.

지명 외에는 남아 있는 게 없어서 가보시라 권하기는 어려운데, 혹시 이 부근에서 식사라도 하게 되면 이 작은 마을의 식당을 찾아가는 것도 의미 있지 않을까 생각한다. 어차피 밥은 먹어야 하니 그래도 뭔가 의미 있는 곳을 찾는 게 한 가지 얘깃거리라도 더 챙길 수 있지 않을까. 굳이 곳까지 가지 않더라도 '가에타' 이름이 들어간 식당이 꽤 있다. '키케로 무덤'에 가장 가까운 기차역 이름도 '포르미아-가에타'이다.

몬테카시노와 로카세카

베네딕트 성인이 수도원을 세웠던 몬테카시노

'키케로 무덤'을 둘러보기 위해 서쪽으로 방향을 돌렸던 고속도로 갈림길로 돌아가 보자. 나들목 이름이 Cassino-Autostrade다. 별로 유명하지 않은 나들목 이름을 대는 이유는 같은 이름을 가진 산과 수도원이 그 부근에 있고, 그 수도원이 매우 중요한 곳이어서다. 나들목에서 동쪽으로 20분 정도 가면 산꼭대기를 웅장한 수도원이 차지하고 있다. 몬테카시노 수도원이다. 6세기에 베네딕투스(베네딕트) 성인이 처음 세운 수도원이다. 이 베네딕투스는 도미니쿠스(도미니크) 성인과 자주 혼동되는데, 도미니쿠스는 13세기에 살았던 분이다. 베네딕투스는 B로 시작하고, 도미니쿠스는 D로 시작하니, 알파벳순으로 태어났다고 생각하면 외우기 좋다. F로 시작하는 프란체스코 성인은 도미니쿠스보다 10년 정도 연하이니, 이 역시 알파벳순이다. (도미니쿠스는 스페인 출신이어서 고향에서 부르던 대로 하자면 '산토 도밍고'라고 불러야 하지만, 그냥 중세 라틴어 그대로 적겠다.)

베네딕투스는 대수도회의 창립자 중에 시대적으로 제일 앞선 분이

몬테카시노 수도원.

다. 그의 수도회(한국어로는 분도회)는 수도사들이 스스로 노동하며 수련하는 것을 강조하고('일하고 기도하라'), 또 독서의 중요성을 강조했다. (고대 전통과는 어긋나게도, 소리 내지 말고 책을 읽으라고 해서 많은 수도사들이 힘들어했다고 한다. 여러 문화권에서 글자는 기본적으로 소리의 기록이고, 독서는 소리 내어 하는 게 일반적 관행이었다. 아직 시각 문화보다는 청각 문화가 보편적이던 상황이다.) 이 베네딕투스는 단테의 '천국편'에서 명상의 하늘인 토성천에 거주하는 것으로 그려져 있다(22곡). 단테의 천국 10개의 층 가운데 토성천은 지구에 가까운 층부터 헤아려서 일곱 번째 층이다. 이 하늘에서는 여러 수도사, 명상가 들이 소개된다.

단테에 따르면 몬테카시노산은 원래 이교도 성역이 있던 곳인데, 베네딕투스가 그곳을 정화하여 수도원을 세우고는(서기 529년) 엄격한 규율을 부과했다고 한다. 이 규율은 그 이후 생겨난 거의 모든 수도회의 기본 규율로 자리 잡게 된다.

　수도원은 6세기 말에 크게 약탈당한 뒤 재건한 것이 20세기까지 이어져 오다가, 2차대전 중에 이곳이 나치 독일군의 관측 장소로 쓰일 것을 걱정한 연합군의 폭격으로 완전히 파괴되었다. 현재는 건물을 다시 지어 웅장한 모습을 보이고 있으며, 인터넷 예약자만 유료 관람이 가능하다. 재미있게도 이 수도원에 꽤 유명한 맥주(Albaneta) 양조장이 딸려 있다. (수도사들께서 맥주라니! 상표에 십자가까지 그려져 있다.) 입장료만큼을 추가로 더 지불하면 그 양조장까지 구경할 수 있다니 어쩌면 한 잔 정도는 맛볼 수 있지 않을까 기대해 본다.

몬테카시노 맥주.

　사실 옛날 건물 그대로도 아니니 그냥 먼발치에서 올려다보고 돌아서는 방법도 있지만, 기억에 오래 남자면 직접 방문하여 시간을 좀 보내는 게 낫다. 큰길에서 수도원으로 올라가는 길 입구에는 로마의 극장과 원형경기장(보존 상태는 중급), 그리고 아주 작은 고고학박물관이 하나 있다. 로마시대에 카시눔이라는 도시가 이곳에 있었기 때문이다. 지금은 2차대전 당시 전몰자들을 위한 군인 묘지와 군부대가 이 부근 여기저기 흩어져 있다. 수도원 전체를 올려보기 가장 좋은 곳도 수도원 북쪽의 폴란드군 묘지다. 하지만 거기까지 가자면 수도원 정문을 지나 조금 더 안쪽으로 들어가야 한다.

　현재 수도원을 직접 방문하자면 차로 구불구불한 길을 돌고 또 돌아 올라가는 수밖에 없는데, 약 100년 전에는 이곳에 케이블카가 있었다. 1929년에 수도원 창설 1,400주년을 기념해서 순례자들을 위한 케이블카를 놓기로 결정되어 그다음 해에 공사가 끝났다. 그런데 1943년에 비행기 한 대가 케이블에 걸려 조종사는 죽고 케이블이 손상되는 사고가 있었고, 이어서 1944년에는 폭격으로 나머지 시설도 파괴되고 말았다. 근래에 케이블카를 복원하자는 논의가 있지만 아직은 공사가 시작되지 않은 모양이다.

토마스 아퀴나스의 고향 로카세카

다시 고속도로 갈림길로 돌아와서 북쪽으로 20분 정도 가면 길 오른쪽(동쪽)에 로카세카(Roccasecca, '메마른 바위')라는 작은 마을이 있다(포르미아에서 바로 가면 동쪽으로 1시간 거리). 토마스 아퀴나스(1225~1274년)의 고향으로 근래에 조성된 멋진 석상이 있다. 중세 신학의 완성자인 이 위대한 인물은 단테의 『신곡』에 여러 차례 언급되며 특히 '천국편'에서 아주 큰 역할을 부여받고 있다. 천국의 일곱 하늘 중 한가운데인 '태양의 하늘'은 현자들의 영역인데, 거기에서 13세기에 가장 유력하던 두 수도회, 프란체스코회와 도미니크회의 대표자들이 나와 상대편을 칭찬하고 자기편을 비판하는 연설을 펼친다. 이때 도미니크 수도회의 대표로 나선 사람이 바로 토마스 아퀴나스다. (한편 프란체스코회를 대표하는 인물은 보나벤투라다.) 아퀴나스는 프랑스 리옹에서 열리는 종교회의에 참석하

로카세카에 세워진 토마스 아퀴나스 석상.

기 위해 길을 떠났다가 로마 근교에서 죽었다. 단테는 이 죽음이 아퀴나스에 의해 자신의 비리가 드러날 것을 걱정한 '앙주의 샤를'의 음모 때문이라고 '연옥편' 20곡에서 적고 있다.

　로카세카 마을에 별다른 유적은 없고, 그저 중세적 사고를 종합한 한 천재의 고향 분위기를 느끼러 가는 것이니 너무 큰 기대는 하지 말라고 권고(또는 경고)한다. 어쨌든 우리가 아퀴나스에 대해 한마디라도 서로 이야기를 나눌 근거가 생기기는 하겠다.

아냐니와 카스텔로 간돌포

봉변당한 교황의 고향 아냐니

단테는 말하자면 '2권 분립'을 주장했던 사람이다. 교황권과 황제권의 균형이 이루어져야 한다는 것이다. 하지만 당시 교황들은 세속의 권력을 탐내서 교황령을 자꾸 늘리고 자기 친척에게 권력을 나눠주려 했다. 그래서 여러 교황이 단테의 비난을 받았는데, 그중 하나가 보니파키우스 8세다. 성직자 과세 문제를 놓고 프랑스 왕 필리프 4세('필립 미남왕', 사실은 '잘생긴 못된 놈')와 맞섰다가 밀려나서 감금하러 들이닥친 군인들에게 뺨까지 맞았는데, 이것을 '아냐니 따귀 사건'이라고 한다(1303년). 지상에서 그리스도의 권위를 대표하던 인물이 속인에게 뺨을 맞는 초유의 사태를 당하고 충격을 받았던지 교황은 한 달 뒤에 세상을 떠나고 말았다. 단테는 보니파키우스 8세를 극히 혐오했지만(이 교황이 발루아의 샤를을 보내 피렌체의 흑백 갈등에 간섭하게 하였고 그 여파로 단테가 축출되었다), 교황이 이런 봉변까지 당해서는 안 된다며 매우 개탄한다. 그는 이것을 '그리스도께서 교황의 몸을 입고 다시 한번 십자가에 달리신' 것으로 간주한다('연옥편' 20곡 86행 이하).

그 교황이 태어나고, 말년에 봉변당하고 세상을 떠난 데가 바로 아냐니(단테 시대 이름은 알라냐Alagna)이다. 중세의 모습을 간직한 소도시로, 보니파키우스 8세의 거처를 재활용한 교황박물관과 멋진 대성당 종탑, 그리고 아름다운 골목과 꽤 멋진 지하 구조물도 있어서 볼거리가 제법 된다. 대성당 지하는 '성 마그누스 지하실crypt'이라고도 불리는데, 이 도시에 기독교를 전파했던 2세기 성직자이자 순교자 마그누스가 이 성당의 수호성인이기 때문이다. 지하에 그를 위한 제단이 있고, 그의 유해도 이곳에 묻혔다고 전해진다. 이 지하실은 13세기 프레스코가 유명한데, 특히 「요한계시록」 내용이 유명하다. 시간이 흐르면서 훼손된 부분에 대해 복원 작업을 하고 있다.

물론 우리가 이곳에 들르는 이유는 단테와의 연관 때문이다. 이 도시

아냐니 따귀 사건을 그린 그림. 알폰스 드 뇌비유, 1883.

출신이자 이 도시에서 큰일을 당했던 보니파키우스 8세가 『신곡』에 여러 차례 언급된다. 보니파키우스는 앞에 언급한 생전의 사건 말고도 사후에까지 봉변을 당하는데, 후임 교황 클레멘스 5세가 그를 사후 재판에 회부한 것이다. (클레멘스는 보니파키우스의 바로 다음 교황은 아니다. 보니파키우스 직후에 선출된 교황 베네딕트 11세는 1년을 채우지 못하고 세상을 떠난다.) 클레멘스 5세는 프랑스 왕 필리프 4세의 지지를 받아 교황 자리를 얻었고, 필리프의 입맛대로 그의 정적들을 파문해 주었다. 단테는 '지옥편'에서 보니파키우스 8세와 클레멘스 5세가 곧 지옥에 도착하리라고 예고한다. 성직 매매자들의 영역이 이들이 머물 곳이다.

아냐니는 중세에 여러 교황이 머물던 도시다. 당시에 도시 로마가 외적의 침입을 막는 데 약점이 있었던 데 반해, 이 도시는 방비가 매우 튼튼했기 때문이다. 더구나 로마는 말라리아가 번성하기 좋은 환경인 데 비해 이곳은 비교적 고지대여서 모기가 적었다. 이런 이유들 때문에 여러 교황이 아냐니에 거주하며 신성로마황제와 회담하거나 중대 발표를 하기도 했다. 앞에 몇번 언급했던 페데리코 2세도 이곳에 와서 그레고리우스 9세를 만난 적이 있다.

현재 바티칸에 있는 교황 거처(사도궁, Apostolic Palace)는 16세기 말(1589년 기공)에 지어진 것이다. 그 전에 교황들은 라테라노궁(성 요한 San Giovanni 교회)에 머물렀다. 로마의 콜로세움에서 남동쪽으로 1.5킬로미터 떨어진 곳에 있다. 중세 초기에는 도시 로마의 인구가 1만 명 정도까지 줄어든 적도 있기 때문에, 도시 전체가 좀 황량하고 위험하기도 했다. 당시 사람들은 콜로세움을 일종의 성으로 삼아서 그 안에 마을을 이루고 살기도 했단다. 단테가 살던 중세 말기에는 도시 로마가 꽤 활력을 되찾긴 했지만 아직 바티칸궁이 없었다. 그래서 그가 천국에 도착해서 느낀 경이를 대도시에 도착한 촌사람의 어리둥절함에 비길 때, 놀라운 건축물의 대표로 내세운 것이 라테라노궁이다. '야만인이 라테라노궁을 처음 보았을 때처럼'이란 표현이 그것이다('천국편' 31곡 34행).

이 궁전은 10세기에 화재를 당한 후 재건된 것을 인노켄티우스 3세가 장대하게 치장했는데, 그것을 단테가 언급한 것이다. 지금은 카피톨리움 박물관에 소장된 '늑대 젖을 먹는 로물루스와 레무스' 조각상과 마르쿠스 아우렐리우스 기마상이 있던 곳도 이 라테라노궁 또는 그 인근이다. (라테라노는 로마시대에 이곳을 차지하고 살던 유력 가문 Laterani의 이름을 딴 명칭이다. 콘스탄티누스 황제가 그 부지와 건물을 교황에게 선물했다고 한다. 한편 바티칸은 로마시대부터 있던 언덕 Mons Vaticanus 이름이다.)

라테라노에 또 다른 주목할 만한 기념물이 있는데, 약 46미터에 이르는 오벨리스크다. 이것은 콘스탄티누스 1세의 아들인 콘스탄티우스(콘

단테가 보았을 라테라노궁의 중세 시대 모습. 1693년, 드로잉.

아냐니와 카스텔로 간돌포 **283**

스탄티누스 아님) 2세가 이집트에서 옮겨온 두 개의 오벨리스크 중 하나이다. 다른 하나는 콘스탄티노플로 가서 그곳 원형경주장의 중앙분리대spina로 사용되다가 지금은 술탄 아흐메드 광장 가운데 서있다. 로마로 온 이 오벨리스크도 대경주장Maximus Circus에서 중앙분리대 역할을 하던 것이다.

라테라노는 두 차례(1307년, 1361년) 대화재를 당하고, 또 교황들이 프랑스 아비뇽에 70년 가까이 머물면서('아비뇽 유수' 1309~1376년) 교황 거처로서의 지위를 잃었다. 나중에 로마로 귀환한 교황들도 '테베레강 건너 산타 마리아 교회'나 '대산타 마리아 교회Basilica di Santa Maria Maggiore'에 머물다가 바티칸궁이 완성되면서 그곳을 영구적인 거처로 정했다. (라테라노도 그렇지만 다른 두 성당에도 좋은 모자이크가 남아 있다.) 바티칸 대성당을 지을 무렵에 라테라노도 옛 모습을 복원하자는 제안이 있었지만, 결국 규모는 줄이고 형태도 새 시대에 맞추는 것으로 결정되어 현재의 모습이 되었다.

교황의 여름 궁전이 있는 곳, 카스텔로 간돌포

이제 로마에 거의 다 왔다. 아냐니에서 차로 1시간 정도 서쪽으로 이동하면 현재 교황의 여름 궁전이 있는 카스텔로 간돌포('간돌포성')가 나온다. 간돌포는 〈반지의 제왕〉에 나오는 마법사 간달프와 같은 이름이어서 재미있다. 이 궁전은 현재 재위 중인 프란치스코 교황과 그의 전임자 베네딕토 16세의 대화 또는 '대결'을 다룬 멋진 영화 〈두 교황〉에 나온다. 교황궁 자체는 13세기에 세워졌는데, 현지 귀족이 교황청에 진 빚 대신 건물을 바쳐서 16세기 말부터 여러 교황이 여름 별장으로 이용해 왔다. 프란치스코 교황이 즉위한 이후에는 일반인에게도 개방했고,

천문대가 딸려 있는 교황의 여름 궁전.

  심지어 바티칸에서부터 이곳까지 이어진 철도(일반인은 거의 알지 못하던 노선)도 개방해서 현재 관광객도 이용할 수 있다. 재미있는 사실 하나, 이 '교황 특급'은 굴뚝을 높이 세운 증기기관차가 끌고 있다. 여행사의 안내를 받아 궁을 둘러보고 궁에서 식사도 할 수 있는 현지 관광 상품이 있다. 이전에는 교황청에만 공급되던 이 지역 농산물을 현재는 일반인에게도 판매하고 있다.

  또 이 궁전에 천문대가 딸려 있다는 점도 흥미롭다. 종교와 과학은 상충한다는 인상도 없지 않지만, 가톨릭교회는 예전부터 천문학에 큰 관심을 두고 있다. 부활절 날짜를 제대로 정하기 위해 늘 하늘을 살펴야 하기 때문이다. 교황 그레고리우스 13세 때(1582년), 이전에 사용하던 율리우스 달력을 버리고 새로운 달력을 채택한 것도 이와 관련이 있다. 그런 전통을 계속 이어가는 곳이 이 천문대다.

이 성은 나란히 있는 두 호수 중 북쪽 호수Albani의 서쪽 가장자리에 서있는데, 아리키아라는 지역으로 베르길리우스의 『아이네이스』에도 나온다. 그리고 남쪽의 좀 작은 호수는 '네미 호수'로 제임스 프레이저의 『황금가지』 첫 장면이 펼쳐지는 배경이다. 네미 호숫가에 어떤 나무가 있고, 한 사내가 칼을 손에 든 채 잠자지 않고 그 나무를 지킨다는 내용이다. 그는 디아나 여신의 사제로서, 탈주 노예가 그를 죽이면 최고 사제직을 차지할 수 있기 때문에 그것을 막기 위해 잠도 자지 못하고 주변을 경계하는 중이란 얘기다.

티볼리와 술모나

하드리아누스의 별장이 있는 티볼리

방금 소개한 간돌포성은 아냐니에서 로마로 올라가는 고속도로에서 약간 서쪽으로 비껴난 지점에 있다. 그냥 그 고속도로(A1)를 따라 북상하면 아냐니에서 50분 정도 거리에 티볼리가 있다. 이곳은 하드리아누스 황제의 빌라가 유명하다.

앞에서 베네벤토의 개선문이 트라야누스 황제를 기념하여 세워진 것이라고 소개했는데, 그의 뒤를 이어 '다섯 명의 현명한 황제' 중 세 번째 자리를 차지한 사람이 하드리아누스다. 그는 사실 트라야누스의 오촌 조카이고, 트라야누스처럼 스페인 출신이다. 로마 황제들은 번잡한 도시 로마를 피해서 근교의 빌라에 가 휴식을 취하는 경우가 많았는데, 티볼리(라틴어 티부르)는 특히 스페인 출신 인사들이 좋아하던 지역이라고 한다. 이 부근에는 하드리아누스 처가의 소유지가 있었는데, 나중에 생긴 대빌라는 그 집안 소유의 작은 빌라를 확장한 것일 수도 있다.

이 빌라는 경역이 상당히 넓어서 여름에 방문하려면 뙤약볕에 대한 대비를 철저히 하는 게 좋다. 전체적으로 남북으로 길쭉한 부지에 동쪽과 서쪽 두 개의 중심축이 나란히 있다. 그중 서쪽 축에 볼거리가 집중되어 있다.

전체 부지의 북쪽에 위치한 매표소를 지나면 상당히 긴 진입로가 나온다. 이 부분엔 나무가 많아서 여름에 그늘이 진다는 점이 좋지만, 나쁜 점도 있다. 사실은 매표소 바로 안쪽에 희랍식 극장이 있고 그 남쪽에 베누스(아프로디테) 신전이 있는데, 진입로를 따라가면 나무에 가려서 보이지 않기 때문이다. 두 곳을 보려면 상당히 안쪽으로 들어갔다가 돌아 나와야 해서 찾아가는 사람이 거의 없다.

베누스 신전은 기둥 네 개가 복원되어 있다. 히랍의 델포이 아데네 신전처럼 도토리형 건물의 일부다. 깨진 기둥을 현대 재료로 채워넣어 얼룩이 진 게 델포이 아테네 신전과 정말 비슷한 인상을 준다. 베누스 신전 북동쪽에도 건물터가 하나 노출되어 있는데 레슬링 연습장palaestra이다.

하드리아누스 빌라의 핵심 부분으로 다가가면 작은 전시실과 제일 먼저 마주친다. 박물관이라 하기는 좀 그렇고 '사전 교육실' 정도인데 원래 모습을 확인할 수 있게 모형을 전시해 놓았다. '박물관' 명칭을 달고 있는 건물은 깊은 안쪽에 있는데 유물이 아주 좋지는 않다. 가장 좋은 것들은 이미 다른 곳으로 반출되었기 때문이다.

빌라의 구성 부분 중 동서로 길쭉한 정원을 제일 먼저 보게 된다. 직사각형의 상당히 큰(230×90미터) 호수가 조성되어 있고, 주변에 나무들이 서있어서 보기에 좋다. '포이킬레'라는 건물(이었던 것)인데, 아테나이의 스토아 포이킬레('알록달록한 주랑 건물')를 본뜬 것이다. 원래는 정원 테두리를 지붕 덮인 복도(주랑)가 에워싸고 있었다.

오늘날 탐방로는 그 주랑의 북서쪽에서 시작되어 북쪽면을 따라 동쪽으로 진행하다가 남쪽을 향해 우회전하게 되어 있다. 그 우회전 지점의 북동쪽에 꽤 인상적인 구조물이 있으니 확인하고 가는 게 좋다. 원

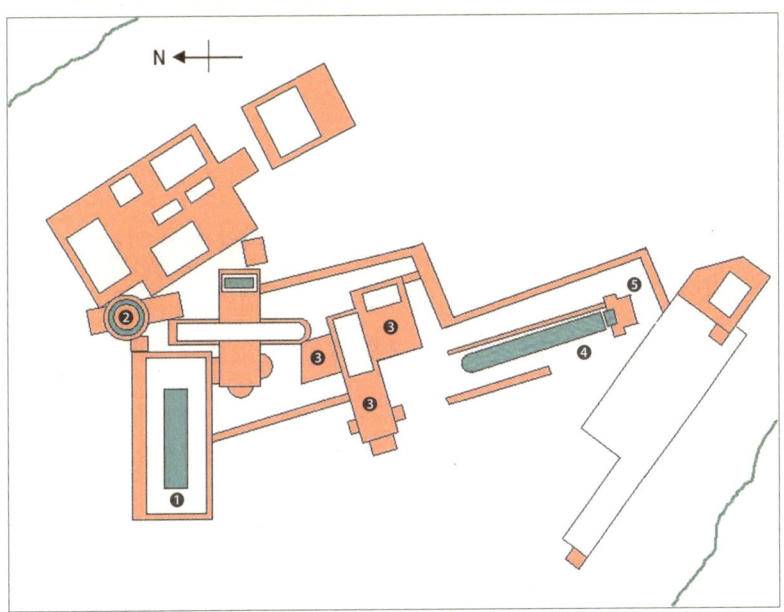

위 북쪽에서 바라본 하드리아누스 별장 복원 모형. 앞쪽에 희랍식 극장과 도토리형 베누스 신전이 보인다.
아래 빌라 안내도. 1 포이킬레 2 바다 극장 3 목욕장 4 카노푸스 5 세라페이온

바다 극장.

 통형 건물 내부에 원형 연못을 조성하고 그 연못 안에 원형의 섬을 만들어서 거기에 방들을 조성한 것이다. 원형 연못을 에워싼 기둥들이 다수 복원되어 있다. 보통 '바다 극장maritime theater'이라고 부르지만 원래 극장은 아니고, 그 안에 도서관, 욕실, 침실, 휴게실 등이 있는 주거 공간이었다 한다.
 '바다 극장' 동쪽에는 남북 방향으로 여러 개의 건물이 서있는데, 대개는 네모난 주랑 안에 정원과 건물 토대가 보이고, 각각의 부지 남쪽 끝에 다른 건물이 있는 형태다. 이 건물군이 이 빌라의 동쪽 축이다. 하지만 이미 여러 유적지를 돌아본 방문객에게 아주 인상적인 것은 없을 터이니, 그보다는 서쪽 축에 시간을 더 쓰시라고 권하고 싶다.
 다시 바다 극장 앞으로 돌아와서 남쪽 방향으로 진행하면 목욕장 건물군이 나온다. 제법 보존이 잘 되어 둥글둥글한 돔형 지붕들이 여전히 남아 있다. (이렇게 보존이 잘 된 것은 푸테올리 화산재를 이용한 콘크리트를 사용했기 때문이다. 같은 하드리아누스 시기에 지어진 가장 대표적인 콘크리트 돔이 판테온이다.) 이것들을 다 지나치면 제일 남쪽에 남북으로 길쭉한 연못이 나온다. 이 빌라에서 가장 인상적인 장소로 카노푸스라 부르는 곳이다. 중앙에 직사각형 연못이 있고, 남쪽 끝에는 이집트 신 세라피스를 모신 세라페이온이 있다. 연못을 돌아가며 기둥들이 서있고, 그 위에 보가 얹혀 있으며, 악어 조각상과 아테나이 아크로폴리스의 에렉테이온 여성 모양 기둥(카뤼아티데스)을 본 뜬 석상 등이 둘러서 있다. 특히 진입로에 가장 가까운 북쪽 끝부분 주랑에 아치형 보가 얹힌 것이 인상적이다. 카노푸스는 이집트의 나일강 하구, 알렉산드리아 동쪽에 있던 도시다. 하드리아누스는 평생 로마제국 전역을 순방하였는데, 특히 인상 깊게 본 이집트의 풍경을 이곳에 재현한 것이다. 그러니까 우

하드리아누스 빌라에서 가장 인상적인 장소 카노푸스.

왼쪽 사슴과 함께 있는 아르테미스 석상, 루브르. 오른쪽 안티노오스 조각상, 카피톨리움.

리가 보는 연못은 나일강을 상징하는 셈이다.

빌라 부근에서 발견된 많은 미술품이 외국 박물관으로 가버렸는데, 가장 뛰어난 작품이 루브르에 있는 〈사슴과 함께 있는 아르테미스〉 석상이다. (교황 여름 궁전 부근의 네미 호수 디아나 신전에서 발굴되었다는 설도 있다.) 교황 파울루스(바오로) 4세가 프랑스의 앙리 2세에게 선물하면서 프랑스로 가게 된 것이다. (앙리 2세는 마상 시합에서 부러진 창에 눈을 찔린 후 한 달 가량 정신이 들었다 나갔다 하다가 세상을 떠나서, 뇌과학 책에 늘 언급되는 인물이다. 어떤 저자는 '뇌과학을 다루는 책에서 이 사례를 언급하지 않는 것은 범죄에 해당된다'고 쓰기도 했다.) 프랑스 왕들이 살던 퐁텐블로성에 소장되어 있다가 루브르궁으로 갔다가 베르사유가 생기면서 거기로 옮겼다가, 프랑스대혁명 뒤에 다시 루브르로 옮겨졌다.

카피톨리움 박물관에 소장된 〈안티노오스〉 조각상도 여기서 나온 것이다. 이 미청년은 하드리아누스의 애인으로 유명한데, 이집트까지 하드리아누스와 동행했다가 나일강에서 익사했다고 한다. 그의 조각상은 델포이박물관에도 하나 있다. 그 밖에 대영박물관에 소장된 〈원반 던지는 사람〉, 팔라초 마시모에 있는 〈웅크린 아프로디테〉, 바티칸에 소장된 〈오시리스-안티노오스〉 등도 여기서 발굴된 조각들이다.

하드리아누스 빌라를 보고 나오면서 바로 인근에 있는 에스테 빌라 Villa d'Este를 방문하는 것도 좋다. 하드리아누스 빌라에서 차로 10분 정도 동쪽으로 더 들어가면 된다. 16세기에 한 부유한 추기경이 하드리아누스 빌라의 자재를 뜯어다가 짓고는 수많은 미술품도 거기로 옮겨갔다. 중간에 다른 귀족 집안으로 넘어가고 미술품들이 반출되기도 했지만 현재는 국가 소유로 되어 있다.

유네스코 문화유산으로 등재되어 있고 볼거리도 하드리아누스 빌라보다 많아서 관광객도 훨씬 더 많다. 산비탈에 조성된 널찍한 정원과

에스테 빌라.

10개 넘는 분수들이 아름답다. 그중 하나는 이름이 '백 개의 분수'이니 어쩌면 '100개 넘는 분수들'이라고 해야 할지도 모르겠다. 또 하나 '페르세포네 분수'는, 동굴처럼 조성된 벽감 안에 페르세포네 납치 장면 조각상이 있다가 사라졌단다. 위쪽 정원과 아래쪽 정원으로 나뉘는데, 아래쪽에 '에페소스의 디아나 분수'도 있다. 나폴리 국립고고학박물관에서 본 것 같은 모습인데, 가슴에 주렁주렁한 젖들 대부분이 물을 뿜고 있으며 하체는 이끼로 덮여서 대지모신의 면모가 더욱 두드러진다. 한편 이 빌라의 박물관에 소장된 그림 중에 인근의 폭포를 그린 것도 많은데, 실제로 근처에 깊은 협곡으로 쏟아지는 폭포가 있어서 물이 많은 계절에 찾아가면 그림과 거의 같은 풍경을 감상할 수 있을 것이다.

오비디우스의 고향 술모나

하드리아누스 빌라에서 동쪽으로 1시간 반 정도 이동하면 술모나에 닿는다. 이곳은 『변신 이야기』의 저자인 오비디우스의 고향이다. 2천 년 전 시인의 흔적은 찾기 어렵지만 광장에 그의 조각상이 서있다. 오비디우스는 아우구스투스의 미움을 받아서 오늘날 루마니아의 흑해 연안 도시인 콘스탄차에 유배되었다가 거기서 죽었다. 그 도시에서 시인을 기리기 위해 세운 조각상을 고향 도시 술모나 측에서 그대로 복제해서 세운 것이다. 달랑 조각상 하나 보자고 거기까지 가라는 건 좀 무리지만, 이렇게 시간을 들이면 기억도 오래 남는다. 조각상은 '9월 20일 광장'이라는 곳에 있다. 로마 쪽에서 접근하자면 이탈리아반도의 등뼈에 해당하는 아펜니노산맥을 넘어야 해서 해발 2,000미터급 산들 사이 골짜기를 달려 산중 분지에 자리 잡은 술모나에 도착하는데, 그 동쪽에는 2,700미터 넘는 백두산급의 산이 솟아 있다. 조금 추운 계절에 방문하

술모나의 오비디우스 조각상.

면 산꼭대기가 눈으로 덮인 것을 볼 수 있다.

 말 나온 김에 조금 덧붙이자면 아펜니노산맥에서 가장 높은 봉우리는 술모나보다 북쪽에 있는 '큰 뿔Corno Grande'(2,910미터)이다. 눈보라가 휘몰아칠 때면 거의 에베레스트처럼 보인다. 술모나에서 가까운 봉우리 몬테 아마로(2,793미터)는 백두산(2,744미터)보다 약간 더 높다. 아펜니노산맥은 한국의 태백산맥과 비슷하게 동쪽은 가파르고 서쪽 사면은 경사가 비교적 완만하다. 몬테 아마로 정상까지는 마지막 주차장 Guado Sant'Antonio에서 올라가는 데만 4시간 정도 걸린다. 혹시 술모나까지 온 것이 억울한 분은 날씨를 살피고 준비를 잘 갖춰서 한번 도전할 수도 있겠다.

제4장
도시 로마

도시 로마를 이루고 있는 로마 포룸과 그 주변,
그리고 마르스 벌판을 돌아본 다음,
테베레강 건너에 있는 바티칸 구역을 보고,
다시 테베레강 동쪽에 있는 보르게제 공원을
비롯한 로마 시내 북쪽 부분을
둘러보도록 하자.

1 대경주장 2 라테라노 대성당 3 포폴로 광장 4 케스티우스 피라미드 5 콘스탄티누스 개선문 6 콜로세움
7 포룸 8 카피톨리움 박물관 9 조국의 제단 10 트라야누스 기념기둥 11 마르쿠스 아우렐리우스 기념기둥
12 마르켈루스 극장 13 옥타비아의 주랑 현관 14 포르투누스 신전 15 헤라클레스 신전 16 진실의 입
17 야누스 아치 18 대하수도 19 파르네제궁 20 폼페이우스 극장 21 판테온 22 나보나 광장
23 하드리아누스 신전 24 몬테치토리오궁 25 바르베리니궁 26 마시모궁 27 산타 마리아 마조레 성당
28 쇠사슬의 베드로 성당 29 콜론나궁 30 아우구스투스 영묘 31 평화의 제단 32 성 천사의 성
33 베드로 대성당 34 바티칸 박물관 35 빌라 줄리아 에트루리아 박물관 36 보르게제 미술관

포룸 입구

로마 시내는 대략 네 구역으로 나눠볼 수 있다. 현대의 복잡한 자치구 구분을 따라가기보다는 도시 로마의 성장에 맞춰 대체적인 구역 분할을 해보자.

　로마공화정과 로마제국의 가장 중심적 유적들이 모인 곳은 포룸 주변이다. 이곳은 대체로 초기 왕정 때의 성벽(세르비우스 성벽)으로 둘러싸인 일곱 언덕 사이이다. 나중에 로마가 성장하면서 도시가 확장되어 간 방향은 포룸 서쪽의 마르스 벌판(캄푸스 마르티우스)으로, 원래는 테베레(티베리스)강에 홍수가 나면 물이 들어차던 범람원이다. 한편 테베레강 건너편은 남쪽의 '트라스테베레'와 북쪽의 바티칸 구역으로 나뉘는데, 우리가 둘러볼 만한 곳은 대체로 바티칸 구역에 몰려 있다. 이 세 구역을 — 강 서쪽에서 바티칸 구역은 제외하고 — 에워싼 성벽이 아우렐리아누스(3세기의 황제. 마르쿠스 아우렐리우스가 아님) 성벽이고, 이것이 고대 도시 로마의 시내였다. 이들에 더해서 현대의 여행자가 둘러볼 곳으로 테베레강 동쪽에 있는 로마 시내의 북쪽 부분이 있다. 이곳에는 보르게제 공원을 에워싸고 수많은 궁전과 박물관이 있다.

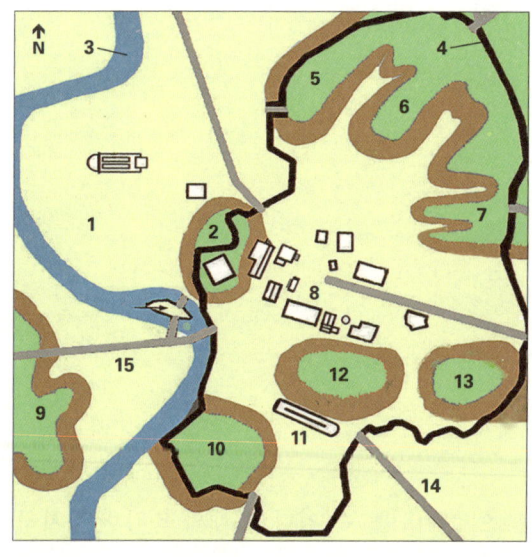

기원전 1세기 도시 로마.
1 마르스 벌판
2 카피톨리움 언덕
3 티베리스강
4 세르비우스 성벽
5 퀴리날리스 언덕
6 비미날리스 언덕
7 에스퀼리누스 언덕
8 포룸
9 야니쿨룸 언덕
10 아벤티누스 언덕
11 대경주장
12 팔라티움 언덕
13 카일리우스 언덕
14 아삐우스 가도
15 트라스테베레

로마에 일곱 언덕이 있었다고 하지만, 북쪽 부분의 세 언덕(퀴리날리스, 비미날리스, 에스퀼리누스)은 북동쪽에서 다가온 구릉지대의 끝부분으로 독자성이 좀 부족하고 약간 외곽이어서 인상이 약하다. 가장 중심적인 두 언덕은 카피톨리움과 팔라티움이다. (카피톨리움에서 캐피털 Capital, 팔라티움에서 팰리스palace 같은 단어가 파생되었다.)

로마의 포룸(광장)은 동서 방향으로 뻗어 있는데, 그 서쪽 끝을 가로막고 있는 것이 카피톨리움 언덕이고 동쪽을 끝맺는 것이 콜로세움이다. (정확히는 북서–남동 방향이다.) 현대의 방문객은 거의 언제나 콜로세움 쪽에서 접근해서 카피톨리움을 바라보면서 가게 된다. 이 축의 왼쪽(남쪽)에 있는 언덕이 팔라티움이고, 여기에 황제 저택을 비롯한 호화 주택들이 있었다. 그 너머 남쪽에 동서 방향으로 길쭉하게 대경주장 Circus Maximus이 있다. 현재 이 부근에는 큰 차가 들어갈 수 없게 되어 있어서, 대개는 대경주장의 서쪽에서 접근해서 대경주장 남쪽 중간에 내려 경주장 전체를 조감한다. 고대의 지면은 현재 지면보다 낮아서 유적지를 아래로 내려다보게 된다. 거기서 동쪽으로 조금 더 진행해서 좌회전하여 콜로세움 쪽으로 다가가게 된다. 그러니까 이 부근은 팔라티움 언덕을 중간에 두고 U자 모양으로 동선이 구성된다고 생각하면 좋다.

전차 경주가 벌어지던 대경주장

대경주장은 영화 〈벤허〉 같은 데서 볼 수 있는 전차 경주가 벌어지던 곳이다. 동서로 길쭉한 경주로가 있고, 중간에는 중앙분리대spina가 있으며, 중앙분리대 양쪽 끝에는 반환점meta(원추형 돌기둥 세 개)이 있었다.

앞에 설명한 것처럼 로마에 남아 있는 오벨리스크 중 몇은 이 경주장의 중앙분리대 장식으로 쓰이던 것이다. 라테라노 대성당 앞과 포폴로

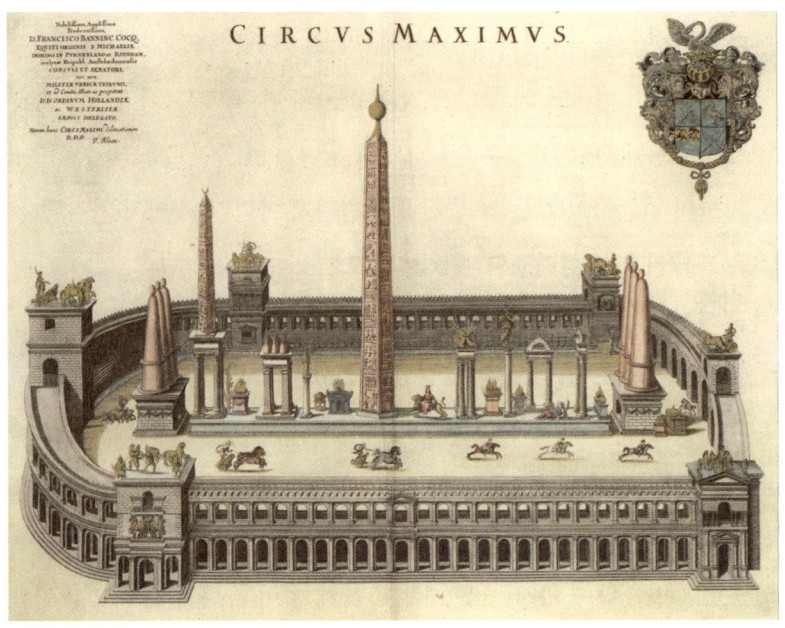

옛 삽화에 그려진 대경주장. 1649년.

광장에 서있는 오벨리스크가 바로 이곳 중앙분리대에 있던 것들이다. 바티칸 광장에 서있는 오벨리스크는 그 자리에 있던 네로의 대경주장 중앙분리대였고, 별로 유명하지 않은 두 경주장(도시 로마 동남쪽의 막센티우스 경주장, 로마 시내 동쪽 끝에 있던 바리아누스 경주장)에서 중앙분리대로 쓰이던 오벨리스크들이 더 있다.

로마 시내에는 오벨리스크가 매우 많다. 이것들은 시간을 거슬러 르네상스-중세-로마시대-이집트 문명을 연결해 주는 중요한 유물이다. 로마 시내에는 모두 13개의 오벨리스크가 있는데, 그중 8개는 고대 이집트인들이 만든 것을 로마가 빼앗아 온 것이고, 5개는 로마가 이집트를 차지하고 있을 때에 주문 제작한 것들이다. 주문 제작한 것의 대표가 — 답사객 말고 보통의 관광객이 가장 많이 찾는 — 나보나 광장과 스페인 계단 위에 서있는 오벨리스크다. 재미있는 점은 이 신제품들의 크기이다. 옛 이집트의 오벨리스크는 라테라노나 포폴로 광장 것처럼 아주 거대하거나 10미터도 되지 않게 작거나인 데 반해, 로만 이집트의 오벨리스크들은 대체로 10~20미터 범위에 들어가는 중간 정도 높이다. 제 돈을 써야 하는 소비자는 늘 중간을 안전하게 여긴다. 높이가 가장 높은 것은 라테라노 오벨리스크(대략 대좌 포함 46미터 정도)인데, 로마로 옮겨진 시기(서기 4세기 말)가 가장 뒤늦은 것도 이 오벨리스크이다.

로마 시내의 오벨리스크 중 적어도 하나는 해시계의 바늘gnomon로 사용되었다. 현재 판테온 북동쪽의 몬테치토리오 광장에 서있는 것이 바로 그 시곗바늘이다. 아우구스투스가 이곳에 세운 태양신 신전에 거대한 해시계가 있었다. 물론 이런 것들은 다 쓰러지고 토막 나고 더러는 외국으로 반출될 뻔하던 것을 대체로 16세기 이후 다시 세우고 위치를 옮기고 해서 지금 같은 모습을 보이고 있다. 고대 이집트 것들은 거의

라테라노 오벨리스크.

바티칸 광장의 오벨리스크에만 유독 글자가 없다.

다 신성문자가 새겨져 있는데, 유독 바티칸의 베드로 광장에 서있는 것만 글자가 없다. 공교롭게도, 형상을 만들지 않던 초기 기독교의 특성에 잘 들어맞는 오벨리스크다.

로마에서 오벨리스크를 한꺼번에 여러 개 확인할 수 있는 곳은 판테온 주변이다. 판테온 북쪽 입구에 하나(로톤다 오벨리스크), 그 북동쪽에 방금 말한 '해시계 바늘', 판테온의 동남쪽 미네르바 광장에 또 하나, 그리고 판테온에서 100미터 정도 서쪽에 있는 나보나 광장의 '4대강 분

포럼 입구 **303**

수'에 또 하나가 있다.

　대경주장은 길이가 약 620미터, 폭이 약 120미터이니 웬만한 학교 운동장 6개 이상의 넓이였다. 최전성기에 대개는 사두마차 12대가 경기를 벌였고, 관객은 15만 명 이상 수용할 수 있었다. 리비우스에 따르면 초기 왕정 시대부터 이곳에서 경주가 열려서 중간쯤 가장자리에 임시 특별석이 설치되었다고 하는데, 점차로 영구적인 좌석이 생겨나고 특히 동남쪽 반환점 근처에 귀빈석이 마련되었다. 처음에는 여기서 온갖 종류의 축제가 열렸지만, 서기 80년경 콜로세움이 세워지면서 검투사 시합이나 짐승 사냥쇼 같은 것들은 그리로 옮겨 가고, 1세기 말 마르스 벌판에 도미티아누스 스타디움(현재의 나보나 광장 자리)이 생기면서 달리기 경기 등은 거기서 개최되었다고 한다. 하지만 규모가 큰 행사는

대경주장 너머로 팔라티움 언덕이 보인다.

여전히 대경주장에서 열렸는데, 이곳에서 마지막 대규모 행사를 개최한 인물은 뜻밖에도 로마를 무력으로 점령한 동고트Ostrogoths 왕 토틸라(서기 6세기)였다고 한다.

 대경주장은 북쪽에는 팔라티움, 남쪽에는 아벤티누스 언덕을 끼고 그 사이 골짜기에 조성되어 있었다. 로마의 일곱 언덕 중 세 번째로 유명한 언덕이 아벤티누스다. 로마가 시작될 때 쌍둥이 형제 로물루스와 레무스가 각기 신이 보낸 조짐을 기다리는데, 로물루스는 팔라티움에서, 레무스는 아벤티누스에서 독수리를 보았다고 한다. 레무스에게 먼저 독수리 6마리가 나타났고 이어서 로물루스에게 독수리 12마리가 나타났는데, 순서로는 레무스가, 숫자로는 로물루스가 이겼기 때문에 여기서 결판을 보지는 못했다고 한다. (나중에 로물루스가 성을 쌓기 시작했는데, 레무스가 그것을 비웃으며 뛰어넘자 로물루스가 창을 던져 형제를 죽였다고 한다.) 아벤티누스라는 명칭은 옛날 왕 이름에서 딴 것이란 주장도 있지만, 레무스가 새aves가 오기venire를 기다리던 곳이라는 뜻도 은근히 담고 있는 듯하다.

 한편 아벤티누스의 바위 언덕에, 불을 뿜는 괴물 카쿠스의 동굴이 있었다는 얘기도 전해진다. 헤라클레스가 게뤼온의 소 떼를 몰고 이곳에 당도했을 때, 카쿠스가 그 소 중 일부를 훔쳤다가 결국 헤라클레스에게 죽었다는 얘기다. 이 일화는 베르길리우스의 『아이네이스』 8권에 나오며, 단테는 그 카쿠스를 도둑들의 지옥(독사 지옥)의 간판 격으로 이용하고 있다. (지옥의 여러 원에서 신화적 존재들이 그 영역의 간판 역할을 하는 것으로 되어 있다. 머리 셋 달린 개 케르베로스는 식탐 지옥의 간판 격이다.)

 대경주장은 팔라티움에 바짝 붙어 있어서, 이 언덕에 사는 귀족과 부호들이 경주장에 들어오기 좋도록 그 방향의 특별 출입구도 마련되어

아벤티누스의 동굴에 살았다는 카쿠스를 죽이는 헤라클레스, 시볼트 베헴, 1545년.

있었던 듯하다. 현재는 과거의 구조물 중 극히 일부만 남아 있으며, 이따금 국제경기 우승 축하 행사가 열린다. 2006년 월드컵에서 이탈리아가 우승했을 때도 이곳에서 축하 행사가 열렸다.

대경주장 남동쪽, 세 개의 문

대경주장 동쪽에는 로마 일곱 언덕 중 하나인 카일리우스 언덕이 있다. 대경주장을 내려다보고 동쪽으로 진행하다 좌회전하면 왼쪽에 팔라티움 언덕과 오른쪽에 카일리우스 언덕을 두고 콜로세움 쪽으로 가는 길이 뻗어 있다. 대경주장 동쪽은 말하자면 이 두 언덕과 남쪽의 아벤티누스 언덕이 만나는 곳이다. 로마의 두 번째 왕이었던 누마 폼필리우스가 그 부근에서 요정 에게리아를 만나서 여러 조언을 들었다고 한다. 거기서 남동쪽으로 고대의 대로가 뻗어 있으니, 저 유명한 아피우스 가도다.

앞에서도 설명했지만 아피우스는 로마의 첫 번째 가도(고대의 고속도로)와 첫 번째 수도(아피우스 수로)를 건립한 인물이다. 기원전 4세기 말에서 3세기 초에 활동하며 하층민의 투표권을 확대하고 하층 출신도 원로원에 진출할 수 있도록 제도를 개혁했으며, 감찰관censor 재직 중에 원로원을 감시하고 축출할 수 있는 권한을 확보해서 감찰관의 지위를 크게 높인 사람이다. 말년에는 눈이 멀어서 그의 이름 끝에 붙는 별명cognomen이 '눈먼 자Caecus'다. 앞을 못 보는 아피우스다.

대경주장 동쪽 끝은 세르비우스 성벽과 성문(카페나 성문)으로 이어지고 그 바깥으로 남쪽을 향해 아피우스 가도가 뻗어나간다. 오벨리스크에 너무 집착하는 것 같아 좀 죄송스러운데, 20세기 초반에는 바로 이 지점, 카페나 성문(자리) 앞에 에티오피아 오벨리스크가 세워져 있었다. 통일왕국을 이루고 뒤늦게 식민지 쟁탈전에 뛰어든 이탈리아가 에티오피아를 차지하고 거기서 옮겨온 것이다(1937년). 이 오벨리스크

원로원의 아피우스,
체사레 마카리, 1882~88.

는 서기 4세기에 에티오피아 북부 악숨 왕국에서 만들어진 것으로 높이 25미터에, 맨 아래에는 문을 새기고 사면에 창문을 새겨서 일종의 건물처럼 보이도록 조성한 것이다. 애당초 지하 묘실의 위치를 표시하던 구조물이었던 것으로 여겨진다. 이탈리아 당국은 이것을 다섯 토막으로 나눠서 옮겨다가 로마 시내에 세워두었다. 2차대전 이후에 에티오피아는 거듭 반환을 요구했고, 완강히 버티던 이탈리아는 2005년에야 이 보물을 돌려주어 2008년부터 원래 위치에서 일반에 공개되고 있다. (이집트 오벨리스크는 끝이 뾰족한 반면, 에티오피아 것은 끝부분을 마치 사람 머리처럼 둥그스름하게 마감했다. 희랍어로 '오벨리스코스'는 '꼬챙이'라는 뜻이다.)

성문 얘기가 나왔으니 로마의 두 겹 성벽에 대해 좀 더 알아보자. 앞에 잠깐 언급한 세르비우스 성벽은 포룸을 정가운데 두고 그와 거의 십자형으로 동북-남서 방향으로 길쭉한, 어찌 보면 옆에서 본 사람 얼굴처럼 생겼다. 나중에 로마가 확장되면서 마르스 벌판까지 포함하는 더 큰 성벽인 아우렐리아누스 성벽이 세워지는데, 이것은 뾰족한 모서리가 일곱 개 있는 별 모양에 가깝다.

아우렐리아누스 성벽의 뾰족한 모서리 중 네 개는 서쪽에, 세 개는 동쪽에 있는데, 그중 가장 주목할 부분은 남동 방향으로 튀어나간 부분이다. 거기에 새로운 문(포르타 아피아, 아피우스 성문)이 생기면서 앞에 말한 카페나 성문은 중요성을 잃고 나중에는 철거되었다. 카라칼라 황제가 카페나 성문 밖의 아피우스 가도 가까이에 거대한 목욕장(카라칼라 목욕장)을 짓고, 거기에 물을 공급하기 위해 수도 Aqua Marcia를 건설하면서 옛 성벽과 성문을 수도교 지지대로 이용하기도 했다. 현재 인터넷에 '카페나 성문'이라고 떠돌고 있는 사진은 '드루수스 아치'라고 불리는 것으로, 아우렐리아누스 성벽 동남쪽 모서리 아피우스 성문(현재의 포르타 산 세바스치아노) 바로 안쪽에 있는 문이다. 사실 이 성문은 드루수스를 기리는 아치도 아니고, 트라야누스 개선문의 일부인 것으로 여겨진다.

　로마인들은 이름 재활용이 너무 많아서 각 개인을 구별하기 매우 어려운데, 이 드루수스는 아우구스투스의 재혼 아내 리비아의 자식으로, 로마 2대 황제 티베리우스의 동생이고, 3대 황제 클라우디우스의 아버지이자, 4대 황제 칼리굴라의 할아버지, 5대 황제 네로의 외증조부다. 본인이 황제가 되지는 못했지만 황제 가문의 중심적인 인물이었다. 군

고대 로마의 두 겹 성벽 지도. 1 테베레강 2 세르비우스 성벽 3 카페나 성문 4 드루수스 아치 5 포르타 아피아 6 아우렐리아누스 성벽 7 아피우스 가도 8 카라칼라 목욕장 9 콜로세움 10 대경주장 11 산 파올로 성문 12 케스티우스 피라미드 13 묘지 14 포룸

드루수스 아치라고 불리는 문.

사적 재능이 상당했던지 라인강을 건너 엘베강에 이르기까지 게르마니아 지역을 평정하기도 했지만, 거기서 낙마 사고를 당하여 죽었다(기원전 9년). 원로원에서는 그를 기리기 위해 아피우스 가도에 개선문을 세웠는데 현재는 사라져버렸고 그 위치도 확인되지 않는다. 한편 그의 유골은 아우구스투스 영묘에 안치되었으며, 그를 기리는 (키케로 무덤과 비슷한) 기념물이 독일 마인츠에 남아 있다.

케스티우스 피라미드와 두 시인의 무덤

아우렐리아누스 성벽의 서남쪽 모서리 부근에 거대한 성문이 남아 있다. 대경주장을 중심으로 설명하자면, 방금 갔던 길과는 직각 방향으로 전진하면 된다. 앞에서 우리는 대경주장에서 동남쪽으로 뻗어간 아피우스 가도를 따라 옛 성문(카페나 문)-카라칼라 목욕장-트라야누스 개선문(드루수스 아치)-아피우스 성문(산 세바스치아노 문)까지 갔었는데, 그 길과는 직각을 이루는 방향을 취하여 옛 도시 경계까지 가보자는 것이다. 즉 대경주장에서 좌회전해서 콜로세움으로 가는 길의 남서 방향

연장선을 따라가는 것이다.

거기에 아우렐리아누스 성벽의 일부였던 산 파올로 성문(원래 이름은 오스티아 문)이 육중하게 서있고, 그 문 바로 서쪽에 성벽을 뚫고 선 피라미드가 하나 있다. '아니, 로마에 웬 피라미드?' 하실 분도 있을 텐데, 로마인들은 자기 무덤을 아주 유별나게 장식하고 사후 세계에 대해 사람마다 다양한 신념을 보여준 것으로 유명하다. 로마가 이집트를 차지한 후 그곳을 다녀온 사람 중에 피라미드가 인상적이었던지 그것을 본떠 무덤을 조성하기도 했다. '케스티우스 피라미드'도 기원전 1세기 말에 호민관을 지낸 케스티우스Cestius라는 인물의 무덤이다. 큰길 쪽(동남쪽)과 반대편(서북쪽) 벽면에 보면 두 줄로 쓴 새김글 두 번째 단어로 이름이 보인다. 문장의 나머지 부분은 고인의 가족관계와 직책을 적은 것인데 약자를 많이 써서 라틴어를 아는 사람이라도 얼른 읽어내기 힘들다. 여러 줄로 된 새김글도 있는데, 이는 17세기에 이 무덤을 발굴하고 정비했던 교황의 지시에 따라 새로 새긴 것이다.

대제국의 왕도 아니고 별로 유명치도 않은 개인의 무덤치고는 규모가 상당하다. 바닥 한 변이 약 30미터, 높이는 37미터다. 내부에는 묘실이 조성되어 있는데, 이미 오래전에 도굴되어 아무 유물도 찾지 못했다. 큰길가에 있기 때문에 큰 수고 없이 잠깐 둘러볼 수 있다. 2015년부터 일반인도 내부를 관람할 수 있게 되었는데, 한 달에 두 번뿐이니 미리 예약하고 가야 한다.

한편 케스티우스 피라미드 바로 너머에 묘지가 있는데, 거기에 영국 시인 키츠(1795~1821년)의 무덤도 있으니 관심 있는 분은 한번 가볼 만하다. 키츠는 폐결핵 치료를 위해 따뜻한 로마로 이주해 스페인 계단 옆에 집을 얻었지만, 로마 거주 1년도 안 되어 세상을 떠났다. 키츠를

위 케스티우스 피라미드
아래 키츠와 친구
세번의 무덤.

간호하던 친구 조셉 세번Severn(초상화가)도 로마에서 죽어, 둘의 비석이 나란히 서있는데 두 비석의 머리 부분에 각기 뤼라와 팔레트가 새겨져 있다. 키츠의 비석에는 '물 위에 이름을 적어 남긴 젊은 영국 시인'이라고만 적혀 있고, 그 곁의 팔레트가 새겨진 비석에 세번과 함께 키츠 이름도 적혀 있다. 큰길 쪽 입구 가까이에 있다.

이 묘지의 더 안쪽으로 들어가면 역시 영국 시인인 셸리(1792~1822년)의 무덤도 있다. 셸리는 키츠보다 먼저 이탈리아에 와서 나폴리, 로마, 피렌체 등을 오가며 지내다가, 키츠가 죽고 약 1년 반 뒤에 사르데냐 인근 해상에서 조난 사고로 죽었다. 그의 유골은 케스티우스 피라미드 서쪽 두 번째 성탑 밑에, 바닥에 누운 묘비 아래 묻혔다. 앞에 말한 스페인 계단 옆 키츠가 머물던 집은 현재 키츠와 셸리의 기념관으로 쓰이고 있다.

재활용 부재를 이용한 콘스탄티누스 개선문

대경주장 동쪽에서 좌회전하여 콜로세움을 보며 전진하면 통로bay가 세 개 있는 거대한 개선문과 마주친다. 기독교를 공인하고 로마제국의 수도를 동쪽 콘스탄티노플로 옮긴 황제를 기리는, 좀 더 정확히는 그가 경쟁자 막센티우스를 이긴 사건을 기념하는 구조물이다. 이 둘이 겨뤘던 밀비우스 다리는 로마 시내의 최북단에 있다. 카피톨리움 언덕 동쪽에 있는 조국의 제단에서 북서쪽으로 뻗은 대로를 따라 5킬로미터쯤 곧장 가면 밀비우스 다리에 닿는다.

전설에 따르면 밀비우스 전투(312년)를 앞두고 콘스탄티누스의 꿈에 천사가 나타나 십자가 깃발을 주면서 '이것으로 승리하리라'는 계시를 주었다. 그는 십자가를 앞세우고 싸워 승리했으며, 기독교를 공인하게 되었다 한다. 한편 상대편 막센티우스는 태양신의 깃발을 들고 나섰다고 한다. 고대에 태양신의 상징은 태양 마차의 바큇살인데 이것도 네 방향의 길이가 모두 같은 십자가 형태이니 십자가끼리의 대결에서 콘스탄티누스가 이긴 셈이다. (그 당시 깃발은 펄럭이는 깃발이 아니라 피켓 같은 것이었다. 제대로 적자면 '깃발'이 아니라 그냥 '기旗'라고 해야 맞다.)

로마 황제정의 역사

다시 여기서 로마 황제정의 역사를 조금 언급해야겠다. 카이사르와 그의 양자 아우구스투스의 계통(율리우스-클라우디우스 가문)은 네로에게서 끊어진다. 서기 68년에 네로가 자살한 후 네 명의 경쟁자가 다투던 '네 황제의 해'(69년)의 혼란을 수습하고 '예루살렘 정복자' 베스파시아누스가 집권한다. 하지만 티투스, 도미티아누스로 이어지는 플라비우스 가문의 통치도 도미티아누스가 암살되면서(96년) 단명으로 끝난다. 이어서 다섯 명의 현명한 황제가 잇달아 다스린 '5현제 시대'가 이어지지만, 철학자 황제 마르쿠스 아우렐리우스께서 자기 아들인 '미치광이' 콤모두스에게 권력을 물려주면서 다시 혼란이 생긴다. 콤모두스가 암살되고(192년 12월 31일) '다섯 황제의 해'(193년)가 이어진다. 그 혼란을 수습한 이가 포룸 서쪽 끝에 자신의 개선문을 보유한 셉티미우스 세베루스(재위 193~211년)다. 이 황제는 브리타니아 원정 도중 사망하고, 그의 두 아들 게타와 카라칼라가 다투다가 (아마도 카라칼라의 사주에 의해) 게타가 암살된다. 카라칼라는 대경주장에서 도시 동남쪽 성문으로 가는 길가에 큰 목욕장을 지은 것으로 앞에 소개했다. 이 카라칼라는 동방 지역을 순방하던 중 하란(아브라함 일가가 가나안 땅으로 가던 중에 정착했던 곳)에서 피살된다. 그 뒤를 이어 로마에 가보지도 못하고 죽은 황제 마크리누스가 1년 다스린다. 그 다음이 카라칼라의 사촌이자, 로마 황제 중 어쩌면 가장 기이한 인물인 엘라가발루스(헬리오가발루스)인데, 이 사람이 태양신을 섬기던 신전 Elagabalium은 포룸 입구에서 마주치게 될 것이다. 그는 태양신을 섬기고 베스타 여사제와 결혼하고, 스스로 사창가에서 몸을 팔기도 했단다. 14세에 황제가 되었다가 겨우 4년 통치 후에 피살된 엘라가발루스를 대신해서 그의 사촌 세베루스 알렉산데르가 13년 통치 후 암살된다. 거기서 세베루스 가문의 맥은 끊어지고 이른바 '3세기의 위기'(235~284년)가 닥친다. 이민족의 침입, 내전, 경제적 붕괴, 역병이 계속 이어지던 50년이다. 그 위기를 수습하고, 로마제국을 동서로 나누어 각각을 황제와 부황제 두 명이 다스리는 '사두정체'를 세운 이가 디오클레티아누스다. 이 디오클레티아누스와 공동으로 통치하다가 나중에 동쪽의 황제가 된 갈레리우스는 희랍 땅 테살로니키에 여러 유적을 남겼다. 한편 이 갈레리우스가 동쪽을 다스릴 때 로마제국의 서쪽 지역을 다스리던 이들이 콘스탄티누스와 막센티우스고, 결국은 이 둘이 권력을 놓고 대결하게 된 것이다. 그 다툼에서 최종 승리를 거둔 콘스탄티누스가 수도를 콘스탄티노플로 옮겨서 결국 서쪽이 약해지고 동로마만 살아남게 되는 단초가 되었다. 일단 우리가 유적을 돌아보는 데 필요한 지식은 이 정도다.

우리가 둘러볼 포룸 주변에는 개선문이 세 개 있는데, 제일 먼저 마주치는 콘스탄티누스 개선문(315년)이 가장 후대의 것이다. 포룸 중간에 서있는 티투스 개선문(서기 1세기 말)이 가장 오래되었고, 포룸 서쪽 끝에 있는 셉티미우스 세베루스 개선문(203년)이 그 다음이다.

콘스탄티누스 개선문은 로마시대 개선문 중 가장 거대한 것으로 높이가 21미터, 폭이 약 26미터, 두께가 약 7.5미터다. '개선문' 하면 떠오르는 파리에 있는 19세기 구조물(에투알 개선문, 50×45×22)과 비교하면 절반 정도(길이 기준) 크기이다. 에투알 개선문은 통로가 하나여서 티투스 개선문과 같은 형태다. 한데 파리에는 개선문이 하나 더 있다. 루브르 바로 서쪽의 튈르리 공원 중간에 서있는 카루셀 개선문(19×23×7.3)이다. 이 문은 통로가 세 개여서 콘스탄티누스 개선문과 유사하고 크기도 비슷하다. 자료를 찾아보면 카루셀 개선문은 콘스탄티누스

위 콘스탄티누스 개선문(북쪽면).
아래 콘스탄티누스 개선문을 모델로 삼아 지은 파리의 카루셀 개선문.

위 티투스 개선문.
아래 티투스 개선문을
본떠 50배 크기로 지은
파리의 에투알 개선문.

포룸 입구

개선문을 모델로 삼아 지은 것이라고 확인된다. 그러면 혹시 에투알 개선문은 티투스 개선문을 본뜬 게 아닐까? 맞다. 티투스 개선문(15.5×13.5×4.75)을 부피 기준 50배(길이 기준 세 배 남짓) 정도로 확대한 게 바로 에투알 개선문이다.

  콘스탄티누스 개선문은 통로가 세 개이므로 문설주에 해당되는 부분이 네 개 있는데, 그 앞과 뒤에 각기 기둥을 세우고, 기둥머리 부분에 보를 연결해서 문의 본체와 이어 붙였다. 이런 형식은 잠시 후에 보게 될 셉티미우스 세베루스 개선문에 처음 이용된 것이라 한다. 두 번째로 보게 될 티투스 개선문은 매우 단출해서 장식 기둥을 독립적으로 세우지 않고 문설주에 박힌 기둥으로 처리했다. 포룸에 남아 있는 세 개의 개선문 중 콘스탄티누스 것이 가장 멋지게 장식되어 있는데, 사실 이 구조물의 장식 부조들은 지금은 사라진 다른 승전 기념물에서 떼어다 붙인 것이다. 양쪽 작은 통로 위의 원형 장식 네 개는 하드리아누스 기념물에서, 상층구조물attic의 네모 장식 네 개는 마르쿠스 아우렐리우스 기념물에서, 장식 기둥 위의 인물상과 옆면 네모 장식물은 트라야누스 기념물에서 떼어온 것이다. 왜 이렇게 재활용했는지에 대해서는 시간이 없어서, 솜씨가 부족해서, 새 황제도 옛 현명한 황제들 못지않다는 걸 보여주기 위해서 등 여러 설명이 있다.

  한데 이 개선문이 애초에 콘스탄티누스를 위해 세워진 게 아니라는 주장도 있다. 당시 도시 로마는 제국의 통치 중심으로 삼기에 문제가 많았고, 변방을 지킬 필요성이 커져서 황제들도 로마에 머물기보다는 지방에 새 도시를 만들고 거기 머물러 있는 경우가 많았다. 이런 흐름에 맞선 사람이 막센티우스다. 그는 말하자면 '도시 재생'의 주창자로 시내에 여러 새로운 건물을 지었는데, 현재 포룸에서 그나마 원형을 제일 잘 유지하고 있는 건물(막센티우스 바실리카)도 그가 지은 것이다. 따라서 새 도시를 지어 이사해버린 콘스탄티누스보다는 막센티우스가 이 구조물을 세웠다는 게 더 그럴듯하다. 개선문 상부의 '간판'만 갈아 끼우면 되니 건립자 바꿔치기는 별로 어렵지 않다. 막센티우스는 기록말살형damnatio memoriae 을 선고받았기 때문에, 이 개선문 새김글에도 이름이 직접 나오진 않는다. 콘스탄티누스의 이름은 남쪽면 새김글 네 번째 단어로 나온다.

얼른 보고 지나가면 알아채기 힘든데, 남쪽의 기둥 받침plinth에는 부조가 없는 데 반해 북쪽 기둥 받침에는 꽤 깊은 부조가 새겨져 있다. 콜로세움에 제일 가까운 기둥 받침에는 방패를 든 여성이 보이는데, 승리의 여신이다. 로마 부조에 날개 달린 여성이나 방패를 든 여자가 보이면 승리의 여신이라고 생각하면 거의 맞다.

콘스탄티누스 개선문 바로 앞(북쪽)에는 꽤 넓은 잔디밭이 펼쳐져 있

'땀 흘리는 반환점' 너머 포룸으로 들어가는 길이 보인다.

고, 거기에 돌로 된 커다란 원이 땅에 박힌 채로 옛날 구조물의 흔적을 보여준다. 그 한가운데에는 맨홀 뚜껑 같은 것이 덮여 있다. 이것은 옛날 개선 행렬이 콘스탄티누스 개선문까지 와서 좌회전해서 포럼으로 들어갈 때 회전의 중심점 역할을 하던 '땀 흘리는 반환점 Meta Sudans'이라는 것이다. 높이가 약 11미터에 이르는 분수대였는데, 물이 뿜어져 나오는 게 아니라 흘러내리도록 조성되어서 '땀을 흘린다'는 이름이 붙었다. 20세기 초반까지도 그 내부 구조물이 9미터 정도나 남아 있었는데 무솔리니가 그걸 밀어버리고 콜로세움을 중심으로 도는 도로를 깔아버렸다. 현대에 그 도로를 없애고 발굴한 흔적이, 현재 남아 있는 잔디밭과 기초 부분이다.

네로의 황금궁전 자리를 차지한 콜로세움

콘스탄티누스 개선문 바로 북동쪽에 거대한 콜로세움이 서있다. 로마의 원형극장 중 가장 큰 것이다. 동서로 길쭉하게 생겼는데 바깥벽 기준 약 190×156미터, 아레나 바닥면은 약 85×55미터로 알려져 있지만 자료마다 수치가 조금씩 다르다. 원래는 전체가 4층이었으나 현재 북쪽면은 4층, 남쪽면은 부분적으로 3층까지, 더러는 2층까지만 남아 있다. 현재의 모습은, 특히 콘스탄티누스 개선문 쪽에서 보면 마치 나이테형 케이크(바움쿠헨)를 껍질부터 벗겨 먹다 만 것처럼 층이 져 있다. 이는 원래 관람석 밑에 빙 둘러 통로가 있었기 때문이다. 그 통로의 외벽까지 남은 것이 대체로 북쪽 4층까지 남은 부분이고, 통로의 외벽은 벗겨지고 내벽만 남은 것이 그 안쪽 층, 그 내벽마저 벗겨진 것이 2층까지 남은 부분이다. 1층과 2층은 내부 통로가 이중으로 되어 있어서 벽이 세 겹이었는데 그중 두 겹이 벗겨져서 지금처럼 된 것이다. 달리 표현하면 1~2층 내부에는 이중 터널형 통로가 전체를 에워싸고 있었는데, 이중 터널이 모두 없어진 것이 남쪽면, 두 터널 중 바깥 것 하나만 없어진 것이 서쪽면 중간, 두 터널이 모두 남아 있는 것이 북쪽면이다. 단면도를 보면 현재 상태를 이해하기 쉽다.

이 구조물은 베스파시아누스 황제 때 짓기 시작해서 그의 아들 티투

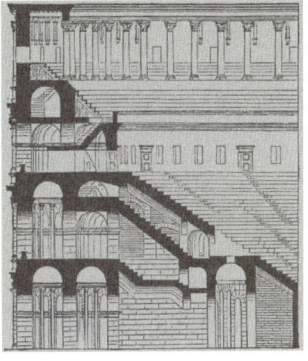

위 콘스탄티누스 개선문 쪽에서 바라본 콜로세움.
왼쪽 콜로세움 내부. 오른쪽 콜로세움 단면도. 1층과 2층은 이중 터널형 통로가 에워싸고 있었다.

포룸 입구 **321**

스 때(80년) 완공되었다. (푸테올리의 원형극장이 지어진 시기도 이 두 황제 때다.) 처음엔 3층까지만 있었는데 도미티아누스가 4층을 덧붙였다. 원래 이 자리는 주택이 빽빽하게 있다가, 64년 대화재로 도시가 불탄 것을 기회 삼아 네로가 황금궁전Domus Aurea을 지었던 부지다. 한데 이 궁전의 완공을 보기 전에 네로가 죽고 다른 황제들이 공사를 더러 이어가긴 했지만 결국 완성되지 못했다. 그 건물 중 일부는 현재 콜로세움 자리 북쪽, 큰길 건너 공원의 끝자락에 지어졌었는데 트라야누스가 그 일부를 비스듬히 깔고서 거대한 목욕장을 지었다(그 전인 104년에 다시 큰 불이 나서 황금궁전도 불탔었다). 현재 그 목욕장 자리는 '오피우스 언덕 공원'으로 보존되어 있고, 이쪽 저쪽 옛 목욕장의 반원통형 구조물이 노출되어 있다. '오피우스 언덕'이란 로마의 일곱 언덕 중 하나인 에스퀼리누스가 동북쪽에서 뻗어나온 끝부분을 가리키는 이름이다.

네로의 황금궁전 계획은 포룸 입구 오른쪽에도 건물을 짓는 것이었는데, 그의 사후 그 자리에는 베누스와 신격화된 로마를 모시는 신전이 세워졌고, 현재도 높다란 대지에 줄지어 선 기둥들이 방문객을 내려다 보고 있다. 황금궁전 한가운데에는 인공 연못을 만들고자 했었는데 그 자리를 바로 콜로세움이 차지하고 있다. 플라비우스 가문의 황제들이 지었다 해서 고대엔 '플라비우스 원형극장'이라 불렸다. '콜로세움'이라는 이름은 그 앞에 태양신으로 표현된 네로의 거대한 조각상colossus이 세워져 있었기 때문에 생긴 것이다. 그 조각상이 서있던 자리는 콜로세움과 베누스와 로마 신전 사이, 현재 나무가 심겨 있고 관광객들이 휴식을 취하는 빈터라고 한다.

콜로세움 안으로 들어가보자. 사실 들어가도 별것 없다. 현대의 축구나 야구 전용 구장과 비슷하다. 관객의 머리 위로는 차일(햇빛을 가리는 넓은 천)을 쳤었다. 검투사나 행사 보조자들을 위한 공간과 짐승들을 가두던 지하 방들의 벽이 노출되어 있어서 조금 어지럽다. 아레나 바닥 일부는 판을 덮어놓아서 관람자가 직접 밟아볼 수 있다. 이곳 지하실들은 콜로세움이 공적으로 사용되지 않게 된 후, 주거용 또는 작업장으로 쓰였다.

로마제국 후기에 점차 검투사 시합이 금지되고 짐승 사냥 행사도 없어지면서 콜로세움 안은 교회나 묘지로 쓰이다가 나중엔 요새로 전용되는 등 여러 용도로 쓰였다. 18세기 중엽에 와서야 이곳이 초기 기독교 신자들의 순교처라고 해서 성역화되고 부분적인 복원이 시작되었다. (이곳이 순교처라는 문헌적 근거는 없다.) 그 전에 더러는 벼락에 불이 나기도 하고 지진에 외벽이 무너지기도 하고 고의적인 약탈로 부재들이 반출되기도 했다. 특히 교회나 성직자 거처를 짓는 데에 그 부재들

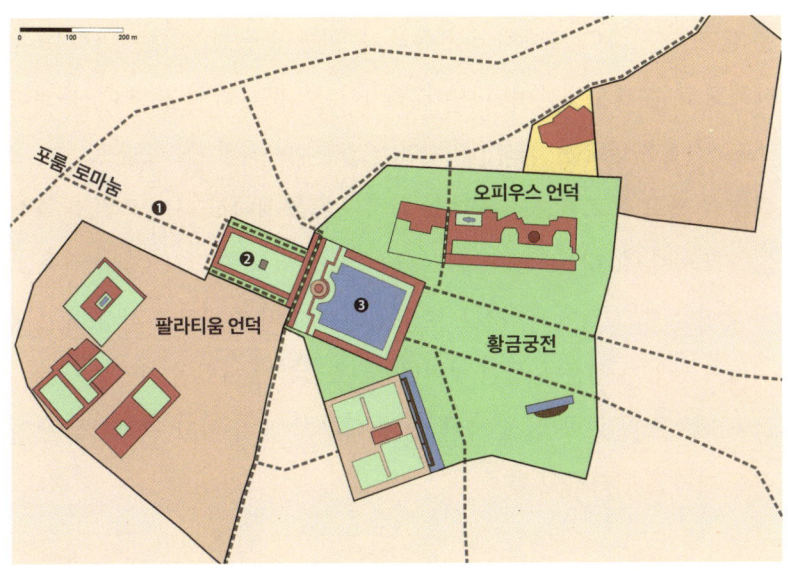

황금궁전 계획 도면. 1 신성한 길 2 네로의 조각상 Colossus 3 인공 연못.

이 이용되었으니, 애초에 예루살렘을 함락하고 거기서 빼앗은 재물로 비용을 충당했던 이 건물로서는 어쩌면 정당한 대가를 치른 것일지도 모르겠다. '카이사르의 것은 카이사르에게, 신의 것은 신에게' 돌아간 셈이다.

현실적 조언 하나. 이제 와서 이런 얘기를 하면 좀 김이 빠지겠지만, 나로서는 시간이 부족한 답사객에게는 콜로세움 안에 들어가는 걸 별로 추천하지 않는다. 볼거리에 비해 시간이 너무 많이 소요되기 때문이다. 몇년 전부터 어디나 사람이 많아져서 입장과 퇴장에 시간을 지나치게 많이 쓰게 되었다. (바티칸 박물관이나 피렌체 우피치 미술관도 마찬가지다.) 더구나 콜로세움은 화장실이 매우 미비하다. 여럿이 가면 반드시 누군가는 화장실에 다녀오기를 원하고, 화장실 줄은 엄청나게 길고 일행은 그 사람을 기다리느라 진이 빠진다. 하지만 콜로세움 앞에 가서 이런 사정을 설명하고 표결에 붙이면 대다수가 그래도 들어가보는 쪽을 선택한다. 아마 로마제국의 유적 중 원래 모습에 가까운 외형을 유지하고 있는 게 이것뿐이어서이리라. (사실은 몇개 더 있다. 나로서는 로마 대표 건축물은 판테온이라고 생각한다.) 그러니 마지막 충고. 콜로세움 내부를 꼭 보고 싶으면 아침부터 물 마시기를 절제하고 마지막 외부 화장실을 모두가 들르시라.

포럼

이제 콜로세움 서쪽에 뻗어 있는 포럼으로 들어가보자. 포럼이란 말은 '광장, 시장'이란 뜻의 일반명사여서 제대로 하자면 '포럼 로마눔'(현대 이탈리아어로 포로 로마노)이라고 해야 하지만 그냥 '포럼'이라고 지칭하겠다. 포럼 서쪽 끝까지 가면 여러 황제들이 자신의 포럼을 세워서 약간 용어 혼란이 있지만 문맥에서 구별할 수 있다.

그리고 이 포럼에서 오랜 세월 여러 건물이 섰다가 없어지고 다른 건물로 대체되었기 때문에 시대 구분을 좀 해야 옳겠지만, 얘기가 너무 복잡해지는 것을 피하여 그냥 지금 보이는 모습을 중심으로 설명하겠다.

베누스와 로마 신전

로마 공적 생활의 중심지였던 포럼은, 동쪽에서 진입하자면 처음에는 길이 하나뿐이다가 중간까지 가면 두 갈래로 갈라진다. '신성한 길Via Sacra'이다. 제일 먼저 보게 되는 것은 길 오른쪽 꽤 높은 지대(팔라티움에서 갈라져 나온 벨리아Velia 언덕)에 서있는 기둥들이다. 앞에 언급한 '행복한 베누스와 영원한 로마' 신전의 바깥 주랑 일부다. 이 신전은 네로의 황금궁전 구내를 재활용한 것이다. 하드리아누스가 짓기 시작해서 20년 뒤 안토니누스 피우스 때 완공되었다. 화재로 한번 훼손된 것을 막센티우스 때 보수했다. 역시 막센티우스는 도시 재생 운동의 기수다.

　이 신전은 건물 규모가 엄청나다. 동서 방향으로 길쭉하게 중심건물의 기둥 수가 10×21인데, 여신 두 분을 모시기 위해 중심건물 중간을 벽으로 막아 동과 서 두 칸으로 나누고 각기 전실을 두었다. 내실의 제일 안쪽은 후진apse처럼 조성했다. 전실 앞에는 기둥 네 개가 서있었다. 현재 우리가 보는 기둥은 중심건물을 양쪽에서 보호하듯 동서로 길게 서있던 별도의 주랑에 속한 것이다. 대개의 주랑은 중심건물의 지붕을 바깥으로 빼서 그 밑을 기둥들이 받치는데, 이 신전의 주랑은 아예 따로 지어서 기둥이 두 줄씩이다. 그리고 남쪽과 북쪽 두 주랑의 한가운데에는 주랑이 뻗어가는 동서 방향과는 직각을 이루며 맞배지붕형 작은 중심건물이 하나씩 세워져 있었다.

　현재 이 신전의 서쪽 부분 약 1/3 정도는 교회가 깔고 앉아 있는데, 콜로세움 쪽에서 관람자의 눈높이에서 보면 높은 지대 아래에 아치형 문만 여러 개 보여서 별로 인상적이지 않다. 그 문들은 고대의 상점 따위가 차지하던 공간이다. 신전으로 올라가는 길은 좌우의 지그재그형 계단으로 이어져 있었고, 현재도 통로가 만들어져 있지만 콜로세움 쪽에서는 들어갈 수 없게 울타리가 쳐져 있다. 대신 서쪽에 있는 교회 건물 일부가 포룸 박물관 역할을 하고 있어서 그리로 들어가면 옛 신전의 바닥면을 확인할 수 있다. 조금 역설적인 것이, 옛 신전 바닥은 모자이크로 장식되어 있었는데 노천에 노출된 동쪽 부분은 모자이크가 사라지고, 교회에 포함된 서쪽 부분은 모자이크가 잘 보존되어 있다는 점이다. 양쪽 공간을 나누는 벽의 후진도 서쪽 부분이 더 잘 보존되어 있다.

콜로세움에서 바라본 베누스와
로마 신전(위)과 복원도.

　포룸으로 들어서는 길 왼쪽은 엘라가발루스의 목욕장 자리다. 그 너머(남쪽)로 팔라티움 언덕 위에 태양신 신전이 있었는데, 지금은 기초가 노출되어 있고 부지의 서쪽을 교회가 차지하고 있다. 남북 방향으로 길쭉한 부지의 테두리를 주랑으로 두르고, 한가운데에 동서 방향의 길쭉한 신전을 세웠었다. 애초에는 윱피테르를 위한 신전 부지로 조성한 곳을 엘라가발루스가 태양신을 위한 공간으로 만들었는데, 그의 사후에 다시 윱피테르 신전으로 바뀌었다. 신전 입구는 서쪽에 있었다. 이

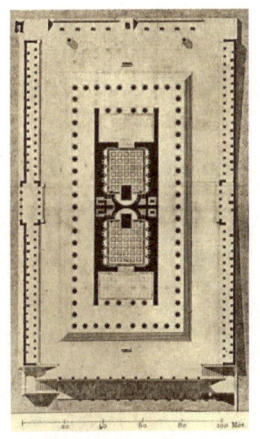
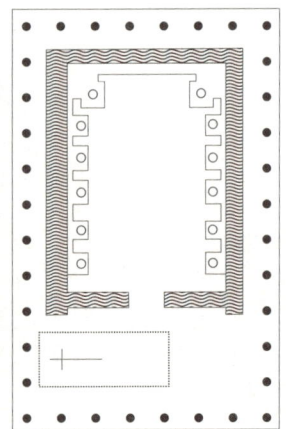

왼쪽 베누스와 로마 신전의 평면도.
오른쪽 엘라가발루스가 팔라티움 언덕 위에 만든 태양신 신전의 평면도.

신전은 건물 내부에도 기둥이 있었는데, 지금도 그 기둥들을 떠받쳤던 기초가 마치 성벽 위의 덧담(흉장) 같은 무늬로 남아 있는 것을 확인할 수 있다.

가장 오래된 개선문, 티투스 개선문

조금 더 진행하면 티투스 개선문과 마주친다. 엄밀히 말하면 옛날에는 여기서부터가 포룸이었다. 이 문은 현재 이 부근에 남아 있는 개선문 중 가장 오래된 것이고, 통로가 하나뿐이다. 콘스탄티누스 것에 비해 소박하다. 티투스가 죽은 후 그의 동생 도미티아누스가 만든 것이다. 티투스의 이름 DIVO TITO은 동쪽면 새김글 셋째 줄 둘째 단어로 나온다. 사후에 신격화되었기 때문에 '신적인 divo 티투스께'라고 적었다.

개선문 하층부의 양쪽 문설주 안쪽과 바깥쪽에 묻힘 기둥을 새겨넣었다. 안쪽 것들에는 세로줄장식 flute이 있고 바깥쪽 것들에는 없다. 두 문설주 아래쪽에는 세로로 길쭉한 문모양 장식이 새겨져 있다. 상층부 attic 좌우의 묻힘 기둥은 사각기둥이다. 18세기 그림을 보면 통로의 테두리와 그 윗부분만 겨우 남아 있고, 나머지 부분은 모두 떨어져 나간 상태다. 그러니 통로 바로 옆의 세로줄무늬 장식은 원래 것이지만, 바깥쪽의 장식 없는 기둥과 상층의 네모기둥은 복원하면서 그렇게 조성한 것이다. 옛 그림에는 새김글 좌우의 대리석판도 다 떨어져 나가서 그 속의 벽돌이 드러나 있다. 독자의 환상을 깨는 것 같아 좀 미안한데 개선문들은 내부까지 다 대리석으로 만든 것이 아니라, 벽돌 콘크리트로 큰 틀을 짜고 바깥에만 대리석 판을 붙였다. 티투스 개선문은 안쪽(서쪽) 새김글도 떨어져 나가서 현재는 그 자리에 — 후대의 것임을 알리기 위해 일부러 — 석회암 판에, 교황이 이 개선문을 수리했다는 사실을 금속 돋을새김 글자로 적어놓았다. 서쪽의 문설주 기둥 중 통로에 가까운 두 개는 아랫부분에만 세로줄무늬가 들어갔고, 그 위는 복원한

티투스 개선문 동쪽면의 새김글. DIVO TITO를 확인할 수 있다.

티투스 개선문 안쪽의 일곱 가닥 촛대 부조.

것이어서 줄무늬가 없다.

아치 내부의 천장은 우물반자처럼 무늬를 넣었다. 약간 심심하다고 느낄지 모르겠지만 이 개선문에는 꽤 중요한 요소가 있다. 문설주 안쪽에, 들어가면서 볼 때 왼쪽(남쪽)에 일곱 가닥 촛대menorah가 새겨진 부조가 있다. 이것은 예루살렘 성전을 상징하는 성물로서, 티투스와 그의 아버지 베스파시아누스가 예루살렘을 함락했다는 사실을 보여준다. 개선식을 치를 때 모습을 이렇게 새긴 것이다. 이 촛대와 유사한 것이 단테의 '연옥편' 마지막에 등장한다.

거의 멀쩡한 세 개의 건물: 막센티우스 바실리카와 로물루스 신전, 안토니누스 피우스와 파우스티나 신전

티투스 개선문을 지나면 길이 둘로 갈라진다. 오른쪽(북쪽)은 여전히 '성스러운 길'이고 왼쪽은 '새 길Via Nova'이다. 오른쪽으로 붙어서 가는 게 좀 더 볼거리가 많다. 왼쪽 길은 팔라티움 언덕에 너무 바짝 붙어 있어서 좀 답답하기도 하다.

티투스 개선문을 지나면 오른쪽에, 앞에 말한 '베누스와 로마' 신전

자리를 차지한 교회로 들어가는 입구가 있고, 이어서 길 오른쪽으로 거대한 아치형 공간 세 개를 갖춘 건물이 보인다. '도시 재생 운동'을 주도하던 막센티우스의 바실리카다. 원래는 동서 방향으로 길쭉한 네모 건물 위에 중앙 부분 천장이 좀더 위로 돌출한 형태로 후대의 교회 건축 양식과 흡사했다. 그러던 것이 중앙의 높은 천장 부분도, 남쪽 부분도 무너져버리고 북쪽만 남은 게 현재의 상태다. 북쪽의 중앙부에는 후진이 돌출되어 있다. 원래는 건물 중앙부의 서쪽에도 작은 후진이 돌출되어 있었고, 남쪽 현관 앞에는 기둥 네 개가 서있었다. 포룸 바깥으로 나가서 북쪽의 큰길가에서 보면 (보수 공사 중인 경우가 아니라면) 원래 모습을 상상하기 좋다.

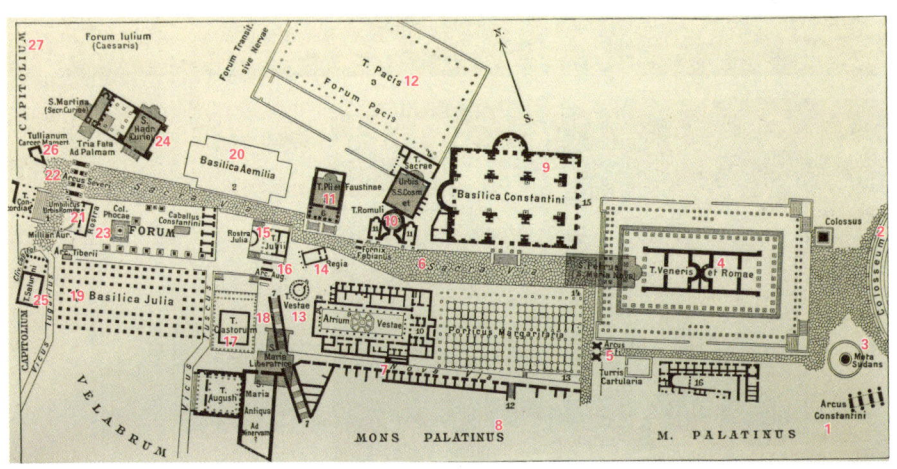

포룸의 건물 배치. Grisar의 1911년 삽화.
1 콘스탄티누스 개선문 2 콜로세움 3 땀 흘리는 반환점(메타 수단스) 4 베누스와 로마 신전 5 티투스 개선문 6 신성한 길 7 새로운 길 8 팔라티움 언덕 9 막센티우스 바실리카 10 로물루스 신전 11 안토니누스 피우스와 파우스티나 신전 12 평화의 포룸 및 신전 13 베스타 신전 14 레기아 15 카이사르 신전 16 아우구스투스 개선문 17 디오스쿠로이 신전 18 유투르나샘 19 율리우스 바실리카 20 아이밀리우스 바실리카 21 로스트라 22 셉티미우스 세베루스 개선문 23 포카스 기념기둥 24 쿠리아(회합장) 25 사투르누스 신전 26 마메르티누스 감옥 27 카피톨리움 언덕

막센티우스 바실리카(위)와
로물루스 신전.

이어서, 길 오른쪽에 현재도 사용되는 멀쩡한 건물이 보인다. 원통형 구조물 중앙에, 좌우에 자주색 기둥을 거느린 거대한 청동문이 달려 있어서 뭔가 심상치 않은 느낌을 준다. 현재는 교회(성 코스마와 다미아노 교회)의 일부가 되어 있지만 원래는 로물루스 신전이었다. 한데 여기서 섬겨지던 분은 로마 건립자 로물루스가 아니라 막센티우스의 일찍 죽은 아들 로물루스다. (현재의 포룸에는 막센티우스의 영향이 막강하다.) 그리고 이 건물이 이렇게 멀쩡하게 보존된 이유는 늘 그렇듯이 일찌감치 교회로 이용되었기 때문이다.

이 신전은 원통 위에 뾰족 지붕을 덮었고, 그 위에는 빛들이창roof lantern이 작은 탑처럼 덧붙어 있다. 애초에는 원통형 건물rotunda이 중앙을 차지하고, 그 좌우에 맞배지붕형 부속건물 두 개가 붙어 있던 신전이다. 원래는 중앙건물이 앞을 향해 양팔을 내밀어 약간 둥글게 품는 것처럼 전면을 향해 반원형 공간이 조성되어 있었다. 현재도 중앙건물 좌우에 약간 반원형 '팔'이 남아 있고, 거기 패인 벽감도 보인다. 좌우의 부속건물 입구에도 기둥이 두 개씩 서있었기 때문에 지금도 기둥 받침 네 개가 남아 있으며, 정면에서 볼 때 오른쪽(동쪽)에는 받침대 위에 기둥도 두 개 서있는데 원래의 기둥은 아니고 다른 건물에서 떼어 온 것이라 한다. 예전에는 뒤쪽에서 교회를 통해서만 들어갈 수 있었는데 근래에 포룸 쪽에서도 들어갈 수 있게 개방되었다. (특별 전시회 때만 그런 것일 수도 있으니 확인해야 한다.) 그저 벽돌벽뿐인 다른 유적과 달리 실내가 꽤 잘 보존되어 프레스코도 남아 있고 벽감들이 꽤 아기자기하다. 원통형 건물 뒤로 약간 축선이 오른쪽으로 비틀어진 채 네모 건물이 붙어 있는데, 이것도 원래 '신성한 도시'의 신전이었다가 교회로 쓰이게 된 것이다. 축선이 어긋나게 된 것은 그 너머(북쪽) 평화의 포룸 선에 맞쳤기 때문이다.

로물루스 신전 바로 옆(서쪽)에 또 하나 거의 멀쩡한 건물이 서있다. 원래는 안토니누스 피우스와 그의 부인 파우스티나를 모시던 신전이었고, 이것 역시 일찌감치 교회로 전용되어 이 정도로 보존된 것이다. 안토니누스는 다섯 명의 현명한 황제 중 네 번째 분이고, 마르쿠스 아우렐리우스의 양아버지다. 그래서 더러 아우렐리우스의 아들 콤모두스까지 넣어 이 세 황제를 '안토니누스 왕조'로 부르기도 한다. (이렇게 적어주면 거의 모든 편집자가 '안토니우스'로 고친다. 하지만 '안토니누스'가 맞다. 작곡가 안토닌 드보르작도 이 이름을 딴 것이다.) 안토니누스는 일찍 사별한 부인을 신격화하여 신전을 만들어 바쳤는데, 황제가 죽자 효성 깊은 양아들 아우렐리우스가 안토니누스도 신격화하여 함께 모신 것이다. 신전은 남북 방향으로 길쭉한 맞배지붕형 건물인데 포룸을 향해(남쪽 방향) ㄷ자 모양으로 기둥을 둘러서 전실을 만들었다. 기둥 수는 6×3(모서리는 중복 계산)이고, 여러 부재(드럼)를 이어 붙인 게 아니라 돌 하나로 깎은 기둥이다. 기둥들 위에는 이중의 보가 얹힌 채 잘 보존되어 있는데, 정면 윗보(프리즈)에는 안토니누스의 이름이, 아랫보(아르키트라브)에는 파우스티나의 이름이 새겨져 있다. 현재 교회는 신전의 전실을 일종의 노천 현관으로 두고 그 안쪽 벽체로 둘러싸인 공간만 이용하고 있다.

포룸의 가장 오래된 부분: 베스타 신전과 레기아

'신성한 길'을 사이에 두고 로물루스 신전과 마주 보는 쪽(남쪽)에는 꽤 널찍하게 베스타 여사제들의 집터가 남아 있다. '국가의 화덕'을 지키던 처녀 사제들의 거처가 있던 곳이다. 많은 사람이 그 공간에 들어가긴 하지만 사실 대단한 것은 없다. 주랑으로 둘러싸였던 중앙 정원의 북쪽면을 따라 여성 입상이 여럿 서있다는 점이 조금 색다를 뿐. 그보다는 조금 앞쪽(서쪽)에 일부 남은 베스타 신전에 더 주목하자. 이것은 로마의 두 번째 왕 누마 폼필리우스가 국왕 집무소Regia 옆에 지은 성소다. 그 신전 한가운데에 신성한 불을 피우고, 처녀 사제를 뽑아서(처음에는 2명, 공화정 말기에는 6명) 그 불을 지키게 했다. 이 여사제들은 불을 꺼뜨리면 엄히 벌을 받았고 30년 동안 순결을 지켜야만 했다. (순결을 깨뜨리면 생매장을 당했단다.) 이 건물에는 국가의 여러 성스러운 물건들을 보관하기도 했는데, 아이네아스가 트로이아에서 가지고 온 팔라디움(하늘에서 떨어졌다는 아테네 목상)도 있었다고 한다. 물론 현재는 전해지지 않는다.

현재 남아 있는 신전은 '도토리형 건물tholos'이다. 여러 차례 불에 타고 파괴되어 다시 짓고 다시 짓고 하다가 마지막으로 (포룸 저 안쪽에 개선문을 가진) 셉티미우스 세베루스의 부인이 주도해서 현재의 건물을 지었는데, 기독교 시대 이후로 방치되었다가 초기 르네상스 시절에 부재를 반출해서 교황의 거처 짓는 데 사용했다고 한다. 현재의 모습은 20세기 초반에 전문적인 발굴로 찾아낸 부재에 현대 재료를 보충해서 일부만 다시 세운 것이다.

현재의 상태를 보면, 묻힘 기둥이 중간중간 들어간 원통형 건물 바깥쪽을 기둥들이 에워싸 테두리를 이루고 있다. 하지만 복원된 부분이 너무 적어서 전체 모습을 그려보긴 쉽지 않다. 내부 건물 벽 속에 묻힘 기둥 세 개, 바깥을 두른 기둥 세 개 반이 전부다. 원래는 바깥 기둥이 모두 20개였고, 지붕에는 연기가 빠져나갈 구멍이 있었을 것으로 추정된다. 전체가 원통형을 취한 것은 고대의 살림집 모습을 본떠서 그렇다는 설명이 제일 그럴 듯하다. 문은 동쪽을 향하고 있어서 아침 해를 받아

로마 포룸의 베스타 신전.

들이게 되어 있었다.

　이 신전의 원래 모습을 가장 비슷하게 보여주는 것이 '소 시장Forum Boarium' 앞에 있는 헤라클레스(헤르쿨레스) 신전이다. 〔인터넷에 로마의 베스타 신전이라고 소개되어 있는 사진이나 옛날 그림은 대개 이 헤라클레스 신전이다. 특히 그 앞에 분수가 있거나 뒤로 다른 신전(포르투누스 신전)이 보이면 틀림없이 헤라클레스 신전이다.〕 온전치는 않지만 그래도 포룸의 베스타 신전이 조금 나은 대목은 헤라클레스 신전에는 기둥 위의 보가 남아 있지 않은 반면, 이 베스타 신전에는 보가 조금 표현되어 있다는 점이다.

　티볼리에 있는 베스타 신전도 비슷한 형태다. 앞에서 본 에스테 빌라에서 200미터 정도 북동쪽에 있는 유적이다. 17~8세기 그림을 보면 지금보다는 더 나은 상태였던 것 같다. 티볼리에 들르면 한번 가볼 만한

위 소 시장 앞에 있는
헤라클레스 신전. 기둥 위로
보가 남아 있지 않다.
아래 티볼리 베스타 신전 그림,
펠릭스 부셸리에, 1800년대.

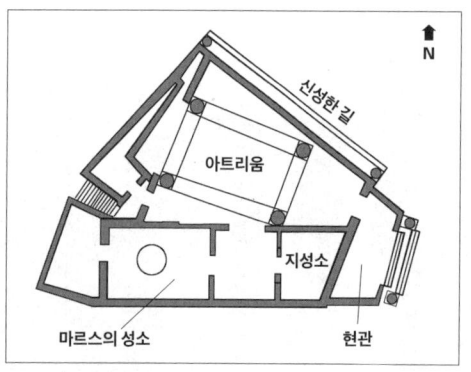

레기아 평면도.

곳이다. 아래로 설벽이 보이는 아치형 벽돌 아케이드 위에 서있다.

포룸의 베스타 신전과 안토니누스와 파우스티나 신전 사이에 보이는 삼각형 대지가 레기아 터다. 베스타 신전을 세운 누마 폼필리우스가 왕궁 또는 국왕 집무실을 설치했던 곳이다. 이름부터 '왕에게 속한 건물 Regia'이다. 나중에는 대제관 Pontifex Maximus의 집무실과 사제단의 회의장으로도 쓰였으며, 중요 종교 문서와 국가의 역사서 등을 보관하였다.

삼각형 부지의 동쪽 꼭지점에 현재 나무 한 그루가 서있고, 거기서 보면 부지 왼쪽(남쪽 빗변)에 직사각형 집터가 붙어 있다. 그 꼭지점이 옛날 입구였고, 그리로 들어서면 우선 삼각형 마당으로 들어간다. 거기서 좌회전하면 남쪽의 건물로 들어가는데, 그 건물은 세 칸으로 되어 있어서 우선 중앙의 방으로 들어간다. 들어가서 오른쪽(서쪽)은 전쟁 신 마르스의 신성한 창이 보관되어 있던 방이다. 그 창이 부르르 떨리면 국가에 안 좋은 일이 일어날 조짐이란다. 카이사르가 대제관일 때 그 창이 떨리는 징조가 있었는데 그는 그것을 무시하고 회의장에 갔다가 암살을 당했다고 한다. 동쪽 방은 대제관과 베스타 여사제만이 들어갈 수 있는 일종의 지성소인데 풍요의 여신을 모신 방이다. 물론 현재는 아무

것도 복원되지 않았고 그냥 바닥에 기초만 노출되어 있다.

카이사르 신전과 지금은 사라진 아우구스투스 개선문

레기아 바로 앞(서쪽)에는 카이사르 신전이 있었다. 2차 삼두정 때 짓기 시작해서 아우구스투스 때 완공된 건물로, 카이사르의 시신이 화장된 자리에 지은 것이라 한다. 화장 자리를 여기로 정한 데는 카이사르가 대제관으로서 레기아에 집무실을 갖고 있었다는 것도, 그가 '왕과 같은' 인물이라는 점도 작용했다고 한다.

현재는 레기아 부지 바로 앞에 두툼한 벽돌 더미가 마치 개선문의 문설주인 것처럼 좌우에 쌓여 있고, 그 앞에는 긴 연단 비슷한 것이 있다. 서쪽 정면 한가운데에 지붕을 만들어 놓았다. 이 신전은 서쪽이 정면이고 높다란 기단 위에 조성되었는데, 보통 기단 맨 앞쪽 좌우에 계단을 냈던 것으로 추정하지만 계단이 뒤쪽으로, 그러니까 레기아 쪽으로 들어가게 놓였다는 주장도 있다. 서쪽 정면 기단에는 반원통형 공간을 만들어 우물 같은 원통형 제단을 설치했다. 신전은 기단 위에 한단 더 기단을 조성해서 계단으로 올라갔다. 안토니누스와 파우스티나 신전과 유사하게 전면에 ㄷ자 모양 기둥(6×2)을 둘러 전실을 조성하고, 거기서 다시 벽으로 둘러싸인 내실로 들어갔다. 그러니까 현재 서쪽의 지붕 씌운 곳은 하층 기단 앞의 원통형 제단 부분이고, 그 뒤의 벽돌 더미는 하층 기단의 흔적인 것이다. 이 신전도 15세기에 교회 관련 건물들을 지으면서 부재들이 반출되어 현재처럼 되었다.

현재는 남아 있지 않지만 카이사르가 죽은 지 얼마 안 되어 나타났던 혜성 Sidus Iulium이 신전 박공에 새겨졌던 모양이다. 이 신전의 건축을 기념하는 주화에 그렇게 되어 있다. 또 신전 안에 카이사르 조각상이 서있

카이사르 신전의 현재 모습.
하층 기단 앞 원통형 세난 부분에
지붕을 씌워놓았다. 베스타
신전 기둥 일부가 앞쪽으로 보인다.
아래는 복원도.

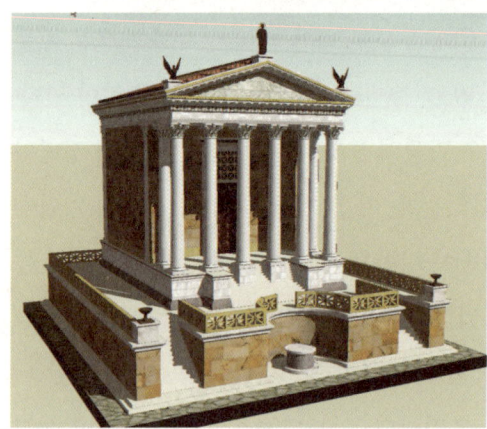

었는데, 그 머리에도 이 혜성이 장식되어 있었다고 한다. (이와 일치하는 동시대의 다른 기록이 없어서 이 혜성이 딱 한번 방문한 포물선궤도 혜성인지, 아니면 주기적으로 돌아오는 타원궤도 혜성인지 확인되지 않았다.) 이 신전도 화재를 당하여 셉티미우스 세베루스 때 중건한 것으로 알려져 있다. 옛 주화에 전면 기둥이 넷으로 그려진 것은 아마도 원래의 모습이고, 전면 기둥 여섯 개는 새로운 신전의 모습인 듯하다. 그리고 서쪽 정면의 기단에는 배의 충각rostra들이 박혀 있었다고 전해진다.

'신성한 길'은 레기아 부지의 동쪽 꼭지점에서 좌우로 갈라지는데, 그중 왼쪽(남쪽) 길이 카이사르 신전 옆을 지나는 곳에 원래는 아우구스투스의 개선문이 서있었다. 아우구스투스는 개선문을 지을 기회가 세 번 있었다. 첫 번째가 카이사르의 경쟁자였던 대폼페이우스의 아들 섹스투스 폼페이우스를 제압했을 때(기원전 36년), 두 번째는 악티움 해전에서 안토니우스와 클레오파트라를 이겼을 때(기원전 31년), 마지막이, 1차 삼두정의 일원이었던 크랏수스가 빼앗긴 군기를

위 카이사르 신전 건축 기념 주화. 신전의 박공에 혜성이 새겨져 있다.
가운데 악티움 해전 직후의 주화.
아래 파르티아 군기 회수 직후의 주화.

파르티아에게서 찾아왔을 때(기원전 19년)다. 카이사르 신전 옆의 개선문은 대체로 파르티아와 관련된 것으로 여겨지지만, 그때는 아우구스투스가 개선식을 사양했으니 그 시기에 지은 것이 아니라는 주장도 있다. 악티움 해전 이후 지은 개선문의 위치도 확실치 않다. 당시에 만들어진 주화를 통해 간접적으로 개선문의 형태를 추정할 수 있는데, 악티움 해전 직후의 주화엔 통로가 하나인 개선문이 새겨져 있고, 파르티아 군기 회수 직후의 주화에는 통로가 세 개 있는 개선문이 새겨져 있다. 대개 복원도를 그리거나 복원 모형을 만드는 사람들은 카이사르 신전 옆의 개선문을 통로 세 개에, 가운데 문이 좌우보다 높은 것으로 그린

포룸 **341**

다. 이 개선문이 파르티아를 제압한(사실은 완전한 승리가 아니었다) 사건을 기념하는 것으로 해석한 셈이다.

디오스쿠로이 신전과 유투르나샘

아우구스투스 개선문 자리 왼쪽(남쪽)에 높다란 기둥 세 개가 그 위에 보를 얹고 서 있다. 카스토르와 폴룩스(디오스쿠로이) 신전이다. 원래 남북으로 길쭉한 맞배지붕형 건물이고 북쪽이 정면이었다. 포룸을 둘러싼 건물들은 포룸에서 입장하기 쉽도록 입구를 포룸 중앙부로 향하고 있는 게 많다. 기둥 수는 8×11, 실내 공간은 하나뿐이며 7미터나 되는 높직한 기단 뒤쪽으로 물러앉아 그 앞의 좌우에 기둥을 세로 방향으로 두 개씩 더 세워서 일종의 ㄷ자형 전실을 갖췄(었)다. 원로원의 회합 장소로도, 국가의 보물을 보관하는 곳으로도 이용되었다.

이 신전은 원래 기원전 5세기 초에 세워졌다. 로마에서 쫓겨난 마지막 왕 타르퀴니우스가 동맹군을 이끌고 쳐들어왔을 때, 제우스의 쌍둥이 아들 디오스쿠로이가 나타나서 로마군을 돕고 포룸에 다시 나타나서 승리를 알렸기에 그들이 나타났던 자리에 이 신전을 지어 바쳤다고 한다. 그 후로 여러 차례 확장, 개수, 화재를 겪은 끝에 티베리우스가 다시 지은 건물의 일부가 현재 남아 있는 것이다. 기단의 북쪽 양끝에는 디오스쿠로이를 상징하는 말 탄 청년상이 서있었는데, 이들은 동시에 황실의 후계자들을 상징하기도 했단다. 18세기 답사자들의 스케치에도 현재의 기둥 셋이 서있는 것을 보면 아마 그 상태로 중세를 견뎌낸 모양이다. 그 옆으로 지나는 길의 이름도 '세 기둥의 길'이었다.

세 기둥 바로 밑(동쪽)에는 지표면 아래로 우묵하게 수조가 남아 있고, 수조 가운데에 제단이 설치되어 있다. 바로 디오스쿠로이가 나타나

카스토르와 폴룩스 신전의
세 기둥(위)이 18세기 그림(아래)에도
그려져 있다. 그림 왼쪽으로
안토니누스와 파우스티나 신전도
보인다. 조반니 바티스타 피라네시,
1750~78.

말에게 물을 먹였다는 곳이다. 이 샘의 이름은 '유투르나샘Lacus Iuturnae'인데, 유투르나는 『아이네이스』에서 아이네아스와 최후 결전을 벌이는 투르누스의 누이이다. 그녀는 윱피테르의 애인인 요정으로, 동생 투르누스를 죽음으로부터 보호하다가 결국 정해진 운명 때문에 그 자리를 떠나고 투르누스는 아이네아스의 칼에 죽는다.

유투르나샘을 왼쪽에 끼고 좌회전하면 오른쪽으로 팔라티움 언덕 밑에 작은 사당과 그 앞에 선 제단이 보인다. 유투르나를 모시는 성역이다. 좌우에 기둥을 세운 맞배지붕 건물인데 앞뒤로는 짤막하다. 그래도 벽돌로만 이루어진 주변 건물들 사이에 석재로 지은, 박공까지 갖춘 기의 멀쩡한 건물이 있어서 조금 신기한 느낌이다.

포룸의 남북 경계선을 이루던 두 바실리카와 중앙공간

카이사르 신전에서 다시 서쪽으로 나아가면 왼쪽(남쪽)에 동서로 길쭉한 거대한 건물터가 나온다. 포룸의 남쪽면을 차지하고 있던 율리우스 바실리카다. 한편 중앙공간을 사이에 두고 이것과 균형을 이루며, 포룸 북쪽면을 (약간 더 동쪽으로 치우쳐서) 차지하고 있는 또다른 거대한 건물터가 아이밀리우스 바실리카다. 둘 다 원래는 아치형 입구가 줄지어 달린 직육면체 2층 건물 위에 맞배지붕형으로 폭이 좁은 3층을 얹었던 것이다. 다만 아이밀리우스 바실리카는 2층을 1층보다 좀 줄여서 얹고, 3층은 더 줄여서 얹었던 듯하다.

율리우스 바실리카는 율리우스 카이사르가 갈리아 원정에서 얻은 재물을 투입해서 지은 건물이다. 원래 그 자리에는 한니발을 제압한 스키피오 아프리카누스의 집이 있었는데, 나중에 그의 사위가 그곳에 바실리카(셈프로니우스 바실리카)를 지어 120년 정도 유지되다가 카이사르

위 율리우스 바실리카 복원도

아래 아이밀리우스 바실리카 복원도. 오른쪽에 튀어나온 현관이 보인다.

때 그것을 허물고 새 건물을 지었다. 그 후로 여러 차례 화재를 겪어 다시 지었는데, 셉티미우스 세베루스 때도, 디오클레티아누스 때도 재건 작업이 있었다. 15세기 이후 지속적으로 부재 반출(사실은 약탈)이 이루어져 터만 남고 말았다. 현재는 남서쪽 모서리 일부와 북쪽 정면 중앙에 벽체에 붙은 기둥이 하나 복원되어 있다.

 아이밀리우스 바실리카는 2차 삼두정에 가담했던 레피두스의 조상이 짓고 그 가문(아이밀리우스 가문)에서 몇차례 개축한 비즈니스 건물이다. 애초에는 식육 시장과 금융업소 등이 있던 자리다. 화재와 이민족의 약탈, 지진 피해 등을 겪으면서도 15세기까지 제대로 서있는 부분이 제법 있었는데, 역시 고위성직자 궁전 등을 짓기 위해 부재가 반출되면서 지금은 기초만 조금 남았다. 현재 가로로 100미터나 되는 긴 부지의 중앙쯤에 기둥이 하나 서있다.

복원 모델들을 보면 우리가 정면에서 볼 때 오른쪽(동쪽) 끝에 현관이 튀어나와서 카이사르 신전 옆에 일종의 개선문 같은 게 있는 듯 보이기도 한다. 현재 그 '현관' 부분은 '성스러운 길'이 지나고 있어서 일반인으로서는 별다른 구조물 흔적은 알아볼 수 없다. 애초에는 그 부근에 포룸 최초의 개선문이 있었다. 파비우스 개선문Fornix Fabianus이다. 기원전 121년, 프랑스 남부의 알로브로게스 부족을 정복한 사건을 기념해서 지은 것이다. 물론 지금은 아무 흔적도 남아 있지 않다. (아우구스투스 개선문이 레기아 북쪽 길에, 파비우스 개선문이 레기아 남쪽 길에 있었다는 주장도 있다.)

두 바실리카 사이에는 꽤 널찍한 공터가 남아 있다. 원래는 훨씬 더 넓었지만 여러 건물이 덧붙여져서 점점 줄어든 끝에 지금처럼 되었다. 그 공터의 남쪽면을 따라서 벽돌로 쌓은 3단 기둥 받침들이 동서로 늘어서 있고 그중 동쪽 두 개에는 꽤 높은 기둥이 서있다. 현재 더 동쪽 것은 '10주년 기둥', 서쪽 것은 '4두체제 기둥'이란 이름이 붙어 있다. 303년에 디오클레티아누스 황제가 이곳을 방문했을 때 세운 기념기둥들이라고 한다. 이 해는 그의 황제 즉위 20주년에, 그가 4두정체tetrarchy를 수립한 지 10년째여서 이런 기둥들을 세우게 했는데, 네 황제(와 부황제)를 기리기 위한 기둥 넷과 읍피테르에게 바치는 기둥까지 모두 다섯을 세웠다고 한다. 디오클레티아누스에게는 284년에 대화재로 파괴된 포룸을 복구하자는 의도도 있었다. 한데 이 다섯 기둥의 위치가 어디였는지는 학자들 사이에 논란이 있다. 잠시 후에 볼 로스트라 부근이었다는 주장도 있다. 그러니 광장의 남쪽면에 있는 기둥 두 개를 디오클레티아누스와 연결시키는 것은 그냥 가능성이 조금 약한 제안일 뿐이다.

일단 이 남쪽면의 기둥 받침이 도합 일곱 개라는 것부터가 '다섯 기둥'과는 어울리지 않는다. 어쨌든 이 기둥들은 뭔가 하실 분도 있을 듯해서 적어놓는다.

한편 이 기둥 중 하나의 받침대로 보이는 것이 따로 발견되었는데, 그 받침대 한쪽 면에 '10주년 축제decennalia'라고 새겨져 있으며, 나머지 세 면에도 제물을 바치는 행렬 등의 꽤 좋은 부조가 있다. 이 받침대는 로스트라 동북쪽 모서리 앞, 셉티미우스 세베루스 개선문의 남쪽 통로 앞에서 발견되어 그 자리에 전시되어 있었는데, 현재는 그 옆의 '검은 돌lapis niger'을 보호하기 위한 지붕이 설치되면서 안 보이게 되었다. (혹시 다른 곳으로 옮겼는지는 확인되지 않는다.) 이것은 보통 '다섯 기둥 기념물'이라고 부른다.

다섯 기둥 기념물을 중심으로 왼쪽에 로스트라 일부가 보이고 오른쪽에 셉티미우스 세베루스 개선문 남쪽 통로가 보인다.

'검은 돌'은 이 포룸 전체에서 가장 오래된 구조물 중 하나로 기원전 8세기 종교적 성소다. 작은 제단과 부러진 기둥, 그리고 고대 라틴어가 새겨진 작은 비문으로 구성되어 있다.

이 공터의 서쪽 끝에는 로스트라가 있다. 로마 시민들이 공적 발언을 하던 연단인데, 거기에 안티움 전투(기원전 338년)에서 노획한 배의 충각rostrum들을 붙여놓았기 때문에 로스트라라는 이름을 얻게 되었다. 현재 동쪽에서 보면 직육면체가 앞에 있는 듯 보이지만, 서쪽으로 돌아가 보면 뒤쪽은 반원형 계단으로 되어 있다. (현재는 계단 대부분이 사라져버려서 약간 희랍식 극장의 객석같이 보인다.) 앞에서 키케로의 머리와 손이 로마 포룸의 연단에 전시되었다고 했는데, 그게 지금 우리가 보는 로스트라에서 벌어진 일이다. 전에는 로스트라가 좀 더 북쪽, 쿠리아(원로원 집회소) 앞에 있었는데 카이사르가 이쪽으로 옮겨왔고 이후 아우구스투스가 더 확장했다. 그래서 새 로스트라는 '아우구스투스 로스트라'라고 부른다. 한편 아우구스투스는 카이사르 신전 앞에도 로스트라를 하나 더 만들어서 광장의 동서 균형을 맞췄는데, 지금도 동쪽 카이사르 신전 앞에 두툼한 벽돌 더미가 쌓여 있다. 이 동쪽 로스트라에는 악티움 해전(기원전 31년)에서 노획한 충각들을 장식했다고 한다.

로스트라 동쪽 바로 앞에 꽤 잘 보존된 기둥이 높직이 서있다. 대리석 계단식 기단에 벽돌 기단을 얹고, 대리석 기둥 받침 위로 기둥이 우뚝 서있다. 포카스Phocas 기념기둥이다. 포카스라는 이름은 조금 생소하다. '로마의 포룸에 기념물을 가진 인물을 내가 모르다니!' 할 수도 있다. 그렇지만 안심하시라. 별 대단한 업적도 없고 전혀 유명하지도 않은 인물이다. 포카스는 동로마 황제(재위 602~610년)였는데, 그가 도시 로마와 교회에 도움을 준 것을 기리기 위해(정확히 어떤 사건을 지시하는 것인지는 불분명) 라벤나에 주재하던 동로마 황제의 대리인이 608년에—아마도 아첨할 의도로—이 기둥을 세운 것이다. 서로마가 멸망한 이후 동로마는 천 년을 더 버티면서 영토가 커졌다가 줄어들었다가 했는데, 서기 6~7세기에는 제법 기세가 등등해서 이탈리아반도도 동로마의 영역에 포함되어 있었다.

이 기념기둥은 포룸에 덧붙은 마지막 구조물이다. 하지만 이 코린토스식 기둥도, 그 받침도 모두 다른 데서 떼어다가 재활용한 것이다. (받침대에 먼저 새겼던 이름을 파낸 흔적이 있다.) 원래는 그 위에 황제의 조각상이 서있었다고 한다. 기둥의 위치나 상태가 보는 사람의 궁금증을 불러일으키기 쉽기에 설명을 적어둔다.

카피톨리움 박물관에서 바라본 포룸 전경. 왼쪽에서부터, 쿠리아 일부와 셉티미우스 세베루스 개선문의 서쪽면, 그 오른쪽에 '도시의 배꼽'과 로스트라가 차례로 있다. 중앙에 포카스 기념기둥도 보인다.

로스트라 북쪽에 셉티미우스 세베루스 개선문이 있다. 2세기 말 '다섯 황제의 해' 위기를 극복하신 분을 기리는 문이다. 특히 그와 그의 두 아들 카라칼라와 게타가 파르티아를 제압한 것을 기념하여 203년에 봉헌했다. 게타는 나중에 기록 말살형에 처해졌기 때문에 얼굴과 이름이 모두 지워졌다.

이 개선문의 통로는 셋이고 중앙 통로로 '신성한 길'이 통해 있다. 옛날 개선 행렬이 그리로 통과해서 카피톨리움의 읍피테르 신전으로 올라갔다. 앞에 설명한 것처럼 네 개의 문설주 앞에 각기 기둥을 세우고 보로 문 본체에 연결시켰다. 중앙 아치 여백spandrel에는 승리의 여신을 새기고, 좌우 아치 위의 공간에는 트라야누스 기념기둥처럼 전투장면 같은 것을 빼곡하게 새겼다. 상층 구조물attic에도 글자가 빼곡한데 동쪽 새김글 첫 줄 네 번째와 일곱 번째 단어로 셉티미우스 세베루스의 이름SEPTIMIO SEVERO이 보인다. 서쪽 새김글 중앙부에는 넷째 줄부터 아래로 길쭉한 직사각형으로 구멍이 뚫려 있는데, 여기에 게타의 이름이 들어 있었던 것으로 추정된다.

중앙 통로의 벽에도 아치형 통로를 뚫어서 작은 통로 쪽으로 통하게 되어 있다. 원래는 문 위에 사두마차와 병사들의 조각상이 설치되어 있었다고 한다. 이 개선문이 비교적 잘 보존된 이유는 일찌감치 교회의 재산으로 포함되었기 때문이다. 그리고 교회가 이사한 다음에는 한 유력한 가문Cimini이 이 유적을 자기 집의 요새로 삼아 관리했기 때문이기도 하다. 18세기 그림에는 개선문 위에 망루가 설치된 것이 보인다.

셉티미우스 세베루스 개선문 북동쪽(아이밀리우스 바실리카 서쪽)에는 지금도 사용되는 멀쩡한 건물이 하나 서있는데, 로마의 원로원들이 모이던 회합장Curia이었다. 카이사르가 그 자리에 원래 있던 회합장을 헐고 다시 짓기 시작해서 완공을 못 보고 죽자 아우구스투스가 완성하였다. 일찌감치 서기 7세기에 교회로 전용되었기 때문에 지금처럼 멀쩡하다. 물론 부분적인 수리는 했지만 전체적으로 로마시대의 틀을 유지하고 있다고 한다.

셉티미우스 세베루스 개선문과 로스트라 사이에는 '도시의 배꼽 umbilicus urbis'이라는 게 있다. 로마를 중심으로 지방의 다른 지점까지 거리를 측정할 때 기준이 되는 점 zero mile marker이다. 로마의 가도에는 1마일마다 거리 표시 milestone가 서있었는데, 바로 이곳을 기준으로 측정한 거리다. 마일이라는 단위는 '천 걸음 mille passus'이란 뜻이다. (사실은 현대식으로 따지면 2천 걸음이다. 현대에는 왼발과 오른발의 발자국 뒤꿈치를 기준으로 보폭 step을 측정하는데, 로마식은 말하자면 한쪽 발을 지지점으로 삼아 다른 발이 뒤꿈치를 뗀 후 다시 그 뒤꿈치를 내려놓을 때까지의 거리 pace, stride를 잰 것 같은 양상이다.) 로마인은 영국인보다 키가 작았기 때문에 보폭도 좁았고, 그래서 로마에서 1마일은 잉글리시 마일보다 짧은 1.5킬로미터였다. 현재 남아 있는 '도시의 배꼽' 유적은 겉의 대리석 껍질은 벗겨

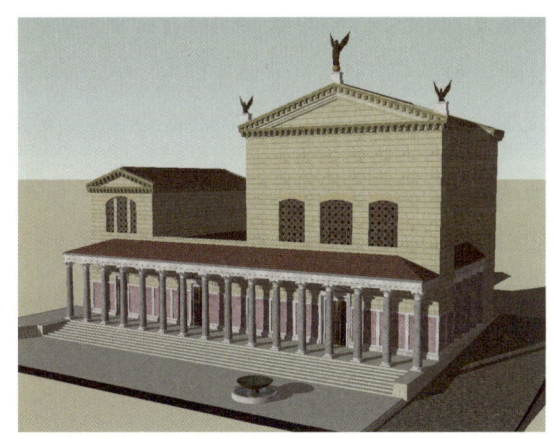

쿠리아 복원도.
현재는 앞부분과 왼쪽은 사라지고 오른쪽의 큰 건물만 유지되고 있다.

져 나가고 그 안의 벽돌 구조물만 남아 있다. 높이 2미터, 지름 4.5미터의 원기둥이다.

포룸의 서쪽 끝 세 개의 신전

포룸의 서쪽 끝에는 서있는 구조물들이 많아서 볼거리가 꽤 된다.

우선 사투르누스 신전. 로스트라를 왼쪽에 두고 남쪽으로 높직한 기단 위에 높다란 기둥들이 ㄷ자 모양으로 보로 연결된 것(6×2)이 보인다. 말끔하고 역시 높직한 보의 새김글도 또렷하고 안쪽에서 보면 보의 무늬도 멋지다. 한데 머리 장식까지 온전한 이오니아식 기둥에 세로줄 장식이 없어서 얼핏 현대의 임시 기둥 같아 보이기도 한다. 하지만 다행히도 원래의 기둥이란다. 보의 정면 새김글 둘째 줄에 '화재로 불탄 것을 복구했다INCENDIO CONSVMPTVM RESTITVIT'라고 쓰여 있다. 이 신전은 기원전 500년경에 처음 지었다가 기원전 1세기 중반에 완전히 개축하고, 다시 400년 정도 지나서 화재(서기 283년) 후 개수(360년)한 것이 현재의 모습이다. 석회암 판이 벗겨지지 않은 정면 기단도 기원전 1세기 것이다. 기둥에 세로줄 장식이 없는 것은 소재가 화강암이어서일 수도 있겠다.

사투르누스는 희랍어로 크로노스. 제우스에게 쫓겨난 옛날 신이라서 그를 섬기는 신전은 다른 데서는 발견하기 힘든데, 이렇게 거대한 신전이 있는 이유는 그가 이곳에 자리 잡고 왕국을 세웠다는 전설이 있어서다. 더구나 그가 다스리던 시대는 황금시대였다니 사투르누스를 모시면 다시 황금시대를 누릴 수 있다는 기대도 했었겠다. 사투르누스가 황금과 연관되어서인지, 이 신전은 국가의 보물과 중요 문서, 깃발, 도량형 표준 등을 보관하는 금고 역할도 했단다. 앞에 본 디오스쿠로이 신전처럼 건물이 북향으로 놓인 것은 역시 포럼 쪽에서 드나들기 쉽도록 한 것이다.

한편 로마에는 매년 12월 중순, 사투르날리아라는 축제일도 있었는데, 일종의 '머슴날'로 주인이 노예들에게 선물을 주고 시중을 들었다 한다.

사투르누스 신전을 보면서 오른쪽에는 신전 건물 모서리의 기둥 세 개가 ㄱ자 형태로 보로 연결된 것이 보인다. 베스파시아누스와 티투스를 모시던 신전의 일부이다. 이 건물은 동서 방향으로 길쭉하고, 포럼을 향해서 동쪽에 정문을 냈었다. 정면에는 ㄷ자 모양으로 6×2 기둥을 둘렀었다prostyle. 현재 남은 기둥들은 북동쪽 모서리의 것이다. 포럼에 신전 전체를 기둥으로 두른 형식peristyle이 드문 것은 아마도 이 부근에

높직한 사투르누스 신전. 안쪽 보에 새긴 무늬가 멋지다.

베스파시아누스와 티투스 신전. 오른쪽 뒤로 사투르누스 신전이 겹쳐 보인다.

워낙 건물이 빽빽해서 충분한 부지를 확보하기 어려워서인 듯하다. 베스파시아누스 부자의 신전 보에는 '복원했다'[(R)ESTITVER(UNT)]라고 문장 끝부분이 남아 있다. 셉티미우스 세베루스와 카라칼라 때 개수했기 때문이다.

이 건물은 티투스가 짓기 시작해서 그의 사후에 동생 도미티아누스가 완성하였다. 도미티아누스는 기독교 박해 등으로 폭군이란 평가를 받고 있지만, 다수의 건물을 완성하고 군사적인 성공도 여러 차례 거두었으니 장점이 없지 않은 지도자라 하겠다. 자신은 여러 건물을 지었지만 정작 본인 이름이 붙은 건물은 없으니 약간 억울하겠다. 그는 궁중 측근에게 암살된 후 원로원에 의해 기록 말살형을 받았다. 현재까지 전해지는 도미티아누스의 초상 조각들은 대개 나중에 다시 조성한 것이라고 한다. 어쩌면 그 직후에 네르바, 트라야누스 같은 온화한 황제들이 집권해서 이전 조각상 중 더러 살아남은 게 있을 수도 있겠다.

베스파시아누스와 티투스 신전 바로 옆(북쪽)에는 '화합Concordia의 신전'이 있었다. 아그리젠토 화합의 신전은 온전히 전해지지만, 이곳 신전에는 거의 남은 게 없다. 조금 특이한 것은 이 건물이 남북으로 길쭉하면서도 동쪽을 향해 출구를 냈다는 점이다. 그 뒤로 카피톨리움 언덕이 바짝 다가와 있고, 또 이미 거기에 문서 보관소tabularium가 자리 잡고 있어서 부지가 좁았기 때문이다. 그래서 건물 중앙에 맞배지붕형 출입구 건물을 덧붙이고, 그 앞에 ㄷ자형 정면 기둥과 계단이 있어서 포럼 중심부에서 드나들게 했던 것 같다. 이런 추정이 가능한 것은 옛 주화에 이 신전의 모습이 새겨져 있어서다. 초기 답사자들의 그림에도 화합

콩코르디아 신전의 복원도. 동쪽을 향해 맞배지붕형 출입구 건물을 덧붙인 모습이 옛날 주화에도 새겨져 있다.

의 신전은 전혀 보이지 않으니, 아마 아주 오래전에 부재들이 반출되고 재활용되었던 모양이다.

이 신전은 기원전 218년에 처음 지어져서 약 100년 뒤에 개축되고 다시 100년 지나서 티베리우스 때(그가 아직 황제가 되기 전) 또 개축되었다고 한다. 애초에 귀족 출신이 아닌 사람이 집정관직을 맡을 수 있게 하는 법 Lex Licinia Sextia 이 처음 시행되던 때(기원전 367년)에 여러 계급의 화합이 필요해서 이 신전을 짓기로 서원했던 것인데, 착공이 늦어졌다고 한다.

포룸 바깥의 유적들

현재 셉티미우스 세베루스 개선문과 율리우스 쿠리아 북쪽에 담장이 있다. 그 바깥은 유료 입장하는 문화재 구역에 속하지 않은 셈인데, 거기에도 몇가지 볼거리가 있다. 우선 개선문 바로 곁의 출구로 나가면 정면(북쪽)에 '마메르티누스 감옥'이란 건물이 있다. 현재는 교회(목수들의 성자 요셉 교회San Giuseppe dei Falegnami)로 쓰이는 곳인데, 로마시대에 감옥이었고 여기에 베드로와 바울이 갇혔었다는 전설이 있다. 예전에 그 자리에 있던 교회는 '베드로와 바울의 감옥 교회Santi Pietro e Paolo in Carcere'였다. 방문객들은 교회 내부로 들어가서 옛 감옥의 벽과 바닥을 확인할 수 있다. 유료 입장이다. 2018년에 건물 지붕이 붕괴해서 수리하느라 일시 폐장한 적도 있으니 입장 가능한지 미리 확인하는 게 좋다.

원래 감옥을 포함해서 이 구역은 고대 로마의 정치적 집회소comitium로서, 현재 율리우스 쿠리아까지 포함하고 그 앞에 포룸 쪽으로 둥그스름한 로스트라가 있었다. 전체적인 축선은 포룸을 향해 비스듬히 기울어 있었는데, 카이사르가 그곳을 밀어버리고 포룸을 향해 직각을 이루도록 건물들을 짓고 로스트라도 포룸 안으로 끌어들였던 것이다. 로마에서는 금고나 징역형은 없고 구류처분만 내렸기 때문에, 우리가 보는 감옥은 대체로 빚을 갚지 못한 사람들이 일시적으로 붙잡혀 있던 곳이다. 이전에는 툴리움 또는 툴리우스 감옥carcer tullianum이라고 불렀는데, 로마의 두 왕(Tullus Hostilius, Servius Tullius)의 이름이 그 어원으로 꼽힌다. 현재 사용되는 이름(Mamertino)은 인근에 있는 '복수자 마르스Mars Ultor' 신전에서 따온 것으로 여겨진다. 마르스라는 단어의 오스키 방언 형태 '마메르스Mamers'의 형용사Mamertinus에서 나온 것이다. 이 감옥도 일찍부터 교회의 보호를 받아서 현재처럼 멀쩡하게 보존된 것이다.

두 문 성사의 감옥 너머 북쪽으로는 여러 황제들의 포룸이 펼쳐져 있었다. 감옥 바로 너머가 율리우스 카이사르의 포룸, 그 바로 북쪽이 아우구스투스 포룸, 그 왼쪽(서쪽)이 트라야누스 포룸, 아우구스투스 포룸 바로 동쪽이 네르바 포룸, 거기서 길 건너 남쪽이 평화의 신전 등이다. 아마 기존의 포룸이 이미 꽉 차 있어서 좀 더 넓고 평탄한 곳을 택해서 자신의 이름을 남길 기념물들을 세운 모양이다. 포룸 남쪽은 팔라티움 언덕으로 막혀 있고, 그 위에는 개인 저택이 빼곡해서 이용하기 곤란했기 때문이다.

지나는 길에 말해두자면, 포룸 남쪽의 팔라티움 언덕에 올라가는 것은 시간 여유(그리고 에너지)가 아주 많은 분들께나 권한다. 경역이 넓은 것에 비해 볼거리가 부족하고, 작은 박물관이 하나 있지만 좋은 유물이 거의 없다. 포룸 전체 또는 반대쪽(남쪽)의 대경주장을 내려다보려는 의도라면 반대하지 않겠다. 한편 포룸 북쪽 여러 황제들의 포룸은 현재의 지표면보다 훨씬 낮은 지하에 노출되어 있어서 큰 힘 들이지 않고 길가에서 '무료로' 내려다볼 수 있다. 하지만 지상에 서있는 게 거의 없어서 별 재미는 없다.

카피톨리움 언덕과 박물관

셉티미우스 세베루스 개선문 북쪽의 출구로 나가서 좌회전하면 카피톨리움 언덕으로 올라갈 수 있다. (하지만 이미 대경주장부터 콜로세움을 거쳐 포룸의 서쪽 끝까지 온 사람이라면 매우 지쳐 있을 터이니, 휴식을 취하지 않고서 일정을 계속하기란 어려울 것이다. 일단 철수해서 다른 데서 식사라도 하고 온다면 대개는 카피톨리움 언덕의 서쪽 경사로를 통해 올라가게 된다.) 이 언덕은 원래 쌍봉낙타 등처럼 중간에 약간 낮은 부분을 두고 남쪽과 북쪽에 좀 더 높은 봉우리로 구성되어 있었다. 북쪽 언덕Arx에는 유노 신전이, 남쪽 언덕에는 윱피테르 신전이 있었다. 한데 후대 사람들이 높은 곳을 깎아 낮은 곳을 메워서 지금처럼 평평하게 만들고 거기 건물을 지었다. 유노 신전(의 부속 구조물)의 흔적은 지금 벽돌 무더기로 남아 언덕 북쪽 비탈면 가까이서 확인할 수 있다. 한편 윱피테르 신전은 일부 남은 것이 박물관 지하에 발굴, 전시되어 있다.

카피톨리움 박물관은 로마 시내에 있는 고대 박물관 가운데 반드시 들러야 하는 세 개 중 하나다. 다른 둘은 바티칸 박물관과 빌라 줄리아의 에트루리아 박물관이다. 그리고 근현대 박물관까지 넣어 하나만 더 꼽으라면 나로서는 보르게제 미술관을 꼽겠다. 알템스 국립고고학박물관도 규모가 크긴 하지만 아주 좋은 것이 많지 않다.

카피톨리움 박물관이 속한 건물군은 미켈란젤로가 설계한 것이다. 서쪽 큰길 쪽에서 긴 경사로를 올라가면 중앙 광장이 있고, 그것을 에워싸고 건물 세 개가 있다. 광장 동쪽을 가로막은 채 포룸을 내려다보고 있는 건물은 로마시 의회가 사용하고 있다. 그 좌우의 건물은 지하로 연결되어 박물관으로 이용되고 있다. 한편 규모가 좀 작은 북쪽 건물Palazzo Nuovo 너머로는 가톨릭교회가 있고, 그 너머로는 조국의 제단

카피톨리움 박물관 모형도. 서쪽 경사로를 올라가면 건물 세 개가 중앙 광장을 둘러싸고 있다.

(비토리오 에마누엘레 2세 기념물)이 있다. 그래서 이 도시 사람들은 이 일대에서 중앙정부-교회-지방정부-고전 세계가 잘 조화를 이루고 있다고 자랑한다.

서쪽 입구로 올라가 중앙 광장에 들어서면 말에 올라탄 인물의 청동상이 제일 먼저 우리를 맞이한다. 마르쿠스 아우렐리우스 기마상이다. 원래는 콜로세움에서 동쪽으로 5백 미터 정도 떨어진 라테라노의, 지금은 오벨리스크가 서있는 자리에 있던 것을 이 박물관으로 옮기면서 진품은 실내에 두고 복제품을 이곳에 세웠단다. 이 청동상이 이렇게 멀쩡히 보존된 것은 이분을 기독교를 공인한 콘스탄티누스라고 잘못 생각해서란다. 콘스탄티누스 개선문이 멀쩡히 남은 것도 — 이번엔 오해는 아니지만 — 황제께서 기독교를 보호했기 때문에, 기독교 쪽에서 보답으로 그분의 기념물을 보호해 주어서 그런 것이다. (티투스 개선문이 양쪽이 깎인 채 요새로 쓰이고, 셉티미우스 세베루스 개선문 위에 망루가 올라앉았던 것을 상기하자. 게다가 아우구스투스 개선문은 흔적도 없이 사라지지 않았던가!) 하지만 이 청동상의 원래 위치에 대한 다른 주장도 있다. 마르쿠스 아우렐리우스 기념기둥이 있는 콜론나 광장에 있었다는 주장이다. 그러면 이 조각상이 어떻게 멀쩡하게 보존되었는지 설명할 다른 길을 찾아야 한다. 이렇게 유물 출처가 불분명한 이유는 명품들을 교황들께서 — 아마도 선물받아 — 모아 갖고 계시다가 대중에게 공개했기 때문이다. 고고학이나 박물관학이 발전하기 전에 유물부터 모였던 것이다.

이 박물관이 소장한 유물들을 하나씩 소개하자면 책 한 권이 더 필요할 지경이니 가장 중요한 몇가지만 언급하고 지나가자. 단, '나에게' 중요하단 뜻이다. 흔히 꼽는 '카피톨리움 최고 걸작 10선' 안에 내가 강조하고 싶은 작품은 겨우 한두 개 포함되어 있다. 그냥 내 식으로 추천한다. 신화와 관련되어 서사를 담고 있는 작품들이다.

우선 이 박물관 최고의 작품으로 꼽히고, 나도 동의하는 것으로 〈카피톨리움 늑대상〉이 있다. 로마의 설립자인 로물루스와 레무스가 늑대

카피톨리움 늑대상.

젖을 먹고 자랐다는 전설을 실물로 보여주는 작품이다. 한데 가까이서 보면 늑대는 상당히 도식적으로 표현되어 있는데(늑대의 얼굴은 매끈한 반면, 얼굴 테두리에 선을 넣고 곱슬거리는 털을 마치 인간 머리털과 수염처럼 넣었다) 젖을 먹는 아기들은 매우 자연스럽게 그려졌다. 애초에는 아기들이 없었는데 르네상스 시대에 덧붙였기 때문이다. 15세기 말에 활동했던 폴라이우올로의 솜씨라고 보고 있다. 늑대상 자체는 대개 2,500년 정도 된 에트루리아 것으로 여겨졌고, 키케로가 『예언에 관하여』에 이 작품 또는 비슷한 작품에 대해 언급한 점도 그 근거로 꼽혀왔다. 하지만 근래에 방사성탄소연대측정법에 근거하여 11~12세기 것이라는 주장도 제기되었으며, 주조 기법도 중세식이라는 학설이 등장했다. (물론 그에 대한 재반박도 있다.) 어쨌든 이 작품은 지금도 도시 로마의 상징으로 쓰이고 있고, 바깥 광장의 중앙 건물 북쪽 모서리에도 모사품이 서있다.

다음으로 꼽고 싶은 것이 헤라클레스로 분장한 콤모두스 흉상이다.

콤모두스 헤라클레스 흉상.

겸손한 스토아 철학자였던 아버지 마르쿠스 아우렐리우스와는 정반대로 과대망상증이 있던 이 황제는 자신을 헤라클레스의 화신으로 생각해서 야수 몇마리를 죽이는 것으로 일과를 시작했다고 한다. 망상에 걸맞게 사자 가죽을 뒤집어쓰고서 몽둥이를 어깨에 얹은 채, 손에는 황금사과를 들고 있는 조각상이다. 하지만 얼굴은 영웅적이라기보다 왠지 병색이 있어 보인다. 바깥 광장에도 모셔

거대한 콘스탄티누스 황제 두상과 손 조각.

진 자기 아버지처럼 수염을 길렀다. 황제 중에 수염 기른 모습을 보이는 이들은 '네로처럼' 희랍 문화를 사랑한다는 뜻으로 그렇게 한 것이다. 로마인들은 기원전 300년경부터 수염을 깎았다. 전투 중에 붙잡히지 않으려고 그랬다는 게 보통의 설명이다. 이 박물관에서 놀라움을 주는 작품 중 하나가 거대한 콘스탄티누스 황제 두상과 손 조각인데, 그분도 수염은 기르지 않은 모습이다. (희랍을 너무나 좋아해서 그쪽으로 수도까지 옮긴 분이 왜?)

이 박물관이 소장한 '이야기를 담은' 작품 중 하나가 〈에로스와 프쉬케〉 조각상이다. 아름다운 소년이 소녀에게 입을 맞추고 있는 모습이다. 이 이야기는 서기 2세기에 살았던 아풀레이우스의 『황금 당나귀』

포룸 바깥의 유적들 **363**

에로스와 프쉬케 조각상.

에 전해지는데, 기원전 4세기 미술 작품부터 이들이 그려진 것을 보면 꽤 오래된 이야기인 모양이다. 프쉬케라는 아름다운 소녀를 사람들이 여신처럼 숭배한다. 질투가 난 아프로디테가 에로스를 파견하여 아무도 그녀를 사랑하지 못하게 만들고자 한다. 그런데 에로스가 반해서 소녀를 납치해다가 아름다운 궁전에 살게 한다. 낮에는 목소리만 들리는 요정들이 돌보아주고, 남편은 밤에만 와서 자고 아침이면 사라진다. 남편 모습이 너무나 보고 싶었던 프쉬케는 등불을 준비했다가 에로스가 잠들었을 때 불을 켠다. 너무나도 아름다운 남편 모습에 사랑이 더욱 불타오르는 순간, 뜨거운 기름이 에로스에게 쏟아지고 화상을 입은 에로스는 그녀를 떠난다. 그러자 아프로디테가 프쉬케를 학대하며 여러 어려운 일을 시킨다. 프쉬케는 동물과 요정 들의 도움으로 어려움을 이겨나가지만, 마지막 심부름으로 저승에 가서 페르세포네에게 아름다움을 얻어오라는 과제를 넘어서지 못한다. 돌아오는 길에 호기심에 그만 상자를 열어보았던 것이다. 그 안에는 영원한 잠이 들어있어서, 그녀는 저승 길목에서 잠에 취해 쓰러지고 만다. 거기에 화상에서 회복된 에로스가 찾아오고 프쉬케를 구해낸다. 그 남녀가 드디어 제대로 결합하는 장면을 보여주는 것이 바로 우리가 보는 조각상이다. 기원전 2세기의 작품을 모각한 게 현재의 작품이란다.

〈뱀을 죽이는 아기 헤라클레스〉도 여러 사람과 나누고 싶은 작품이다. 제우스는 거인과의 전쟁을 앞두고, 인간 하나가 올림포스신들에게 가담해야 신들이 이긴다는 예언을 접한다. 그래서 암피트뤼온의 아내 알크메네를 찾아가 남편 모습을 하고서 그녀와 결합한다. 그렇게 태어난 아들이 헤라클레스다. 그러자 질투가 난 헤라는 아기를 죽이기 위해 뱀 두 마리를 아기 침대에 들여보낸다. 하지만 아기 헤라클레스는 오히려 그 뱀을 목 졸라 죽였다고 한다. 그 모습을 새겨놓은 조각이다. 통통한 아기가 뱀을 장난감처럼 놀리며 미소 짓는 게 아주 귀엽다. 조각 솜씨가 대단하다.

그 밖에 미술사 책에 많이 등장하는 작품들 〈죽어가는 갈리아 전사〉, 〈부상당한 아마존〉, 〈레다와 백조〉, 〈카피톨리움 베누스〉, 〈발바닥의 가시를 뽑는 인물〉 등이 있고, 북쪽 건물에 카라바조의 그림들도 있으니 놓치지 마시라 권한다. 무엇보다 높은 데서 내려다보는 포룸의 전경

뱀을 죽이는
아기 헤라클레스.

도 드문 경험일 터이니 이따금 창밖을 살피시기 바란다.

지금은 카피톨리움 박물관 아래에 묻힌 윱피테르 신전은 기원전 509년, 그러니까 공화정이 출발하던 해에 봉헌된 것으로 알려져 있다. 로마의 종교에 큰 영향을 끼친 에트루리아 양식을 취했다. 옛 신전들이 자주 그러하듯 입구를 동쪽에 둔 맞배지붕형 건물이다. ㄷ자 모양으로 기둥을 두르고, ㄷ자의 열린 쪽 선에 맞춰서 내실을 조성하는 게 아니라 ㄷ자 안에 내실을 넣었다. 더구나 ㄷ자의 막힌 부분 앞에 두 줄로 기둥을 더 넣고 전체를 지붕으로 덮었다. 정면 기둥은 6개, 좌우의 기둥은 6개 또는 7개(마지막 기둥은 벽체에 박힌 것일 수 있다)였고, 실내 공간은 세로로 쪼개서 세 칸이었다.

처음에 목재로 지었던 건물이 기원전 1세기 초에 불타서(이때 시뷜라

카피톨리움의
레다와 백조 조각상.

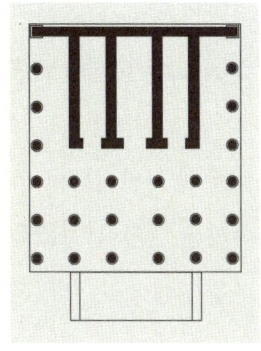 

카피톨리움 융피테르 신전의 평면도(왼쪽)와 복원 모형.

신탁집도 타버렸다고 한다) 희랍식 석조 신전으로 다시 지었는데, 그 후 두 번 더 화재를 겪고 복구되었다. 석조 신전 시기에는 전면 기둥이 네 개였던 것으로 (옛 주화나 부조를 통해) 알려져 있다. 네 번째 신전은 서로마 멸망 때까지 유지되었는데, 중세와 르네상스기를 거치면서 부재가 반출되어 기초 부분만 남았고 그것이 지금 박물관 지하에 일부 노출되어 있다.

한편 박물관의 북쪽 건물 앞(동쪽)에는 유노 신전의 흔적(이라는 것)이 남아 있는데, 잡석을 쌓아 만든 이중의 성벽 같은 것이어서 신전이라기보다는 신전 구역을 에워쌌던 성벽의 일부인 듯하다. 한동안 이곳에서 주화를 주조했기 때문에 이곳에 모셔졌던 유노는 '돈을 관장하는 유노Iuno Moneta'라고 부른다. 기원전 390년에 갈리아족이 침입했을 때, 유노의 신성한 거위들이 울어서 로마인이 적의 기습을 알아차렸다는 일화가 리비우스 『로마사』 제5권에 기록되어 있는데, 그 기특한 동물들은 이 유노 신전에 있던 거위라고 보아야 할 것이다.

카피톨리움 언덕을 떠나기 전에 하나만 더 언급하자면, 이 언덕의 남

포럼 바깥의 유적들 367

타르페이아 주화.

쪽 끝은 사형이 집행되던 벼랑이었다. 타르페이아 절벽이라고 부르는 곳이다. 로마가 막 출범했을 때, 로물루스가 이끄는 로마인들이 인근의 사비니 여인들을 납치한 것 때문에 사비니족이 쳐들어왔다. 그때 타르페이아라는 여인이 선물을 받기로 하고 적들에게 성문을 열어주었는데, 적들은 이 반역자에게 선물을 주기는커녕 그녀 위에 방패를 쌓아올려서 죽게 만들었다고 한다. 리비우스 『로마사』 제1권에 나오는 얘기다. 그 후로 국가 반역자와 흉악범들을 떨어뜨려 죽이는 절벽에 그녀의 이름이 붙게 되었단다. 지금도 큰길을 우회해서 포룸 쪽으로 들어가는 길에 높직한 절벽이 보인다.

트라야누스와 마르쿠스 아우렐리우스의 기념기둥

카피톨리움 박물관을 나서면 서쪽 출구에서 우회전해서 트라야누스 기념기둥을 보러 가는 게 좋다. 먼저 길 오른쪽으로 조국의 제단이 보인다. 19세기 말 이탈리아가 통일될 때 왕이었던 비토리오 에마누엘레 2세를 기리는 기념물이다. 고대 로마의 여러 건축 요소를 종합해서 국가의 위세를 한껏 자랑하고 있다. 옛것을 좋아하는 사람들에게는 좀 과한 듯도 하지만, 고대 로마가 한창일 때는 주변 건축물들이 아마 그와 비슷한 모습과 기세였을 터이니 과거 분위기를 추측하는 데 자료로 삼기로 하자.

조국의 제단을 오른쪽에 끼고 빙 돌아가면 건널목 건너 트라야누스의 기념기둥이 서있다. 앞에서 포룸(포로 로마노) 북쪽에 서쪽부터 동쪽으로 여러 황제들의 포룸이 펼쳐져 있다고 했는데, 이 기둥이 그 구역의 기점이다.

  기둥 자체는 받침대를 포함해서 높이 35미터라니 거의 10층 건물 높이다. 지름은 4미터에 가까운데, 내부에 나선형 계단이 있어서 꼭대기까지 올라갈 수 있게 되어 있다. (일반인에게는 개방하지 않는 모양이다.) 내부가 뻥 뚫려 있으면 무서워서 어떻게 올라가나 싶을 텐데, 마치 맷돌 위짝처럼 통로의 일부만 파서 정교하게 20개의 원통을 이어 붙였으니 계단을 올라가는 사람은 좌우의 바위벽을 볼 뿐이다. 멀리서는 잘 보이지 않지만 기둥에 가느다란 틈을 파놓아서 내부가 아주 어둡지는

트라야누스 기념기둥.

않게 되어 있다. 기둥 바깥에는, 펼치면 2백 미터 가까이 되는 얕은 부조가 조금씩 위로 올라가는 각도로 이어져 있다. 부조 내용은 황제께서 다키아(오늘날의 루마니아)를 정복한 위업이다. 원래는 기둥 꼭대기에 트라야누스 황제 조각상을 세웠는데 없어지고, 16세기 말에 베드로 성인의 조각상이 세워져 지금까지 남아 있다. 이 불경죄를 속죄하기라도 하듯 현대인들이 트라야누스의 조각상을 만들어 길가에 세워놓았다. 기념기둥으로부터 1백 미터 정도 남쪽으로 가면 있다. 그 맞은편에는 카이사르의 조각상이 포룸을 등지고 서있다.

트라야누스 기념기둥이 서있는 대지는 현재의 지표면보다 낮고 기둥 규모가 엄청나기 때문에 따로 입장료를 내지 않고도 길가에서 전체를 볼 수 있다. 하지만 부조의 세세한 내용은 거리가 멀어서 구별되지 않는다. 트라야누스 기념기둥에서 동쪽으로 진행하면 또 다른 지표 아래 발굴지가 보이는데, 북쪽에서 남쪽을 향해 — 보존 또는 복원 상태가 썩 훌륭한 — 오메가형 2층 건물이 있어서 마치 지하에 가라앉은 콜로세움처럼 보인다. 이곳은 트라야누스 시장이다. 이곳에 '황제들의 포룸 박물관'이 있어서 트라야누스 기념기둥의 석고형도 일부 볼 수 있다. 유료 입장이다.

그리고 트라야누스 기념기둥의 부조를 부분 부분 모두 석고로 떠서 눈높이에서 볼 수 있게 전시한 곳이 로마 시내에 한 군데 있긴 하다. 로마 문명박물관 Museo della Civiltà Romana 이다. 하지만 너무 한적한 곳에 있어서 시간 부족한 여행자가 찾아가긴 좀 어렵다. 콜로세움에서 남서쪽으로 10킬로미터 정도 떨어진 곳이다. 그리고 그 부근 에우르EUR에는 무솔리니 시대에 지은 웅장하고 권위적인 거대 건물들이 기하학적으로 배치되어 있으니 고대 로마의 시대착오적 재현을 마주칠 마음 각오를 하고 가시기 바란다.

한편 영국의 빅토리아 앨버트 박물관에도 이 기둥을 석고로 뜬 것이 있어 일부분이라도 비교적 가까이서 볼 수 있다. 혹시 런던에서도 로마의 흔적을 찾고자 하는 분이 있으면 그곳을 이용하시라. 루마니아의 부쿠레슈티 역사박물관에는 또 다른 트라야누스 기념기둥(석고형이 아니라 또 하나의 실물)의 받침대와 기둥 하단 일부가 소장되어 있다. 하지만 외부 부조는 극히 일부만 보인다.

말 나온 김에 다른 기념기둥도 설명하자. 트라야누스 기념기둥에서 북쪽으로 7~800미터 떨어진 곳 Piazza Colonna에 마르쿠스 아우렐리우스 기념기둥이 서있다. 이 기둥은 아우렐리우스 황제께서 서쪽의 게르만족과 동쪽의 사르마티아인들을 제압한 것을 기념하여 (어쩌면 본인 사후에) 세워진 것으로 보인다. 헌정 새김글은 사라졌다. 받침대 밑에 기단이 하나 더 있어서 전체 높이는 트라야누스 것보다 조금 더 높은 약 40미터다. 구조는 트라야누스 기둥과 거의 같다. 다만 이 기둥은 현재의 지표면 위에 서있다는 점이 다르다. 기단 부분 약 3미터가 땅속에 묻혀 있기 때문이다. 그 꼭대기에는 원래 아우렐리우스상이 있었는데, 16세기 말에 사도 바울의 조각상이 그 자리를 차지했다. 현재 기둥 받침대에는 '교황 식스투스 5세가 안토니누스의 기둥을 복원했다'고 라틴어로 적혀 있다.

카피톨리움의 남서쪽: 마르켈루스 극장, 헤라클레스 신전, 포르투누스 신전, 야누스 아치

카피톨리움 박물관의 서쪽 입구에서 좌회전하여 남쪽으로 1백 미터 정도 진행하면 길 오른쪽(서쪽)에 작은 콜로세움 같은 구조물이 보인다.

'아니, 이런 게 있었다니!' 로마 시내의 고대 건축물은 대충 다 안다고 생각했던 사람조차도 놀라게 된다. 로마를 처음 방문했을 때, 바로 내가 그랬다. 마르켈루스 극장이다. 카이사르가 터를 닦고 죽어서 아우구스투스가 완성하였다. 아우구스투스가 내심 후계자로 점찍어 놓았지만 너무 일찍 세상을 떠난 조카의 이름을 붙였다. 누이 옥타비아의 아들로서, 베르길리우스의 『아이네이스』에서 저승에 간 아이네아스가 그의 혼령을 보고 깊은 인상을 받는 것으로 되어 있다. 전설에 따르면 황제 일가 앞에서 베르길리우스가 작품을 낭독했는데, 아들이 등장하는 대목을 듣고 어머니 옥타비아가 혼절을 했다고도 한다.

이 극장 건물은 로마제국이 멸망하기도 전에 부재가 조금씩 반출되어 다른 것을 짓는 데 쓰였지만, 중세에는 유력 가문의 요새나 거처로 이용된 덕에 큰 훼손을 면했다. 고대 구조물 두 층 위에 셋째 층을 덧붙

카이사르 사후 아우구스투스가 완성한 마르켈루스 극장.

베르길리우스가 『아이네이스』를 낭독하는 장면, 장 밥티스트 위카, 1790, 시카고 미술관.

였는데, 바깥에서 봐도 셋째 층은 근현대의 창문이 있어서 나중에 덧붙인 것임을 쉽게 알 수 있다. 이 극장은 원통형인 콜로세움과는 달리 반원통형 앞에 네모꼴 공간을 덧붙인 것이었다. 지금도 옆으로 돌아가면 반원통의 단면이 보이는데, 꼭대기 층만 아니라 다른 층들도 생활 공간으로 이용되고 있음을 알 수 있다.

대개는 시간이 없으니 그냥 지나치지만, 마르켈루스 극장 건물군을 한 바퀴 돌아 서쪽으로 가보면 마르켈루스 극장의 북서쪽에 맞배지붕형의 옛 건물이 하나 있다. 전면의 왼쪽을 꽤 잘 보존된 코린토스식 기둥 두 개가 차지하고 있으며, 오른쪽에는 기둥 두 개를 잃어 그 자리에 벽돌로 지은 아치문을 세워두었다. 아치문 안쪽으로 벽에 붙은 코린토스식 기둥이 몇개 더 보인다. 이것은 옛날 신전에 부속되었던 건물로

포룸 바깥의 유적들　373

옥타비아의 주랑 현관Porticus Octaviae이라고 한다. 원래는 이 현관이 포함된 담장 안에 융피테르와 유노의 신전이 나란히 있었으며, 마르켈루스 도서관도 있었다고 한다. 현대에도 이따금 자식을 일찍 여읜 분들이 자녀의 이름을 붙인 도서관을 기증하는데 이미 저 옛날에도 그런 전례가 있었던 것이다. 중세에는 어시장으로 사용되기도 했다. 또한 이 문은 이 부근에 있던 유대인 게토의 입구 역할도 했다. 지금도 이곳에(마르켈루스 극장 서쪽) 유대인 회당과 홀로코스트 박물관이 있다.

마르켈루스 극장에서 남쪽으로 150미터 정도 내려오면 '소 시장forum boarium'이라는 곳이다. 이곳은 대경주장의 서쪽 부분으로, 말하자면 대경주장에서 시작해서 시계 반대 방향으로 크게 한 바퀴 돌아 제자리로 돌아온 셈이다. 고대에는 포룸의 율리우스 바실리카를 중간에 두고 그 서쪽에도 동쪽에도 남쪽으로 빠져나가는 골목길이 있었다. 그 두 길이 다시 만나는 곳이 바로 소 시장이다.

북쪽에서 오다 보면 먼저 포르투누스Portunus 신전이 보인다. 포르투누스는 문과 열쇠, 가축과 식량의 신이다. 시장 앞에 모시기에 적절한 신이다. 남북으로 길쭉한 맞배지붕형 건물로 기둥은 4×7의 이오니아식이다. 입구는 북쪽으로 나 있고, 긴 쪽의 기둥 중에서 세 번째 것부터는 내실 벽에 파묻혀서 묻힘 기둥처럼 되어 있다. 말하자면 포룸에서 자주 보았던, ㄷ자형 기둥 전실을 갖춘 신전 같은 것인데, 다른 점이라면 내실 바깥벽에 후면까지 묻힘 기둥이 박혀 있다는 점이다. 높다란 기단podium 위에 있어서 북쪽의 계단으로 올라가게 되어 있다. 로마 시내에서 가장 온전하게 보존된 신전이라 할 수 있는데, 이제는 다들 짐작하겠지만 일찌기(9세기) 교회로 전용되었기 때문이다. '이집트의 성녀 마리아'를 모시는 교회였다.

포르투누스 신전 남쪽에는 '승리자 헤라클레스'의 신전이 보인다. 앞에서 포룸의 베스타 신전의 원모습이 이러했다고 소개한 것이다. 기원전 146년 희랍의 아카이아 동맹을 제압하고 코린토스를 파괴했던 뭄미우스가 지은 것으로 여겨지고 있다. 그래서 그런지 희랍 대리석을 재료로 썼다. (기둥 중 10개는 서기 1세기에 이탈리아 대리석으로 교체되었다.)

이 신전은 가까이 가서 보면 매우 높은데, 기둥 높이가 11미터 조금 못 미치는 것으로 알려져 있다. 석재로 된 원통형 내실을 20개의 코린

포르투누스 신전.

포룸 바깥의 유적들 **375**

토스식 기둥이 에워싸고 있다. 내실 문은 동쪽에 높은 아치형으로 나 있고, 내실 문 좌우에는 작은 창문이 있다. 현재는 모두 유리창으로 되어 있다. 기둥들을 연결하는 보가 사라져서 기둥이 곧장 지붕을 받치고 있는 것이 조금 어색해 보인다. 베르길리우스의 『아이네이스』에 따르면 헤라클레스가 세상의 서쪽에 가서 게뤼온의 소 떼를 몰고 돌아오다가 로마에 들렀었다니, 소 시장 앞에 그의 신전이 있는 것이 그럴싸하다. 이 건물도 일찌감치 교회로 이용되어 12세기에 성 스테판을 모시는 교회였다.

헤라클레스 신전 앞(동남쪽)에는 7층짜리 사각기둥 탑을 가진 교회가 있다. '코스메딘의 산타 마리아' 교회다. 동로마가 이곳을 차지했을 때 생긴 희랍인 공동체에 속했던 교회다. '코스메딘'은 희랍어 '코스모스'에서 파생된 단어라고 한다. 사실 우리는 고대에 관심을 집중하고 있어서 교회들은 대체로 그냥 지나치고 있는데, 이 교회는 그러기 힘들다. 유명한 유물이 이 교회 바깥벽에 전시되어 있기 때문이다. '진실의 입'

진실의 입.

야누스 아치.

이라는 원형 석재 부조로, 무게가 1톤이 넘는다. 거짓말을 하는 사람이 그 입에 손을 넣으면 갑자기 물어버린다는 전설이 있다. 영화 〈로마의 휴일〉에서 여주인공 오드리 헵번이 불안해하면서 조심스레 손을 집어넣는 장면이 유명하다. 이 판은 원래 헤라클레스 신전에 속한 것으로, 희생물을 잡을 때 나오는 피를 하수구로 흘러들게 만들던 말하자면 '하수구 뚜껑'이었다고 한다. 그래서 거기에 강물(땅을 두루 도는 오케아노스)의 신을 새긴 것인데, 사람들이 손을 집어넣는 입은 물 빠지는 구멍인 셈이다. 이 유물은 지름이 1.75미터나 되고, 현재 기둥머리형 돌 받침대 위에 세워져 있어서 보통사람의 키를 훌쩍 넘는다. 이 유물이 전시된 벽은 간격 널찍한 창살 울타리로 둘러놓아 밖에서도 잘 보인다. 용감하게 입 속에 손을 넣어볼 생각이 없는 사람이라면 그냥 바깥에서 구경해도 되는데, 굳이 자신의 진실함을 입증하고자 한다면 우선 약간의 희생(유료 입장)을 치러야 한다.

로마에는 워낙 유적이 많아서 조금만 골목을 들어가면 예상치 못한 건물과 마주치는데, 이 부근에도 그런 것이 있다. 포르투누스 신전과 헤라클레스 신전 사이에 서서 길 건너 동쪽을 바라보면 그 너머로 개선문 비슷한 것이 보인다. '야누스 아치'라는 것이다. 보존 상태가 상당히 좋은 편이다. 문의 통로가 십자형으로 사방에 뚫려 있는 점이 특이하다. 말하자면 정육면체의 수직면 네 군데에 모두 아치형 문을 뚫어서 가운데서 만나게 한 것이다. 완전히 같지는 않지만 이와 유사한 것으로 그리스 테살로니키의 갈레리우스 개선문을 꼽을 수 있다. (그 문은 동서축은 통로가 세 개, 남북축은 통로가 한 개이다.)

야누스 아치의 특이한 점 또 하나는 좌우 문설주에 두 층으로 벽감을 세 개씩 넣어서 한 면에 도합 12개, 문 전체에 48개의 벽감이 패어 있다는 점이다. 아마도 그 벽감마다 조각상을 넣었을 텐데 현재는 모두 사라지고 새김글도 없어져서, 이 문이 누구에게 바쳐진 것인지 전혀 알 길이 없다. 건립 시기는 서기 4세기 말로 추정되며 여러 건축물의 부재를 재활용하여 지은 것으로 보인다. 문의 설립 목적에 대해서는 소 시장 상인들의 쉼터라는 설, 단지 도시의 경계를 나타낸다는 설, 콘스탄티누스 집안에 바친 것이라는 설 등이 있다.

이 문이 비교적 멀쩡하게 보존된 이유 역시, 유력 가문의 요새로 사용되었기 때문이다. 18세기 그림에는 이 문 위에 지어진 요새 건물이 보인다. 현재 문의 상층구조attic는 애초부터 있던 게 아니라고 해서 제거된 상태다. 멀찍이 철제 울타리를 쳐놓아 아주 가까이는 다가갈 수 없지만, 문이 크기 때문에 멀리서도 잘 보인다. 돌아서 동쪽으로 가면 문에 바짝 다가갈 수 있지만, 관찰할 만한 중요 세부가 없으니 굳이 수고할 필요는 없다.

마르스 벌판

앞에서 로마가 크게 네 부분으로 나뉜다고 했는데, 사실 꼭 설명해야 하는 고대 유적은 대부분 포룸 주변에 있다. 이제 '마르스 벌판'을 좀 간략히 보기로 하자. 이따금 '마르스 광장'이라는 표현을 쓰는 분도 있는데 이곳은 광장이 아니다. 티베리스강(현재 테베레강)이 크게 범람하면 물에 잠기던 벌판이고 병사들을 훈련하던 곳인데, 도시가 팽창하면서 점차 시가지로 변모되었다. 애초에는 말하자면 '성문 밖 구역'이었다. 로마가 강성하던 시절에는 성 밖에 있어도 안전을 염려할 필요가 없었지만, '3세기의 위기'를 겪으면서 반달족 등이 이탈리아반도 북쪽까지 침입하기도 해서 아우렐리아누스 황제(재위 270~275년) 때 도시를 에워싸는 성을 더 넓게 둘렀고, 그제야 마르스 벌판도 성내로 편입되었다.

대하수도, 파르네제궁, 폼페이우스 극장

우리는 앞에서 마르스 벌판 구역의 남쪽 끝을 살펴본 셈이다. 마르켈루스 극장, 포르투누스 신전, 헤라클레스 신전 등은 이 구역에 속한다고 해도 좋기 때문이다. 이 부근에서 하나 더 확인하고 가면 좋은 게 '대

서쪽으로 건너가는 다리 위에서 바라본 대하수도 유적. 중앙의 아치 아래 구석에 물이 빠져나가는 통로가 보인다.

하수도Cloaca Maxima'다. 포럼 일대는 주변 언덕에서 흘러내린 시냇물들이 모이는 늪지대였는데 물을 빼서 공용 공간으로 만든 것이다. 그 물을 티베리스강으로 뽑아내던 하수도가 바로 '대하수도'다. 초기 왕정 때 노천 수로로 시작해서, 특히 아우구스투스 때 크게 개수했다고 한다. 파리의 거대 하수 시설 같은 것의 모범이 된 로마 토목 기술의 표본 중 하나다. 헤라클레스 신전 바로 서쪽에서 테베레강으로 출구가 나있는데 그리로 내려가는 길을 찾기는 좀 어렵고, 서쪽으로 건너가는 다리 Ponte Palatino에서 비스듬히 내려다보면 꽤 잘 보인다. 한편 그 다리의 상류 쪽에는 기원전 2세기에 세워진 다리의 한 토막이 남아 있으니 한번 확인하면 좋다. '썩은 다리Ponte Rotto'라는 것이다. 계속 수리해 가면서 오래 이용되다가 결국 한 토막(교각 두 개, 상판 한 칸)만 남았다.

마르켈루스 극장에서 서쪽으로 800미터쯤 떨어진 테베레 강변에 파르네제궁이 있다. 나폴리 국립박물관에 소장된 많은 유물들이 머물던 곳이다. 지금은 프랑스 대사관으로 쓰이고 있는데, 그 안에 안니발레 카라치가 그린 〈디오뉘소스의 개선〉 등 신화를 소재로 한 벽화가 꽤 많다. 매주 월, 수, 금 오후에 유료 입장이 가능하다. 외교 시설이니만치 검색을 좀 세게 받고 들어가야 한다. 강 건너에는 파르네제 빌라가 있으니 혼동하지 마시길.

'은탑 광장Largo di Torre Argentina'이라는 곳이 마르켈루스 극장에서 북서쪽으로 500여미터 거리에 있다. 지금의 지표면보다 낮은 옛 지표면이 노출되어 있고 상태가 별로 좋지 않은 기둥 몇개와 건물 기초와 석조 부재 들이 보인다. 카이사르가 암살된 폼페이우스 극장의 일부다. (폼

폼페이우스 극장 복원도. 동쪽을 보면서 서쪽에 반원형 극장 좌석이 설치되어 있다.

페이우스가 돈을 내어 지었다.) 이 극장은 상설 극장으로는 로마 최초의 것으로, 동서로 길쭉하여 동쪽에는 네모 부지를 주랑이 에워싸고, 그 서쪽에는 동쪽을 보면서 반원형으로 극장의 좌석이 설치되고 서쪽 입구는 약간 튀어나오게 조성한 건물이었다. 현재 서쪽 반원형 구조물은 사라지고 그냥 집들이 반원형의 길을 남기고 들어서 있을 뿐이다. 동쪽 주랑 부분에 해당되는 부지가 우리가 볼 수 있는 현재의 유적이다. 카이사르가 포룸의 쿠리아를 새로 짓고 있어서 이 극장에서 원로원 회의가 개최되었는데 카이사르는 그곳 회의에 참석했다가 암살되었다. 카이사르는 폼페이우스에게 승리를 거둔 후 이곳 폼페이우스 극장에서 개선식을 치렀다니, 어찌 보자면 '지은 대로 벌 받은' 셈이다.

판테온과 그 주변, 오벨리스크, 바로크 궁전들

폼페이우스 극장 유적에서 큰길을 건너 북쪽으로 300미터 정도 들어가면 판테온이 있다. 로마의 건축 기술을 체감할 수 있는 고대 세계 최고의 건축물이다. 골목길이 동쪽과 서쪽 둘이 있는데 동쪽으로 가는 게 좋다. 폼페이우스 극장 유적에서 길 건너 동쪽 길로 가다 보면 판테온 가기 직전 미네르바 광장에서 오벨리스크 하나를 확인할 수 있다. 높이가 5.5미터밖에 되지 않아 좀 자그마하다. 좌대까지 포함해서 13미터 정도. 디오클레티아누스 때 이시스 신전에 설치하기 위해 이집트에서 옮겨온 것이란다. 오벨리스크 동쪽에 '미네르바 위의 산타 마리아' 바실리카가 있는데, 이 자리에 있던 미네르바 신전과 이시스, 세라피스 신전 등을 깔고 그 위에 지은 교회라서 이렇게 불린다. 르네상스기에 이 부근에서 오벨리스크가 여러 개 발견되었는데, 모두 이곳의 이시스와 세라피스 신전을 치장하기 위해 이집트에서 옮겨온 것으로 알려져 있다. 다른 오벨리스크는 옮겨졌지만 '미네르바의 오벨리스크'는 원래의 자리 가까이에 서있게 되었다. 받침대의 코끼리는 베르니니 솜씨다.

미네르바 광장 왼쪽 앞에 판테온이 있다. 아우구스투스 시대에 아그립파가 지은 것을 하드리아누스가 개축하고, 셉티미우스 세베루스 때도 보수했다. 입구의 보에 아그립파 이름이 크게 새겨져 있다. 겸손한 하드리아누스는 자기 이름을 새기지 않았지만, 셉티미우스 세베루스와 카라칼라는 아그립파의 이름이 적힌 큰 글자 새김글 밑에 작은 글자로 이 건물을 수리한 자기들의 공을 새겨놓았다. 이렇게 멀쩡하게 보존된 것은 7세기 초에 동로마 황제 포카스가 이 건물을 기독교에 기증해서 교회로 이용되었기 때문이다. 포룸의 로스트라 앞에 포카스의 기념 기둥이 그렇게 멋지게 서있는 것도 이 기증 덕분이라는 설이 있다.

판테온은 원기둥 위에 그 원기둥과 같은 반지름의 반구를 얹은 것처럼 생긴 놀라운 기하학적 구조물이다(높이 43미터). 입구는 북쪽이고 맞배지붕형 현관 건물portico이 앞쪽에 8×4의 코린토스식 기둥을 ㄷ자 모양으로 두르고 있다(제일 안쪽 기둥은 묻힘 기둥). 전실 내부에도 네 개의 기둥이 더 있다. 내부로 들어가서 보면 지붕은 고대의 콘크리트를 이용해서, 지붕 무게를 줄일 수 있도록 우물반자형 오목무늬coffer를 넣고 지름도 점차 줄여가면서 반구를 얹었다. 지붕 한가운데에는 구멍(눈Oculus)이 뚫려 있어서 하늘이 보이는데, 공간이 굉장히 넓기 때문에 비가 약간 오더라도 실내에서는 거의 느끼지 못할 정도다.

그 공간에 들어서면 세속과는 완전히 격절된 다른 차원에 옮겨진 것 같은 느낌이 들고, 미르치아 엘리아데가 『성과 속』의 첫머리에서 얘기한 것이 어떤 의미였는지 체감하게 된다. 도시의 번잡한 생활공간에서 그저 문지방 하나를 넘었을 뿐이지만, 완전히 다른 세계, 다른 차원으로 옮겨가는 것이라고.

'판테온'이란 말은 '모든 신을 모시는 신전'이란 뜻인데 모든 신을 한 신전에 함께 모시는 사례가 거의 없어서, 이곳 벽감 속에 여러 신상이 모셔져 붙은 별명이 아닌가 하는 추측도 있다. 현재 이 건물 안에는 비토리오 에마누엘레 2세 등 주로 정치 지도자의 유해나 기념물이 모셔져 있는데, 특이하게 라파엘로의 무덤도 있다. 파리도 이것을 흉내 내어 자신들의 위인을 모시는 건물을 판테온이라 부르고 있다.

판테온을 나오면 그 북쪽 광장에 오벨리스크가 보인다. 미네르바 광장에 있는 것보다 약간 더 크긴 하지만 아담한 느낌이다(자체 높이 6.3미터, 받침대 포함 14.5미터). 함께 로마로 온 형제 오벨리스크Matteiano Obelisk는 대경주장 동쪽, 카라칼라 목욕장 건너편 공원에 서있다. (이 오벨리스크는 두 동강이 나서 하부가 없어졌기 때문에 다른 것으로 채워 넣었다.) 판테온 앞에 있는 로톤다 오벨리스크는 18세기에 이 자리로 옮겨져 분수대 한가운데 놓였다. 받침대에 그것을 옮겨온 교황의 공식 호칭이 새겨져 있다. 여행을 다녀오고 나면 '내가 오벨리스크를 판테온 앞에서 봤던가, 뒤에서 봤던가?' 생각이 잘 나지 않을 텐데, 코끼리 등에 서있었는지를 돌이켜보면 된다. 판테온 바로 앞엣것은 못 볼 수가 없으니, 코끼리가 기억나면 뒤엣것(남쪽)까지 두 개를 본 것이다.

판테온 서쪽으로 두 블록 정도 떨어진 곳에 관광객들 사이에서는 꽤 유명한 나보나Navona 광장이 있다. 원래는 도미티아누스의 스타디움이 있던 자리다. 남북으로 길쭉한 부지에 남과 북, 그리고 중앙에 분수가 있다. 중앙 분수는 베르니니가 조성한 '4대강 분수Fontana dei Quattro Fiumi'로 그 가운데에 오벨리스크가 하나 서있다. 도미티아누스가 세라피스 신전을 치장하기 위해 주문 제작한 것이라는데, 이 부근 오벨리스크 중

고대 세계 최고의 건축물 판테온. 실내로 들어가면 지붕 한가운데 뚫려 있는 구멍이 보인다.

가장 높다(16.5미터, 좌대 포함 30미터 이상). 원래 이곳에 있던 스타디움에서 운동경기agon가 있었기 때문에 이 오벨리스크는 '경기의Agonalis'라는 이름으로 불린다.

도미티아누스 스타디움의 흔적은 광장 북쪽에 둥그스름하게 지어진 건물에서 일부 확인할 수 있다. 로마 시내에서 흔히 보는 벽돌 콘크리트 구조물이어서 깊은 인상을 주지는 못한다. 그보다는 광장을 둘러싸고 지어진 바로크 궁전들을 방문하는 게 좀 더 실속 있다. 광장 남서쪽에 있는 팜필리궁은 현재 브라질 대사관으로 쓰이고 있으며, 내부에 식당이 유명하나. 한데 매우 혼동되게도 도리아 팜필리 갤러리가 따로 있어서 대단한 소장품을 갖추고 있다. 이 갤러리는 판테온에서 동쪽으로 두 블록 정도 떨어진 곳에 조국의 제단에서 북쪽으로 뻗은 길과 마주치는 지점에 있다. 거기에는 티치아노의 〈유디트와 홀로페르네스〉, 얀 브뤼헐의 〈에덴 동산과 원죄〉 같은 그림들, 〈천사와 씨름하는 야곱〉, 〈양에 매달려 탈출하는 오뒷세우스〉 조각상 등이 소장되어 있다. 피터 브뤼헐의 〈스케이트 타는 사람들〉도 있다.

나보나 광장 남쪽에는 브라스키Braschi 궁전이 있다. 티치아노 것보다 좀 더 격렬한 젠틸레스키의 〈유디트와 홀로페르네스〉, 초기 로마 답사자들의 풍경화, 그리고 클림트의 작품 등을 볼 수 있다. 광장 북쪽에는 알템스Altemps 국립박물관이 있어서 특히 고대 조각 작품을 많이 볼 수 있다. 신화 관련 작품만 꼽아보자면 〈오레스테스와 엘렉트라〉, 〈물 위로 건져지는 아프로디테〉, 〈이아손과 메데이아〉, 〈헤라클레스의 12가지 노역〉 석관 부조 등이 소장되어 있다. 그리고 아리스토텔레스 초상 조각도 잊지 말자.

판테온 북쪽 광장(로톤다 광장)에서 북동쪽으로 비스듬히 큰 블록 하

헤라클레스의 12가지 노역이 새겨진 석관 부조, 3세기, 알템스 국립박물관.

나 정도 거리에 바위 광장Piazza di Pietra이 있는데, 광장 남쪽 건물에는 상당히 잘 보존된 높직한 기둥이 11개나 박혀 있다. 원래 하드리아누스를 모시던 신전인데, 현재 북쪽 벽면과 북쪽 기둥 13개 중 11개가 보존된 것이다. 원래 정면은 동쪽이고 정면 기둥 수는 8개, '신전 전체를 기둥이 에워싼 양식peristyle'이었단다. 포룸 주변에서 본 신전들은 대개 '정면에 ㄷ자 모양으로 기둥을 둘러 전실을 조성한 양식prostyle'이었는데, 하드리아누스 때 일시적으로 다른 양식이 유행했다고 한다. 앞에서 본, 포룸 동쪽 입구에 있던 베누스와 로마 신전이 신전 전체를 기둥이 에워싼 양식이었다. 이 신전 앞의 광장에 '바위'란 말이 들어간 이유에 대해서는, 이 신전이 일종의 채석장 역할을 했기 때문이라는 씁쓸한 설명이 있다. 이 신전은 원래 높직한 기단 위에 지은 것이어서 지금도 옛 모습을 보여주고자 기둥 아래로 깊이 파서 원래의 지표면 있던 곳까지 노출해 놓았다. 이 신전 벽체를 품은 현대 건물은 정부 부처가 이용하고 있으며, 내부로 들어가면 옛 벽면 바로 안쪽 공간에 돌기둥들을 세워서 전시장 비슷하게 꾸며놓았는데, 옛날 자취는 그냥 벽면뿐이니 굳이 안에 들어갈 필요는 없다.

몬테치토리오 태양의 오벨리스크.
광장 바닥에 자오선이 보인다.

하드리아누스 신전에서 북서쪽으로 조금 가면 몬테치토리오 광장과 오벨리스크가 나온다. 위엄 있는 몬테치토리오궁은 현재 의회가 사용하고 있다. 몬테치토리오 오벨리스크는 아우구스투스가 태양신의 성역을 조성하여 그곳에 해시계를 만들고는 그 시곗바늘gnomon로 사용하기 위해 이집트에서 옮겨온 것이라는 주장이 있다. 한편 그게 아니라, 자기 생일에 맞춰 오벨리스크 그림자가 '평화의 제단' 한가운데를 가리키도록 만들려는 의도였다는 설도 있다. 어쨌든 이 오벨리스크는 '태양의Solare'라는 이름으로 불린다.

높이 22미터, 좌대 포함해서 34미터나 되기 때문에 로마에 있는 오벨리스크 중 네 번째로 높은 것이다. 이 오벨리스크가 자오선(정오에 해그림자가 그리는 선)을 표시하는 용도로 쓰였다는 설명도 있는데, 현재 몬테치토리오궁 정문과 오벨리스크를 연결하는 선을 광장 바닥에 그려 자오선을 표시해 놓았다. 여러 조각으로 깨진 것을 복원했기 때문에 이집트 신성문자가 그려진 부분이 매우 적다. 받침대에는 마르스 벌판을 인간 모습으로 형상화한 조각이 붙어 있었는데, 현재 바티칸 박물관으로 옮겨져 있다. 받침대 북쪽면 새김글 둘째 줄에는 아우구스투스의 이름이 보인다.

　태양의 오벨리스크가 있는 광장 바로 동쪽에 다른 광장이 하나 더 있다. 마르쿠스 아우렐리우스의 기념기둥이 있는 '기둥 광장Piazza Colonna'이다. 이 기둥에 대해서는 앞에서 포룸 북쪽의 트라야누스 기념기둥을 설명하면서 얘기했다. 기둥의 부조는 담담하고 절제된 트라야누스 기념기둥에 비해 더 극적이고 표정이 풍부하다는 평가를 받는다.

동쪽의 박물관과 미술관, 중요 작품이 있는 교회들

아우렐리우스 기둥이 있는 광장에서 큰길을 건너 동쪽으로 오분 정도 이동하면 트레비 분수가 있다. 거기에 동전을 하나 던져넣고 계속 동쪽으로 한 블록 더 전진하면 대통령궁(퀴리날레궁)이 나오고, 대통령궁을 에워싼 긴 건물(두 블록 정도의 길이)을 다 지나면 그 동쪽에 바르베리니궁이 있다. 티치아노의 〈아프로디테와 아도니스〉, 카라바조의 〈나르킷

엎드린 헤름아프로디토스, 마시모궁.

소스〉, 〈홀로페르네스의 목을 따는 유디트〉, 귀도 레니의 〈세례자 요한의 목을 든 살로메〉, 엘 그레코의 〈세례 받는 그리스도〉, 마티아스 스톰의 〈삼손과 데릴라〉 등 대단한 작품들을 풍부하게 만날 수 있다.

바르베리니궁에서 동남쪽으로 1킬로미터 거리에 마시모궁Palazzo Massimo alle Terme이 있다. 19세기 말에 예수회 사제 마시모가 지은 건물인데 지금은 정부가 구입하여 국립박물관으로 사용 중이다. 대각선으로 맞은편 블록에 디오클레티아누스 목욕장 유적이 남아 있어서 '목욕장 근처의alle Terme'라는 수식어가 덧붙었다. 고대 조각과 벽화, 모자이크가 많이 소장되어 있다. 작품 수는 많지만 이야기가 담긴 것은 그다지 많지 않은데, 〈죽어가는 니오베의 딸〉, 〈엎드린 헤름아프로디토스〉 등이 있다. 이야기는 없지만 멋진 작품으로 권투선수 청동상 등이 있다.

마시모궁에서 나와 테르미니역을 향해 남쪽으로 가다가 역 가까이서 우회전하여 한 블록 서쪽으로 진행하면 산타 마리아 마조레 성당이 있

여리고를 공격하기 전에 여호수아가 천사장을 만나는 장면(위)과 라합이 정탐꾼을 돕는 장면(아래) 모자이크, 산타 마리아 마조레.

미켈란젤로의 뿔 달린 모세상, 1513, 쇠사슬의 베드로 성당.

다. 13세기 말에 완성된 모자이크가 많이 보존되어 있는데, 특히 구약성서 장면이 이야기가 풍부하다. 천사들을 접대하는 아브라함, 야곱을 축복하는 이삭, 요르단강을 건너는 이스라엘 사람들, 여리고성 공격 장면, 여호수아가 천사를 만나는 장면, 라합이 정탐꾼을 탈출시키는 장면 등 주로「창세기」와「출애굽기」,「여호수아」내용이 많이 그려져 있다. 몇명의 예술가가 부분 부분 나눠서 작업한 듯한데, 솜씨가 제일 졸렬한 듯한 그림이 가장 재미있다.

산타 마리아 마조레의 북쪽 광장에는 아우구스투스 영묘에 서있던 오벨리스크를 옮겨다 두었다. 한편 남쪽 광장에는 포카스 기념기둥처럼 독립된 기둥이 받침대 위에 높이 서있다. 포룸의 막센티우스 바실리카에서 가져온 것이라 한다. 꼭대기에는 아기 예수를 품에 안은 성모님

조각상이 서있다.

산타 마리아 마조레 성당의 북쪽 광장에서 비스듬히 남서쪽으로 진행하면 '쇠사슬의 베드로 성당Basilica di San Pietro in Vincoli'에 닿는다. 미켈란젤로의 모세 조각상으로 유명한 곳이다. 이 모세는 머리 양쪽에 뿔을 달고 있다. 모세가 십계명을 받아서 산에서 내려올 때 그의 머리에서 '빛이 났다'고 히브리 성서 저자가 적어둔 것을 성 히에로니무스가 라틴어로 '뿔이 났다'고 잘못 번역했기 때문이라고들 말한다. 하지만 알렉산드로스 대왕의 초상 주화에도 암몬 제우스의 아들이라며 뿔이 그려져 있으니, 미켈란젤로의 표현이 꼭 오역 때문인지는 의문이 있다. 어쨌든 걸작으로 소문난 작품이 이 성당에 있으니 들러보는 것도 괜찮겠다.

이제 우리는 카피톨리움 남쪽에서 시작해서 크게 원을 그리며 시계방향으로 한 바퀴 돌아서 카피톨리움 북동쪽에 와 있다. 모세상을 모시고 있는 성당 앞의 길을 따라 서쪽으로 전진하면 트라야누스 포룸의 남쪽으로 나오고, 바로 트라야누스 기념기둥이 보인다.

트라야누스 기념기둥 북쪽 구역에는 콜론나궁이 있고, 거기에 많은 작품이 소장되어 있다. 이야기가 있는 것만 몇개 꼽자면 루벤스의 〈에서와 화해하는 야곱〉, 프란체스코 알바니의 〈에우로페 납치〉, 피터 브뤼헐의 〈저승을 방문한 아이네아스〉 그리고 같은 분위기로 그린 〈저승의 오르페우스〉, 〈저승에 오신 그리스도〉, 〈동방박사의 경배〉 등이 있다. 또 나폴리 국립박물관에 있는 〈디르케의 형벌〉 대리석 조각을 청동상으로 작게 만든 모작도 있다.

아우구스투스 영묘와 평화의 제단

이제 마르스 벌판의 마지막 유적을 보자. 이 벌판 북서쪽의 아우구스투스 영묘Mausoleum와 평화의 제단을 보아야 한다. 조국의 제단 앞에서 북쪽으로 뻗은 길(Via del Corso, '말 달리기 경주의 길'을 계속 따라가면 밀비우스 다리에 닿는다)을 약 1킬로미터쯤 가다가 좌회전해서 카부르 다리 건너기 전 바로 오른쪽(북쪽)에 영묘가 있다. 사실 현대인에게는 '영묘靈廟'라는 단어가 그리 익숙하지 않은데, 옛 권력자들이 미리 준비해 둔 거대한 무덤이자 기념물이라고 생각하면 되겠다. '마우솔레움'이란 단어는 기원전 4세기 소아시아 군주 마우솔로스가 거대한 무덤을 만든 데서 비롯한 단어라고 한다.

아우구스투스의 영묘는 지름이 90미터, 높이는 그것의 절반 정도인

아우구스투스 영묘.

마르스 벌판 **393**

원통이다. 원래는 밑에서부터 '큰 원통-고깔 모양 비탈면-작은 원통-고깔 모양 지붕'으로 구성된 구조물이었다. 문은 남쪽으로 나있고, 내부 공간은 반원통을 여럿 세워서 위쪽의 무게를 견디게 했었다. 입구 좌우에는 각기 오벨리스크를 세웠었는데, 그 하나는 현재 산타 마리아 마조레 앞으로 옮겨져 있고, 다른 하나는 대통령궁(퀴리날레궁)의 남쪽 모서리 앞에 서있다. 이 영묘는 서기 410년 서고트족 알라릭의 침입 때 파괴된 것으로 알려져 있다. 그 후 그냥 언덕이 되었다가 교회가 세워졌다가 요새로 쓰이기도 하고, 19세기에는 공연장으로 사용되기도 했다. 자신을 '다시 태어난 아우구스투스'라고 생각했던 무솔리니가 재정비하게 해서 오늘날처럼 정리되었다. 현재 지붕 부분은 없고, 위에서 보면 내부에 원통형 심이 들어있는 것처럼 보인다. 10년 넘게 폐쇄되었다가 2021년 봄부터 다시 개방하고 있다. 내부에는 그저 돌벽뿐이고 황제 집안 누구의 뼈가 어디에 안치되었었는지 표지판만 붙어 있다. 일부

평화의 제단.

발견된 안치용 석조물은 카피톨리움 박물관으로 옮겨져 있다. 이곳에는 아우구스투스와 마르켈루스를 포함한 그의 가족들과 그 집안이 배출한 황제들(티베리우스, 칼리굴라, 클라우디우스), 그리고 5현제 중 첫째인 네르바까지 유해가 모셔졌었다.

영묘 서쪽에는 평화의 제단이 잘 복원되어 박물관으로 꾸며져 있다(유료 입장). 기원전 30년 아우구스투스가 자신이 이룬 평화를 기리는 의미에서 세운 제단이다. 원래 영묘 동남쪽 큰길가에 있던 것을 1930년대에 이곳으로 옮기고 방향도 원래와는 다르게 재배치했다고 한다. 내부에 ㄷ자 모양으로 제단이 있고, 바깥은 대리석 담장으로 둘러싸여 있어서 전체적으로 위가 뚫린 사각기둥 꼴이다. 계단이 있는 입구 좌우 바깥벽에는 각각 로물루스와 레무스가 발견되는 장면 그리고 돼지를 바치는 희생제의 모습이, 입구 맞은편 일종의 창문이 있는 쪽의 좌우 바깥벽에는 대지Tellus의 여신과 평화의 여신, 그리고 여성 전사로 그려진 로마의 여신이 새겨져 있다. 우리가 가장 관심 있게 볼 것은 로물루스 레무스 발견 장면인데 유감스럽게도 많이 손상되었다. 안내서에 '루페르칼 장면'이라고 되어 있는 경우가 많은데, 루페르칼은 팔라티움 언덕 남서쪽의 동굴이고 '암늑대lupa'에서 나온 이름이다. 로마 여신 부조도 다리 부분만 남아서 그 밑에 그려진 현대의 그림으로 전체 모습을 상상해야 한다.

한편 통로가 나있지 않은 나머지 벽면(원래 남쪽과 북쪽)에는 아우구스투스 집안이 제물을 바치기 위해 행진하는 장면이 새겨져 있고, 입구에서 오른쪽으로 돌아간 측면에 아우구스투스 자신도 새겨져 있다. 박물관 건물 바깥에는 아우구스투스가 자신의 업적을 기록한 '아우구스투스 업적록Res Gestae Divi Augusti'이 새겨져 있다.

바티칸 구역과 도시 북쪽

성 천사의 성

평화의 제단에서 나와 테베레강을 건너가면 바티칸 구역에 가까워진다. 강을 왼쪽에 두고 하류쪽으로 내려가다 보면 강가에 둥근 성채가 보인다. '성 천사의 성Castel Sant'Angelo'이다. 원래는 하드리아누스의 영묘로 조성된 것인데, 중세를 거치면서 요새가 되었고 (조르다노 브루노와 벤베누토 첼리니가 갇혔던) 감옥으로 쓰이기도 하다가 현재는 군사박물관으로 쓰이고 있다. 옛날 총포와 투석기, 돌 대포알 등이 전시되어 있다.

하드리아누스부터 카라칼라까지 여러 황제의 화장된 유골이 이곳에 안치됐었다. 테베레강 건너 시내와 연결하는 다리('성 천사의 다리')도 하드리아누스 때 놓인 것이다. 성채 출입구는 바로 다리로 향하도록 정남향으로 나있다. 지금은 원통형 성채 둘레에 사각형 담장을 두르고 네 모서리에 보조 성을 덧붙였다. 성채의 서북쪽 모서리에 바티칸으로 연결되는 고가 보도가 이어져 있다. 성채 내부에 전망 좋은 카페가 있는데 성채 입장료가 좀 비싸다. 성채 구조물 내부로 나선형 비탈길이 조성되어 있어서, 옛 성채가 어떤 것이었는지 확인할 기회가 되긴 하겠다.

베드로 대성당과 바티칸 박물관

성 천사의 성에서 서쪽으로 5백 미터 정도 떨어진 곳에 바티칸이 있다. 베드로 대성당이 차지한 자리는 원래 네로의 대경주장이 있던 곳이고, 거기서 사도 베드로가 순교했다고 전해진다. 그의 무덤 위에 지은 것이 베드로 대성당이어서 지금도 대성당 제일 안쪽(서쪽 끝)에 베드로의 무덤이 있다. 동쪽에서 접근하면서 보면, 대성당이 동쪽을 향해 양팔을 뻗어 둥글게 얼싸안는 것처럼 생긴 주랑과 그 사이의 광장이 있다. 하늘에서 보면 열쇠 같기도 하니 예수께서 베드로에게 맡겼다는 천국의 열쇠와도 유사하다. (물론 옛날 열쇠는 그렇게 생기지 않고 지그재그형이 많았다.) 광장 한가운데에는 오벨리스크가 서있다. 로마에 있는 것 중 두 번째로 높은 것이다. (가장 높은 것은 라테라노 광장에 있다.) 원래 네로의 대경주장에서 중앙분리대 역할을 하던 것인데 위치를 약간 옮겨서 이

베드로 대성당 안의 피에타상, 미켈란젤로, 1498~99.

시스티나 예배당 천장화에 묘사된 쿠마이 시뷜라 여사제의 모습, 미켈란젤로, 1508~12.

곳에 두었다.

바티칸에서 일반인이 들어갈 수 있는 구역은 남북으로 길쭉한 날일 자[日] 모양을 이루는 건물군이다. 보통은 동북쪽에서 들어가게 되는데, 전체를 한눈에 넣기 쉽도록 남쪽의 대성당부터 설명하겠다.

대성당은 정면(동쪽)으로 들어가면 바로 오른쪽에 미켈란젤로가 조성한 〈피에타〉가 눈길을 끈다. 20세기 초에 페인트 세례를 받은 적이 있어서 보호 유리 속에 갇혀 있다. 제일 안쪽의 베드로 무덤은 그 위를 덮은 캐노피 기둥이 구불구불하여 많은 그림에 인용되었다.

대성당과 나란히 그 북쪽에 시스티나 예배당이 있고, 거기에 미켈란젤로의 〈천지창조〉 등 유명한 벽화와 천장화가 있다. 기둥(꼭대기 창문의 문설주) 위 역삼각형 공간에 시뷜라 여사제들이 그려져 있는데, 특히

라파엘로의 프레스코화 아테나이 학당(위)과 파르낫소스산(아래), 1509~11, 바티칸 박물관.

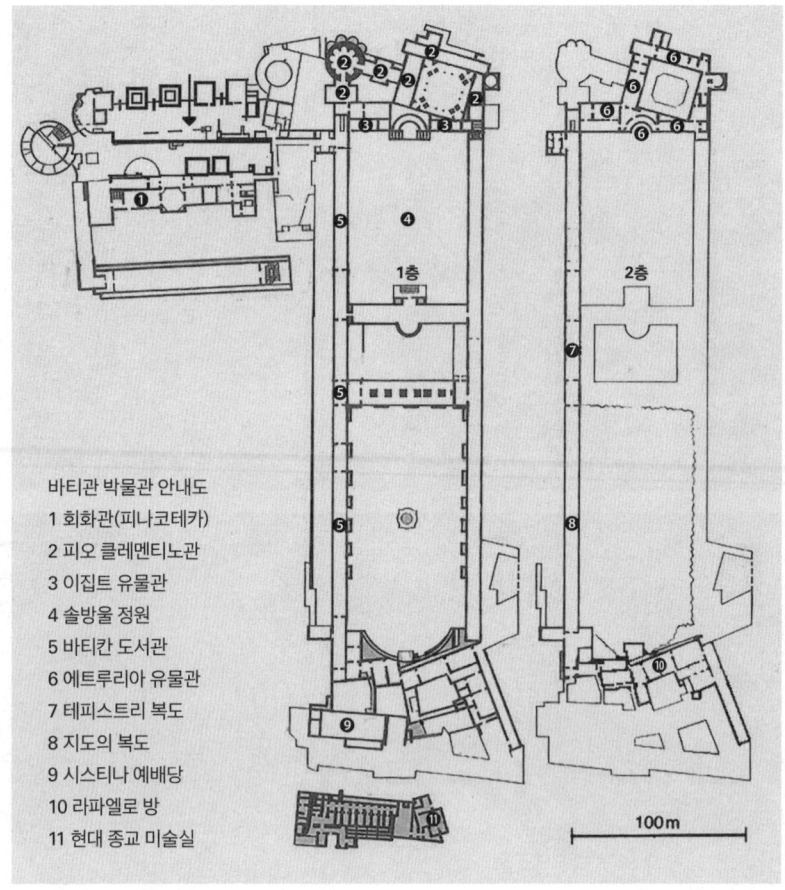

바티칸 박물관 안내도
1 회화관(피나코테카)
2 피오 클레멘티노관
3 이집트 유물관
4 솔방울 정원
5 바티칸 도서관
6 에트루리아 유물관
7 테피스트리 복도
8 지도의 복도
9 시스티나 예배당
10 라파엘로 방
11 현대 종교 미술실

아이네아스를 저승으로 안내했다는 쿠마이 시빌라를 찾아보시기 바란다. 좀 우락부락하게 그려진 분이다. '하와의 탄생' 바로 밑에 있다.

  시스티나 예배당에 이어지는 공간에 현대의 종교 미술실도 있으니 가보면 좋다. 고흐의 〈피에타〉 등이 여기에 있다. 시스티나 예배당 바로 북동쪽 이층에 라파엘로 방도 있으니 〈아테나이 학당〉을 확인할 수 있다. 〈아테나이 학당〉과 직각을 이루는 왼쪽 벽에는 〈파르낫소스산〉이 그려져 있는데, 그림의 중앙 왼쪽에 『신곡』에 등장하는 세 시인, 즉 단테와 베르길리우스, 스타티우스가 함께 그려져 있으니 확인하시기 바란다.

시스티나 예배당 북쪽으로 길쭉한 건물이 박물관 쪽으로 연결되어 있는데, 아래층은 도서관이어서 일반인이 가지 못하고 이층 복도로 이동하게 되는데 복도가 두 개다. 대개는 서쪽인 '지도의 복도'를 지나가게 된다. 옛날 여러 지도가 벽에 걸린 곳이다. 동쪽 복도는 옛날 비문들을 모아놓은 '금석문 갤러리'이다. 이 두 복도를 연결하는 건물도 바티칸 도서관이다. 고대의 희귀한 필사본들을 많이 소장하고 있지만 일반인이 들어갈 일은 거의 없다.

'지도의 복도'는 북쪽 '태피스트리 복도'로 이어진다. 여러 신화 내용이 직물의 그림으로 짜여 있다. 남북 방향 두 복도 건물 사이에 동서 방향 건물이 연결되면서 네모난 야외 공간이 세 개 생기는데, 그중 제일

바티칸 솔방울 정원의 청동 솔방울.

벨베데레 아폴론 대리석상과 라오콘 군상(오른쪽).

북쪽 것을 '솔방울 정원'이라 부른다. 그 북쪽 건물 앞에 거대한 청동 솔방울이 정원을 내다보며 서있어서다. 이 솔방울은 단테의 『신곡』에서 지옥 맨 밑바닥을 에워싼 거인의 머리 크기를 전할 때 비교 대상으로 사용했으니 꼭 찾아보시기 바란다. (단테 시대에는 현재의 베드로 대성당이 존재하지 않았다. 4세기 초에 지어진 콘스탄티누스 바실리카가 그 자리에 있었는데, 1506년부터 새 성당을 짓기 시작해서 1626년에야 완성했다. 청동 솔방울은 서기 1세기 작품으로 이전 성당에 있다가 현 위치로 옮겨진 것이다.)

북쪽(피오 클레멘티노관)에 이 박물관의 핵심 유물들이 있다. 〈벨베데레 아폴론〉, 〈라오콘 군상〉, 〈티베리스강의 신〉, 안토니오 카노바의 〈페르세우스〉 등 신화 소재도 있고, 소크라테스, 플라톤, 페리클레스 등의 초상조각도 많이 있다.

그 부근에 이집트 유물관과 에트루리아 유물관도 있다. 특히 에트부리아 유물관에서는 이야기가 풍부한 도기 그림들을 확인하는 게 좋다. '스핑크스의 수수께끼를 푸는 오이디푸스', '용의 뱃속에서 토해져 나오는 이아손', '세발솥을 타고 델포이로 이주하는 아폴론', '아버지를 모시고 탈출하는 아이네아스', '미노타우로스와 싸우는 테세우스' 등이 있다. 북쪽 날개 남쪽에 동서로 길쭉한 건물이 하나 더 있는데 회화관이다. 거기도 좋은 작품이 많으니 꼭 찾아서 보자. 라파엘로의 〈그리스도의 변용〉, 카라바조의 〈십자가에서 내려지는 그리스도〉 등이 있다.

시내 북쪽의 미술관과 박물관

바티칸 소장품에 대해 설명하자면 끝이 없으니 이 정도로 하고, 다시 테베레강을 건너 동쪽으로 가서 시내의 북쪽 지역을 보자. 꼭 들러야 하는 두 곳이 있다. 빌라 줄리아의 에트루리아 박물관과 보르게제 미술

테바이를 공격하는 일곱 영웅 테라코타, 빌라 줄리아 에트루리아 박물관.

왼쪽 베르니니의 아폴론과 다프네, 1622~25. 오른쪽 격렬한 동작의 다비드상, 1623.

관이다.

　빌라 줄리아Villa Giulia는 16세기 교황 율리우스 3세의 소유였던 건물이다. 아우구스투스 영묘로부터 북동쪽으로 1.5킬로미터 정도 떨어진 곳에 있다. 스페인 계단 뒤쪽으로 넓게 펼쳐진 보르게제 공원의 북서쪽 모퉁이다. 부부가 새겨진 테라코타 석관, 긴 옷을 입은 '베이이Veii의 아폴론' 등이 가장 대표적인 유물이다. 이야기를 담고 있는 것으로는 '테바이를 공격하는 일곱 영웅'이 그려진 테라코타 박공장식을 꼭 보아야 한다. 치명상을 입은 튀데우스가 자기를 부상입힌 멜라닙포스의 골을 파먹는다. 그 꼴을 보고서 약을 구해 오던 아테네가 혐오감을 느껴 돌아선다. (테라코타에는 여신이 그냥 경악의 표정을 짓는 것으로 그려져 있다.) 단테도 지옥의 맨 밑바닥에서 이와 비슷한 일이 일어나는 것으로 그려놓았다.

그 밖에도 '세발솥을 들고 도망치는 헤라클레스' 도기, 나팔 부는 소년과 밀집 전투대형이 그려진 '키지 항아리Chigi olpe', 점을 치기 위한 간肝의 모형, 에트루리아 신전 모형 등도 모두 중요한 자료들이다.

빌라 줄리아에서 보르게제 미술관을 가자면 동남쪽으로 보르게제 공원을 한참(약 1.5킬로미터) 가로질러야 한다. 중간에 국립현대미술관 앞을 지나가게 되는데 들어가 보면 더 좋다. 데 키리코, 자코메티, 모네, 고흐, 클림트, 심지어 잭슨 폴록 작품까지 소장하고 있다. 그동안 옛것만 보느라 침침하던 눈이 시원해지는 느낌이 든다.

보르게제 미술관에서는 특히 베르니니의 조각 작품들에 주목하자. 〈아폴론과 다프네〉, 〈페르세포네를 납치하는 하데스〉, 〈아버지를 모시고 탈출하는 아이네아스〉, 그리고 〈다비드상〉 등 모두가 명품이다. 그

골리앗의 머리를 든 다비드, 카라바조, 1610.

의 다비드는 피렌체 아카데미에 있는 미켈란젤로 작품처럼 정적이지 않고, 매우 격렬하다. 인상을 쓰면서 몸을 굽혀 돌을 날리기 직전인데, 발가락으로 좌대를 꽉 잡았다. 카라바조의 그림도 많이 소장하고 있다. 〈골리앗의 머리를 든 다비드〉가 특히 좋다. 이 미술관은 17세기 초에 활동했던 보르게제 추기경의 유산이라 할 수 있는데, 그분은 특히 베르니니와 카라바조를 많이 후원했단다.

제5장
이탈리아 북부

이탈리아 북부로 가보자.
이제부터는 주로 단테와 관련된
곳들을 둘러보자. 덧붙여 프란체스코 성인의
아시시와 베르길리우스의 고향 만토바를
찾아보고 베네치아도 잠시 들러 살펴보자.

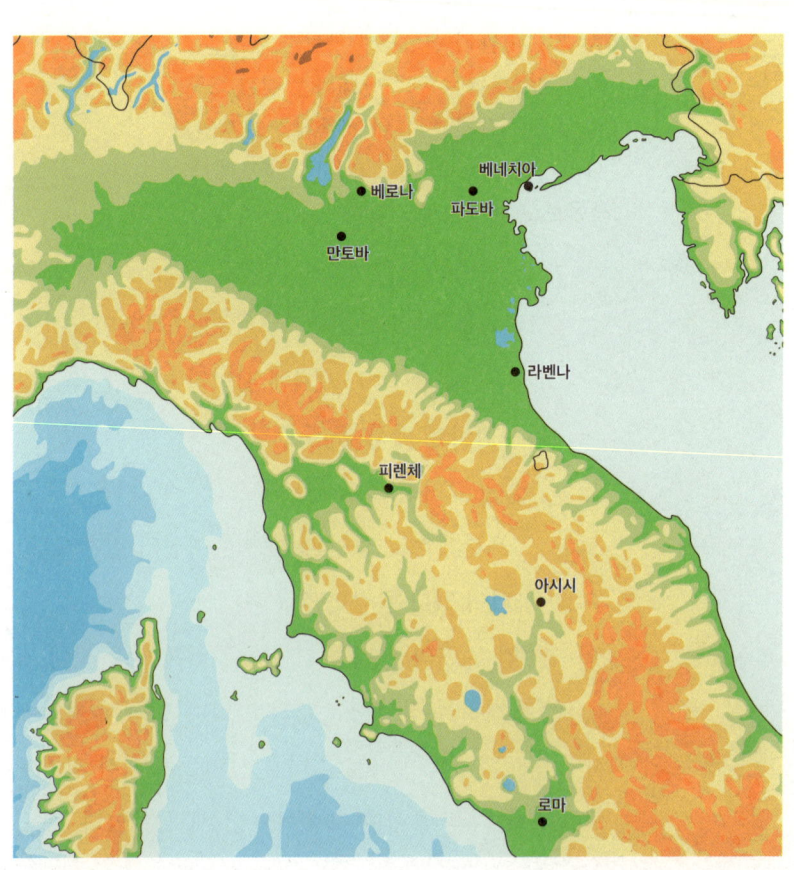

프란체스코 성인의 고향 아시시

로마에서 북쪽으로 약 2시간 40분 정도 이동하면 프란체스코의 고향 아시시에 닿는다. 공식적으로 아시시를 포함하는 움브리아주는 중부로 분류한다. 하지만 우리의 여정 전체로는 북부 도시들과 함께 묶는 게 좋겠다.

 우리가 이 도시로 가는 이유는 프란체스코 성인을 모신 교회를 보기 위해서다. (기원전 1세기 후반에 활동했던 시인 프로페르티우스도 이 도시 출신이지만, 한국에는 잘 소개되지 않았다.) 13세기에 지어진 아시시 산 프란체스코 성당이다. 구조나 정비한 역사 등은 그냥 건너뛰고 — 다른 예술가도 있지만 — 이 성당에 그려진 조토Giotto의 프레스코가 아주 소중한 자료라는 것, 그리고 '프란체스코 성인과 가난의 여신의 결혼' 그림이 단테의 『신곡』에 언급되어 있다는 점만 강조하자.

 단테는 『신곡』에서 인간 존재의 근원을 찾아가고 있지만, 동시에 자신의 직업적인 근원을 추적하는 작업도 수행하고 있다. 그래서 자신에게 영향을 끼친 시인들을 하나씩 만나보고 다른 시인들에 대한 평가도 들어보는데, 그 과정에서 다른 분야의 예술가도 소개하고 있다. 미술

분야에서 전에는 치마부에Cimabue가 뛰어났지만, 그 후에 조토라는 더 걸출한 화가가 나왔다고 평가한다('연옥편' 11곡). 두 화가 모두 아시시 성당 벽화를 그렸다. 치마부에 것은 많이 망가졌지만, 조토가 그린 것으로 알려진 프란체스코 성인의 일대기는 보존 상태가 매우 훌륭하다. (최근 1997년에도 큰 지진으로 손상 위기를 겪었다.) 나로서는 성인께서 부유한 자기 아버지와 결별하며 옷을 모두 벗어주는 장면이 특히 좋다.

그리고 '가난의 여신과의 결혼'은 '천국편' 11곡에 언급되어 있다. 가난은 그리스도를 첫 남편으로 얻었는데 그분이 떠나신 후 홀로 있다가 프란체스코와 다시 결혼하게 되었다는 것이다. 아시시의 성당은 특이하게 상부 성당과 하부 성당 두 부분으로 되어 있는데, 성인의 일대기는 상부 성당에, '가난과의 결혼'은 하부 성당에 있다. 가난이 형상화된 여성은 누더기를 걸쳤고 그녀의 발밑엔 가시덤불이 무성하다. 그리스

프란체스코 성인의 일대기 중 아버지와 결별하는 장면, 조토, 1295, 상부 성당.

왼쪽 가난의 여신과의 결혼, 조토, 1316~18, 하부 성당. 오른쪽 예수 탄생, 조토, 1310, 하부 성당.

도께서 중간에 서서 성인과 가난의 손을 잡고 둘을 맺어주고 있다. 하부 성당에는 조토가 그린 예수의 생애 프레스코들도 있으니 꼭 찾아보자. 특히 예수 탄생 장면은 언제 보아도 기분이 좋다.

지하 공간에 19세기 말에 재발견된 프란체스코 성인의 무덤도 있으니 확인하는 게 좋다.

단테의 고향 피렌체

아시시에서 북쪽으로 2시간 반 정도 이동하면 단테의 고향 피렌체에 닿는다. 두오모 가까이에 있는 단테 생가를 보고, 두오모(산타 마리아 델 피오레, 꽃의 성모 교회)에서 세례당을, 그리고 옛 시내의 동쪽 끝이었던 산타 크로체 교회에 가서 단테의 허묘를 보면 단테와 관련된 가장 중심적인 유적은 확인한 게 된다.

단테 생가와 바르젤로 미술관

단테의 집은 시내 중심가 남쪽의 시뇨리아 광장과 북쪽의 두오모 사이에 있다. 바깥 돌벽을 보면, 돌출된 돌 받침대 위에 단테의 흉상이 얹혀 있다. 집 내부는 현재 예술 전시장으로 쓰이고 있어서 굳이 들어갈 필요는 없다.

　피렌체에 가는 이유 중 하나는 여기에 좋은 미술관이 많아서인데, 단테의 집에서 동남쪽으로 50미터 거리에 바르젤로 미술관이 있다. 이곳에는 특히 좋은 조각 작품이 많다. 먼저, 폴라이우올로의 〈안타이오스를 제압하는 헤라클레스〉가 있다. 안타이오스는 『신곡』에서 단테가 지

왼쪽 안타이오스를 제압하는 헤라클레스. 가운데 도나텔로의 다비드. 오른쪽 조반니 다 볼로냐의 헤르메스.

옥의 맨 밑바닥으로 내려갈 때, 그를 잡아서 절벽 아래로 내려주는 역으로 나온다. 그는 헤라클레스와 싸웠던 거인이므로 단테가 그의 손과 접촉하는 순간, 단테는 또 하나의 헤라클레스가 된다.

그 외에도 도나텔로의 〈다비드〉, 곰브리치가 그의 미술사 책에서 엄청나게 칭찬한 〈헤르메스〉, 그리고 벤베누토 첼리니의 〈독수리 등에 올라탄 가뉘메데스〉 등이 있다.

피렌체 대성당의 세 건물과 장식들

단테의 집 바로 북쪽에 피렌체 대성당(두오모)이 있다. 이 성당은 세 개의 건물로 구성되어 있는데 본당 건물은 1436년에야 완공된 것이다. 단테를 그린 유명한 그림(본당 중간쯤 왼쪽 벽)에는 현재의 본당이 그려져 있지만, 그건 이 건물이 완성된 이후(1465년)에 그려서 그렇게 된 것이다. 단테 시대에는 현재 본당 자리의 서쪽 끝부분에 4세기 말에 지어진 작은 성당이 있었다. 미술사 책에서 다들 보았겠지만, 현재의 본당은 브루넬레스키가 현상 공모에 당선되어 우여곡절 끝에 완성한 거대한 돔을 가지고 있다. 내부 계단으로 꼭대기까지 올라갈 수 있으니, 한 번씩 올라가 보시는 것도 좋겠다. 일본 영화 〈냉정과 열정 사이〉에서 좀 지나치게 활용한 장소다. 본당의 실내로 들어가면 돔 천장의 '최후의 심판' 그림(조르조 바사리와 추카리 공동 작품)이 눈에 띄긴 하지만 구성이 좀 어지럽다. 나로선 세례당 천장 모자이크가 훨씬 마음에 든다.

다른 두 개의 건물 중 하나는 단테 시대에 이미 있었고, 하나는 지어지는 중이었다. 후자는 본당 남서쪽에 붙여 지은 조토 종탑이다. 이름에서 알 수 있다시피 조토가 디자인한 건물이다. 이 건물은 단테(그리고 조토)가 죽고 나서 한참 뒤에야, 단테 추방 이후 거의 두 세대 뒤인 1359년에 완공되었다. 한편 단테 때 이미 존재했던 건물은 세례당(1128년 준공)이다. 이 도시의 수호성인이 세례자 요한이다 보니 이 세례당도 '세례자 요한San Giovanni의 세례당'이다. 세례자 요한은 옛 피렌체 금화에도

두오모 본당 안에 그려진 단테와 신곡 그림. 피렌체 대성당의 돔이 보인다.
도메니크 디 미켈리노, 1465.

피렌체 두오모. 왼쪽에 조토의 종탑이 보인다.

찍혀 있었다. 이 세례당은 『신곡』에도 등장한다. 지금은 사라졌지만 원래 이 세례당 안에는 세례 의식을 집전하던 욕조가 있었다고 한다. 한데 단테가 중요 직책에 있을 때 어떤 어린이가 욕조의 구멍(집례자가 그 안에 들어가서 세례를 베풀었다)에 빠져서, 아이를 구하기 위해 단테는 그것을 일부 파손하는 수밖에 없었다는 것이다('지옥편' 19곡). 성직을 매매하여 교회라는 반석에 구멍을 뚫었던 성직자들과는 상반되는 단테의 선행이다. 그런 성직자들은 발바닥에 불이 붙은 채로 거꾸로 처박혀 자기 몸으로 바위 구멍을 메꾸고 있다.

단테 시대의 세례 욕조가 철거되어서 좀 아쉽지만 대신 세례당 8각형 돔의 천장에 그려진 모자이크를 주목하면 좋다. 둥근 원 안에 따로 그려진 그리스도의 발 양쪽에 최후의 심판 모습이 그려져 있는데, 우리가 볼 때 오른쪽에는 '지옥편' 마지막에 나오는 것처럼 루시퍼가 세 개의 머리로 죄인들을 물어뜯고 있으며, 왼쪽에는 두 천사가 '오라, 축복받

세례자 요한의 세례당 천장 모자이크.

은 자들이여venite benedicti'라고 라틴어로 쓰인 플래카느를 들고 있다. 이 구절은 '연옥편' 거의 끝(27곡)에서 이제 에덴 동산으로 들어가는 단테 일행을 맞아 천사가 외치는 소리다.

한편 그리스도를 에워싼 천사와 성인들 그림 너머로 동심원적인 네 개의 테두리 그림들이 성서의 내용을 전해준다. 천사들이 차지한 돔 중앙은 제외하고, 그다음 줄 제일 안쪽부터 천지창조-아담과 하와-카인과 아벨-노아의 방주 이야기가 나온다. 그다음 줄에는 요셉이 이집트로 팔려가서 총리대신이 된 이야기, 그다음 줄은 예수의 탄생과 죽음, 그리고 제일 바깥 줄에는 세례자 요한의 탄생과 죽음이 그려져 있다. 솜씨가 꽤 좋고 이미 이야기를 알고 있는 사람들에게는 내용 전달이 잘 되게 그려졌다. 시칠리아 팔레르모의 몬레알레 성당이나 팔라티나 예배당 모자이크에 버금가는 실력이다. (준공 시기가 팔라티나 예배당과 거의 같다.)

이 세례당 건물은 본당 서쪽에 팔각기둥 모양으로 자리 잡고 있다. 아주 옛날부터 그 자리에 팔각형 건물이 있었고, 원래는 마르스 신전이었다는 전설이 있다. 마르스는 이 도시가 로마시대에 수호신으로 섬기던 존재였다고 『신곡』에도 나와 있다. 세례당 준공 후 80년 정도 지나서(1202년) 서쪽 입구 앞에 맞배지붕형 입구건물을 덧붙였는데, 나중에 그쪽은 막아서 후진으로 사용하고 대신 동쪽문(본당과 마주 보는 문)을 출입문으로 이용하게 되었다고 한다. 그 동쪽문은 기베르티가 조성한 '천국의 문'으로 멋진 부조(의 복제품)가 새겨져 있어서, 현재는 바깥쪽에서 감상하기 좋게 닫아두고 대신 남쪽문을 (더러는 북쪽문도) 출입구로 이용하고 있다. 남쪽(Pisano 작품)과 북쪽(Ghiberti 작품) 문의 문양도 훌륭한 작품이지만, 동쪽문이 공간을 크게 써서 풍경까지 넣었기 때문에 구성이 훨씬 좋다. 남쪽문에는 세례자 요한의 생애가, 북쪽문에는 예수의 생애가 새겨져 있다. 그리고 동쪽문에는 맨 윗줄부터(왼쪽-오른쪽) 아담과 하와-카인과 아벨, 노아-아브라함과 이삭, 에서와 야곱-요셉, 모세-여호수아, 다윗-솔로몬의 순서로 구약성서 내용이 새겨져 있다. 두 번째 줄 오른쪽의 아브라함과 이삭 내용이 구성도 좋고 내용을 알아보기도 쉽다. 왼쪽에 아브라함이 천사를 접대하는 장면, 오른쪽 위에 이삭을 하느님께 바치려는 장면, 오른쪽 아래는 아브라함이 쫓아낸 서자 이스마엘인 듯한데 확실치 않다.

조토 종탑은 5층으로 되어 있는데, 1층과 2층 바깥벽에는 사면을 돌아가면서 그림을 넣었다. 특히 서쪽벽(본당 입구 바로 오른쪽) 맨 아래 육각형 그림들 중에 다른 데 없는 내용이 있다. 왼쪽부터 '아담의 창조-하와 창조-아담과 하와의 노동'까지는 자주 보던 것들이고, 그다음이 특이하다. '야발Jabal-유발Jubal-두발가인Tubalcain'을 새겨 넣었는데, 이 세 사람은 각기 목축-음악-기구 제작의 시조로서 일종의 문화영웅으로 그려졌다. 구약성서 「창세기」에 카인의 후예들로 소개된다. 이 부조들의 진품은 본당 옆 두오모 박물관에 전시되어 있다. 이 박물관에는 미

기베르티가 조성한 세례당 동쪽문(천국의 문)의 아브라함과 이삭 장면.

피렌체 두오모 박물관의
반디니 피에타, 1547~55.

켈란젤로 거의 최후 작품인 〈반디니Bandini 피에타〉도 소장되어 있다. 성모의 표정이 처연하다. 우리가 볼 때 왼쪽의 막달라 마리아는 너무 예쁘장하고 매끈한데, 미완성이던 부분을 후배 예술가가 다듬어서 그렇게 되었다.

피렌체 대성당은 입장하려는 사람이 너무 많아서 오래 줄을 서야 하는데, 세례당 내부는 마감 직전에 구경하라 권하고 싶다. 일반 관광객이 아이스크림점이나 베키오 다리의 상점으로 몰려간 다음에 세례당에 들르면, 한적한 분위기에서 천천히 세부를 감상할 수 있다. 아니면 일단 사람 많을 때 한 번 보고, 저녁 무렵 다시 가도 된다. 당일 재입장이 가능하다.

피렌체 북쪽: 아카데미아, 산 마르코 성당, 고고학박물관

두오모에서 북동쪽으로 500미터 정도 떨어진 곳에 아카데미아가 있다. 미켈란젤로의 다비드상으로 유명한 곳이다. 로마 보르게제 미술관의 것처럼 격렬하거나 바르젤로 미술관의 도나텔로 다비드처럼 발랄하지 않고, 평온하고도 자기 확신에 찬 듯하다. (하지만 자세에 무리가 있어서 왼쪽 발목 부분에 가로금이 생기고 있단다.) 이곳에 미켈란젤로의 것으로 추정되는 〈팔레스트리나 피에타〉도 있으니 함께 보면 좋다. 바티칸 베드로 대성당에 모셔진 분에 비해 훨씬 불균형하고 거칠게 만들어져서—어떤 분은 미켈란젤로의 최고작으로 꼽기도 하는—밀라노의 〈론다니니Rondanini 피에타〉, 그리고 두오모 박물관에 있는 〈반디니 피에

미켈란젤로의 다비드(왼쪽)와 팔레스트리나 피에타.

〈수태고지〉, 프라 안젤리코, 1442~3.

타〉와 비슷한 느낌을 준다.

아카데미아에 있는, 이야기가 담긴 조각 작품으로는 〈사슴의 죽음을 슬퍼하는 퀴파릿소스〉(프란체스코 포치)가 있다. 다른 사슴인 줄 알고 화살을 날렸는데 자신이 아끼던 사슴이어서 슬퍼하다가 삼나무(사이프러스)로 변했다는 소년이다.

아카데미아에서 북쪽으로 약 150미터 거리에 있는 산 마르코 성당(현재는 국립박물관)에 가면 저 유명한 프라 안젤리코의 〈수태고지〉를 볼 수 있다. 이보다 구성이 단순한 프라 안젤리코의 다른 〈수태고지〉와 〈아기 예수에 대한 경배〉 그리고 예수의 수난과 부활을 그린 작품들도 볼 수 있다. 또한 이 성당은 15세기 말에 종교개혁의 선구자였던 사보나롤라가 머물던 (그리고 결국 화형장으로 끌려간) 곳이다. 시뇨리아 광장의 분수대 바로 앞 바닥에 그를 기리는 둥근 표지판이 박혀 있다.

아카데미아에서 동쪽으로 약 100미터에는 피렌체 국립고고학박물관이 있는데, 거기에 두 개의 명품이 있다. 하나는 발견자의 이름을 따서 '프랑수아 도기'라고 불리는 커다란 항아리(술 섞는 항아리, crater)이고, 다른 하나는 아레초에서 발견된 청동 키마이라상이다.

프랑수아 도기에는, 그려진 인물 대다수의 곁에 이름이 쓰여 있다. 한쪽 손잡이 바깥쪽에는 '짐승들의 여주인'과 '아킬레우스의 시신을 나르는 아이아스'가 그려져 있다. 그릇 주둥이에 제일 가까운 층에는 한쪽(A면)엔 칼뤼돈 멧돼지 사냥이, 다른 쪽(B면)에는 아리아드네와 테세우스 일행이 그려져 있다. 표현력이 대단하다. 위에서 둘째 줄 A면에는 파트로클로스 장례식 장면, B면에는 켄타우로스와의 전쟁이 있고, 셋째 줄에는 A, B 양면에 걸쳐 아킬레우스 부모님의 결혼식이 그려져 있다. 가장 불룩한 부분에 가장 중요한 장면을 그려 넣었다. (이 항아리도 결혼식 잔치에 자주 이용되었을 것이다.) 이 부분에 여러 신이 등장하고 거의 다 이름이 쓰여 있다. 넷째 줄 A면에는 아킬레우스가 트로일로스를

프랑수아 도기의 A면(왼쪽)과 B면.

피렌체 국립고고학박물관의 키마이라상.

추격하는 장면, B면에는 헤파이스토스가 올륌포스로 돌아오는 장면이 그려져 있다. 헤파이스토스는 출생 직후 어머니 헤라에게 버림을 받았다가 나중에야 돌아올 수 있었다. 그다음 줄에는 퓌그마이족과 두루미의 전쟁을 그렸고 마지막은 장식적인 줄이다.

이 도기는 1900년에 완전히 박살이 났었다. 경비원이 이 귀한 작품에 의자를 집어 던졌기 때문이다. 현재 그 의자도 바로 옆에 전시되어 있다. '운명의 의자'라고 표찰이 붙어 있다.

이 박물관의 또 하나 명품은 키마이라상이다. 벨레로폰이 제압했다고 하는 사자, 염소, 뱀이 결합된 삼중 괴물이다. 기원전 400년경의 작품으로 추정되며, 원래는 벨레로폰과 대결하는 더 큰 작품의 일부였던 것으로 보인다. 현재는 뱀이 염소 뿔을 물고 있는 것으로 되어 있는데, 복원을 잘못한 것이라는 비난도 이따금 들린다. 토스카나 대공이 이 작품을 자신들의 표상인 사자와 동일시해서 소중히 간직했다고 한다.

그 밖에도 이 박물관에는 이집트 유물이 상당히 많으니, 그쪽에 관심 있는 분은 가볼 만하겠다.

옛 시내 동쪽과 서쪽 끝의 두 교회

피렌체는 서기 1000년쯤부터 팽창하여 성벽이 점점 커져갔는데, 처음엔 아르노강 북쪽 현재의 대성당 주변의 작은 사각형이었다가 조금씩 그 사각형이 넓어지며 마지막엔 강 건너 남쪽까지 포괄하게 되었다. 마치 서울이 사대문 안에 있다가 점차 팽창한 것과 유사하다. 도시가 아직 작던 시절에 도시 서쪽 끝은 산타 마리아 노벨라 성당, 동쪽 끝은 산타 크로체 성당이었다. (두 교회 모두 단테 생전에는 건립 중이었다.) 서쪽 것은 도미니크 수도회에, 동쪽 것은 프란체스코회에 소속되어 있었다. 이 두 수도회는 단테의 『신곡』 '천국편' 제10곡에서 당대 지성을 대표하는 양대 학파로 소개되어 있다.

〈삼위일체〉, 마사치오, 1426~28, 산타 마리아 노벨라 성당.

산타 마리아 노벨라 성당은 전면 장식(파사드, 15세기 후반)이 아름다워서 미술사, 건축사 책에 자주 소개된다. 성당 내부에 (원근법 때문에) 미술사 책에 자주 나오는 마사치오Masaccio의 〈삼위일체〉라는 그림도 있고(본당 서쪽벽), 성모와 예수, 세례자 요한의 생애, 그리고 도미니쿠스 성인의 생애를 그린 프레스코도 있다. 단테에 중점을 두어 얘기하자면, 이 가운데 도미니쿠스 성인의 생애가 중요하다. '천국편' 12곡에서 그의

산타 마리아 노벨라 성당의 전면 장식.

생애가 자세히 서술되기 때문이다. '천국편' 그 대목에서 도미니크 수도회를 대표하는 인물로 토마스 아퀴나스도 나오는데, 이분을 높이는 거대한 그림도 이 성당에 속한 예배당 하나에 그려져 있다.

교회 바깥쪽 전면에는 벽에 걸린 해시계도 하나 있으니 찾아보시기 바란다. 전면에서 제일 오른쪽 감실 아치 위에 돌출 간판처럼 튀어나와 있다. 본당 내부에는 자오선을 표시한 선도 그려져 있다. 교회 남쪽 광장에는 르네상스 시대에 만들어 세운 대리석 오벨리스크가 두 개 서있다. 로마의 대경주장에서 그랬던 것과 유사하게 경주의 출발점과 도착점을 표시하던 것이다. 오벨리스크의 돌기둥 네 모서리 밑에는 청동 거북들이 기둥을 떠받치듯 들어가 있다. 바르젤로 미술관의 헤르메스상을 만든 조반니 다 볼로냐(쟘 볼로냐)의 솜씨다.

옛 시내의 동쪽 끝에 있는 산타 크로체는 일종의 국립묘지가 되어 있다. 미켈란젤로, 갈릴레오, 마키아벨리, 작곡가 로시니 등의 무덤이 그 안에 조성되어 있고, 단테의 묘(입구 오른쪽 벽 두 번째 벽감)도 있는데 사실은 허묘다. 그의 시신은 라벤나에 묻혀 있다. 현재는 이 성당의 전면 장식(파사드)도 매우 아름다운데, 19세기 말에 새로 붙인 것이다. 이전에는 벽돌벽이 드러나 있어서 '국립묘지'의 격에 맞지 않았기 때문이다. (피렌체 대성당의 전면 장식도 19세기에 덧붙인 것이다. 전에는 아래쪽 절반 정도만 멋지게 치장했던 것을 16세기 말에 메디치 가문에서 돈을 대기로 하고 예전 것을 뜯어냈는데, 이후 여러 문제가 생겨서 그 상태로 300년 이상을 보내고 근래에야 새 얼굴이 주어졌다.)

이 성당에도 여러 프레스코가 있지만 하나만 강조하자면, 조토가 그린 '프란체스코 성인의 생애'가 앞에 언급한 '천국편' 10곡의 구도에 맞겠다. 본당 동쪽 끝의 중앙 제단 바로 오른쪽 칸인 바르디 예배당Cappella Bardi에 있다. 아시시에서도 본 '아버지와 결별함'이 제일 위 왼쪽에 있다.

산타 크로체 성당의 입구 왼쪽에는 단테의 석상이 높은 받침대 위에 서있다. 그는 1302년 로마에 사절단으로 간 사이에 궐석재판에 회부되어, 붙잡히면 산 채로 태워 죽인다는 형을 받고서 고향에 돌아오지 못하고 주로 라벤나와 베로나를 오가며 살다가 1321년 라벤나에서 죽었다. 단테가 세계적인 시인이 되자, 살았을 때는 그렇게 구박하던 고향

산타 크로체 성당 입구에 있는 단테의 석상(왼쪽)과 성당 안에 있는 허묘.

도시가 그의 유해라도 모셔 오려고 애를 쓰고 그게 어려우니까 이렇게 조각을 세우고 허묘를 만들며 뒤늦은 열의를 보인다. 단테의 조각상은 우피치 앞에도 하나 더 있다.

산타 크로체 북쪽(성당 정면을 보면서 왼쪽) 골목은 어찌 된 영문인지 관광객들 사이에 T본 스테이크로 유명하다. 산타 크로체 성당은 T자형 십자가tau cross 모양을 기본 평면으로 삼고 있어서 다른 성당에 비해 동쪽 십자가 머리 부분이 좀 짧다. 이 골목의 T본 스테이크도 혹시 그것에 영향을 받았나 혼자 생각해 보았다. (서문에서 약속했던 맛집 소개다.)

우피치와 피티 궁전, 산 미니아토 알 몬테

우피치Uffizi는 메디치 집안을 위해 바사리가 짓기 시작한 관청 건물(오피스)이다. 현재는, 보티첼리가 루크레티우스의 『사물의 본성에 관하여』를 읽고 그린 〈아프로디테의 탄생〉과 〈프리마베라(봄)〉 등 수많은 명작을 소장하고 있는 박물관이다. 내가 수업에 자료로 자주 이용하는 것만 몇개 꼽자면, 진화생물학자 스티븐 제이 굴드가 유일하게 비행할 수 있는 날개를 갖춘 천사라고 평가한 다빈치의 〈수태고지〉, 피에로 디 코시모의 〈안드로메다를 구하는 페르세우스〉, 카라바조의 〈이삭을 제물로 바치려는 아브라함〉과 방패 모양 둥근 판에 그린 〈메두사〉, 젠틸레스키의 〈유디트와 홀로페르네스〉 등. 좋은 작품이 워낙 많아서 시간이 부족할 수 있으니 일정을 넉넉하게 짜서 가시는 게 좋다.

우피치에서 남쪽으로 베키오 다리를 건너가면 피티Pitti 궁전이 있다. 메디치 집안과 공동으로 통치했던 은행가 피티가 지은 저택으로 여러

위 〈수태고지〉, 다빈치, 1472.
아래 안드로메다를 구하는 페르세우스, 피에로 디 코시모, 1510.

이삭을 제물로 바치려는 아브라함, 카라바조, 1603.   유디트와 홀로페르네스, 젠틸레스키, 1620.

 손을 거쳐 지금은 박물관이 되어 있다. 소장품은 많은데 대체로 인물과 일상을 그린 것들이어서 이야기가 풍부한 작품은 안토니오 치체리Ciseri 의 〈이 사람을 보라Ecce Homo〉와 피에트로 벤베누티의 〈알케스티스를 남편에게 돌려주는 헤라클레스〉 정도가 눈에 띈다. 후자는 남편 대신 죽으려던 여인을 헤라클레스가 죽음의 신과 싸워서 빼앗아냈다는 얘기다. 로마에서 가져온 보볼리Boboli 오벨리스크가 궁정 정원에 서있다.
 아르노강 남쪽의 동쪽 부분에는 관광객들이 많이 가는 미켈란젤로 언덕이 있다. 피렌체 시내를 내려다보기 좋다. 나로서는 그 뒤의 언덕에 있는 산 미니아토Miniato 알 몬테 교회를 강조하고 싶다. 단테의 『신곡』 '연옥편' 12곡에 이 교회가 언급된다. 목이 베이자 자기 머리를 들고 자신의 오두막까지 걸어갔다는 3세기 순교자 성 미니아토(미니아스)를 모시는 곳이다. 『신곡』에서는 단테가 연옥의 일곱 층 중 첫째 층인 오만의 둘레길을 모두 보고서 다음 층인 질시의 둘레길로 올라갈 때, 그 계단의 가파름을 이 교회로 올라가는 길과 비교하고 있다. 교회 이

산 미니아토 성당 후진의 모자이크.

름은 직접 나오지 않고 '루바콘테 위에서 도시를 압도하는 교회'라고 소개되어 있는데, 루바콘테Rubaconte는 베키오 다리 바로 동쪽의 폰테 알레 그라치에(은총의 다리)의 옛 이름이다. 미켈란젤로 언덕에서 직선거리로는 약 400미터인데 좀 가파른 길이니, 단테의 연옥이라 생각하고 올라가시기 바란다. (연옥까지 간 사람은 결국 천국으로 가게 되어 있다.) 그 사이에 다른 교회(산 살바토레 알 몬테)가 하나 더 있으니 혼동하면 안 된다. 산 미니아토 교회의 본당 후진 천장에 훌륭한 모자이크가 있다. 성모님과 성 미니아토 사이에 그리스도가 앉아 있고, 그의 발밑에 네 짐승으로 형상화된 4복음서가 그려져 있다. 이름까지 쓰여 있다. 부속 준비실sacristy 벽에는 베네딕투스 성인의 생애를 그린 멋진 프레스코가 있다. 이분은 『신곡』 '천국편' 22곡에서 단테와 만난다.

라벤나

단테 무덤과 박물관

피렌체에서 동쪽으로 2시간 30분 정도 이동하면 단테의 무덤이 있는 라벤나에 닿는다. 단테의 무덤은 장례식이 치러졌던 산 프란체스코 바실리카 바로 곁에 있다. 현재의 단테 무덤은 18세기 말에 지은 것으로, 북향의 맞배지붕형 건물 위에 돔을 얹은 형태다. 좁은 골목 사이로 들어가야 한다. 프란체스코 교회는 무덤 뒤쪽(남쪽)에 동서 방향으로 뻗어 있다.

　무덤 건물 내부로 들어가면 제일 안쪽 벽에 단테 선생의 반신상 부조(15세기)가 있다. 책 하나는 앞쪽에 펼쳐놓고, 우리가 보기에 오른쪽에 다른 책을 펼쳐놓은 독서대 쪽으로 몸을 돌리고 있다. 이분은 여전히 공부 중이다. 그 위에는 등불이 매달려 있고 앞에 놓인 석관에는 14세기에 카나치오Canaccio라는 분이 쓴 라틴어 시가 적혀 있다. 마지막 두 줄에 '애정이 별로 없던 어머니(피렌체)가 낳은 단테가 여기 누워 있노라'고 쓰여 있다. (새김글 첫머리에 쓰인 SVF는 묘비에 흔히 사용하는 약자가 아니어서 학자들 사이에 여러 추측이 난무한다.)

'애정 없던 어머니' 피렌체는 사후에야 이 대시인의 유해를 돌려달라고 여러 차례 요구했다. 특히 사후 약 200년 지난 시점에 메디치 가문 출신 교황을 앞세워 이장을 추진했으나, 라벤나의 프란체스코회에서 유해를 숨기고 저항해서 뜻을 이루지 못했다. 한때 유골을 잃어버렸다가 다시 찾아내기도 하고 여러 소동이 있었다. 2차대전 중에도 폭격에 대비해서 유골을 땅속에 묻었던 적이 있다. 그때 유골을 일시적으로 묻어놓았던 장소가 현재 무덤 바로 오른쪽 울타리로 둘러싸인 정원에 표지와 함께 보존되어 있다.

피렌체는 아쉬움을 달래기 위해 단테 묘소에 밝혀진 영원한 불의 기름을 자신들이 공급하겠노라고 청해서 지금도 기름을 제공하고 있다.

왼쪽 라벤나의 단테 무덤. 오른쪽 문 안으로 들어가면 등불 아래로 단테의 부조와 석관이 보인다.

매년, 단테가 세상 떠난 날인 9월 14일에 토스카나 구릉지에서 생산한 올리브기름을 보낸단다.

단테 무덤 앞(북동쪽)에 단테 박물관이 있다. 대체로 현대 미술품들로 채워졌는데, 한때 단테의 유골이 담겨 있었던 목관이 주목할 만하다. (너무 말끔해서 모사품일 가능성이 있다.) '단테의 뼈DANTIS OSSA'라고 라틴어로 적혀 있다. 무덤 부조를 다시 그린 유화도 한 점 있는데, 오른손에 펜을 쥐고 뭔가 적고 있는 것으로 처리했다. (부조에서는 그냥 오른손을 책 위에 얹고 있다.) 19세기 화가 론칼디에르Roncaldier의 작품이다.

박물관 남쪽 건물(무덤을 마주 보면서 왼쪽) 마당 가운데에는 석조 우물 비슷한 조형물이 있고, 그것을 사이에 두고 호리호리한 젊은 남자와 여자 청동상이 멀리 서로를 바라보는 자세로 놓여 있다. 아마도 단테와 베아트리체의 이루지 못한 사랑을 그렇게 표현한 모양이다. 현대 조형물이지만 퍽 감흥이 있다. 무덤 앞에서 창살 문 사이로 볼 수 있다.

한편 단테 무덤을 등지고 왼쪽 앞에는 '단테의 집'이 있는데, 여기에는 이야기가 들어간 그림이 몇점 더 있다. '연옥편' 마지막에 단테가 베아트리체와 만나는 장면과 아마도 생전 모습을 상상한 것인 듯 단테가 베아트리체 곁에 서있는 장면 그림 등이 있다.

좋은 모자이크가 있는 산 비탈레 바실리카와 그 주변

단테 무덤에서 북쪽으로 걸어서 약 10분 거리에 산 비탈레Vitale 바실리카가 있다. '바실리카'는 원래 맞배지붕 꼴의 창고 같은 건물을 가리키는데, 이 바실리카는 이층의 팔각기둥 위에 다시 작은 팔각기둥을 한 층 얹은 것처럼 생겼다. 온 방향으로 후진을 만들어서 위에서 보면 꽃잎처럼 작은 방이 매우 많다. 서기 6세기 말에 지은 건물이다.

이때는 동로마가 서쪽 영역을 꽤 많이 회복했던 때였다. 서로마 멸망 직전까지 라벤나가 서쪽의 수도 역할을 했기 때문에 서로마 멸망 직후 동고트족도 이곳을 수도로 삼았고, 동고트족 축출 후 동쪽 황제의 총독도 이곳에 머물렀다.

이곳은 『철학의 위안』을 써서 단테에게 큰 영향을 끼친 보에티우스와도 인연이 있다. 서기 500년 전후에 살았던 보에티우스는 동고트족 테오도리쿠스 대왕의 정부에서 최고 직위까지 차지했는데, 그가 머물던 곳이 이 라벤나다. 〔보에티우스는 이탈리아 북서부의 파비아에서 죽었다. 그의 무덤은 단테가 '천국편' 10곡에서 언급하듯, 파비아의 치엘다우로('황금의 하늘') 교회에 있다. 성 아우구스티누스의 무덤도 이곳으로 옮겨져 있다.〕

이 바실리카의 모자이크가 유명한데, 동로마 황제 유스티니아누스(재위 527~565년)와 그의 부인 테오도라가 그려져 있기 때문이다. 이 황제는 6세기에 동로마를 크게 일으킨 인물로, 단테의 '천국편' 6곡 전체가 그의 발언으로 채워져 있다. 그의 부인 테오도라는 이른바 '니카 폭동' 때 약해지려는 남편을 격려해서 폭동을 진압하게 했다고 한다. 한편 이 바실리카에는 구약성서의 내용도 그려져 있다. 아브라함이 천사를 접대하는 장면, 아벨 그리고 특이하게도 멜기세덱의 제사 장면이 있다. 멜기세덱은 아브라함을 대접했던 제사장으로 '예수는 이 멜기세덱의 계통을 잇는 분'이라고 신약성서 「히브리서」에 나와 있다.

산 비탈레 바실리카 바로 북동쪽에는 갈라 플라키디아Galla Placidia의 영묘가 있다. 동서 분열 전의 마지막 황제인 테오도시우스 황제(재위 379~395년)의 딸로서, 다음 황제의 부인과 그 다음 황제의 어머니 등의 역할을 맡으면서 평생 권력을 누렸던 분이다. 영묘는 사각형 건물이 십자 모양을 이루고 한가운데에 사각기둥을 세운 것 같은 꼴이다. 내부에

유스티니아누스 황제(위)와 부인 테오도라(아래)를 그린 모자이크, 547년, 산 비탈레 바실리카.

는 이야기보다는 꽃이나 별 모양 장식 모자이크가 가득하다.

산 비탈레 남쪽에는 국립박물관이 있는데, 옛것부터 현대 것까지 시대를 관통하는 유물들이 있지만 이야기가 담긴 것은 '아폴론과 다프네'가 그려진 마요르카 자기 하나 정도다.

라벤나 남동쪽 차로 15분 거리에 클라세Classe 라는 작은 마을이 있다. 이 마을은 단테가 '연옥편' 28곡에서 연옥산 꼭대기의 에덴 동산에 도착했을 때, 그곳의 싱그러운 분위기를 클라세의 소나무 숲에 비기고 있어서 좀 유명하다. 『신곡』에는 옛 지명을 좇아 '키아시Chiassi'라고 나와 있다. (현재는 풍광이 엄청나진 않으니 너무 기대는 마시기 바란다.)

거기에 모자이크가 좋은 교회가 하나 있다. 6세기 중엽에 세워진 산 아폴리나레 교회다. 바깥에 원기둥 모양의 탑이 있어서 특이하다. 내부의 중앙 후진에는 거대한 십자가('보석 박힌 십자가')가 있고, 그 밑에는 아름다운 초원에 아폴리나리스 성인이 양들과 함께 서있고, 공중에는 수염도 없는 젊은 모습의 모세와 엘리야가 그려져 있다. '그리스도의 변형transfiguration'이다. 중앙 후진 오른쪽 벽에는 멜기세덱이 주재하는 희생제에 아벨이 제물을, 아브라함이 이삭을 바치는 장면이 그려져 있다.

단테 무덤 동쪽으로 걸어서 6~7분 거리에 '산 아폴리나레 누오보' 바실리카가 있으니 혼동하면 안 된다. 이 새 교회는, 클라세에 있는 교회가 해적들을 피해 시내로 피신하면서 생긴 것으로 역시 6세기 건물이다.

만토바와 베네치아

베르길리우스의 고향 만토바

라벤나에서 북서쪽으로 차로 2시간 거리에 만토바(현재 만투아)가 있다. 『아이네이스』의 저자 베르길리우스의 고향이다. 나폴리에 있는 그의 묘비에도 이 고향 이름을 밝혀놓았고, 단테의 『신곡』에서 누가 신분을 물으면 그는 늘 '만투아가 나를 낳았고…'로 시작한다. 전설에 따르면 이 도시는 테바이의 예언자 테이레시아스의 딸 만토가 세운 곳이라 한다. 『아이네이스』에도, 『신곡』에도 나오는 얘기다.

하지만 만토의 자취도, 베르길리우스 관련 유적도 거의 보이지 않는다. 이곳에 가야 할 가장 큰 이유는 테Te 궁전의 프레스코가 좋기 때문이다. 16세기 중반에 지어진 궁인데, 17세기 중반에 약탈당해 다른 것은 다 없어지고 벽화들만 남았다. '거인의 방'이라는 곳에는 벽과 천장에 거인과의 전쟁이 그려져 있다. 하늘에서 제우스가 양손으로 벼락을 던지고, 거인들은 바위를 쌓다가 혹은 기둥을 넘어뜨리다가 자신들이 깔리고 있다. 바닥에 좀 어지러운 소용돌이형 무늬를 넣어서 더욱 정신이 혼미하다. 라파엘로의 제자였던 줄리오 로마노의 작품이다. '프쉬케의 방'이라는 곳에는 좀 더 아기자기한 그림들이 남아 있다. 아풀레이우스의 『황금 당나귀』에 나오는 프쉬케의 시련과 오비디우스의 『변신이야기』에 나오는 폴뤼페모스의 사랑 이야기, 그리고 '가짜 암소 속에 들어가는 파시파에'도 여기서 볼 수 있다.

테 궁전에서 북동쪽으로 2킬로미터 거리에 베르길리우스 공원이 있다. 거기에 이 시인의 청동상이 서있는데 좌우에 서사시와 목가를 상징하는 조각이 설치되어 있다.

베르길리우스 동상에서 남동쪽으로 400미터 정도 떨어진 곳에 두칼레궁이 있다. 매우 복잡한 구조의 여러 건물이 모인 곳인데, 많은 프레스코가 있지만 대체로 역사화에 속하는 것들이다. 이야기가 있는 것으로는 만테냐의 〈파르낫소스산〉이 원래 여기 있었는데, 17세기에 만투

거인의 방 프레스코,
줄리오 로마노, 1534,
테 궁전.

위 가짜 암소 속에
들어가는 파시파에,
줄리오 로마노,
1526~28, 테 궁전.
아래 파르낫소스산,
만테냐, 1496, 루브르.

아 공작이 리슐리외에게 선물해서 현재 루브르에 소장되어 있다.

　만투아에서 차로 40분 정도 북쪽으로 이동하면 베로나가 있다. 단테가 그곳에서도 꽤 머물렀지만 현재로서는 특별한 단테 유적은 없다. 베로나 로마 원형극장(아레나)에서 동북쪽으로 500미터 떨어진 시뇨리 광장에 단테의 조각상이 하나 서있기는 하다. 대개 관광객들은 원형극장에서 오페라를 관람하고 줄리엣의 집을 둘러보기도 한다.

베로나에서 베네치아로 가는 길에 파도바(파두아)에 들러 스크로베니 성당Scrovegni에 있는 조토의 프레스코를 보면 좋다. 예수의 생애를 자세히 그렸다.

베네치아의 '약탈 문화재'와 모자이크

만투아에서 1시간 반 정도 이동하면 베네치아에 닿는다. 중간의 작은 도시들을 건너뛰겠나 하는 분은 로마나 유럽의 다른 도시에서 항공편을 이용해 마르코폴로 공항으로 바로 가는 방법도 있다. 우리가 이 도시에 가는 이유는 두 가지다. 하나는 희랍에서 가져온 '약탈 문화재'를 확인하자는 것이고, 다른 하나는 이야기가 풍부한 모자이크를 확인하자는 것이다. 두 가지 모두 산 마르코 성당에 집중되어 있다.

먼저 약탈 문화재를 보자. 현재의 산 마르코 성당은 11세기에 지어져서 그 후로 여러 차례 증축, 보수되어 다양한 시대의 유행이 반영되어 있다. 특히 13세기에 장식이 늘어났는데 베네치아가 부유한 해양 강국이 되어서이기도 하지만, 이교도를 응징하겠노라고 출발해서 같은 기독교 국가인 콘스탄티노플을 공격했던 1202년의 제4차 십자군 원정 덕이 크다.

그때 약탈해 온 것 중 신전이나 교회의 기둥 같은 것은 눈에 잘 띄지 않으니 그냥 지나가고, 가장 중요한 세 가지만 꼽아보자. 우선 교회 정면 입구 위에 서있던 4두 마차. 이것은 콘스탄티노플의 전차 경주장에서 옮겨온 것이다. 나폴레옹 때 프랑스에 빼앗겨서 카루셀 개선문 위에 서있다가 나중에 이곳으로 돌아왔다. 현재는 복제품을 바깥에 세워두고 진품은 실내로 들였다. 콘스탄티노플에서 옮겨올 때 청동 말의 목을 잘랐기 때문에 그것을 감추기 위해 목에 테두리 끈을 둘러놓았다. 재질은 청동이지만 주석의 조합 비율이 특이해서 황금처럼 보인다.

또 하나의 중요한 약탈 문화재는 성당 바깥에서 확인할 수 있다. 역시 콘스탄티노플에서 옮겨온 '4두정체 자주색 석상'이다. 동서 로마의 황제, 부황제 들이 서로 얼싸안고 있는 모습이다. 산 마르코 광장에서 성당을 마주보면서 오른쪽으로 바로 두칼레궁과 이어지는 부분, 약간 튀어나온 모서리에 있다. 주변 관광객도 신경 쓰지 않고, 더러는 공사용 울타리가 쳐지는 곳에 자기들끼리 서로 보호하는 듯한 모습이 부모 잃은 어린 것들의 우애를 보는 듯 안쓰럽다. 이 조각상 바로 앞(성당의 남쪽 면 앞)의 사각기둥 두 개도 콘스탄티노플의 교회에서 약탈해 온 것이다.

다른 중요 약탈 문화재로 '페이라이에우스 사자상'이 있는데 잠시 뒤로 미루고 성당 내부를 보자. 성당 안에는 황금을 입힌 모자이크들이 아주 많은데, 여러 시기 것이 섞여 있고 솜씨도 다양하다. 이 모자이크들은 성당의 중심 부분 동서축을 따라서 천장과 벽에 조성되어 있다. 그림이 너무 많아서 다 언급하기 어려우니 두 가지만 꼽자면, 서쪽 입

산 마르코 성당의
청동 4두 마차.

4두정체 자주색 석상.

구로 들어가자마자 만나는 공간(현관narthex)의 돔에는 천지창조와 인간의 타락이 그려져 있다. 중심 공간nave의 오른쪽 벽에는 그리스도께서 잡히시기 전에 겟세마네 동산에서 고뇌하는 모습이 그려져 있다.

산 마르코 광장을 떠나기 전에 이 주변에서 챙길 수 있는 것을 얼른 보자. 광장 남쪽(성당을 마주 보면서 오른쪽)의 큰 건물 안에 고고학박물관이 있다. 유물은 좀 심심한 편인데 이야기를 담은 것을 꼽자면, '백조와 결합하는 레다' 조각상이 훌륭한 작품인데 크기가 의외로 좀 작다. 활을 든 아폴론과 함께 서있는, 돈 자루를 든 헤르메스상 석판 부조도 좀 희귀한 도상이다. 헤르메스가 부를 가져다주는 신이라는 사실이 일반인들에겐 많이 알려지지 않았다. 이 석판과 함께 발굴된 듯한 다른 석판에는 한 여성 곁에 사냥개를 거느리고 창을 세워 잡은 남성이 새겨져 있는데, 아내 프로크리스와 남편 케팔로스로 봐야 할 것 같다. 남자는 아내의 선물인, 어떤 목표도 놓치지 않는 창으로 결국 아내를 죽게 한다.

산 마르코 광장 서쪽에 코레르Correr 박물관이 있다. 안토니오 카노바의 조각 〈다이달로스와 이카로스〉가 있으며, 마요르카 자기가 꽤 많다. 그림들을 하나씩 들여다보면서 어떤 이야기를 그린 것인지 맞춰보는 것도 재미있겠다. 몇가지만 꼽자면 '아폴론에게 음악 시합으로 도전하는 마르쉬아스', '아내를 다시 잃는 오르페우스' 등이 있다. 소장품의 이야기가 부족한 데 비해 입장료가 꽤 비싸다(고고학박물관과 묶음 구매 가능). 그나마 브뤼헐 등 플랑드르 화파의 그림들이 위안이 된다.

산 마르코 광장을 떠나서 동쪽으로 페이라이에우스 사자상을 보러 가자. 걸어서 20분 가까이 가야 한다. 좁은 골목길은 부담스러우니 넓고 찾기 쉬운 길로 가자면, 두칼레궁을 왼쪽에 두고 해변을 따라 동쪽으로 15분 정도 가다가 제법 넓은 운하인 rio dell'Arsenale(병기창 강)에서 왼쪽으로 들어가면 쉽게 찾을 수 있다.

옛 병기창 건물의 문 앞과 문 위에 도합 다섯 마리 사자가 있는데, 희랍의 항구도시 페이라이에우스(피레우스)에서 약탈한 것은 우리가 볼 때 제일 왼쪽에 상체를 똑바로 세우고 앉아 있고, 오른쪽의 세 마리 중 가운데 것(상체는 세워서 길게 앞으로 뻗고 하체는 좀 어색하게 앉아 있음)도 희랍의 델로스에서 약탈한 것이다. 페이라이에우스 것은 아테나이 아크로폴리스에 대포를 쏘았던 모로시니가 1680년대에 가져온 것이다. 사자 어깨에 바이킹들의 글자인 룬 문자가 새겨져 있다. (18세기 말에 베네치아에 와 있던 스웨덴 외교관이 자기들 조상의 글자를 처음으로 알아보았다.) 11세기경 키에프(현재 우크라이나 키이우) 쪽에서 와서 동로마 황제에게 봉사하던 북유럽 출신 용병들이 자기들 문자를 새겨놓은 것이다. 사자의 오른쪽(우리가 볼 때 왼쪽) 어깨와 옆구리에, 리본 같은 띠무늬(lindworm, 용 무늬) 속에 새긴 글자는 이제 많이 닳아서 거의 알아보기 힘들다.

델로스 사자는 원래의 다리가 사라진 것을 새로 채워넣어서 자세가 어색하다. 베네치아가 이렇게 사자에 집착하는 것은 자신들의 수호성

페이라이에우스에서 가져온 돌사자. 어깨에 룬 문자가 보인다.

원래의 다리가 사라져 어색한 자세를 보이는 델로스 사자.

인 성 마르코의 상징이 사자여서다. 신약성서 「마가(마르코)복음」은 흔히 날개 달린 사자로 표현되어 단테의 연옥산 꼭대기에도 등장하고, 산 마르코 성당 모자이크에도(그리고 우리가 본 다른 성당 모자이크들에도) 그렇게 그려져 있다.

  이 병기창은 현재 군사학교 도서관으로 사용되고 있는데 이름이 '단테 알리기에리 도서관'이다. 하지만 단테에는 베네치아가 거의 언급되지 않는다. 공직 매매자들이 끓는 역청 속에 익어가는 장면에서 베네치아 조선소를 잠깐 언급하는 정도다. (공직 매매자들은 국가라는 '배'에 구멍을 냈기 때문에, 그 죄를 갚기 위해 배의 구멍을 때우는 역청 솥에 들어가 끓고 있다.) 단테는 자신과 동시대인인 마르코 폴로의 여행과 그가 얻어온 지리 지식도 전혀 이용하지 않아서 약간의 의구심을 불러일으키고 있다.

베네치아의 미술관들

베네치아에서 꼭 들러야 할 곳으로 미술관들이 있다. 아카데미아 미술관과 구겐하임 미술관이 대표적이다. 아카데미아는 산 마르코 광장에서 15분 정도 서쪽으로 걸어가서 '아카데미아 다리'를 건너면 바로 앞에 있다. 조르조네Giorgione의 해석하기 어려운 그림 〈폭풍우〉가 유명하다. 소장품이 대부분 종교화, 의식화여서 이야기를 많이 담은 그림은 별로 없다. 베로네제가 그린 〈레위를 부르심〉도 유명하지만 너무 왕실 장면 같아서 나로서는 별로 재미가 없다. 다빈치가 비트루비우스의 이론에 따라 그린 '팔을 벌리고 있는 사람(비트루비우스적 인간)'이 이곳에 소장되어 있다.

아카데미아에서 동쪽으로 걸어서 5분 거리에 구겐하임 컬렉션이 있다. 칼더, 마리노 마리니, 브랑쿠지 등의 조각과 르네 마그리트, 달리, 칸딘스키, 파울 클레, 피카소, 막스 에른스트, 데 키리코 등에 잭슨 폴록까지 근현대 미술 걸작이 다양하게 전시되어 있다. 나로서는 뉴욕의 구겐하임 미술관보다 베네치아 쪽이 더 좋았다.

그 밖에 레초니코궁Ca'Rezzonico에 자코포 아미고니의 〈시스라를 죽이는 야엘〉이란 그림이 있다. 구약성서 「판관기」에 나오는 내용이다. 야엘은 홀로페르네스를 죽인 유디트 못지않은 여걸이다. 자고 있는 적장의 머리에 못을 박아 죽였다. 잠바티스타 란제티Langetti의 〈카토의 자결〉, 〈탄탈로스〉도 이야기를 담고 있긴 한데 주제 때문인지 그림이 좀 어둡다. 이 미술관은 18세기 바로크-로코코 건축의 대표로 꼽히며, 베네치아를 자세히 그린 카날레토의 그림에도 등장한다. 아카데미아에서 북쪽으로 한 블록 정도 떨어진 운하 가장자리에 있다. 좁은 골목길을 통해 ㄷ자로 돌아가거나(10분) 배를 이용해서 가야 한다.

페사로궁Ca'Pesaro은 대운하의 S자 첫 번째 굽이 중간쯤 서쪽 섬에 있다. 로댕, 클림트, 조르조 모란디, 호안 미로 등의 작품이 있다. 여기 소장된 근현대 작품에는 대체로 이야기가 들어 있지 않은데, 이야기가 담긴 작품이 하나 있다. 폰 슈투크의 〈메두사의 머리를 든 페르세우스〉이다. 영웅이 안드로메다와 결혼하던 날 적들과 싸우다가 메두사의 머리를 내미는 장면이다.

'황금궁전Ca'd'Oro'은 페사로궁의 대운하 건너편인 동쪽에 있다. 지롤라모 디 벤베누토가 그린 〈갈림길의 헤라클레스〉가 여기에 있다. 쾌락의 여신과 덕의 여신이 나타나서 각기 길을 이끄는데 헤라클레스는 덕의 여신을 좇아 험한 길을 선택해 결국 신이 되었다는 얘기다. 앞서 살펴본 카포디몬테의 안니발레 카라치의 그림과 같은 이야기를 담고 있다. 그 밖에도 비토레 카르파치오의 〈수태고지〉, 비아지오 단토니오의 〈루크레티아 연작〉, 지롤라모 마키에티의 〈풍요의 여신 페르세포네〉

시스라를 죽이는 야엘, 자코포 아미고니, 1739, 레초니코궁.

갈림길의 헤라클레스, 지롤라모 디 벤베누토, 16세기, 황금궁전.

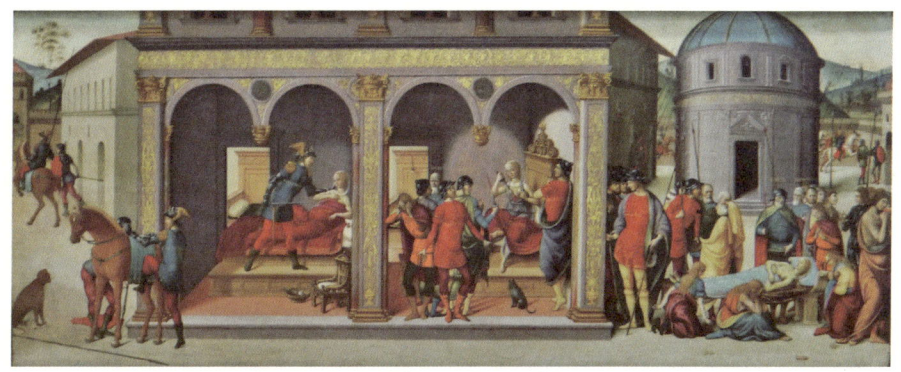
루크레티아 연작, 비아지오 단토니오, 15세기, 황금궁전.

등 다른 곳에 비해 이야기를 담은 그림이 많이 소장되어 있다.

앞에서 그냥 지나갔지만 두칼레궁에는 베로네제가 그린 〈에우로페의 납치〉가 소장되어 있다.

베네치아의 미술관들 중에서 이른바 '가성비'를 고려하여 딱 세 군데만 꼽으라면 나로서는 구겐하임, 페사로궁, 그리고 황금궁전을 선택하겠다.

이상에서 대체로 신화와 역사, 고전문학과 관련된 유적지, 박물관을 둘러보았다. 이 책이 다루지 않은 곳에 대한 정보가 필요한 분도 있겠지만, 현실적으로 모든 것을 다 적을 수는 없으니 너그러이 용서하시기 바란다. 독자들의 공부 길에 조금이나마 도움이 되기를 희망한다.

로마 연표

기원전

753년	로마 건국: 로물루스, 레무스
750~265년	초기 로마
509년	공화정 성립: '오만한' 타르퀴니우스, 루크레티아, 집정관 브루투스 에트루리아 왕 포르센나, 무키우스 스카이볼라, 코클레스, 클로일리아, 레길루스 호수 전투
501년	독재관 선출
494년	평민의 분리운동(성산 사건), 호민관 선출
458년	킨킨나투스 독재관직 수락
449년	12표법 제정
430년경	Aequi와 Volsci 정복
407~396년	Veii 정복
390년	갈리아인의 로마 침입: 브렌누스(vae victis!)
387년	카밀루스가 아르데아에서 갈리아족 격퇴('로마의 제2 건설자')
367년	리키니우스-섹스티우스법 제정(집정관 중 한 명은 평민으로)
327~290년	삼니움 전쟁에서 로마 승리
280~275년	퓌루스의 이탈리아 침입
265년	에트루리아 복속
264~241년	제1차 포에니 전쟁(레굴루스 포로됨), 시칠리아 속주화
237년	사르디니아 속주화
218~201년	제2차 포에니 전쟁: 한니발, '지연자' 파비우스, 마르켈루스(214년

	쉬라쿠사이 함락, spolia opima, 스키피오 아프리카누스(zama 전투)
	218년 트레비아강 전투에서 한니발에게 패배
	217년 트라수멘누스(트라시메네) 호수 전투에서 한니발에게 패배
	216년 칸나이 전투에서 한니발에게 패배(L. 아이밀리우스 파울루스 전사)
	212년 쉬라쿠사이가 로마군에게 함락됨
	207년 한니발의 동생 하스드루발, 메타우루스에서 전사
	202년 자마 전투에서 한니발 패배
214년	1차 마케도니아 전쟁(214-204)
	로마가 마케도니아의 필립포스 5세를 제압함
200년	2차 마케도니아 전쟁(200-196)
	플라미니누스가 퀴노스케팔라이에서 승리함
172년	3차 마케도니아 전쟁(172-168/7)
	퓌드나 전투(로마가 마케도니아를 제압함)
149~146년	제3차 포에니 전쟁: 스키피오 아이밀리아누스(소 스키피오)
146년	로마가 코린토스 정복함: 뭄미우스의 코린토스 약탈.
136~132년	시칠리아 노예 전쟁
111~106년	누미디아 왕 유구르타Jugurtha와 전쟁
133~121년	그라쿠스 형제와 농지 개혁을 둘러싼 투쟁
107년	마리우스의 병제 개혁(재산 가격 철폐)
91~89년	동맹시 전쟁, 이탈리아인의 로마 시민권 획득
88년	술라의 로마 진군, 마리우스 도주
88~85년	1차 미트리다테스 전쟁: 폰투스 왕 미트리다테스가 소아시아의 로마 영토 침입
87~81년	로마 내란, 마리우스파와 술라파의 혈전
	87년 마리우스가 술라파 숙청
	86년 마리우스 사망
	81년 술라 독재관 취임, 원로원 의원 수를 600명으로 확대
	제2차 미트리다테스 전쟁
79년	술라 종신 독재관직을 버리고 은퇴, 78년 사망
74~63년	제3차 미트리다테스 전쟁
73년	스파르타쿠스의 노예 반란

67년	폼페이우스가 해적 소탕
63년	키케로 집정관 당선, 카틸리나 음모 발각
	유대가 로마의 속주가 됨
60년	1차 삼두정 결성(폼페이우스, 카이사르, 크라수스)
58년(~51)	카이사르의 갈리아 원정 시작
53년	크라수스, 파르티아인과의 전투에서 전사
49년	카이사르가 루비콘을 건넘
48년	카이사르가 폼페이우스 군대를 격파함(파르살루스 전투), 폼페이우스는 이집트로 도주 후 암살됨
49~45년	카이사르가 독재관에 취임, 율리우스력 제정(~1582)
46년	소 카토 자결
45년	카이사르가 히스파니아의 문다에서 폼페이우스파 잔군 토벌
44년	카이사르 암살
42년	필리피 전투에서 공화파 패배(브루투스, 캇시우스)
43년	2차 삼두정(안토니우스, 옥타비아누스, 레피두스)
40년	브룬디시움 조약, 옥타비아누스와 안토니우스가 각기 서방 속주와 동방 속주를 양분하여 통치하기로 결정함
31년	악티움 해전
30년	클레오파트라 자살, 이집트 병합
29년	기원후 14년까지 아우구스투스의 원수정
8년	『아이네이스』/ 기원전 70-19년 베르길리우스
기원전 27년~ 기원후 68년	율리오-클라우디우스가의 황제들 Augustus 기원전 27년~기원후 14년 Tiberius 기원후 14~37년 Caligula 37~41년 Claudius 41~54년 Nero 54~68년

기원후

64년	로마시 대화재 발생
65년	세네카 죽음
70년	예루살렘 성전 파괴
79년	베수비우스 화산 폭발, 폼페이 매몰, 콜로세움 건설
69~79년	네 황제 시대
	Galba, Otho, Vitellius 69년
	Vespasian 69~79년
69~96년	플라비우스가 황제들: 베스파시아누스, 티투스, 도미티아누스
	Vespasian 69~79년
	Titus 79~81년
	Domitian 81~96년
96~180년	오현제 시대
	Nerva 96~98년
	Trajan 98~117년
	Hadrian 117~138년
	Antoninus Pius 138~161년
	Marcus Aurelius 161~180년
	Lucius Verus 161~169년
	Commodus 180~192년
116년	트라야누스 황제, 메소포타미아 원정
212년	카라칼라 황제, 제국의 모든 자유인에게 시민권 부여
235년	병영 황제 시대 시작
293년	디오클레티아누스 황제의 4분 체제 도입
306년	콘스탄티누스 황제 즉위(~337)
330년	콘스탄티노플로 천도
361년	반기독교적인 율리우스 황제 즉위
410년	테오도릭 알라릭의 로마 약탈
430년	아우구스티누스 죽음
476년	로물루스 황제 폐위

도판 출처

16, 142, 268, 298, 408, 표지(단테, 글래디에이터, 암포라, 아이네아스, 판테온, 포룸)
Getty Images Bank

20, 21, 22, 24, 25, 38, 39(왼쪽), 40, 47(위), 49(위), 55, 59, 67, 69, 74(아래), 89(아래), 90, 92, 102, 105, 112, 113, 114, 116(위, 왼쪽), 120, 121, 125, 128, 135, 179(위), 181, 183(위), 185, 188(위), 190, 211, 214(위), 218, 224(오른쪽), 232, 238, 245, 246, 248, 249, 259, 273, 289(위), 291, 303(오른쪽), 304, 312(위), 316(위), 317(위), 319, 321, 327(위), 329, 337, 349, 354, 360, 361, 362, 363, 364, 365, 366, 369, 372, 375, 376, 380, 385, 394, 397, 399(위), 401, 402, 404, 413, 415, 416, 418, 425, 420, 422, 423, 425, 427(오른쪽) **홍창의**

72, 413(오른쪽), 427(왼쪽) **고윤숙**

23 Reiner Georg   30, 78, 132 Matthias Süßen   32 Gmihail   33 Benjamin Smith(위), The Yorck Project, Zenodot(아래)   36 Leonce49, Lusitania, TTaylor   37, 39(오른쪽), 88 José Luiz Bernardes Ribeiro   47(아래), 56, 60, 67, 112(아래) Bjs   61(위)Mboesch   64 Rijksmuseum   71 Effems   74(위) poudou99   76, 79(왼쪽) Zde   81 Antoine Pitrou(왼쪽) Antonio Pignato(오른쪽)   85 Eannatum   86 Max Ponzi   89(위) Phaidon   93 Wilson44691   94 Rino Porrovecchio   95, 165 AlexanderVanLoon   99 Ludvig14   107(아래) Michal Osmenda   110 Dusan mybox   116(오른쪽) Giovanni Dall'Orto.   121(오른쪽) American Numismatic Society   124 Museo Archeologico Paolo Orsi   145 Ismoon   156 Marco Chemello   161, 200(오른쪽), 347, 367(왼쪽) Sailko   163 de:Benutzer:Benson.by   166 Giuseppe barberino   167 Livioandronico2013   170 Isiwalz(위) Liguria Pics   171 Michael Fritz   173 Mboesch(위), Carlomorino(아래)   177 PaestumPaestum   195 M. violante   197 Andrea Schaffer   199 Argo Navis   200 Vitold Muratov(왼쪽)   201 Abxbay   204 CyArk   206 Overbeck   210 WolfgangRieger(왼쪽)   210(오른쪽), 212, 225 Miguel Hermoso Cuesta   215(오른쪽), 336 Wknight94   217 Dave & Margie Hill/Kleerup   220 andargor

221 Patricio Lorente   224(왼쪽), 227, 242(위쪽), 257, 258 Montnofunangami
226, 235 Falk2   231 Ursus   239 Bobak Ha'Eri   240 Olivierw   242 Schoen(오른쪽)
254 Wojtek-Rajpold(위), Ferdinando Marfella(아래)   255 Ángel M. Felicísimo
256 Altsachse   264 Tomisti   265 Decan   276 Radomił   278 gerry.scappaticc
285 H. Raab(Vesta)   289(아래) Ursus   290 FrDr   292 Commonists(왼쪽),
Jastrow(오른쪽)   293 Karelj   295 Idéfix   301 J.Blaeu   303(왼쪽), 377
Livioandronico 2013   306 Yellow Lion   309 ColdEel   310 Rabax63   312(아래)
Howardhudson   316(아래) Henry & Jane Rios   317(아래) Jiuguang
Wang   323 Cristiano64   327(아래) Franck devedjian   328 Chauvet(왼쪽),
TcfkaPanairjdde(오른쪽)   330 Carole Raddato   331 Flickr's The Commons
332, 340(위) public domain   340(아래), 345(위, 아래), 351, 355(왼쪽), 381 Lasha
Tskhondia-L.VII.C.   341, 355(오른쪽) Classical Numismatic Group
343 Dcastor(위)   353 Sally V   367 Hiro-o(오른쪽)   387, 419 Marie-Lan Nguyen
388 Jedesto   389 Jean-Pol GRANDMONT   390 Ulrich Mayring
391 Prasenberg   393 MumblerJamie   398 W. Hochauer   400 Amadalvarez
403 Giuseppe Savo   414 Jastrow   430 Benjamín Núñez González
432 ThePhotografer(왼쪽), Federica.tamburini.75(오른쪽)   435 Roger Culos
441 Tteske   442 Dennis Jarvis   444 Didier Descouens   447 Zairon **Wiki Commons**

* 도판 사용을 허락해 주신 모든 분들께 진심으로 감사드립니다.
* 이 책에 수록된 일부 저작권자를 찾지 못한 도판의 경우 확인되는 대로 허가 절차를 밟겠습니다.

찾아보기

* 차례에 나와 있는 주요 도시들은 포함시키지 않았습니다.

ㄱ

가뉘메데스 413
가리발디 137, 166
가에타 268, 274
가우가멜라 217
갈라 플라키디아 434
갈레리우스 315, 378
갈리아 344, 365, 367
게뤼온 93, 153, 305, 376
게르만 17, 66, 87, 110, 129, 371
게타 314, 350
게티 빌라 216, 239
겔라 16, 54, 83-4, 97, 99, 106, 124, 144
겔론 65, 97-8, 100, 105
고르곤 56, 83, 156
동고트 17, 305, 434
굴리엘모 델라 포르타 246
그레고리우스 (9세) 282, (13세) 285
그리스 7, 15, 17, 50, 65, 84, 100, 108, 115, 124, 143, 146, 166, 177, 184, 263, 378
기베르티 417, 418

ㄴ

나르킷소스 226
나보나 298, 302, 303, 304, 384, 386
나일강 210, 291-3
나폴레옹 167, 440
낙소스 134-5, 144, 148

네로 198, 207, 222, 256, 264, 302, 309, 314, 320, 322-3, 325, 363, 397
네르바 264-5, 355, 358, 395
네미 호수 286, 292
네아폴리스 98, 121, 123, 241-2
네옵톨레모스 43, 263
노르만 18, 26, 30, 41, 66, 110, 129, 136
누마 폼필리우스 152, 306, 335, 338
누미토르 270
뉙테우스 247
니카 폭동 211, 434
니키아스 51-2, 121

ㄷ

다레이오스 97, 159, 217-8
다몬 103
다비드 405-6, 413, 420
다빈치 428, 445
다이달로스 71, 442
다키아 370
다프네 404-5, 435
단테 7, 18, 26-8, 35, 37, 106, 117, 137, 171, 243, 261-4, 266, 276, 278-83, 305, 330, 401, 402, 404, 407, 409, 412-5, 417, 424, 426-7, 429-34, 436-7, 439, 444
대경주장Circus Maximus 284, 298, 300-1, 304-7, 309-10, 313-4, 358-9, 374, 384, 426
데메테르 25, 55, 61-2

데모스테네스 52, 121, 269
데모케데스 158
델로스 50, 108, 134, 443-4, 449
델포이 124-5, 288, 293, 403, 449
도나텔로 413, 420
도리스(식) 20, 47, 56, 58, 67, 76-7, 83, 111, 113, 115, 153, 162, 168, 178, 182-3, 185, 192
도리에우스 160
도미니쿠스(도미니크) 275, 424
도미티아누스 265, 304, 314, 322, 328, 354-5, 384, 386
동로마 17-8, 36, 66, 68, 271, 315, 348-349, 376, 383, 434
두칼레 441, 443, 447
드루수스 308-10
디도 45
디르케 220, 247, 392
디아나 112, 257-8, 286, 292, 294
디오게네스 165
디오뉘소스 94, 132, 209, 224, 244, 381
디오뉘시오스 101-3, 122
디오도로스 시켈로스 75
디오스쿠로이 66, 75-7, 146, 331, 342, 352
디오클레티아누스 315, 345-6, 390
디온 122-3

ㄹ

라돈 246
라우수스 46
라이오스 124-6
라키니우스 153
라테라노 282-4, 298, 301-3, 360, 397
라티움 46
라파엘로 250, 384, 399, 400, 403, 437
레기아 331, 334, 338-9, 341, 346
레기온(레기움) 138, 143-4
레다 76, 365-6, 442
레무스 223, 270, 283, 305, 361, 395
레아 실비아 270
레오니다스 161
레우코테아(이노) 90

로물루스 270, 283, 305, 330-4, 361, 368, 395
로베르 귀스카르 27, 30
로스트라 331, 346-52, 357, 383
로시니 426
로저 1세 27, 115
로저 2세 27, 30-1, 35, 115
로크리스 144, 146-7
로톤다 303, 384, 386
루바콘테 430
루카니아 144, 177, 188
루크레티우스(『사물의 본성에 관하여』) 166, 428
루키아노스 258
루페르칼 395
뤼시아스 161
뤼코스 247
뤼쿠르고스 94
리비아 253, 309
리비우스(『로마사』) 304, 367
리슐리외 439
리아체 142-6
릴리바이움 54

ㅁ

마그나 그라이키아 143-4
마그누스 281
마니아체 26
마라피오티 145
마렘마 25
마르스 벌판 297, 299, 300, 308, 379-95
마르스 270, 338, 358, 417
마르켈루스 298, 371-4, 381, 395
마르쿠스 아우렐리우스 266, 283, 298-9, 314, 318, 334, 360, 362, 368, 371, 389
마르토라나 30
마리우스 271
마사치오 250, 424
마시모 극장 41
마시모궁(팔라초 마시모) 241, 293, 298, 389-90
마요르카 435, 442
마우솔로스 393
막센티우스 302, 313, 315, 318-9, 326, 330-3,

391
만프레드(만프레디) 27, 30, 261-2
메데이아 386
메두사 21, 26, 72, 428, 446
메디치 426-8, 432
메르쿠리우스 195, 206, 256-8
메시나 16, 134-5, 137-8, 142-4, 148-9
멜라닙포스 404
멜릿소스 172
멤피스 23
멧세네 138
모로시니 443
몬레알레 19, 26, 32, 35-40, 417
몬테치토리오 298, 302, 388
몬테카시노 268, 275-7
몰타 118, 127, 448
무사 46
뭄미우스 375
뮈스켈로스 151
미네르바 303, 382-4
미세눔 252, 259
미켈란젤로 25, 359, 391-2, 397-8, 406, 420, 426, 429-30
미토라이 71-2, 197, 201
밀론 158-9
밀비우스 313, 393

ㅂ

바르베리니 298, 389-90
바르젤로 412, 420, 426
바리 142, 169
바리아누스 302
바이아이(바이아) 142, 252, 256, 258-60
바티칸 241, 282-5, 293, 297-9, 302-3, 324, 359, 388, 396-403, 420
반달족 17, 41, 379
발부스 233
베네딕투스(베네딕트) 275-6, 430
베네딕트 11세 282
베네벤토(베네벤툼) 36, 142, 261-6
베누스 45-6, 194-5, 225, 258, 288-9, 322, 325, 327-8, 330-1, 365, 387
베로나 408, 426, 439, 440
베로네제 445, 447
베르길리우스 27-8, 45, 117, 166, 242-4, 253, 255, 260, 272, 286, 305, 372-3, 376, 401, 407, 437-8
베르니니 85, 383-4, 404-5
베수비우스 191, 194, 197, 229, 232
베스타 314, 331, 334-8, 340, 375
베스파시아누스 265, 321, 330, 353-5
베아트리체 28, 117, 433
베티우스 219
벨레로폰 423
벨리니 133
벨리사리우스 18
보니파키우스 8세 280-2
보르게제 85, 166, 297-9, 359, 403-6, 420
보에티우스 18, 434
보티첼리 250, 428
브라스키 386
브라시다스 51
브루넬레스키 414
브룬디시움 263-4
브뤼헐 250, 443
브리세이스 214
비토리오 에마누엘레 2세 360, 368, 384
비트루비우스 445
빌라 델 카살레 87-95, 97, 128, 222, 244

ㅅ

사라센 50, 66, 110, 129
사르데냐 127
사모스 158, 166, 449
사보나롤라 421
사비니 368
사투르누스 331, 352-4
사튀로스 247
산 마르코 420-1(피렌체) 440-5(베네치아)
산 미니아토 427, 429-30
산 파올로 309, 311
삼니움 192-3, 242, 260

삽포 249
샤를 261-2, 279
서고트 394
서로마 36, 41, 68, 271, 349, 434
세네카 63, 240, 256
세라피스 253-5, 258, 382, 384
세르비우스 성벽 299, 300, 307-9
세이렌 146, 149, 155-6, 241
셉티미우스 세베루스 314-5, 318, 331, 335, 340, 345, 347, 349-51, 354, 357, 359, 361, 383
소산드라 258
소아시아 43, 161, 217, 248, 393, 449
소크라테스 123, 161, 251, 402
소포클레스 124, 127
수에토니우스 253, 265
술라 193, 271
스카만드로스 43
스퀼라 138, 149-50
스키피오 240
스타게이라 157
스타비아 193, 195, 206, 208-9, 222, 227-8
스타티우스 28, 401
스파르타 50-1, 76, 98, 160, 449
스핑크스 146, 156, 403
시모니데스 65
시모에이스 43
시뷜라 259-60, 366, 398, 400
시쉬포스 189
시스티나 398, 400
『신곡』 '지옥편' 27, 28, 117, 263, 282, 415/ '연옥편' 27, 117, 243, 261, 263, 279, 280, 330, 410, 417, 429, 433, 436/ '천국편' 27, 276, 278, 283, 410, 424, 425, 426
신성로마제국 18, 30, 36, 41, 157, 171, 261-2, 282
십자군 27, 37, 171, 245, 440

ㅇ
아가멤논 214, 234
아가토클레스 55, 105
아그립파 383

아레투사 108, 119-21
아르고 황금 대탐험 186
아르고스 51, 100, 210-1
『아르고호 이야기』 26
아르카디아 119
아르키다모스 51-2
아르키메데스 104, 109-10, 120
아르테미스 58, 108, 112-4, 120, 200, 227, 248, 292
아리스테아스 162
아리스토텔레스 157, 386
아리아드네 72, 134, 422
아리온 89-90, 95
아마존 21, 46, 58, 93, 365
아바스 31
아베르누스 256
아벤티누스 300, 305-6
아스카니우스(이울루스) 270
아스클레피오스 66
아스튀아낙스 263
아시시 407-10, 412, 426
아우구스투스 106, 193, 231, 235, 253, 271, 294, 298, 302, 309-10, 314, 331, 339, 341-2, 348, 351, 358, 361, 372, 380, 383, 388, 391, 393-5, 404
아우구스티누스 137, 434
아우렐리아누스 성벽 308-11, 379
아이기나 183
아이네아스 17, 43, 45-6, 242, 259-60, 270, 274, 335, 344, 372, 392, 400, 403, 405
『아이네이스』 43, 45, 242, 256, 260, 286, 305, 344, 372-3, 376, 437
아이밀리우스 331, 344-5, 350
아이스퀼로스 83-4, 99
아이아스 190, 422
아이트나(에트나) 15-6, 129-31, 136-7
아카이아 151, 375
아케스테스 43
아크라가스 54, 63, 65-7, 72, 82, 97, 106, 144
아킬레우스 22, 79, 106, 174, 190, 220, 235, 263, 422

아테나이 17, 40-2, 50-4, 56, 64, 70, 78, 83, 97-8, 101, 121-2, 129, 132, 134-5, 139, 144-6, 148, 161, 164, 177, 184, 209, 240, 251, 258, 269, 291, 399, 400, 443, 449
아테네 58-9, 108, 112-4, 116-7, 125, 148, 177-83, 288, 335, 404
아톳사 159
아틀라스 104, 246
아펜니노산맥 294-5
아폴론 56, 60, 108, 110-3, 163, 192, 194-5, 197-202, 205, 233, 260, 402-5, 435, 442-3
아풀레이우스(『황금 당나귀』) 363, 438
아풀리아 144, 164
아프로디테 22, 59, 147, 168, 225, 258, 288, 293, 364, 386, 389, 428
아피우스 263-4, 272, 300, 306-10
악타이온 21, 58-9, 227, 248
악티움 271, 341, 348
안니발레 카라치 244, 250, 381, 446
안드로마케 43
안키세스 45
안타이오스 412-3
안토니누스(피우스) 326, 330-1, 334, 338-9, 343, 371
안토니우스 269-71, 341
안티노오스 292-3
안티오페 247
안티움 348
알렉산드로스 155, 166, 217-9, 255
알바롱가 270
알베로벨로 142, 169-70
알-이드리시 31
알케스티스 429
알크메네 365
알키비아데스 52
알타미라 146
알페오스 119-21
암피온 247-8
암피트뤼온 365
암피트리테 231, 235
암피폴리스 50-51

앗티케 51
앙리 2세 292
앙주 18, 129, 261-2, 279
에게리아 306
에게해 51, 449
에렉테이온 164
에로스 88, 147, 161, 168, 251, 363-4
에스테 빌라 293, 336
에우누스 85
에우로페 20, 21, 57, 392, 447
에우뤼스테우스 189
에우리포스 225, 227
에우보이아 36, 134, 225
에우안드루스 46
에트루리아 23-4, 175, 192-3, 198, 298, 359, 362, 366, 400, 403, 405
에티오피아 307-8
에페소스 248, 294
에페이로스 43, 54, 105-6, 263
에피다우로스 132
에피폴라이 121
엘라가발루스 314, 327-8
엘레아 142, 144, 172-6
엘레우시스 84
엘리아데 383
엠페도클레스 63, 65, 75, 80-1
엥켈라도스 58-9
오뒷세우스 89-90, 128, 139, 190, 386
『오뒷세이아』 45, 138, 149
오르튀기아 98, 108-11, 123
오르페우스 90-1, 392, 443
오벨리스크 283-4, 301-3, 307-8, 360, 382-4, 386, 388-9, 391, 394, 397, 426, 429
오비디우스(『변신 이야기』) 21, 119, 151-2, 166, 294-5, 438
오스키 192, 260, 358
오시리스 255, 293
오이디푸스 23-5, 124-7, 403
오케아노스 377
옥쉬링쿠스 239
옥타비아 298, 372, 374

올륌포스 17, 365, 423, 449
윌리엄 1세 30, 35-6 (2세) 35-7
유노 46, 66, 202, 359, 367, 374
유디트 386, 390, 428-9, 445
유베날리스 256
유스티니아누스 211, 434-5
유투르나 331, 342, 344
율리우스 25, 285, 314, 331, 344-5, 357-8, 374, 404
읍피테르 202, 327, 344, 346, 350, 359, 366-7, 374
이고르 미토라이 71-2, 197, 201
이아손 386, 403
이오 210
이오니아 40, 144, 157
이오니아식 20, 113-4, 178, 199, 202, 352, 374
이오카스테 125-6
이집트 23, 31, 34, 37, 139, 239, 249, 255, 284, 291-2, 302, 308, 311, 374, 382, 388, 400, 403, 417, 423
이카로스 71-2, 442
이피게네이아 214-5, 223
익시온 220
『일리아스』 22, 45, 156, 214
잇소스 217-8

ㅈ
제논 172, 174
제우스 20, 22, 57-8, 61-2, 65-6, 73-7, 79, 94, 100, 104, 129, 145-6, 164, 177, 185, 193-5, 197, 202-5, 207, 210, 214, 247, 251-2, 342, 352, 365, 392, 437
제토스 247
젠틸레스키 386, 428-9
조르조 바사리 414, 427
조반니 다 볼로냐 413, 426
조토 409-11, 414-5, 418, 426, 440
줄리오 로마노 437-9

ㅊ
치마부에 410

ㅋ
카노푸스 289, 291
카라바조 118-9, 250, 365, 389, 403, 405-6, 428-9
카라칼라 245, 247, 308-10, 314, 350, 354, 383-4, 396
카립디스 138-9, 149
카르타고 19, 42, 45, 54, 57, 64-6, 68, 75, 77, 98, 105, 109, 122, 138, 154
카를 5세 157
카밀라 46
카시우스 디오 270
카이사르 166, 238, 271, 314, 324, 331, 338-41, 344, 346, 348, 350, 357-8, 370, 372, 381-2
카일리우스 300, 306
카쿠스 305-6
카포디몬테 244, 250, 446
카푸아 253
카피톨리움 202-3, 300, 313, 331, 350, 355, 359, 367, 392
카피톨리움 박물관 241, 292, 298, 349, 359, 361, 365-8, 371, 395
칼뤼돈 422
칼리굴라 253, 309, 395
칼키디케 256
케르베로스 255, 309
케르코페스 21, 56, 189
케팔로스 442
케팔루 16, 40
켄타우로스 93, 197, 202, 422
코라디노 261-2
코린토스 50, 111, 124, 126, 165, 375
코린토스식 155, 202, 204, 373, 383
콘스탄차 27, 30, 294
콘스탄티노플 26, 118, 211, 245, 271, 284, 313, 315, 440-1
콘스탄티누스 271, 283, 298, 313, 315-6, 318-21, 328, 331, 360, 363, 378, 402
콜론나 298, 361, 392
콤모두스 266, 314, 334, 362
콩코르디아 66, 68-72, 77, 79, 80, 355

쿠로스 145
크뤼사오르 83
쿠마이 142, 144, 192, 241-2, 252, 259-60, 268, 398, 400
퀴클롭스 128
퀴프로스 127, 449
크랏수스 341
크레온 125
크레테 71-2, 127, 449
크로노스 352
크로톤(크로토나, 크로토네) 142, 144, 151-3, 155, 157-8, 160-1, 164-5
크세륵세스 97
클라세 436
클레멘스 5세 282
클레오메네스 160
클레오파트라 271
클레온 51
클레옴브로토스 161
클림트 386, 405, 446
키마이라 422-3
키츠 311-3
키케로 63, 103, 161, 269-70, 272-3, 275, 310, 348, 362 / 『예언에 관하여』 154, 362 / 『의무론』 103
키타이론산 126

ㅌ
타렌툼(타란토) 142, 144, 167, 169, 174, 263
타르퀴니우스 260, 270, 342
타르페이아 368
타키투스 166, 265
테렌티우스 249
테론 63, 65-6, 72, 77-8, 97, 105
테르모퓔라이 65, 161
테바이 23, 124, 126, 247, 403, 437
테세우스 134, 240, 403, 422
테오도라 434-5
테오도리쿠스 434
테오도시우스 271, 434
테이레시아스 125, 437

텔라몬 74, 104
텔레포스 231, 233-5
토마스 아퀴나스 278, 425
토틸라 305
투르누스 46, 344
투리이 142, 144, 161-2
투퀴디데스(『펠로폰네소스 전쟁사』) 41-2, 50, 51, 53, 101, 121-2, 129, 134
튀데우스 404
튀폰 129
튄다레오스 76
트라스테베레 299, 300
트라야누스 135, 261, 263-4, 266, 287, 298, 309-10, 318, 322, 350, 355, 358, 368-71, 389, 392
트로이아 22, 42-3, 45-6, 75, 106, 190, 212, 234, 242, 259, 263, 270, 274, 335, 449
트리톤 168, 237
트립톨레모스 25
티베리스(테베레)강 270, 297, 299, 300, 309, 379-81, 396, 402, 403
티베리우스 252-3, 309, 342, 356, 395
티치아노 250-1, 386, 389
티투스 265, 314-5, 317-8, 328-31, 353-5, 360

ㅍ
파로스 58, 139, 146
파르네제 244-8, 298, 379, 381
파르메니데스 172, 174
파르테노페 241, 242, 260
파르테논 56, 184
파르티아 341-2, 350
파브리키우스 262-3
파비아 434
파시파에 220, 438-9
파올로 오르시 113, 123-4, 146
파우누스 195, 217-9
파이윰 249
파트로클로스 79, 422
파티마 31
파퓌로스 119-20, 230-1, 237-40, 249

판테온 204, 291, 298, 302-3, 324, 382-6
팔라디움 335
팔라리스 63-4, 79
팔라티나 19, 26, 31-5, 37, 41, 115, 417
팔라티움 300-1, 304-6, 323, 325, 327-8, 330-1, 344, 358, 395
페니키아 17, 57, 75, 154
페데리코(프리드리히) 2세 27, 30, 171, 261, 282
페르세우스 21, 56, 72, 79, 251, 402, 428, 446
페르세포네 17, 25, 62, 84-6, 147, 167, 294, 364, 405, 446
페르시아 51, 64-5, 75, 97, 158-9, 178
페이라이에우스 441, 443-4
페리클레스 50, 51
펠로폰네소스 50-1, 53, 65, 134, 449
포르미아 268-9, 274
포르투누스 298, 336, 374-5, 378-9
포세이도니아 177-8, 188
포세이돈 145, 167, 177, 181, 231, 235
포에니 전쟁 17, 42, 44, 54, 77, 193
포카스 331, 348-9, 383, 391
포폴로 298, 301-2
폴라이우올로 362, 412
폴뤼페모스 89, 95, 438
폼페이우스 260, 271, 298, 341, 379, 381-2
푸테올리(포추올리) 142, 244, 252-6, 259, 291, 322
풀비아 270, 272
퓌르로스 54, 105-6, 192, 262-3
퓌타고라스 151-2, 155, 157-8, 164, 166-7
퓌티아스 103
프라 안젤리코 421
프란체스코 275, 278, 407, 409-11, 424, 426, 431-2
프로크리스 442
프리아모스 263
프리아포스 220-1
프쉬케 364, 437-8
플라비우스 314, 322
플라타이아이 161
플라톤 122-3, 161, 172, 402 / 『크리티아스』 122 / 『티마이오스』 122 / 『파이드로스』 161
플레그라이 255-6, 258
피네우스 186
피란델로 80, 81
피에타 397-8, 400, 419-20
핀다로스 65
핀치오 166
필록테테스 43
필리프 4세 280, 282
필리피카 269

ㅎ
하데스 84-5, 147, 405
하드리아누스 36, 135, 287-9, 291-4, 298, 318, 326, 383, 387-8, 396
하드캐슬 72-3
하란 314
하르퓌아 186-7
한니발 17, 106, 109, 154, 162, 263, 344
할리카르낫소스 161
헤라 22, 58-9, 66-70, 73, 75, 153-5, 162-3, 168, 177-8, 180-2, 183-6, 189, 214, 245, 365, 423
헤라클레스 21, 56, 58, 66, 69, 72-3, 77, 93-4, 100, 139, 153, 155, 158, 168, 189, 220, 244-6, 250-1, 298, 305-6, 336-7, 362, 365, 371, 375-80, 386-7, 405, 412-3, 429, 446
헤로도토스(『역사』) 51, 63, 65, 98, 158, 160-2
헤르메스 147, 210-1, 413, 426, 442
헤르모크라테스 122
헤르쿨라네움 142, 191-2, 195, 223, 229-31, 235, 238, 240-1, 244
헤름아프로디토스 147, 389, 390
헤파이스토스 17, 70, 77, 129, 423
헥토르 43, 263
『황금가지』 130, 286
황금궁전 320, 322-3, 326, 446-7
히메라 54, 63-66, 72, 97-8, 105
히메라강 54-5, 105, 144
히에론 54, 65, 97, 99, 100, 104-6